JIMI HENDRIX
UMA SALA CHEIA DE ESPELHOS

Charles R. Cross

JIMI HENDRIX
UMA SALA CHEIA DE ESPELHOS

A verdadeira história por trás do mito do Maior Guitarrista de Todos os Tempos

Tradução
Martha Argel

Título do original: *Room Full of Mirrors – A Biograph of Jimi Hendrix.*

Copyright © 2005 Charles R. Cross.

Copyright da edição brasileira © 2022 Editora Pensamento-Cultrix Ltda.

1ª edição 2022.

Todos os direitos reservados. Nenhuma parte desta obra pode ser reproduzida ou usada de qualquer forma ou por qualquer meio, eletrônico ou mecânico, inclusive fotocópias, gravações ou sistema de armazenamento em banco de dados, sem permissão por escrito, exceto nos casos de trechos curtos citados em resenhas críticas ou artigos de revistas.

A Editora Seoman não se responsabiliza por eventuais mudanças ocorridas nos endereços convencionais ou eletrônicos citados neste livro.

Editor: Adilson Silva Ramachandra
Gerente editorial: Roseli de S. Ferraz
Gerente de produção editorial: Indiara Faria Kayo
Preparação de originais: Marcela Vaz
Editoração eletrônica: Join Bureau
Revisão: Luciane Gomide

Dados Internacionais de Catalogação na Publicação (CIP)
(Câmara Brasileira do Livro, SP, Brasil)

Cross, Charles R.
    Jimi Hendrix uma sala cheia de espelhos: a verdadeira história por trás do mito do maior guitarrista de todos os tempos / Charles R. Cross; tradução Martha Argel. – 1. ed. – São Paulo: Editora Seoman, 2022.

    Título original: Room full of mirrors: a biography of Jimi Hendrix
    ISBN 978-65-87143-40-8

    1. Guitarristas – Estados Unidos – Biografia 2. Hendrix, Jimi, 1942-1970 3. Músicos de rock – Estados Unidos – Biografia I. Título.

22-125881   CDD-787.87166092

Índices para catálogo sistemático:

1. Guitarristas: Músicos de rock: Biografia 787.87166092
Cibele Maria Dias – Bibliotecária – CRB-8/9427

Seoman é um selo editorial da Pensamento-Cultrix.
Direitos de tradução para o Brasil adquiridos com exclusividade pela
EDITORA PENSAMENTO-CULTRIX LTDA., que se reserva a
propriedade literária desta tradução.
Rua Dr. Mário Vicente, 368 — 04270-000 — São Paulo, SP — Fone: (11) 2066-9000
http://www.editoraseoman.com.br
E-mail: atendimento@editoraseoman.com.br
Foi feito o depósito legal.

Para meu pai que, quando eu era criança, passou o braço ao redor de meus ombros e leu para mim os quadrinhos do "Príncipe Valente".

Sumário

Nota do autor 11

Prólogo: Uma Sala Cheia de Espelhos 19
    Liverpool, Inglaterra *9 de abril de 1967*

Capítulo 1: Muito Melhor que Antes 27
    Seattle, Washington *janeiro de 1875 – novembro de 1942*

Capítulo 2: Um Bar Chamado "Balde de Sangue" 37
    Vancouver, Colúmbia Britânica *1875 – 1941*

Capítulo 3: Inteligência Acima da Média 49
    Seattle, Washington *setembro de 1945 – junho de 1952*

Capítulo 4: O Cavaleiro Negro 63
    Seattle, Washington *julho de 1952 – março de 1955*

Capítulo 5: Johnny Guitar 75
    Seattle, Washington *março de 1955 – março de 1958*

Capítulo 6: Um Cara Alto e Descolado 89
    Seattle, Washington *março de 1958 – outubro de 1960*

Capítulo 7: Spanish Castle Magic 105
    Seattle, Washington *novembro de 1960 – maio de 1961*

Capítulo 8: Um Soldado Solitário 115
    Fort Ord, Califórnia *maio de 1961 – setembro de 1962*

Capítulo 9: Caçador de Cabeças e Duelos de Guitarra 129
    Nashville, Tennessee *outubro de 1962 – dezembro de 1963*

Capítulo 10: Vivendo em um "Mundo Harlem" 143
    Nova York, Nova York *janeiro de 1964 – julho de 1965*

Capítulo 11: Sonhos em Tecnicolor 155
    Nova York, Nova York *julho de 1965 – maio de 1966*

Capítulo 12: LSD e a Psicodelia na Vida de Hendrix 169
    Nova York, Nova York *maio de 1966 – julho de 1966*

Capítulo 13: O "Dylan Negro" 181
    Nova York, Nova York *julho de 1966 – setembro de 1966*

Capítulo 14: O "Homem Selvagem de Bornéu" em Londres 195
    Londres, Inglaterra *setembro de 1966 – novembro de 1966*

Capítulo 15: Sentimento Livre 211
Londres, Inglaterra *dezembro de 1966 – maio de 1967*

Capítulo 16: De Rumor a Lenda 229
Londres, Inglaterra *junho de 1967 – julho de 1967*

Capítulo 17: Black Noise 245
Nova York, Nova York *agosto de 1967 – fevereiro de 1968*

Capítulo 18: O Terremoto Espacial de uma Música Nova 261
Seattle, Washington *fevereiro de 1968 – maio de 1968*

Capítulo 19: O Primeiro a Chegar à Lua 277
Nova York, Nova York *julho de 1968 – dezembro de 1968*

Capítulo 20: Música Elétrica de Igreja 293
Londres, Inglaterra *janeiro de 1969 – maio de 1969*

Capítulo 21: Felicidade e Sucesso 307
Toronto, Canadá *maio de 1969 – agosto de 1969*

Capítulo 22: Jimi Hendrix e o Gypsy, Sun, and Rainbows, ou o lendário Band of Gypsys 323
Bethel, Nova York *agosto de 1969 – novembro de 1969*

Capítulo 23: O Rei no Jardim 337
Nova York, Nova York *dezembro de 1969 – abril de 1970*

Capítulo 24: O Garoto Mágico 353
Berkeley, Califórnia *maio de 1970 – julho de 1970*

Capítulo 25: Um Selvagem Anjo Azul 367
Maui, Havaí *julho de 1970 – agosto de 1970*

Capítulo 26: A História da Vida 381
Estocolmo, Suécia *agosto de 1970 – setembro de 1970*

Capítulo 27: Meu Trem Chegando 397
Londres, Inglaterra *setembro de 1970 – abril de 2004*

Epílogo: Um Longo Cadillac Preto 417
Seattle, Washington *abril de 2002 – abril de 2005*

Notas sobre as Fontes 421

Agradecimentos 429

Índice Remissivo 433

Nota do Autor

OS BIÓGRAFOS COSTUMAM PASSAR algum tempo nos cemitérios copiando epitáfios, mas raramente ficam observando um coveiro desenterrar, com uma pá, uma sepultura esquecida, como aconteceu comigo enquanto escrevia este livro. A redescoberta do túmulo da mãe de Jimi Hendrix foi o momento mais impressionante dos quatro anos que levei para escrever *Uma Sala Cheia de Espelhos*. Foi também inesperado. O momento ocorreu apenas porque eu não podia acreditar que o Greenwood Memorial Park não soubesse a localização exata da sepultura de Lucille Hendrix Mitchell, e insisti com a administração do cemitério até que enviassem um funcionário – munido de uma pá e um mapa antigo – para vasculhar as alas de lápides em ruínas. Todos os biógrafos que escolhem personagens falecidos são, de certa forma, coveiros, com uma pitada de dr. Frankenstein. Tentamos fazê-los reviver, ainda que de forma temporária, nas páginas de um livro. Em geral, nosso intento é dar vida aos personagens; é raro estarmos atrás de restos mortais e caixões antigos. Você nunca está preparado para ficar ali no cemitério, no meio da lama, observando horrorizado enquanto um coveiro finca a pá na terra, como um arqueólogo desleixado.

Se naquela aventura havia algum tipo de justiça, estava no fato de que, por vias tortas, a presente biografia começou naquele mesmo cemitério, três décadas antes. Ainda adolescente, visitei o cemitério Greenwood Memorial, situado poucos quilômetros ao Sul de Seattle, para prestar homenagem a uma das lendas da música. Como qualquer outro peregrino, não poderia visitar o túmulo de Jimi Hendrix sem trazer na mente as letras de minhas músicas favoritas – "Purple Haze", "Wind Cries Mary", a brilhante interpretação de Jimi para "All Along the Watchtower", de Dylan. Álbuns gastos do Jimi Hendrix Experience foram a trilha sonora de minha juventude, como foram para toda uma geração. Meu pai ouviu tanto *Electric Ladyland* através das paredes de casa que sabia o momento exato de esmurrar minha porta – antes que Jimi detonasse o primeiro pedal *fuzzbox*.

Ainda adolescente, ao lado daquele túmulo, sabia poucos detalhes da história de Jimi, mas sua vida tinha sido tão escandalosa, e vivida de um modo tão extremo, que era inevitável ser transformada em um tipo de mitologia. Muitos dos artigos de jornal que li na adolescência, ao longo da década de 1970, traziam Hendrix como um deus da guitarra elétrica, e o *status* de ícone roubou-lhe a condição humana. Ele se tornou, assim como no pôster que eu tinha em meu quarto, uma imagem fluorescente com uma enorme cabeleira afro, circundada por um halo de santo. Ele parecia indecifrável, um estranho que poderia muito bem ter vindo de outro planeta. Parte de seu mistério vinha da genialidade com que tocava – ainda inigualadas décadas mais tarde – e parte era uma aura publicitária criada pela gravadora.

Este livro é o resultado do meu esforço de quatro anos e 325 entrevistas para decifrar tal código e transformar aquele pôster fluorescente no retrato de um homem. Embora eu tenha começado a trabalhar de fato neste livro em 2001, ele já vinha sendo escrito no fundo de minha mente, desde a primeira visita que fiz àquele túmulo, nos anos 1970. Como escritor especializado na música do Noroeste dos Estados Unidos, sempre soube que Hendrix era um tema que algum dia encararia, da mesma forma como um aspirante a ator sabe que a obra de Shakespeare o aguarda.

Escrevi pela primeira vez sobre Jimi no início da década de 1980, quando foi lançada, em Seattle, uma campanha para a construção de um memorial em sua homenagem. Embora houvesse ótimas ideias sobre o que seria mais apropriado – foi sugerido um parque público, ou dar seu nome a uma rua –, o memorial emperrou em meio ao furor da política antidrogas "Apenas diga não" dos anos 1980.[1] Um comentarista defendeu na televisão que qualquer homenagem a Jimi iria glamorizar "um viciado em drogas". Tal histeria desvirtuou a iniciativa inicial, e o memorial de consenso que resultou foi uma "rocha aquecida", com o nome de Jimi em uma placa, instalada na seção da savana africana no zoológico de Seattle. O fato me motivou a escrever para uma revista, nomeando-a como uma "rocha aquecida racista", xenófoba, prova de que a herança musical e a cultura afro-americana eram desprezadas na Seattle de predominância branca. A rocha do zoológico – que está lá até hoje, com o sistema de aquecimento quebrado, pelo que vi da última vez – tornou o túmulo de Jimi Hendrix ainda mais importante como local de visitação, pois pouca gente considera o zoológico um lugar adequado para homenagear Jimi ou lamentar sua morte.

Conheci Al Hendrix, pai de Jimi, no final dos anos 1980, e entrevistei-o em várias ocasiões sobre o legado e a história de seu filho. Uma das primeiras perguntas que lhe fiz foi sobre o túmulo de Jimi: por que o guitarrista canhoto mais famoso do rock tinha, em sua lápide, a imagem de uma guitarra destra? Al respondeu que aquele foi um erro de quem fez o monumento. Al não era de prestar atenção a detalhes, sobretudo no que se referia à história de seu falecido filho.

Al teve a gentileza de convidar-me para ir a sua casa, que parecia um museu de beira de estrada dedicado a Jimi. Pai algum deseja enterrar um filho, e foi o

---

[1] A campanha "Apenas diga não" (em inglês, "Just Say No"), realizada nos anos 1980 e início dos anos 1990, fez parte da guerra contra as drogas do governo dos Estados Unidos e visava desestimular o uso de substâncias ilícitas por crianças, com resultados aparentemente pífios ou nulos. (N. da T.)

destino cruel de Al sobreviver três décadas a seu filho mais velho. As paredes de sua casa estavam cobertas com discos de ouro e fotos ampliadas de Jimi. Ali, entre fotos de família com Jimi ainda bebê, ou em uniforme do exército, havia várias imagens que poderiam figurar em qualquer colagem de fotos dos anos 1960: Jimi queimando sua guitarra no palco do Festival Internacional de Música Pop de Monterey; Jimi com a jaqueta branca de franjas apresentando-se em Woodstock; Jimi com seu clássico conjunto psicodélico de veludo colorido como uma borboleta, no palco do Festival da Ilha de Wight, Inglaterra. Na parede, havia algumas fotos de Leon, irmão de Jimi, e, curiosamente, um quadro enorme do falecido pastor-alemão de Al. Em uma parede do porão, havia uma imagem que me era familiar – o mesmo pôster fluorescente de Jimi tal qual um deus que tive na adolescência.

Nunca perguntei a Al Hendrix por que o túmulo da mãe de Jimi permaneceu perdido por quase cinquenta anos, e Al morreu em 2002. Nos anos que levei para terminar este livro ao menos cinco de meus entrevistados faleceram, incluindo Noel Redding, baixista do Jimi Hendrix Experience. Entrevistei Noel em quase uma dúzia de ocasiões diferentes, mas ainda assim foi triste pensar, após sua morte repentina em maio de 2003, que nossa conversa de duas semanas antes representou a última vez em que ele contou sua própria história antes de partir. Houve momentos, ao escrever este livro, em que senti que a história da era de Jimi se desvanecia pouco a pouco, e que sua fragilidade tornava a pesquisa exaustiva ainda mais delicada e necessária.

Contudo, em certas conversas que travei e locais que visitei, Jimi Hendrix parecia estar de fato vibrante, quase como se respirasse. Na Rua Jackson de Seattle, centro histórico da vida noturna afro-americana do Noroeste – entre lojas que cinco décadas antes foram clubes que apresentaram talentos locais, como Ray Charles, Quincy Jones e Jimi –, é possível encontrar fragmentos de uma vida cuja recordação é ainda vívida. Logo depois da 23ª Avenida, está a casa onde Jimi cresceu, assentada sobre blocos em um terreno vazio; ela foi salva com vistas a sua futura preservação.[2] Na floricultura da esquina, as balconistas lembram-se de Jimi na Leschi Elementary School [Escola Fundamental Leschi]. Do outro lado da rua, em um Starbucks, há um senhor grisalho que toma café ali todas as manhãs, e que, certa vez, dançou o *jitterbug*[3] com Lucille, mãe de Jimi. E na casa de repouso da esquina, Dorothy Harding, em sua cadeira de rodas, conta, aos 88 anos, histórias de quando foi babá de Jimi e da noite tempestuosa em que ele nasceu.

Na comunidade negra de Seattle, a maioria das pessoas conhecia, e conhece, Jimi Hendrix por seu apelido de família, "Buster". No texto que se segue, ele é assim chamado com frequência, sobretudo por sua família. Também tomei a liberdade de usar a grafia "Jimi" ao longo de toda a vida de Hendrix, para manter a consistência e para evitar confusão com Jimmy Williams, seu melhor amigo de infância, que aparece com frequência nesta história. Hendrix não usou a forma "Jimi" até os 22 anos, mas mesmo então continuou sendo "Buster" para a maioria de seus conhecidos em Seattle.

A busca por Buster levou-me muitas vezes à Rua Jackson, assim como a cantos obscuros de Londres, São Francisco, Los Angeles, Harlem, Greenwich Village e outros pontos ao redor do mundo. Estive em salões de dança regados a cerveja no Norte da Inglaterra, nos quais o Experience tocou, e em porões úmidos de Seattle, onde Jimi Hendrix adolescente praticou guitarra com garotos da vizinhança. Fui conduzido por empoeirados registros de censos e cemitérios, como o Greenwood Memorial, onde vi quando a pá finalmente atingiu a lápide – na verdade, um tijolo fornecido pela assistência social – do túmulo de Lucille Hendrix, sobre a qual 30 centímetros de solo haviam se acumulado. À medida

---

[2] A casa onde Jimi Hendrix cresceu foi comprada para ser transformada em museu e transportada de seu endereço original, Rua Washington Sul, 2603, para a Rua Jackson Sul, 2010, a poucas quadras de distância. Em 2005, ela foi transportada para a cidade vizinha de Renton, tendo sido demolida, por exigência municipal, em 2009. (N. da T.)

[3] *Jitterbug* é um nome que abrange todos os estilos de dança dentro do *swing*. É uma dança rápida, enérgica e acrobática, nascida na comunidade negra dos Estados Unidos e muito popular também entre os brancos na década de 1940. (N. da T.)

que a pá removia a terra, o local do túmulo da mãe de Jimi foi exposto pela primeira vez em várias décadas. Quando Leon, irmão de Jimi, viu pela primeira vez a placa que indicava onde sua mãe estava sepultada, ele chorou. Leon jamais soubera a localização exata dos restos mortais da mãe.

No porão de Al Hendrix, havia uma peça do passado de Jimi Hendrix que, de certo modo, também estava enterrada. Ficava guardada e só era mostrada aos mais devotos. Consistia em um espelho de 60 centímetros por 1,2 metro, que Jimi havia criado. Al nunca foi muito bom para datas, mas Leon também atribuiu o espelho ao irmão, que o teria criado em algum momento de 1969. "Estava no apartamento de Jimi, em Nova York, e o espelho foi enviado a meu pai depois que Jimi morreu", recordou Leon. Delimitados pela moldura, há uns cinquenta pedaços de um espelho estilhaçado, engastados em argila, na exata posição que teriam ocupado quando o espelho foi partido. Os estilhaços apontam todos para o centro, onde há um círculo intacto, do tamanho de um prato. "Esta", disse Al Hendrix ao tirar de dentro de um armário a peça de arte reminiscente de Salvador Dalí, "era a 'Sala Cheia de Espelhos' de Jimi".

Era esse o título – em inglês, "Room Full of Mirrors" – de uma música que Hendrix começou a compor em 1968. Ele escreveu vários rascunhos da letra e gravou alguns *takes* da música. Ela nunca foi lançada oficialmente durante a vida de Jimi, mas ele pensou em incluí-la no que teria sido seu quarto álbum de estúdio. Como essa música em particular evidencia, Jimi tinha uma extraordinária consciência de si mesmo e uma estranha capacidade de utilizar a música para expressar verdades emocionais. Enquanto a plateia dos concertos de Hendrix clamava por suas execuções teatrais de guitarra em *hits* como "Purple Haze", na privacidade, Jimi era mais atraído por músicas reflexivas, como "Room Full of Mirrors", ou tocava os clássicos do blues com os quais havia crescido.

A música "Room Full of Mirrors" conta a história de um homem aprisionado em um mundo de reflexos de si mesmo, tão poderoso que o persegue até nos sonhos. Ele se solta ao estilhaçar os espelhos e, ferido pelos cacos de vidro, busca um "anjo" que possa dar-lhe a liberdade. Tendo em mãos a manifestação física desse conceito – a obra com o espelho quebrado que o pai de Jimi mantinha em seu porão –, é impossível não pensar na profunda complexidade do homem que criou essa música, e no dia em que Jimi Hendrix contemplou 50 lascas de seu próprio reflexo na peça artística. Cantou ele na música: "All I could see, was me" ["Tudo o que podia ver era eu mesmo"].

– CHARLES R. CROSS
Seattle, Washington
Abril de 2005

PRÓLOGO

Uma Sala Cheia de Espelhos

Liverpool, Inglaterra
9 de abril, 1967

*"Eu costumava viver em uma sala cheia de espelhos,
Tudo o que podia ver era eu mesmo."*
— Jimi Hendrix, "Room Full of Mirrors"

"Lamento, amigos, não podemos servir gente como vocês aqui. A casa tem regras, sabem."

As palavras vindas de trás do balcão saíram dos lábios de um homem velho e de ar mal-humorado, cujas mãos tremiam enquanto ele falava. Dado o aviso, o sujeito virou as costas e foi servir outro cliente. O olhar que lançara aos dois homens que estavam diante dele tinha sido tão rápido – nada além de um relance experiente – que eles não faziam ideia do motivo pelo qual não podiam pedir uma bebida. Era muito estranho, pois aquele parecia o protótipo do *pub* inglês que servia qualquer um, desde que tivesse na mão uma nota de uma libra: crianças, homens já bêbados demais para ficar em pé, presidiários fugitivos ainda algemados.

Um dos homens a quem fora negado atendimento era Noel Redding, de 21 anos, baixista da banda The Jimi Hendrix Experience. Noel nascera em Folkestone, cidade do Sudeste da Inglaterra, e já havia passado uma vida inteira em *pubs*, enfrentando atendentes mal-humorados. Nunca havia deixado de ser servido ao pedir uma bebida, exceto depois do horário de funcionamento, e não fazia ideia do motivo pelo qual o *barman* respondera daquele jeito. "Chegou até a pensar que o homem tivesse odiado nosso *single* 'Hey Joe'", recordou Noel anos mais tarde.

Tanto Noel quanto seu companheiro Jimi Hendrix usavam lenços roxos no pescoço e exibiam uma grande cabeleira armada estilo *black power*. Noel usava calças boca de sino de um violeta chamativo, enquanto as calças justas de Jimi eram de veludo cor de vinho. Jimi também vestia uma camisa de pirata cheia de babados, volumosa no peito, e por cima do casaco usava uma capa preta. As únicas pessoas que se vestiam daquele jeito eram atores em peças do século XVIII, ou estrelas do rock. Ainda assim, tanto Noel quanto Jimi já haviam ido com tal aparência estranha a centenas de outros *pubs* e nunca tinham sido barrados. Em Londres, em geral, acontecia o oposto: ao serem reconhecidos, eram tratados como membros da realeza, como objetos de adoração.

A Inglaterra estava com certeza se apaixonando por Jimi, que tinha então 24 anos. Durante os seis meses em que morou na Grã-Bretanha, havia sido convidado de honra em muitos *pubs*, e até mesmo o adorado Paul McCartney, certa vez, pagou-lhe uma cerveja. Jimi viu músicos lendários que ele idolatrava – Eric Clapton, Pete Townshend e Brian Jones, dos Rolling Stones – receberem--no em seu círculo íntimo como um igual, e como um amigo. A imprensa aclamava-o como uma das estrelas do rock em ascensão, dando-lhe apelidos, como "O Homem Selvagem de Bornéu" e "O Elvis Negro". Tomar uma cerveja entre apresentações, como ele e Noel estavam tentando fazer, só era um problema quando os numerosos fãs de Jimi o cercavam. Para evitar esses mesmos fãs, muitos dos quais achavam Jimi sexualmente irresistível, Noel e Jimi haviam escolhido aquele *pub* menos conhecido para tomar umas e outras antes do próximo show. Estavam em Liverpool, onde a população local preferia seus conterrâneos, os Beatles, claro, mas não ser atendido em um *pub* era algo inesperado para um superstar em ascensão em qualquer lugar da Grã-Bretanha. "Era um *pub* inglês típico", observou Noel. "Estava cheio de marinheiros, lojistas e gente assim."

No começo, Jimi achou, conforme contou mais tarde a Noel, que estava sendo discriminado por sua cor de pele. Como um afro-americano que havia morado em locais no Sul dos Estados Unidos, Jimi sabia como era não ser servido por conta de sua etnia. Ele enfrentara muitas vezes o preconceito do Sul das leis de Jim Crow,[1] dos bebedouros só para brancos e outras humilhações. Uma vez teve as janelas de sua casa em Nashville, Tennessee, alvejadas por tiros apenas por ele ser negro. Havia passado três anos de penúria apresentando-se no Circuito Chitlin' – um eixo de tabernas *juke joints*, cervejarias e bares onde o *rhythm and blues* era tocado para plateias basicamente afro-americanas. Até para chegar a tais lugares, os músicos itinerantes negros precisavam planejar, com cuidado, de antemão, onde comer ou usar o banheiro, serviços que eram negados aos negros em certas partes dos Estados Unidos branco. Solomon Burke, uma lenda do *soul*, estava com Jimi em uma turnê de ônibus pelo Circuito Chitlin' e recordou um incidente em que a banda parou no único restaurante de um vilarejo rural. Sabendo que o lugar não serviria afro-americanos, um baixista branco que integrava o grupo foi encarregado de comprar refeições para viagem ao resto dos músicos. O músico branco estava a apenas 3 metros do ônibus quando as caixas de comida começaram a escorregar, e Jimi saiu para ajudá-lo. "Os caras brancos que trabalhavam no lugar viram para quem de fato era a comida", recordou Burke. Hendrix e Burke ficaram olhando, horrorizados, enquanto os homens saíam de trás do balcão armados com machados. "Eles pegaram toda a comida e jogaram no chão", disse Burke. "Nós não resistimos

---

[1] As leis de Jim Crow eram leis que estabeleciam a segregação racial em estados do Sul dos Estados Unidos e que vigoraram no fim do século XIX até 1964. O nome Jim Crow era usado com conotações racistas para se referir aos afro-americanos. Parece ter-se originado da canção "Jump Jim Crow", cujo intérprete pintava o rosto de preto, em uma sátira aos negros. (N. da T.)

porque sabíamos que eles nos matariam, e podiam fazer isso, quem sabe tendo até o xerife do lado deles para ajudar."

Na Inglaterra, Jimi estivera a salvo da maior parte da discriminação racial; ele descobriu que classe e sotaque eram os barômetros sociais britânicos mais evidentes. Nos Estados Unidos, a etnia havia sido um obstáculo a sua carreira, em especial quando ele cruzava os limites dos gêneros aceitos para sua cor e tocava fora do rock e do R&B. Na Inglaterra, porém, sua etnia e seu sotaque americano eram meio que novidades. Sendo tanto um ianque quanto um afro--americano, ele constituía um *outsider* singular e era reverenciado por esse *status*. "Ele foi o primeiro americano negro que conheci, e só isso já o tornava interessante", recordou Noel Redding. O músico Sting, que assistiu à turnê de 1967 do Jimi Hendrix Experience quando adolescente, mais tarde escreveu que o concerto também constituiu "a primeira vez que vi um homem negro".

O segundo impulso de Jimi no *pub* de Liverpool, naquele dia, foi pensar em sua jaqueta. Ele estava usando uma antiga jaqueta militar que era uma relíquia dos dias grandiosos do Império Britânico. Comprara-a em um mercado de pulgas em Londres, e ela era tremendamente ornamentada: havia 63 botões dourados no peito, complexos bordados nas mangas e no centro e uma gola que teria feito qualquer um que a usasse parecer um dândi. "Aquela jaqueta já tinha criado problemas para ele antes", recordou Kathy Etchingham, namorada de Jimi à época. "Os velhos aposentados viam na rua um negro de aparência estranha usando aquela jaqueta e sabiam muito bem que ele não tinha servido com os hussardos." Os veteranos de guerra ingleses de certa idade eram rápidos em expressar sua desaprovação pelo uso do casaco por Jimi e, não tendo assistido a "Top of the Pops", não faziam ideia de que ele era uma estrela do rock. Quaisquer conflitos que a jaqueta causasse, porém, em geral, eram resolvidos depressa quando o sempre educado Jimi pedia desculpas e informava ser um veterano recente da 101ª Divisão Aerotransportada do Exército dos Estados Unidos. Isso era suficiente para silenciar os garotões e render-lhe um tapa de gratidão nas costas. Em 1967, a maioria das pessoas na Grã-Bretanha ainda recordava como a lendária 101ª havia sido lançada de paraquedas na Normandia no dia D, com o destemor de verdadeiros heróis.

Hendrix de fato parecia heroico com aquela jaqueta. Ele tinha apenas 1,78 metro, mas as pessoas muitas vezes achavam que tinha mais de 1,80 metro, ao menos em parte porque sua imensa cabeleira afro fazia com que parecesse muito maior do que de fato era. Seu corpo esguio e anguloso, no formato de um triângulo invertido, reforçava essa ilusão; ele tinha quadris estreitos, cintura fina, mas ombros e braços muito largos. Seus dedos eram mais longos e sinuosos que o normal e, assim como o resto dele, eram de uma bela cor caramelo. Os colegas de banda chamavam-no, brincando, de "O Morcego", por seu hábito de cerrar as janelas e dormir o dia todo, mas o apelido também era apropriado por seu costume de usar capas, o que acentuava a aparência de super-herói. "Quando caminhávamos pelas ruas de Londres", Kathy Etchingham recordou, "às vezes as pessoas simplesmente paravam e ficavam olhando, como se ele fosse algum tipo de aparição". Jimi tinha grandes olhos castanhos, amendoados, que brilhavam quando a luz batia neles. De imediato, ele se tornou um dos favoritos dos jornalistas britânicos, mas eram os fotógrafos que o adoravam, pois tinha a capacidade de parecer sensacional de qualquer ângulo, como um modelo, além de ter uma suavidade de expressão que ajudava cada foto sua a contar uma história. Mesmo em uma mídia tão fria quanto a foto de um jornal, Jimi exalava uma sexualidade que parecia perigosa e exótica.

Sua beleza esfuziante não significava nada para o *barman* de Liverpool de olhar duro e não rendeu a Jimi sua bebida, apesar dos vários pedidos educados e das muitas notas de libra colocadas sobre o balcão. Jimi talvez tenha pensado em informar o idoso cavalheiro sobre sua florescente fama, mas estava perdendo a paciência. Embora tivesse fama de ser calado e educado, Jimi também tinha um temperamento forte e, ocasionalmente, estourava, em especial quando movido pelo álcool, e que os céus protegessem quem cruzasse seu caminho quando isso acontecia. "Quando ficava irritado, ele explodia", observou Etchingham. Ao menos ali no *pub*, ele ainda não havia bebido, o que reduzia a chance de que atirasse ao chão aquele velho senhor.

Finalmente, gaguejando um pouco, um traço de infância que ainda se manifestava quando ele ficava nervoso, Jimi interpelou o *barman*. "Isso é porque...", disse, irritado, "é porque eu sou negro?".

O homem foi rápido e seguro na resposta. "Não, pelo amor de Deus, homem! Vocês não leram o aviso na porta?" E, com isso, o ancião agarrou seu pano de pratos e se afastou para o outro lado do bar, exasperado.

Uma vez eliminada a possibilidade de preconceito racial, um clima de bom humor e de descontração retornou a Jimi e Noel. Eles se entreolharam, sorrindo como adolescentes que tinham feito algo errado e estavam esperando ser descobertos. "Começamos a rir", Noel recordou. "A gente não fazia ideia do que tinha feito." Noel disse a Jimi, brincando, que talvez em Liverpool fosse necessário ser integrante dos Treegulls ("gaivotas da árvore") – apelido dado por Noel aos Beatles – para poder beber. Noel saiu para dar uma olhada na porta; havia dois papéis, pregados com tachinhas, bem visíveis. O de cima era um grande cartaz anunciando um circo, instalado na mesma rua, e o de baixo era um aviso escrito à mão, que explicava o motivo pelo qual o atendimento fora negado a Jimi e Noel. Quando Noel viu o aviso, teve tal ataque de riso que caiu no chão. Aquilo ficaria na história, pensou Noel; iam rir do episódio por meses durante as viagens no ônibus da banda. Noel recordou anos depois, "Pensei, não via a hora de contar aquilo para Mitch Mitchell – ele não ia deixar a gente esquecer nunca mais". Quando entrou de novo no *pub* para contar a Jimi, Noel encontrou o amigo e o *barman* aos gritos um com o outro.

"Eu já disse que não podemos servir vocês!", o *barman* repetia. "Temos regras." Noel fez menção de intervir, mas o *barman* estava furioso e continuou com o sermão. "O aviso na porta é muito claro, e, se a gente deixa entrar um, logo este lugar vai estar cheio de gente como vocês, e isso não pode acontecer em um *pub*, de modo algum. Ter o circo aqui já é ruim o bastante para os negócios. E o aviso é bem claro: 'Não aceitamos palhaços!'"

Noel recordou que levou algum tempo para que Jimi entendesse o significado daquelas palavras. Mesmo depois que Noel sussurrou a explicação no ouvido de Jimi – "Tem um circo nesta mesma rua, e esse cara não quer palhaços aqui. Ele acha que somos *palhaços*" – Jimi ainda parecia confuso, quase atordoado. Aos poucos a pegadinha quase cósmica foi-se revelando a Jimi, e um sorriso largo, imenso, espalhou-se por seu rosto. Ele não estava sendo expulso do *pub* por ser negro, por usar uma jaqueta militar ou por ser extravagante demais, ou por se vestir como um pirata, ou por não ser um Beatle em Liverpool, embora de uma forma tortuosa fosse tudo isso e um pouco mais.

Jimi era o mais fascinante astro do rock na Grã-Bretanha naquela primavera; em apenas dois meses ele usaria aquela mesma jaqueta militar em sua primeira apresentação em solo americano, no Festival Internacional de Música Pop de Monterey; após esse show, seria o maior astro do mundo. Quase exatamente dois meses depois disso, Paul McCartney passaria a ele um baseado, depois de um concerto em Londres, batendo-lhe nas costas e dizendo "Isso foi bom pra caralho, cara". Mas naquela tarde, em um *pub* na Liverpool de McCartney, Jimi não conseguiu tomar uma cerveja, não importando o que dissesse. O *barman* não se convenceu de que tinha um astro *pop* sentado diante de si; tudo o que sabia era que aquele palhaço havia dito que pertencia a um grupo chamado "The Experience". Na concepção dele, os palhaços, em especial os de cabelo afro, eram muito, muito ruins para os negócios.

CAPÍTULO 1

Muito Melhor que Antes

Seattle, Washington
Janeiro de 1875 - novembro de 1942

"Caro Al: Parabéns por seu belo filho. Mãe e filho estão bem. Condições muito melhores que antes. Com amor, Lucille."
— telegrama de Delores Hall para Al Hendrix

Jimi Hendrix nasceu um dia depois do Dia de Ação de Graças, em 1942. A chegada daquele bebê saudável, com 3,8 quilos, foi vista por todos como um verdadeiro sinal da graça de Deus. Quando a tia mandou a notícia ao pai de Jimi, o breve telegrama incluía a frase "Condições muito melhores que antes". Essa afirmação poderia servir como epígrafe para a história, como um todo, da família Hendrix até aquele momento, e, em um contexto ainda mais amplo, da experiência afro-americana nos Estados Unidos: as coisas haviam sido ruins por muito tempo, e talvez essa nova geração pudesse ter a esperança de dias melhores e de um mundo mais justo. Parentes de ambos os lados da família de Jimi comemoraram o nascimento dele como um novo começo. "Ele era o bebê mais fofinho que já se vira", recordou sua tia Delores Hall. "Era uma gracinha."

Jimi nasceu na maternidade do Hospital King County, que mais tarde passaria a se chamar Harborview, em Seattle, Washington. Do hospital, tinha-se uma vista majestosa do grande porto natural do estuário de Puget. Seattle, aos poucos, estabelecia-se como uma das cidades portuárias mais importantes da Costa Oeste dos Estados Unidos e, em 1942, tinha uma população de 375 mil habitantes. Durante os anos de guerra, a cidade teve um crescimento explosivo, com os estaleiros construindo navios de guerra um atrás do outro e a Boeing Airplane Company produzindo os bombardeiros B-17, que venceriam a guerra para os Aliados. Em 1942, as fábricas trabalhavam em turnos, 24 horas por dia, e um afluxo enorme de trabalhadores expandiu a cidade e mudou para sempre sua composição racial. No censo de 1900, havia apenas 406 residentes de Seattle que se declaravam negros, cerca de metade de 1% da população. Na década de 1940 a 1950, impulsionada por uma máquina de guerra que demandava mão de obra e uma grande migração a partir do Sul, a população afro-americana da cidade explodiu, chegando a 15.666 pessoas e tornando-se a mais numerosa minoria racial de Seattle.

Nem a mãe nem o pai de Jimi fizeram parte da migração dos tempos de guerra, mas, mesmo assim, a Segunda Guerra Mundial teria um papel marcante na vida de ambos. Na época do nascimento de Jimi, seu pai, Al, então com 23 anos de idade, era soldado no exército dos Estados Unidos, baseado em Fort Rucker, Alabama. Al havia solicitado a seu comandante licença-paternidade para visitar Seattle, mas teve a dispensa negada e, em vez disso, recebeu voz de prisão. Os oficiais alegaram que tinha sido preso porque eles tinham certeza de que ele se ausentaria sem licença para estar presente durante o nascimento. Al estava atrás das grades quando recebeu o telegrama de felicitações enviado por sua cunhada. Mais tarde, ele reclamou que soldados brancos haviam recebido folga em situação semelhante, mas suas queixas foram ignoradas. Al não veria o filho até que o garoto tivesse 3 anos de idade.

A mãe de Jimi, Lucille Jeter Hendrix, tinha apenas 17 anos quando ele nasceu. Em uma fatalidade inoportuna do destino, Lucille descobriu que estava grávida na mesma semana em que Al foi recrutado. Eles se casaram em 31 de março de 1942, no fórum do Condado de King, em uma cerimônia realizada pelo juiz de paz, e viveram juntos como marido e mulher por apenas três dias antes do embarque de Al. Na noite anterior à partida dele, ambos foram ao Rocking Chair, clube onde mais tarde Ray Charles seria descoberto. Lucille ainda não tinha idade para beber, mas, na agitação dos tempos de guerra, os atendentes não ligavam para isso. O casal brindou a um futuro incerto e ao retorno seguro de Al depois do serviço militar.

As circunstâncias do destino, que deu aos recém-casados seu primeiro filho quando Al estava a quase 5 mil quilômetros de distância, abriram uma ferida que para sempre marcaria o casamento de Al e Lucille. Com certeza, a separação deles não foi algo incomum nos turbulentos tempos da Segunda Guerra Mundial. Depois que os japoneses atacaram Pearl Harbor, em dezembro de 1941, um nervosismo enlouquecido tomou conta de Seattle e de outras cidades da Costa Oeste, onde o medo de uma agressão japonesa serviu como pano de fundo para que milhares de famílias fossem separadas. Um dia antes do casamento de Al e Lucille, Seattle tornou-se a primeira cidade dos Estados Unidos onde os nipo-americanos foram recolhidos e enviados para campos de internação. No total, foram presas, no estado de Washington, 12.892 pessoas de ascendência japonesa, incluindo amigos e vizinhos do casal.

No entanto, existia no relacionamento entre Al e Lucille uma tensão cujas causas iam além do turbilhão da guerra. Al era baixo, mas atraente, enquanto Lucille tinha uma extraordinária beleza juvenil, que fazia as pessoas olharem quando ela caminhava pela rua. Além da conexão física e de seu amor pela dança, compartilhavam pouca coisa sobre a qual um casamento pudesse ser construído. Ambos tinham um histórico de pobreza extrema, e Al partiu de Seattle sabendo que pouco podia fazer para sustentar a esposa e o filho enquanto estivesse no estrangeiro. O romance deles havia sido rápido, e o casamento fora forçado pela gravidez de Lucille, sem o apoio de amigos ou da família. Assim como uma adolescente grávida, Lucille enfrentou desafios extremos representados por sua idade, etnia, classe e situação econômica. Foi a própria pobreza de

Lucille que fomentou uma profunda desconfiança em Al Hendrix, que mais tarde levantaria questões sobre lealdade, fidelidade e paternidade.

PATERNIDADE E LINHAGEM SANGUÍNEA eram questões complicadas na família Hendrix havia três séculos. A história da família assemelhava-se à de muitos outros descendentes de negros escravizados, no sentido de que muito pouco dela foi registrado nos anais da história escrita pelos brancos. Jimi Hendrix iria tornar-se um dos primeiros músicos negros do rock a cair no gosto de um público em sua maioria branco, mas sua própria ancestralidade era multirracial e incluía uma mistura complexa de nativos americanos, negros escravizados e brancos donos de escravos.

O avô materno de Jimi foi Preston Jeter, nascido em Richmond, Virgínia, em 14 de julho de 1875. A mãe de Preston havia sido escrava e, assim como muitos ex-escravos em Richmond, continuou na mesma ocupação doméstica depois da Guerra Civil. O pai era o antigo proprietário da mãe dele, mas não se sabe se Preston foi o resultado de estupro ou de um ato consensual – caso isso seja possível em uma relação entre dono e escrava. Ainda jovem, Preston tomou a decisão de ir embora do Sul dos Estados Unidos, depois de testemunhar um linchamento. Rumou ao Noroeste, ao ouvir falar que as condições para os negros eram melhores por lá.

Preston tinha 25 anos quando chegou a Roslyn, Washington, uma cidadezinha mineradora com cerca de 130 quilômetros a Leste de Seattle, na Cordilheira das Cascatas. Infelizmente, ele encontrou, em Roslyn, uma violência racial desenfreada, semelhante à que existia no Sul, e que eclodiu quando a administração minerária levou afro-americanos para a cidade, com o intuito de contornar uma greve de mineiros brancos. O xerife do condado alertou o governador por carta: "Há um forte ressentimento contra os negros [...] e receio que haja derramamento de sangue". Diversos assassinatos com motivação racial se seguiram. "O assassinato é algo normal", comentou um morador da cidade.

Em 1908, os afro-americanos haviam se tornado, se não uma parte aceita, ao menos tolerada na sociedade de Roslyn. Uma foto desse ano mostra Preston no meio de um grupo de mineiros negros na frente do Big Jim E. Shepperson's Color Club, único bar que podiam frequentar. Ainda assim, a intolerância racial continuava forte, e, quando uma explosão na mina matou 45 homens, incluindo vários afro-americanos, os brancos não permitiram que as vítimas negras fossem enterradas no cemitério local. No fim, 24 cemitérios diferentes foram criados na cidade, cada um dedicado a uma única etnia ou fraternidade.

Depois de uma década em Roslyn, Preston deixou a cidade para ir trabalhar nas minas de Newcastle, Washington. Em 1915, ele estava morando em Seattle e trabalhava como jardineiro. Então, passado dos 40 anos, ele acalentava a esperança de encontrar uma esposa. Lendo o *Seattle Republican,* ele encontrou o anúncio de uma jovem que estava em busca de um marido.

A MULHER DO ANÚNCIO era Clarice Lawson, a avó materna de Jimi Hendrix. Clarice havia nascido em Little Rock, Arkansas, em 1894. Assim como muitos afro-americanos desse estado, seus antepassados incluíam tanto escravos quanto cherokees. Clarice contaria aos filhos que o governo dos Estados Unidos havia perseguido seus ancestrais cherokee, até que os escravos os esconderam, e disso resultaram casamentos entre os dois grupos.

Clarice tinha quatro irmãs mais velhas, e as cinco irmãs Lawson viajavam regularmente do Arkansas, onde moravam, até o Delta da Louisiana, para colher algodão. Em uma dessas viagens, Clarice, então com 20 anos, foi estuprada. Quando Clarice descobriu, mais tarde, que estava grávida, as irmãs decidiram levá-la para o Oeste e encontrar depressa um marido para ela. Elas escolheram Washington depois de ouvirem os trabalhadores da ferrovia dizerem que a região oferecia melhores oportunidades para os negros.

Em Seattle, elas publicaram um anúncio procurando um marido, sem mencionar a gravidez de Clarice. Preston Jeter respondeu e, embora fosse dezenove anos mais velho que Clarice, eles começaram a namorar. Quando as irmãs de Clarice o pressionaram para que se casassem e lhe deram uma quantia em dinheiro como dote, ele ficou desconfiado e terminou o relacionamento. Clarice teve o bebê, que foi colocado para adoção. As irmãs ofereceram a Preston mais dinheiro caso ele se casasse com a agora chorosa Clarice. Ele concordou, e o casamento foi realizado em 1915. Embora o casamento durasse até a morte de Preston, trinta anos depois, as circunstâncias incomuns nas quais ambos se conheceram iriam tornar tenso o relacionamento.

Tanto Preston quanto Clarice haviam ido para o Noroeste para começar uma vida em um local onde a etnia representasse um problema menor do que era em outros lugares. Até certo ponto, isso era verdade em Seattle, onde não havia a segregação de bebedouros só para brancos, tal como as existentes no Sul, onde vigoravam as Leis de Jim Crow.[1] No Noroeste, porém, os afro-americanos encontraram uma forma menos declarada de discriminação, mas que ainda limitava as oportunidades. Em Seattle, os negros moravam quase apenas em uma área chamada de Distrito Central, 10 km^2 que abrigavam algumas das casas mais antigas, e mais decrépitas, da cidade. Fora desse bairro, os proprietários raramente alugavam imóveis para afro-americanos, e muitos locais tinham leis que proibiam a venda de propriedades para não brancos.

Embora suas opções de moradia fossem limitadas, os afro-americanos obtinham algum benefício com a segregação racial que de fato existia em Seattle. No Distrito Central, eles desenvolveram uma comunidade muito unida, onde o orgulho étnico era forte e os laços de vizinhança floresciam. "A comunidade era pequena o suficiente para que, caso você não conhecesse alguém, conheceria a família da pessoa", recordou Betty Jean Morgan, que morou ali a vida toda. O bairro também constituía o lar de nativos americanos, bem como de imigrantes chineses, italianos, alemães, japoneses e filipinos; as escolas locais estavam repletas com uma colcha de retalhos de etnias. Havia nessa área suficientes minorias

---

[1] Conjunto de leis raciais segregacionistas estaduais que vigoraram nos Estados Unidos entre 1877 e 1964. (N. do E.)

étnicas e religiosas – ela era também o centro da vida judaica da cidade – para que se desenvolvesse um multiculturalismo ímpar não apenas em Seattle, mas nos Estados Unidos como um todo. A historiadora Esther Hall Mumford deu a seu livro sobre a história da Seattle negra o título de *Calabash*, uma referência à tradição africana de cozinhar em uma panela grande o suficiente para alimentar a aldeia, e essa metáfora – uma vizinhança inclusiva e autossuficiente – era apropriada para o Distrito Central de Seattle na primeira metade do século XX. Esses fortes laços sociais e um cálido senso de inclusão teriam um impacto duradouro em todos que ali cresceram.

A comunidade negra de Seattle tinha seus próprios jornais, restaurantes, lojas e até seu próprio distrito de entretenimento, cujo epicentro era a Rua Jackson. Ali, nas casas noturnas e cassinos, apresentavam-se atrações de jazz e blues de fama nacional. Tão vibrante era a cena que um editor de jornal comparou-a às importantes ruas State, em Chicago, e Beale, em Memphis. Embora Preston e Clarice Jeter não frequentassem com regularidade os clubes da Rua Jackson, esse variado e vibrante submundo seria um cenário importante para a juventude de seus filhos e, por fim, para seu neto Jimi Hendrix.

O MAIOR DESAFIO PARA os negros em Seattle – um desafio que ameaçava suplantar todos os demais – era encontrar um emprego justo. Os afro-americanos eram tolerados pela sociedade branca de Seattle na maioria das situações, mas as únicas profissões abertas aos negros eram serviços como cozinheiros, garçons ou carregadores ferroviários. Em um padrão que era familiar, Preston encontrou trabalho como estivador, durante uma greve; aquele era um trabalho em geral restrito aos brancos. Clarice conseguiu um emprego de doméstica, ocupação que 84% das mulheres afro-americanas de Seattle exerciam em 1910, de acordo com o censo. Clarice, como a maioria das mães negras da época, cuidava de bebês brancos enquanto ela própria começava a ter seus próprios filhos.

Ao longo dos dez anos seguintes, Clarice teria oito filhos, dois dos quais morreriam na infância e dois seriam dados para adoção. Lucille, caçula do casal, nasceu em 1925, oito semanas prematura. Em decorrência das complicações de um tumor, bem como da depressão pós-parto, Clarice permaneceu no hospital por seis meses após o nascimento de Lucille. Preston, então com 50 anos e também com problemas de saúde, não tinha condições de cuidar da família, e assim as três irmãs de Lucille – Nancy, Gertrude e Delores – cuidaram dela nos primeiros meses. Ela foi levada para casa em um dia de dezembro no qual ocorreu uma nevasca, evento raro em Seattle. "Tiveram de subir com muito cuidado a colina na frente de nossa casa, carregando a bebê", recordou Delores Hall, que à época tinha 4 anos. "Elas a colocaram em meus braços e disseram, 'Tenha cuidado, porque ela é sua nova irmã'."

A família Jeter enfrentou enormes desafios ao longo dos anos seguintes. Clarice vivia sendo internada no hospital, com problemas de saúde físicos e mentais, e as crianças foram enviadas para acolhimento familiar na casa de uma grande família alemã que morava em uma pequena fazenda ao Norte de Greenlake. Naquela área onde os brancos predominavam, elas com frequência eram confundidas com ciganos, outra minoria étnica repudiada pela Seattle branca.

Quando Lucille fez 10 anos, sua família estava de novo morando junta no Distrito Central. Na adolescência, tinha olhos muito bonitos e uma silhueta esguia. "Lucille tinha cabelos longos, espessos e escuros, lisos, e um sorriso largo e bonito", disse Loreen Lockett, a melhor amiga na escola. Preston e Clarice eram especialmente protetores com Lucille, que só teve permissão para ir a bailes ao fazer 15 anos. Bonita e alegre, Lucille chamava a atenção mesmo então. "Era uma garota atraente e dançava muito bem", recordou James Pryor. "Tinha a pele muito clara e cabelo bonito. Ela podia se fazer passar." Fazer-se "passar" era a expressão afro-americana para alguém que tinha uma tez clara o bastante para poder se passar por branca. Fazer isso significava uma espécie de trapaça, mas abria um mundo de opções de trabalho que estavam vedadas à maioria dos negros. Mesmo dentro da comunidade afro-americana da época, pele mais clara e cabelo liso eram sinônimos de beleza, e Lucille tinha ambos.

De acordo com todos os relatos, aos 15 anos, Lucille era recatada e um pouco imatura. Ela também era dotada de talento musical e cantava bem. De vez em quando, entrava em concursos amadores, e em um deles ganhou um prêmio de 5 dólares. Ainda, sua maior alegria na vida era estar na pista de dança com um bom parceiro. Certa noite, em novembro de 1941, Lucille passou na casa de uma colega no caminho para um baile no Washington Hall. Ela acabava de fazer 16 anos. Como qualquer garota colegial, estava empolgada por estar indo a um concerto, e a atração daquela noite era o lendário pianista de jazz Fats Waller. Um rapaz do Canadá estava visitando a amiga. "Lucille", disse sua colega, "conheça Al Hendrix".

CAPÍTULO 2

Um Bar Chamado "Balde de Sangue"

※

Vancouver, Colúmbia Britânica
1875-1941

*"Ela trabalhava em um lugar chamado Bucket of Blood [O Balde de Sangue].
Sempre ocorriam mortes lá, e brigas. Era um lugar difícil."*
— Dorothy Harding

Quando Jimi Hendrix começou a ficar conhecido, no final dos anos 1960, os jornais muitas vezes erravam seu sobrenome e escreviam "Hendricks". Hendrix aceitou isso como parte da indústria do entretenimento, assim como as várias grafias de seu primeiro nome. O sobrenome de família, de fato, havia sido Hendricks até 1912, quando seu avô o encurtou, mudando para Hendrix.

A árvore genealógica paterna de Jimi, assim como a materna, incluía antepassados escravizados, donos de escravos e nativos da etnia cherokee. O avô paterno de Jimi, Bertran Philander Ross Hendrix, nasceu em Urbana City, Ohio, um ano depois do fim da Guerra Civil. Nascido fora do casamento, era fruto do relacionamento inter-racial entre sua mãe, uma ex-escrava, e um comerciante branco que havia sido o dono dela. A mãe o batizou com o nome do pai, na esperança de que ele sustentasse o filho, coisa que nunca ocorreu. Quando Bertran chegou à idade adulta, conseguiu trabalho como auxiliar de palco, em uma companhia de *vaudeville*[1] de Chicago. Lá, ele conheceu Nora Moore e os dois se casaram. A bisavó de Nora era uma cherokee pura. Essa ascendência, em conjunto com a linhagem da família Jeter, fez com que Jimi Hendrix tivesse ao menos um oitavo de sangue nativo americano.

Nora e Bertran chegaram a Seattle em 1909, quando a companhia de *vaudeville* em que trabalhavam, a Great Dixieland Spectacle, formada apenas por negros, apresentou-se na Exposição Alasca-Yukon-Pacífico, na Universidade de Washington. Passaram aí o verão e depois partiram para Vancouver, Colúmbia Britânica, situada logo a Norte da fronteira com o estado de Washington. Vancouver tinha ainda menos minorias do que Seattle e, com a pouca demanda pelo *vaudeville* negro, Bertran passou a trabalhar como operário e servente. Em Vancouver, o casal descobriu que o predomínio branco na cidade era tão grande que eles constituíam quase uma anomalia. Estabeleceram-se em Strathcona, o distrito imigrante que também era o epicentro da venda de produtos ilegais e da prostituição, sendo chamada pelos locais de "milha quadrada do pecado".

Nora e Bertran tiveram três filhos – Leon, Patricia e Frank – nos seis primeiros anos de casamento. Em 1919, nasceu seu quarto e último filho, James Allen Hendrix, pai de Jimi. Al, como sempre foi chamado, nasceu com seis dedos em cada mão, fato considerado um mau agouro pela mãe. Ela cortava os dedos extras amarrando-os com um cordão de seda bem apertado, embora eles crescessem de novo. Já adulto, Al às vezes assustava os amigos de Jimi, mostrando-lhe seus dedinhos adicionais em miniatura, com suas unhas diminutas.

Como todas as famílias canadenses negras, os Hendrix lutavam com dificuldade em uma época em que os trabalhos que pagavam melhor estavam

---

[1] Nos EUA, o *vaudeville* era uma forma de entretenimento que reunia, em uma apresentação, diversos atos não relacionados entre si, incluindo músicos, comediantes, dançarinos, mágicos, malabaristas e até animais treinados. Popular de meados da década de 1890 até início dos anos 1930, o gênero declinou após a Segunda Guerra Mundial em razão do crescimento do rádio e depois da televisão. (N. da T.)

reservados somente para os brancos. Em 1922, Bertran perdeu seu emprego como funcionário de banheiro – considerado um dos poucos empregos abertos a todas as etnias – depois que um assassinato ocorrido na cidade originou um sentimento contra os negros. Ele acabou sendo contratado como auxiliar em um campo de golfe, emprego que manteve até sua morte, em 1934.

A morte de Bertran e a morte precoce de seu filho mais velho, Leon, forçaram a família a sobreviver com o auxílio assistencial do governo canadense, e eles acabaram perdendo a casa. Todos se mudaram, com o novo namorado de Nora, para uma casa precária na Rua Georgia Leste. Foi ali, no quarto que dividia com seu irmão Frank e um inquilino, que Al se tornou adolescente. Um de seus poucos luxos era ouvir "Midnight Prowl" [Ronda Noturna], programa de rádio que tocava os sucessos do momento das *big bands*. Quando tinha 16 anos, Al assistiu a uma apresentação de Duke Ellington e foi fotografado dançando durante o concerto por um colaborador do *Vancouver Sun*. Ver sua foto no jornal foi uma das poucas grandes alegrias da infância de Al.

Quando ficou mais velho, Al começou a participar de concursos de dança. Ele se orgulhava de conseguir lançar sua parceira no ar e, em um movimento chamativo, deslizá-la entre suas pernas. Mas havia tão poucas mulheres negras no Canadá – e sair com uma mulher caucasiana em Vancouver era perigoso – que Al se sentia perdido. Conseguiu trabalho em um restaurante chamado Chicken Inn, que à época era um centro de cultura negra da cidade. Lá ele fazia números de dança entre as entregas de refeições e tinha habilidade suficiente para que suas apresentações fossem aplaudidas.

Ao completar 18 anos, Al recebeu uma oferta para lutar boxe de forma remunerada. Ele era robusto e musculoso, mas, mesmo já adulto, tinha apenas 1,68 metro de altura. O promotor de boxe o levou para o Crystal Pool, de Seattle, onde Al participou de sua primeira competição como peso meio-médio. Ele chegou às finais, mas perdeu o campeonato e descobriu que a promessa de pagamento havia sido um engodo. Pior que a derrota foi sua experiência no Hotel Moore, onde ele e outro boxeador negro foram informados de que a piscina era só para brancos. Ele ficou olhando enquanto o resto da equipe nadava.

De volta a Vancouver, Al foi recusado em todos os locais onde candidatou-se a algum emprego. Várias vezes procurou trabalho como carregador ferroviário, mas diziam-lhe que era baixo demais, embora não houvesse uma exigência de altura. Por fim, deixou o Canadá e foi para Seattle, na esperança de lá encontrar melhores oportunidades e de que uma população negra maior pudesse lhe dar chance de encontrar uma namorada.

Ele chegou a Seattle, em 1940, com 40 dólares no bolso. Seu primeiro emprego fixo foi no clube noturno Ben Paris, no centro da cidade, onde limpava as mesas e lustrava sapatos. Por fim, conseguiu emprego em uma fundição de ferro; o trabalho era pesado, mas pagava bem. Nessa época, a única alegria verdadeira de Al vinha da pista de dança, onde por algum tempo todas suas preocupações desapareciam. Ele tinha um terno *zoot*[2] marrom com risca de giz, e por cima usava um sobretudo bege na altura do joelho. Era assim que estava vestido na noite em que conheceu a adolescente de 16 anos chamada Lucille Jeter.

LUCILLE ESTAVA NO NONO ano quando conheceu Al. Embora fosse muito bonita, era bastante ingênua no que diz repeito a garotos, e Al foi seu primeiro namorado. A criação canadense dele a intrigava, mas também alienava Al de parte da comunidade afro-americana de Seattle. "As pessoas de Seattle eram arrogantes com relação a gente do Canadá", observou Delores Hall. Al não tinha amigos em Seattle, e esse seria um problema recorrente para o casal: o fato de Lucille ter muitos amigos, e ser tão bonita, causava profundo ciúme de Al. "Al era um cara bem musculoso", recordou James Pryor. "Todo mundo se mantinha afastado de Lucille por causa dele. Ele se irritava com facilidade e não tinha medo de fazê-lo. Se alguém se engraçasse com ela, com certeza não seria em público, porque Al o mataria."

---

[2] Terno masculino com calças de cintura alta e pernas muito largas, estreitando-se na direção da barra, e paletó longo com lapelas largas e grandes ombreiras. Durante a década de 1940, foram populares entre os afro-americanos e outras minorias e, durante a Segunda Guerra Mundial, acabaram sendo motivo de agressões racistas. (N. da T.)

Al e Lucille tiveram alguns encontros bem castos, mas o que selou a relação foi um gesto de carinho e lealdade da parte dela. Quando Al teve uma hérnia e foi hospitalizado, Lucille apresentou-se no hospital para trabalhar como enfermeira voluntária. Depois da alta hospitalar, Al começou formalmente a cortejar Lucille, passando a visitar os pais dela, como era requisito à época. Os pais de Lucille gostavam de Al, mas não o levavam a sério porque sentiam que a filha – que à época tinha apenas 16 anos – era nova demais para ter algum envolvimento sério com um homem.

Al foi despedido da fundição, mas conseguiu emprego em um salão de bilhar. Ele estava guardando bolas de bilhar quando ouviu que os japoneses haviam atacado Pearl Harbor. Com 22 anos na época, ele tinha certeza de que seria convocado e, sob a pressão da guerra, seu relacionamento com Lucille se acelerou. Em fins de fevereiro, ela engravidou, de certa forma uma façanha, uma vez que Al morava em uma pensão que não aceitava visitas femininas. Quando Lucille contou aos pais, eles ficaram furiosos. "Ela era o bebê da família, e aquilo era a última coisa que eles teriam esperado", recordou Delores.

Com certa timidez, Al disse aos Jeter que iria se casar com a filha deles, embora isso não aplacasse Preston, que tentou sem sucesso convencer Lucille a não se casar. O casamento ocorreu no fórum do Condado de King, e três dias depois Al embarcou para servir no exército. Após sua partida, Lucille continuou frequentando a escola, apesar de grávida e casada, ocultando dos colegas ambos os segredos. Ela era tão magra que meses se passariam antes que a gravidez ficasse evidente; quanto ao casamento, Al não tivera dinheiro nem para lhe comprar um anel. Embora Lucille, com um filho a caminho e nenhum meio de sustento, tivesse pensado em se formar na *junior high* (equivalente americano ao Ensino Fundamental), em uma certa tarde, ao soar o sinal, ela largou os livros escolares em cima da carteira e nunca mais voltou.

#####

Por alguns meses, Lucille continuou morando com os pais, embora a relação com eles fosse tensa em razão da situação dela. A família enfrentava dificuldades financeiras e vivia à custa do seguro social; não estavam em posição de sustentar uma filha grávida e desempregada. Lucille acabou encontrando trabalho como garçonete na turbulenta cena dos clubes da Rua Jackson. Precisou mentir sobre sua idade, mas, em clubes como o infame Bucket of Blood, a legalidade era ignorada em todos os aspectos. Quando não estava atendendo atrás do balcão, Lucille era parte do entretenimento. "Ela cantava, e os homens lhe davam gorjetas porque era muito boa cantora", Delores Hall recordou.

Trabalhando no Bucket of Blood, Lucille tornou-se parte do que os boêmios chamavam de "Main Stem" (algo como "artéria principal"). "Era esse o termo usado para descrever o lugar onde tudo acontecia", observou Bob Summerrise, um dos primeiros DJs negros de Seattle, proprietário de uma loja de discos na área. "Você chegava a uma cidade que não conhecia e perguntava, 'Onde é a Main Stem?'. E a coisa era *doida* lá. Cafetões, prostitutas, apostadores, traficantes, alguns drogados, mas também todos os outros empresários bem-sucedidos da sociedade negra que iam para se divertir ou tomar algo." Na esquina da 14ª Avenida com a Jackson, um vendedor de jornais que tinha um braço só, apelidado de Neversleep (nunca dorme) berrava as manchetes dia e noite. Era uma vizinhança onde sempre estava acontecendo algo, e simplesmente dizer que você estava indo para a Rua Jackson já era uma declaração não apenas sobre suas intenções, mas sobre sua moral. Com certeza, aquele era um lado da cultura negra muito diferente da comunidade centrada na igreja em que Lucille fora criada. A jovem depressa foi seduzida pelo fascínio exótico dos muitos clubes da Rua Jackson.

A Main Stem era também o centro do *rhythm and blues* na cidade. Em clubes como o Black & Tan, o Rocking Chair e o Little Harlem Nightclub, existia um mundo alternativo vibrante e intenso, quase desconhecido pela Seattle branca. Jimmy Ogilvy, que se tornaria mais tarde o líder do The Dynamics, visitou a Rua Jackson quando era adolescente e descobriu que ser branco não era um impeditivo tão grande quanto usar as roupas erradas. "Usavam-se ternos *zoots*, grandes chapéus e sapatos de couro legítimo", ele recordou. "Você não era admitido a menos que se vestisse da forma certa. Os clubes não ligavam se você fosse branco; eles só queriam que você estivesse dançando e se divertindo. Você tinha que ser elegante."

Para a graciosa Lucille Jeter Hendrix, então com 16 anos, trabalhar na Rua Jackson foi uma mudança de vida. No começo ela não tinha qualquer experiência, mas aprendeu depressa. Delores observou que aquela vizinhança "endureceu" sua irmã, mas também ampliou o mundo de Lucille, antes muito fechado. O distrito tornou-se seu ambiente – Lucille conhecia as pessoas, era conhecida por elas, e nunca mais voltou a se sentir completamente à vontade no mundo mais sério de seus pais e do Distrito Central. Tampouco voltou a se sentir bem no mundo tradicional representado por Al Hendrix, que já parecia ser uma vaga lembrança.

NO FIM DO VERÃO de 1942, a gravidez de Lucille começou a ficar aparente, e ela não podia mais trabalhar. Durante o outono, estava morando com Dorothy Harding, amiga da família. Harding era só sete anos mais velha que Lucille, mas já havia criado sozinha três filhos (e ainda teria mais seis). Era também uma das primeiras mulheres afro-americanas a trabalhar em um estaleiro de Seattle, local que antes da guerra estava fora dos limites tanto para negros quanto para mulheres. Talvez o mais importante fosse que Harding fazia a ponte entre a Main Stem e a Rua Principal. Embora comparecesse à igreja todos os domingos, Dorothy amava música e homens – um de seus filhos havia nascido de um breve relacionamento com o cantor Jackie Wilson. Lucille estava bem avançada na gravidez quando foi morar com Harding. "Ela me chamava de tia", Harding recordou. "Eu cuidei dela."

Lucille estava na casa de Dorothy, numa noite chuvosa de novembro, quando o trabalho de parto começou. Elas correram para o hospital e foi um parto rápido. O bebê nasceu às 10h15 da manhã, em 27 de novembro de 1942. Todos tinham certeza de que o garoto era a criança mais fofinha que já haviam visto. Naquela noite, Delores lhe deu o apelido de "Buster", inspirado pelo personagem Buster Brown, da tira de quadrinhos de Richard Outcault, e também nome de uma marca de sapatos infantis. Mais tarde, seria dito que Jimi ganhou o apelido por causa de Larry "Buster" Crabbe, o ator que fazia o papel de Flash Gordon no seriado de cinema que Jimi adorava. O próprio Jimi contou essa versão da história, mas ele não sabia que aquele nome havia sido usado antes que ele fosse capaz de entrar às escondidas nas matinês de cinema. Durante toda sua vida, a maior parte dos parentes e vizinhos em Seattle chamou-o pelo nome inspirado por um garotinho travesso dos quadrinhos publicados nos jornais da época.

Ao menos parte do motivo para o apelido era evitar o nome civil escolhido por Lucille: Johnny Allen Hendrix. Johnny não era um nome comum nem na família dela nem na dele, e isso fez com que Al tivesse sempre dúvidas em relação à paternidade do garoto; ele tinha certeza de que o filho fora registrado com aquele nome em homenagem a John Page, um estivador que alugava um quarto de Dorothy Harding. Harding negou que Page tivesse se envolvido com Lucille antes do nascimento de Jimi, mas um evidente relacionamento se desenvolveu em algum momento. Lucille pode, de fato, ter dado ao bebê o nome de Page, mas também poderia ter sido uma coincidência, pois John foi o nome mais popular para meninos em 1942. De qualquer modo, ninguém chamava o bebê de Johnny, nem mesmo Lucille, e esse seria o primeiro dos três nomes civis que Jimi Hendrix teria ao longo da vida.

Al foi informado do nascimento por meio do telegrama de Delores. Quando Lucille finalmente enviou para Al uma foto sua com o bebê no colo, a legenda que escreveu foi "Estes somos o bebê e eu", sem usar o nome do filho. Outro instantâneo que Delores tirou e mandou para Al tinha uma legenda que dizia: "Para o papai com todo o meu amor, Bebê Hendrix". No verso, Delores escreveu "Caro Allen: aqui está, por fim, uma foto de seu garotinho 'Allen Hendrix'. Ele tem exatos dois meses e três semanas. Parece ter o dobro da idade, não é? Espero que você receba esta foto. Delores Hall".

Esses instantâneos de Lucille com o bebê constituem algumas das poucas fotos dela que sobreviveram. Vestindo um casaco e uma saia recatada, sem meias de seda, ela fez uma pose reservada, com as pernas bem cruzadas, mas também havia uma sugestão de sensualidade em seu sorriso divertido. O cabelo liso estava preso atrás, em um rabo de cavalo, na época um estilo mais comum entre estudantes do que entre donas de casa. Ela e seu bebê bochechudo são ambos fotogênicos e têm os mesmos olhos amendoados. Nenhum soldado das forças armadas poderia olhar para aquela foto sem sentir um misto de orgulho, desejo e saudades agridoces.

Não muito depois do nascimento do bebê, Al fora enviado para o Pacífico Sul e estava em Fiji quando recebeu a primeira foto de seu filho. Al esteve longe do campo de batalha durante a maior parte do serviço militar, o que lhe dava muito tempo para pensar sobre o que poderia ou não estar acontecendo em Seattle. Em sua autobiografia, *My Son Jimi,* Al observou que, logo depois do casamento, Lucille escrevia com frequência, mas que, "depois que Jimi nasceu, ela passou por dificuldades". Algumas das dificuldades eram financeiras, pois Jimi já tinha feito 1 ano quando começaram a chegar às mãos dela os pagamentos recebidos por Al no exército. Mas, em meados de 1943, outras circunstâncias na vida de Lucille conspiraram para complicar as coisas. Em junho, seu pai, Preston, faleceu, o que fez com que Clarice, sua mãe, sempre frágil, tivesse outro colapso mental. Clarice saiu por algum tempo da casa da família e, enquanto estava fora, a casa foi destruída por um incêndio. Não havia seguro, e a família perdeu tudo o que tinha, inclusive as fotografias.

DURANTE O ANO SEGUINTE, Lucille e o bebê viveram uma vida errante, indo da casa de Dorothy Harding para a de sua irmã Delores, e depois voltando. Na verdade, ninguém tinha de fato espaço para ela ou para o filho. Ela continuava trabalhando em restaurantes e bares, e deixava Buster sob os cuidados de Dorothy, Delores ou Clarice. "No começo, Lucille não sabia nem trocar uma fralda", Harding recordou.

Freddie Mae Gautier, uma amiga da família, insinuou ter havido uma negligência ocasional. Em depoimento à justiça, Gautier contou em detalhes como, em um dia de inverno, Clarice apareceu na casa da família Gautier tendo nos braços um embrulho. "Este é o nenê de Lucille", disse. Gautier, que na época tinha 12 anos, recordou que o bebê estava "gelado, com as perninhas azuis" e sua fralda estava congelada de urina. A mãe de Gautier limpou a criança, deu-lhe um banho quente e massageou sua pele com azeite de oliva. Quando Clarice estava de saída, a sra. Gautier declarou que a criança ficaria com ela até que Lucille viesse pegá-la. Quando Lucille chegou, recebeu um sermão sobre como cuidar direito de um bebê.

Por fim, em sua pobreza desesperadora, Lucille encontrou outros homens para sustentá-la, incluindo, ao menos durante algum tempo, John Page. Se foi por indiferença a Al, ou o gesto de uma mãe adolescente à beira da inanição, ou uma combinação entre ambos, é uma incógnita. Nos sombrios dias de 1943, ainda não se sabia que rumo a guerra tomaria, nem se algum dos homens enviados para longe voltaria. Se Lucille Hendrix foi infiel ao marido que estava fora do país, não foi a única mulher de militar a sair da linha. "Acho que ela fez o esforço de esperar por ele", observou Delores. "Ele ficou longe por muito tempo." Al, é claro, tinha suas opiniões. "Lucille aguentou por um bom tempo, acho", escreveu ele em *My Son Jimi,* "antes de sair por aí com as amigas e com outros homens". Al reclamou que suas cartas para Lucille, muitas vezes, voltavam, e, nos raros casos em que ela lhe escrevia, o endereço do remetente era de hotéis de má reputação.

Até mesmo a família de Lucille estava apreensiva quanto ao bem-estar do bebê e quanto a John Page. Muito preocupados, seus parentes procuraram um advogado e ouviram dele que, se Page havia levado Lucille para fora de Washington, poderia haver motivo para que fosse acusado de cruzar os limites estaduais transportando uma menor de idade. Ao saberem que Page havia levado Lucille e o bebê para Portland, Oregon, a família dela foi para lá de trem e descobriu que Lucille estava no hospital, depois de ter levado uma surra. "Jimi estava com ela", recordou Delores. "Pegamos Jimi e ela e voltamos para casa com eles." Como Lucille tinha apenas 17 anos à época, Page foi preso, acusado nos termos da Lei Mann e sentenciado a cinco anos de prisão.

Naquela primavera, Lucille finalmente começou a receber o soldo de Al, pago pelo exército, que ajudou a melhorar sua situação financeira, mas não fez com que ela sossegasse. A tarefa de cuidar de Buster recaiu – mais e mais – sobre Delores e Dorothy, e sobre a avó Clarice. Quando o garoto tinha quase 3 anos, Lucille e Clarice levaram-no para Berkeley, Califórnia, onde participaram de uma convenção da igreja. Depois da convenção, Lucille voltou para casa para trabalhar, mas Clarice decidiu visitar parentes no Missouri. Em um esforço de poupar o bebê da longa viagem ao Meio Oeste, uma amiga da igreja, a sra. Champ, ofereceu-se para cuidar dele por algum tempo. A sra. Champ era mãe de uma garotinha chamada Celestine. Anos mais tarde, Jimi Hendrix mencionaria com frequência o carinho com que Celestine o tratara quando ele era bebê.

A guarda da criança pela sra. Champ deveria ter sido temporária, mas foi-se prolongando e delineava-se uma adoção informal. Delores mantinha correspondência regular com ela e disse-lhe que precisava escrever a Al, contando que o bebê estava na Califórnia. Assim, Al Hendrix estava a milhares de quilômetros de distância, no Pacífico, a poucas semanas de dar baixa do exército, quando recebeu uma carta informando que seu filho estava sob os cuidados de uma desconhecida.

CAPÍTULO 3

Inteligência Acima da Média

Seattle, Washington
Setembro de 1945 – junho de 1952

"Ele tem inteligência acima da média para sua idade, e esse pessoal está apaixonado por ele."
— AL HENDRIX, em carta para a mãe

AL HENDRIX VOLTOU PARA Seattle em um navio de transporte de tropas, em setembro de 1945. Quando a embarcação entrou na baía de Elliott, ele apontou para a cidade e disse a um companheiro "Eu moro bem ali". Na verdade, Al não sabia onde iria morar, e também era incerto se tinha uma esposa. Enquanto mobilizado no estrangeiro, ele dera entrada no pedido de divórcio.

Depois de dar baixa, Al foi morar com sua cunhada Delores; Buster ainda estava na Califórnia com a sra. Champ. Em seguida, Al viajou a Vancouver para ver sua família e, só depois de passar várias semanas ali, retornou para Seattle e foi até a prefeitura para obter uma cópia da certidão de nascimento do filho, imaginando que isso o ajudaria a viajar com a criança. Dois meses se transcorreram depois da baixa do exército antes que ele fosse para a Califórnia buscar o garotinho.

O primeiro encontro de Al com seu primogênito no apartamento da família Champ foi estranho. Ele escreveu em *My Son Jimi* que foi invadido por um misto de emoções ao ver o filho: "Um bebê novinho teria sido diferente. Ali estava ele, com 3 anos de idade, e ele seria capaz de olhar e julgar por si mesmo". Ao menos parte do desconforto deveu-se ao fato de o garoto ser tão parecido com a mãe. Al ficou impressionado com a semelhança, sobretudo os olhos. Até no sorriso amplo o menino recordava Lucille.

A família tentou convencer Al a deixar Buster com eles. Teria sido fácil arranjar uma adoção, e, considerando as incertezas do futuro, poucos teriam censurado Al por concordar. Em uma carta que mandou de Berkeley para sua mãe, Nora Hendrix, Al se mostrava confuso quanto à situação, mas também dominado pelo amor de pai. Ele escreveu que Buster era "um belo garoto, e é adorável. Ele tem inteligência acima da média para sua idade, e esse pessoal está apaixonado por ele – todos estão". Al escreveu que a sra. Champ estava inconsolável com a ideia de perder o garoto: "Estão tão apegados a ele, e amam-no tanto, e ele também está tão acostumado com eles, que é uma pena levá-lo embora, mas eu também o amo. Mas, no fim das contas, ele é meu filho, e quero que saiba quem é seu pai, embora agora ele me chame de papai o tempo todo". Al terminou a carta dizendo que, se tivesse que ir embora da Califórnia sem o menino, "Nunca vou me perdoar por isso, de modo que, quando eu for embora, ele vai comigo". Ele prometeu ver a mãe no Natal.

Jimi Hendrix nunca falou sobre o que sentiu quando encontrou seu pai pela primeira vez e se, de fato, recordava a ocasião. Até aquele ponto, Jimi havia sido criado exclusivamente por mulheres e faltava-lhe uma figura paterna. Estava acostumado com a sra. Champ e adorava Celestine. Quando Al ameaçou castigá-lo, no trem em que voltavam para casa, Jimi chamou, choroso, por Celestine, sua protetora que já não estava mais ali. Durante aquela viagem de trem, Al aplicou no filho sua primeira surra paternal. "Acho que ele estava sentindo um pouco de saudade de casa e se portou mal", escreveu Al mais tarde.

Em Seattle, Al e Jimi foram morar com Delores, no conjunto habitacional Yesler Terrace. Esse foi o primeiro projeto público de moradias com integração racial nos Estados Unidos e, apesar da pobreza de seus residentes, constituía uma comunidade muito unida, onde diversas culturas se encontravam, em um terreno comum. "Eram lugares bons naquela época", Delores recordou. "Não havia muitos negros, mas todo mundo lá se dava bem." Buster passou a conviver com muitas outras crianças, e esse foi o início de sua criação multicultural.

Pegando a todos de surpresa, Lucille apareceu logo depois de Al e Buster. Suas primeiras palavras para Al foram "Aqui estou eu". Pela primeira vez, os três membros da família Hendrix estavam juntos em um mesmo aposento. O encontro foi agridoce para todos: Lucille não sabia como seria recebida pelo filho – que não via há meses – e por seu marido; há mais de três anos não o via. Buster não sabia o que pensar, vendo os pais juntos pela primeira vez. Al não conseguia decidir se externava sua ira contra Lucille ou se a abraçava. Ele ficou impressionado ao ver como sua esposa era atraente; nos três anos desde que a viu pela última vez, a garota havia se transformado em uma bela mulher. Ao fim daquele dia, Al decidiu abandonar o pedido de divórcio. Lucille perguntou-lhe: "Você quer tentar?". A resposta de Al: "Talvez a melhor coisa a fazer seja dar mais uma chance". A atração física era a ligação mais forte entre eles; era o que faria com que sempre voltassem para os braços um do outro, mesmo nos períodos em que enfrentavam dificuldades conjugais.

Em todos os aspectos, os meses seguintes foram os mais tranquilos que a família viria a ter. Morando com Delores, seus gastos eram mínimos, e Al ainda estava recebendo pequenos pagamentos do exército, e assim ele e Lucille podiam sair quase todas as noites. E Delores – mais comportada que a irmã – era uma babá muito conveniente. Lucille e Al cuidavam dos filhos de Delores durante o dia, enquanto ela trabalhava na Boeing; então ela cuidava de Buster enquanto eles saíam e renovavam seu romance. "Eles tiveram então sua lua de mel", Delores observou. "Percorriam a Rua Jackson para cima e para baixo."

A jovem família chegou a fazer uma viagem de carro até Vancouver. Nem Lucille nem Buster haviam encontrado antes a mãe de Al, Nora, e Al estava feliz por poder exibir o filho. Buster afeiçoou-se à avó, e essa seria a primeira de muitas viagens que ele faria para visitá-la.

Com o tempo, Delores, que não bebia, ficou farta da forma como Al e Lucille consumiam álcool. "Eles bebiam e se divertiam, e eu estava criando uma família", ela disse. Quando Lucille estava bêbada, era afetuosa e emotiva demais. Al era o oposto: o álcool piorava seu humor, e ele se tornava amargo.

Depois que Al conseguiu emprego em um matadouro, seu salário permitiu que se mudassem para um hotel que recebia trabalhadores temporários na área da Rua Jackson. O quarto modesto tinha apenas uma cama de solteiro, que ele, Lucille e Buster dividiam. Tinham um fogareiro elétrico de uma boca para preparar as refeições; o único outro móvel do cômodo era uma cadeira de escritório. Eles moraram nesse quarto de hotel durante meses.

Foi enquanto a família morava no hotel, e um ano após sua volta, que Al decidiu mudar legalmente o nome de seu filho. Escolheu James como primeiro nome, porque era seu próprio nome civil, e Marshall como nome do meio, porque era o nome do meio de seu falecido irmão, Leon. Depois disso, algumas pessoas passaram a chamar o garoto de Jimi ou James, enquanto a família o chamava de Buster.

Morar no hotel levou a família a um território familiar para Lucille – era mais ou menos a mesma área onde ela havia trabalhado como garçonete durante a guerra. Ela conhecia muita gente, e uma simples volta na rua significava que iria encontrar com vários conhecidos. A popularidade dela ajudava Al por associação, mas também alimentava os ciúmes dele. "Al só conhecia os amigos de Lucille", disse Delores. "Ele não tinha seus próprios amigos." A área onde viviam era uma das mais diversificadas da cidade, e as amizades deles incluíam chineses, japoneses, brancos e várias famílias filipinas. Contudo, em uma demonstração de que a desconfiança racial em Seattle ainda era profunda, Al contou que, mais tarde, teve sua licença de marinheiro temporariamente negada porque a comissão de licenciamento considerou-o uma "ameaça à segurança nacional", por conta dos amigos não brancos do casal.

Al, por fim, recebeu a licença de marinheiro mercante e foi contratado em um navio com destino ao Japão. Esse emprego o mandou a milhares de quilômetros de distância e, ao retornar, descobriu que Lucille havia sido despejada do hotel onde moravam. Al disse que o gerente do hotel contou que isso ocorrera por ela ter sido pega com outro homem no quarto.

Delores contestou essa versão de Al; o que quer que tenha acontecido, não impediu Al de voltar com Lucille de imediato, e assim um padrão emergiu: eles regularmente iriam romper e com igual regularidade voltariam a ficar juntos. "Era quase como um ciclo", escreveu Al em sua autobiografia. "As coisas iam muito bem por dois ou três meses. Depois disso, eu pensava, 'Oh-oh... algo vai acontecer'." Até mesmo Jimi Hendrix percebeu esse padrão e contou a um entrevistador, anos mais tarde, que a relação de seus pais era explosiva: "Minha mãe e meu pai costumavam brigar muito", ele disse. "Eu sempre tinha que estar pronto para ir embora de fininho para o Canadá." No país, ele podia ficar com sua avó Nora Hendrix; com mais frequência, ele era enviado para vovó Clarice, Delores ou Dorothy Harding, em Seattle.

Dorothy Harding tornou-se a opção mais frequente para cuidar de Buster depois que a família toda se mudou, na primavera de 1947, para seu primeiro apartamento, no conjunto habitacional Rainier Vista, onde Dorothy morava. Rainier Vista estava situado 5 quilômetros ao Sul do Distrito Central, em Rainier Valley. O conjunto em si era ocupado sobretudo por famílias brancas de aposentados, mas, depois da guerra, tornou-se o lar de um número crescente de afro-americanos. O apartamento de um quarto, na Rua Oregon, 3121, era tão pequeno que Buster dormia no *closet*. Esse *closet* tornou-se seu refúgio toda vez que os pais brigavam, o que acontecia com frequência.

A maioria das brigas decorria de problemas financeiros, e Lucille reclamava que Al não ganhava o suficiente para sustentá-los. Ela ameaçava sair e arranjar emprego como garçonete, mas para Al essa possibilidade era uma ameaça a sua masculinidade. A maior parte dos trabalhos que ele conseguiu nesse período envolvia trabalho manual e nenhum durou muito. Ele também estava estudando para ser eletricista, sob os auspícios da GI Bill,[1] com a esperança de ter um

---

[1] Lei americana, de 1944, que proporcionava uma série de benefícios para veteranos da Segunda Guerra Mundial. (N. da T.)

trabalho que pagasse melhor no futuro. O casal vivia com menos de 90 dólares por mês, com um aluguel de 40 dólares.

Lucille estava acostumada com a vida na Main Stem, e a vida doméstica e pobre que levavam no Rainier Vista constituía um profundo contraste com o modo como vivera. Al chegava exausto do trabalho e raramente tinha interesse em sair. Ele dizia a ela que fosse sozinha. "Quando ela voltava para casa, encontrava-o sentado do lado de fora, bebendo e furioso", Delores recordou. "A vizinha do lado me contou que ouvia muito barulho e brigas, todas as noites." Delores disse que Lucille com frequência aparecia machucada quando as brigas se tornavam físicas.

No início de 1948, uma das brigas foi tão violenta que, de acordo com Al, Lucille foi embora e morou durante um mês com um filipino chamado Frank. Caso isso tenha sido verdade, parece não ter sido causa suficiente para o divórcio, pois, quando ela retornou, ele a aceitou de volta. Como escreveu Al em sua autobiografia, "Não sou ciumento demais, mas, com as coisas que Lucille fazia, um monte de caras me dizia 'Cara, você aguenta coisa demais'. Eles diziam que teriam acabado com ela". Al fazia o contrário: quando Lucille ia embora, parecia desejá-la ainda mais. A versão de Delores Hall é de que Al de propósito interpretava mal os amigos homens de Lucille como sendo casos amorosos; por sua vez, Al afirmava que ela o traía às claras – é provável que a verdade esteja em algum ponto entre esses extremos. Ainda, se metade dos incidentes contidos na autobiografia de Al tivessem sido verdadeiros, ele era um corno de primeira ordem. Delores afirmou que o ciúme de Al era produto de sua imaginação e alimentado pelo álcool.

Mas nem todas as preocupações de Al tinham a ver com alucinações. Naquele ano, John Page saiu da cadeia e reapareceu, buscando vingança. "Ele ameaçou matar todos nós", disse Delores. Page veio atrás de Lucille com uma arma, jurando que ia levá-la para Kansas City. Ele foi escorraçado por um amigo da família que também tinha um revólver. "John Page havia decidido que usaria Lucille para prostituição", Delores explicou. Ao que parece, Page havia garantido a seus amigos que, com sua pele clara, Lucille seria um sucesso como prostituta.

Delores alertou Lucille de que deveria evitar Page, mas a resposta da irmã pareceu ingênua e até certo ponto cúmplice. "Eu não tenho muito contato com ele, mas ele sempre me dá dinheiro e presentes caros", disse a Delores. A situação era, como Dorothy Harding disse, "uma confusão horrível".

Page não desistiu facilmente. Uma noite, quando Al, Lucille, Delores e outros familiares estavam saindo do Atlas Theater, Page apareceu e agarrou Lucille.

"Tire suas mãos dela", gritou Al.

"Ela é minha mulher", retrucou Page. "Não me interessa se você é marido dela. Você não estava aqui – você não sabe nada."

Consequentemente, os dois homens iniciaram uma briga. Page era maior que Al, mas este tinha experiência como boxeador e acertou o primeiro soco, que atordoou seu oponente por um instante. A briga continuou pela rua afora, e Al manteve sua vantagem. Os dois acabaram sendo separados pela multidão, e Page fugiu. Lucille foi embora com Al, e John Page não voltou a incomodá-los.

Um demônio mais constante do que o ciúme era o álcool, que era o combustível para a maioria das discussões do casal. "Quando bebiam, eles brigavam", observou Delores. A casa também passou a ser um local de festas frequentes: "Quando Lucille e eu tínhamos bebidas em casa, bebíamos juntos e outras pessoas também apareciam, então virava uma festa", Al escreveu em *My Son Jimi*. Essas festas eram uma baderna tão absurda que tanto Delores quanto Dorothy proibiram os filhos de visitar a casa dos Hendrix; Jimi ou saía de casa ou ia para seu *closet* e ficava ouvindo a balbúrdia. Delores e Dorothy perceberam que Jimi se tornou mais retraído naquele ano. Quando lhe perguntavam por que andava tão quieto, sua resposta com frequência era: "Mamãe e papai estão sempre brigando. Sempre brigam. Não gosto disso. Queria que parassem". Quando as discussões noturnas dos pais começavam, Jimi, muitas vezes, fugia para a casa de Dorothy Harding. Ele andava tão calado que Harding achava que poderia ser algum problema de saúde. "Ele mal dizia uma palavra", ela recordou.

Quando falava, Jimi gaguejava um pouco, e essa gagueira durou até a adolescência, chegando a manifestar-se na vida adulta quando ele ficava nervoso. O garoto não conseguia pronunciar o nome de Dorothy, e assim ela se tornou "Tia Doortee". Ele começou a frequentar a pré-escola naquele outono e abriu-se um pouco, mas, com frequência, sofria *bullying* pela forma como falava. Em algum momento de 1947, ele ganhou seu primeiro brinquedo musical, uma gaita de boca, pela qual não demonstrou grande interesse, abandonando-o logo. Seu brinquedo favorito era um cachorrinho que Delores fizera para ele com retalhos. Nas poucas fotos dessa época, ele é visto segurando o cachorrinho de brinquedo como se fosse seu maior tesouro.

Durante os bons momentos da família, até mesmo Al admitia que Lucille era uma boa mãe: "Lucille de fato cuidava bem de Jimi", escreveu ele em seu livro. "Ela o puxava para si e falava com ele, e ele ficava abraçado com ela." Jimi era uma criança criativa e podia passar horas brincando sozinho. Dos 4 aos 6 anos, teve um amigo imaginário, Sessa, seu companheiro em tudo o que fazia.

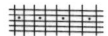

<hr />

No verão de 1947, Lucille engravidou de novo. No livro de Al, escrito cinquenta anos depois do fato, ele afirmou que sua esposa concebeu a criança durante um mês em que estiveram separados, algo que Delores Hall contestava. Seja como for, Al e Lucille, com certeza, estavam juntos naquele verão e, com a gravidez, a relação deles melhorou. Vários amigos deles relatam que Al estava feliz com a perspectiva de ter outra criança na família, em contraste com a versão menos otimista do livro de Al. "Ele vivia dizendo que estava muito feliz, pois queria ver o filho nascer – ele havia perdido o nascimento de Jimi por estar longe", disse Dorothy Harding.

O bebê nasceu em 13 de janeiro de 1948. Al lhe deu o nome de Leon, em homenagem a seu amado e falecido irmão. O nome de Al figurava na certidão de nascimento como pai, e no hospital ele não hesitava em mostrar a todos a criança, como qualquer pai recente faria. Delores também estava no Hospital Harborview, tendo dado à luz seu terceiro filho dois dias antes do nascimento de Leon. Ela ocupava a cama vizinha à de Lucille na maternidade e recordava todo o entusiasmo de Al com Leon: "Ele afastava as mantinhas dele, olhava-o inteirinho e dizia 'Estou tão feliz por ter outro filho. Agora posso ver como são seus dedinhos, como são os pezinhos, as mãozinhas'". Talvez em razão de seu próprio problema de nascença, Al repetidas vezes contava os dedos das mãos e dos pés de Leon.

O nascimento de Leon marcou o auge dos bons tempos da família. Al estava tão apaixonado pelo filho mais novo que tudo na vida deles pareceu melhorar. "Aquela foi a época em que eles viveram bem", disse Delores. "Al conseguiu um emprego melhor por algum tempo e as brigas pareceram diminuir." De imediato, ficou claro para todos – inclusive para Jimi – que Leon era o preferido de Al. Jimi contou a sua prima Dee: "Papai e mamãe estão loucos por meu irmãozinho; eles gostam mais dele do que de mim".

Não muito depois do nascimento de Leon, a família mudou-se para um apartamento de dois quartos, em Rainier Vista. O lugar ainda era pequeno, mas ao menos Jimi e Leon tinham um quarto para si. Jimi começou o jardim de infância em setembro daquele ano. Com 5 anos e 10 meses, ele era um pouco mais velho que as outras crianças, mas não tanto que parecesse deslocado. Depois de sair da escola à tarde, Jimi ia até uma grande área verde que ficava a oeste de Rainier Vista. Nesse bosque, ele travava batalhas diárias com caubóis imaginários, fingindo ser o guerreiro indígena sobre o qual ouvira histórias contadas por sua avó Nora Hendrix.

Apenas onze meses depois que Leon nasceu, Lucille deu à luz outro garoto, a quem Al deu o nome de Joseph Allen Hendrix. Al constou como pai na certidão de nascimento, embora em sua autobiografia negasse a paternidade de Joe. No entanto, enquanto Jimi e Leon eram altos e magros, Joe era baixo e robusto e parecia-se tanto com Al que podia ser seu irmão gêmeo.

O nascimento de Joe não foi um momento festivo para a família. Ele tinha vários problemas sérios de nascença, incluindo o estranho fenômeno de ter duas fileiras de dentes. Ele também tinha um pé torto, uma fenda palatina e uma perna bem mais curta que a outra. Jimi Hendrix tinha feito 6 anos no inverno em que Joe nasceu, e a família agora tinha três crianças pequenas para alimentar, quando mal havia conseguido sobreviver com um único filho.

Muito pior, porém, era o fato de que, pelo resto de seu casamento, Al e Lucille iriam acusar um ao outro de ser a causa dos problemas de saúde de Joe. Lucille culpava Al por tê-la empurrado enquanto ela estava grávida; Al colocava a culpa nas bebedeiras dela.

À medida que Joe crescia, ficou evidente que precisaria de cuidados médicos consideráveis. Al, assustado com os custos, começou a afastar-se emocionalmente da criança e do resto da família. Em contrapartida, as necessidades de Joe fizeram aflorar o instinto maternal de Lucille, que analisou as opções para as operações de que ele necessitaria. Ela levava Joe de ônibus para o hospital infantil no Noroeste de Seattle, naquela época uma viagem de quatro horas de ida e volta. Ela descobriu que o estado pagaria pela maior parte das necessidades médicas do garoto, mas a família teria de bancar alguns gastos. Al recusou-se. Ele havia concluído naquele ano seu curso de eletrônica, mas o único emprego que conseguiu foi de faxineiro noturno no mercado de Pike Place, onde varria o chão.

Em junho de 1949, a família chegou ao limite. As crianças tinham problemas de saúde decorrentes da desnutrição; na verdade, Jimi e Leon sobreviviam comendo na casa de vizinhos, hábito que logo se tornaria quase diário. Al decidiu que os três filhos seriam mandados para o Canadá, onde morariam por algum tempo com sua mãe, Nora. Jimi, agora com quase 7 anos, era o único deles com idade suficiente para compreender o impacto emocional de serem separados outra vez dos pais. A avó Nora era uma cuidadora mais estável do que Al ou Lucille, mas tinha suas próprias peculiaridades. Era dura nas punições – Joe disse que, quando ele molhava a cama, recebia dela uma surra severa –, mas sabia de muitos remédios à moda antiga para as doenças e tinha grande conhecimento sobre ervas. Jimi adorava as histórias que ela contava sobre seus ancestrais cherokee e sobre seu passado nos *minstrel* shows.[2]

---

[2] Surgidos nos Estados Unidos no século XIX, os *minstrel shows* eram um tipo de teatro popular calcado em estereótipos raciais, caricaturando, de forma racista, os afro-americanos e sua cultura. Os artistas eram na maioria brancos (que pintavam o rosto de preto, o chamado *blackface*), mas havia também companhias formadas por negros. (N. da T.)

Foi em Vancouver, em setembro de 1949, que Jimi começou a cursar o primeiro ano do ensino fundamental. Ele mais tarde contou, em uma entrevista, que sua avó o vestia com "uma jaquetinha mexicana com franjas", feita por ela mesma, e que outras crianças riam dele por causa dessa roupa. Em outubro, Jimi e os irmãos foram mandados de volta a Seattle, para Lucille e Al, que estavam de novo em uma boa fase. A queda seguiu-se depressa e, no outono de 1950, Jimi morava provisoriamente com Delores, quando começou a cursar o segundo ano na Horace Mann Elementary. Ele fez 8 anos durante esse outono, e a família Hendrix ganhou mais uma criança: Kathy Ira, nascida prematura, 16 semanas adiantada, e pesando apenas 750 gramas. Pior ainda, a família logo descobriu que ela era cega. Por algum tempo, Kathy morou com eles, mas, aos 11 meses de vida, ela passou para a guarda do estado e foi colocada em acolhimento familiar. Al também negou a paternidade de Kathy, embora ela, assim como Joe, tivesse uma semelhança notável com ele.

Uma segunda filha, Pamela, nasceu um ano depois, em outubro de 1951. Ela também tinha problemas de saúde, embora menos severos que os de Kathy. Al também negou a paternidade dela, embora, na certidão de nascimento, seu nome constasse como pai. Ela também foi colocada em acolhimento familiar, embora tenha permanecido na vizinhança e ocasionalmente visse o resto da família.

Jimi começou o terceiro ano escolar em setembro de 1951 na Rainier Vista Elementary School. Ele estava morando de novo com os pais, Leon e Joe no agora apertado apartamento de dois quartos. Apesar do drama familiar, Jimi encontrava prazer em coisas que intrigavam todos os garotos: lia revistas em quadrinhos, gostava de ir ao cinema e desenhava carros em seu caderno. Ele escreveu um postal para sua avó Nora naquele verão: "Como você está? Eu estou me comportando bem. Como está [meu primo] e eles? Eles também estão se comportando? Nós fizemos um piquenique e eu comi demais, mas o piquenique foi bom. Nós nos divertimos. Piu, piu. Amor, Buster".

As coisas logo ficaram tão complicadas na família dos Hendrix que Jimi até parou de escrever para a avó. Havia três crianças àquela altura (Jimi, Leon e Joe; as duas meninas já haviam sido entregues para acolhimento familiar). Lucille tinha problemas com o alcoolismo, assim como Al, e este de novo não conseguia encontrar um trabalho estável. Embora houvesse um sem-número de dificuldades aparentemente intransponíveis, no fim, foram as questões relativas a Joe Hendrix que resultaram na ruína da família. Lucille tinha esperança de que Joe, então com 3 anos, pudesse ter uma vida normal com a ajuda de uma operação na perna. Mas quanto a isso, Al foi firme: ele dizia, repetidas vezes, que não tinha como pagar a operação. Lucille já havia dado duas filhas; a ideia de dar também Joe, que vivera como parte da família por três anos, era demais para ela. Mais tarde, ela disse que sentia que Al havia tomado a decisão por mesquinhez e avareza. "Al disse que não ia gastar tanto dinheiro com uma criança, mesmo que o tivesse", recordou Delores.

Em fins do outono de 1951, depois que Jimi fez 9 anos, Lucille deixou Al. Este ficou desolado e, mais tarde, contou a versão de que havia sido ele quem tinha ido embora. Esse não foi, porém, o fim do relacionamento deles; nem mesmo o divórcio podia matar a atração mútua que sentiam ou o ódio igualmente intenso que a acompanhava. O divórcio deles foi oficializado em 17 de dezembro de 1951, mas eles voltaram a ficar juntos não muito tempo depois, e com igual rapidez separaram-se outra vez. No pedido oficial de divórcio, Al recebeu a guarda de Jimi, Leon e Joe. Tal guarda era mera formalidade: os garotos Hendrix, daí em diante, foram criados pelas avós, Clarice Jeter e Nora Hendrix, pela tia Delores Hall, pela amiga Dorothy Harding e por outras pessoas da vizinhança, como já vinha acontecendo durante a maior parte do casamento dos pais.

No verão de 1952, Lucille e Al encontraram-se pelo tempo suficiente para realizar um dos rituais mais tristes que a família já havia enfrentado. A recusa de Al em ajudar a pagar as despesas médicas de Joe significava que o filho só poderia receber os cuidados de que necessitava se estivesse sob a tutela do Estado. Para conseguir isso, Lucille e Al tiveram de abrir mão de seus direitos parentais sobre o garoto, então com 3 anos. Lucille suplicou a Al que reconsiderasse, e tanto Delores quanto Dorothy Harding se ofereceram para adotar Joe. Mas Al recusou todas as sugestões, talvez com a preocupação de ainda permanecer com a obrigação financeira.

Al pegou um carro emprestado para aquela ocasião dolorosa. Jimi e Leon perceberam que algo estava acontecendo quando viram o pai empacotar todas as coisas do irmão mais novo e levá-lo para o carro. Delores tinha sido chamada para tomar conta de Jimi e de Leon, e os três acenaram ao se despedirem de Joe. Leon recordou-se de ter ficado confuso; Jimi, com quase 10 anos, deve ter sentido a profunda tristeza da ocasião.

Joe, com certeza, recordou aquele dia. A mãe o levou no colo durante o percurso de carro. "Mamãe tinha um cheiro muito bom, de flores", lembrou-se Joe. No hospital, Lucille saiu do carro com Joe no colo e entregou-o a uma enfermeira que estava à espera. Ele então sentou-se na guia com a enfermeira e, quando a mãe subiu de novo no carro, ele começou a chorar. "Meu pai nem chegou a descer", Joe recordou. "Ele ficou com o motor ligado o tempo todo." Joe sentou-se no colo da enfermeira e ali ficou enquanto os pais iam embora. Nos anos seguintes, ele veria com frequência seus irmãos Jimi e Leon no Distrito Central. Os encontros deles com o irmão sempre foram afetuosos, e relembravam os três anos que viveram juntos, formando uma família. De tempos em tempos, Joe chegaria até mesmo a cruzar com Al Hendrix no bairro, mas nunca mais viu Lucille. A última visão que teve da mãe foi um breve vislumbre de sua mão na janela, quando o carro partiu.

CAPÍTULO 4

O Cavaleiro Negro

Seattle, Washington
Julho de 1952 – março de 1955

"Sir Gawain: Que cavaleiro?
Príncipe Valente: O Cavaleiro Negro. Quem é ele, senhor?
Sir Gawain: Um fantasma."
– do filme *Príncipe Valente*

JIMI HENDRIX FEZ 10 anos no Dia de Ação de Graças de 1952. Embora Al e Lucille estivessem divorciados no papel, estavam brevemente morando juntos de novo, e de fato Lucille estava grávida de seis meses. Mais tarde, Al também negaria a paternidade dessa criança. Nascido em 14 de fevereiro de 1953, o bebê foi batizado como Alfred Hendrix. Alfred foi o quarto filho de Al e Lucille a nascer com deficiências de desenvolvimento, e foi de imediato colocado para adoção.

Lucille estava morando com Al quando teve Alfred, que foi embora de novo não muito depois do nascimento. "Quando mamãe estava em casa, sentíamos o cheiro do bacon e das panquecas que ela fazia de manhã", Leon recordou, "e pulávamos da cama gritando, 'Mamãe está em casa!' Mas isso só durava um dia, porque então eles bebiam e discutiam, e mamãe ia embora." Durante esse período, Lucille morou com sua mãe, Clarice, que tinha um apartamento em cima da Cervejaria Rainier. Leon e Jimi escapavam para ir visitá-la e acabariam associando à mãe os cheiros da cervejaria. "Toda vez que sinto o cheiro do lúpulo, penso em mamãe", Leon disse.

Embora a situação financeira da família fosse péssima, os garotos, como incontáveis outros filhos de divorciados, manipulavam os pais a seu favor. "Papai costumava nos castigar mandando-nos para a casa de nossa mãe, e assim aprontávamos de propósito", Leon disse. A punição aplicada por Al, que ele chamava de "açoitamento", eram surras dadas com cinto. Quando a surra não resultava na obediência desejada, Al os mandava para Lucille. "Papai arrumava nossas sacolinhas com as escovas de dente e coisa e tal", Leon recordou. "Às vezes acho que ele só queria se livrar de nós por algum tempo. Ele dava duro no trabalho, mas parece que nunca resolvia aquela situação. Ele nos castigava dizendo que tínhamos que passar o fim de semana com nossa mãe, mas era o que queríamos." Muitas vezes, esses exílios planejados davam errado, quando Al e Lucille se desentendiam na hora da entrega dos meninos, e Al voltava furioso para casa com eles. Sentindo-se enganados por não ficarem com a mãe, os garotos então fugiam para a casa dela, o que tornava necessária mais uma surra de cinto quando Al os encontrava. Al quase não batia neles se não estivesse bêbado. "Às vezes, ele ficava embriagado demais e esquecia o motivo pelo qual estávamos sendo castigados", Leon disse. À medida que Jimi ficava maior, ele começou a resistir às surras, agarrando o cinto e segurando-o para que Al não conseguisse acertá-lo. Essas tentativas em geral eram inúteis. "Meu pai era forte", Leon disse. "Ele nos segurava com uma das mãos e açoitava-nos com a outra."

O trabalho de Al, na época, era bombear gás no turno das quatro da tarde à meia-noite para a Companhia de Eletricidade de Seattle. Criando os filhos sozinho, Al não tinha quem cuidasse deles depois das aulas, e os vizinhos preocupados ligavam com frequência para ele no trabalho, colocando em risco seu emprego. Jimi arranjava mais confusão do que Leon, mas, em geral, suas travessuras não eram sérias e até compreensíveis para garotos que estavam largados.

"Os vizinhos começaram a assumir a tarefa de cuidar de nós, porque sabiam o que aconteceria – os assistentes sociais nos levariam embora", contou Leon. Os funcionários do departamento de assistência social andavam em carros verdes, e Leon e Jimi aprenderam a ficar de olho em tais veículos e a esconder-se quando viam algum. Tinham cuidado para não faltar na escola, evitando chamar a atenção das autoridades de lá. "Eles não eram maus garotos", recordou o vizinho Melvin Harding. "Só um pouco indisciplinados e desorientados."

Al escreveu em sua autobiografia que, às vezes, passava fome para alimentar os meninos, mas, mesmo com esse sacrifício, havia pouco para comer. Ainda, a casa era imunda, pois Al não conseguia, ou não queria, limpar a residência ou lavar roupa, tarefas que para ele seriam de mulher. Por um breve período, Al arranjou uma namorada nova, mas ela o largou quando ficou claro que ele a queria sobretudo para cuidar da casa. Em geral, Leon e Jimi apareciam na casa de vizinhos por volta da hora do jantar. "Jimi e eu costumávamos ter tanta fome que íamos à mercearia roubar comida", Leon disse. "Jimi era esperto: ele abria uma embalagem de pão, tirava duas fatias, embrulhava de novo e devolvia ao lugar. Então ele ia até a seção de carnes e roubava um pacote de presunto para fazer um sanduíche."

Na primavera de 1953, a sorte da família melhorou quando Al conseguiu um emprego no departamento municipal de engenharia, como trabalhador braçal. Com uma renda mais consistente, ele comprou uma casinha de dois quartos na Rua Washington Sul, 2603, dando uma entrada de 10 dólares. A mudança os levou de volta ao Distrito Central, a poucas quadras de distância da Rua Jackson. Para Jimi e Leon, o mais importante foi que aquela mudança lhes deu um quintal e sua primeira casa própria.

A casa em si tinha apenas 85 metros quadrados e bons 50 anos de idade, mas, para os garotos, era como um palácio. Jimi e Leon dormiam no mesmo quarto, e, não muito depois de terem se mudado, a sobrinha de Al, Grace, e o marido dela, Frank Hatcher, foram morar com eles. "Al nos pediu que fôssemos morar com ele para cuidar das crianças", recordou Frank. "Ele simplesmente não conseguia fazer isso sozinho. Estava bebendo muito e jogando, e muitas vezes nem voltava para casa." Por algum tempo, os Hatcher foram os pais de fato dos garotos, com Grace tornando-se uma das muitas figuras maternas de ambos. Quanto à mãe de verdade, Lucille aparecia apenas de vez em quando. Ela ficava mudando de hotel em hotel e visitava-os a intervalos de algumas semanas, mas já não era uma presença rotineira.

Jimi mudou de escola no fim de abril. Ele passou a frequentar a Leschi, a escola elementar com maior integração racial da cidade. Ali conheceu os garotos que seriam seus melhores amigos de infância: Terry Johnson, Pernell Alexander e Jimmy Williams. "Era como nossa própria família à parte", recordou Pernell. A avó de Pernell, a sra. Mae Jones, era quem o criava e desempenharia um papel importante na vida dos garotos. "Costumávamos tomar o café da manhã lá todo dia antes de ir para a escola", recordou Jimmy Williams. "A sra. Jones nos amava, Jimi e eu, de paixão."

De todos os garotos, Terry Johnson era o que tinha a família mais unida e havia crescido na igreja. Jimi, às vezes, acompanhava-o à Igreja Metodista Grace, onde foi apresentado à música *gospel*. "Jimi foi comigo algumas vezes", Johnson recordou, "e acho que foi uma das primeiras vezes em que foi à igreja". Jimi achou a música inebriante, e ver um coro vigoroso cantando deu-lhe uma compreensão da força da música ao vivo.

O amigo mais próximo de Jimi era Jimmy Williams, que vinha de uma família de 13 filhos. Jimmy e Jimi tornaram-se inseparáveis, talvez porque ambos fossem introvertidos. Para evitar confusão devido aos nomes idênticos, dentro de sua turma, eles usavam apelidos: Jimi era "Henry" (forma mais curta de Hendrix) ou Buster; Terry Johnson era "Terrikins"; e Jimmy Williams era "Potato Chips" ("batata frita"), por causa de seu petisco favorito. O primeiro nome de Pernell era diferente o bastante para que ele não precisasse de um apelido.

Nas férias escolares de verão, a diversão deles era nadar no lago Washington ou assistir a alguma matinê barata no Atlas Theater, onde Jimi se apaixonou pelo seriado *Flash Gordon* e, sobretudo, pelo filme *O Príncipe Valente*. O vilão desse filme chamava-se Cavaleiro Negro, e Jimi e Leon avançavam um contra o outro com vassouras, fazendo de conta que disputavam combates medievais, e discutiam quem faria o papel do famigerado Cavaleiro Negro. Quando a família adotou um cão, ele recebeu o nome de Prince [Príncipe], em homenagem ao Príncipe Valente.

A mesma vassoura usada em combates era também transformada em uma guitarra imaginária. Embora Jimi não tivesse demonstrado antes nenhum interesse particular por música, em 1953, ele começou a seguir as paradas populares e a acompanhar as músicas do rádio tocando sua vassoura como se fosse uma guitarra. "Sempre ouvíamos 'As 10 Mais da Parada de Sucessos'", Jimmy Williams recordou. Eles preferiam cantores românticos populares, como Frank Sinatra, Nat King Cole e Perry Como. Dean Martin era o favorito de Jimi na época.

Quase todos os dias depois da aula, Jimi ouvia o rádio de Al e fingia acompanhar com a vassoura. Al, que achava que uma vassoura só devia ser usada para varrer, reprovava tal hábito. "Jimi ficava por ali de bobeira, tocando sua vassoura e, quando papai entrava, recomeçava a varrer", Leon recordou. "Então papai encontrava palhas da vassoura em cima da cama e ficava maluco."

Os meninos também passavam os verões trabalhando nos campos ao Sul de Seattle, colhendo feijão ou morangos. O trabalho exigia que levantassem cedo para pegar um ônibus até a fazenda. Al acordava-os às quatro da manhã e eles iam caminhando até a padaria Wonder Bread, onde Jimi conhecia um funcionário que deixava do lado de fora *donuts* do dia anterior. Iam a pé até o distrito industrial de Seattle e pegavam um ônibus que os levava a uma fazenda situada 30 quilômetros ao Sul da cidade. Na fazenda, os apanhadores eram pagos pelo que colhiam, e os garotos trabalhavam até conseguirem o suficiente para pagar o almoço, ou comiam morangos até se fartarem. Às vezes, nadavam no rio Green, e, em uma ocasião, Jimi salvou Leon de afogar-se. "Eu caí em um canal, e Jimi pulou na água e me salvou", Leon disse. Muitas noites, voltando dos campos para casa, os garotos se davam ao luxo de comer hambúrgueres de carne de cavalo, que custavam 10 centavos cada um. "Pedíamos dois, e aquele era o ponto alto do dia", Leon disse. "Então íamos para casa e esperávamos por papai, porque, bom, às vezes ele não vinha para casa."

Depois de um ano, Grace e Frank Hatcher ficaram fartos do comportamento de Al. Quando foram morar com ele, Al havia concordado em assumir a responsabilidade de cozinhar semana sim, semana não, e os Hatcher sentiram que ele não manteve a parte dele no acordo. "Ele só fazia arroz, feijão e salsicha", disse Frank Hatcher. "Ele comprava a carne mais barata: só pescoço e carne de cavalo." Cansados disso, os Hatcher se mudaram de lá, e os garotos ficaram de novo sozinhos com o pai. Al não confiava aos filhos sua própria chave de casa, de modo que Jimi, ou algum de seus amigos, tinham de descobrir em que bar Al estava para pegar a chave. "Havia uns cinco bares aos quais ele ia", recordou Pernell Alexander. "Era só tentar imaginar em qual ele estaria." Al preferia o Shady Spot Tavern, na 23ª Avenida, ou o Mt. Baker Tavern, na 25ª com Jackson. No Mt. Baker, Jimi podia olhar pela janela e ver se o pai estava lá, sem ter que entrar. Muitas vezes, Jimi e Leon desistiam e passavam a noite na casa de amigos.

Enquanto isso, o jogo de gato e rato entre a família e a assistência social continuou. Em 1954, em resposta a repetidas denúncias de vizinhos, um assistente social passou a visitar a casa todas as semanas. Maiores problemas foram evitados por algum tempo, porque Delores Hall e Dorothy Harding, de tempos em tempos, iam à casa para fazer a limpeza e garantir que as roupas das crianças fossem lavadas. Delores recordou-se de ter aparecido certa tarde e ver que Al não estava, e que os meninos estavam tentando cozinhar para si: "Jimi estava fritando ovos e, quando me viu, abriu um sorriso enorme e disse, 'Estou fazendo o jantar!'". Muitas das tarefas domésticas recaíram sobre Jimi, que, ainda com 11 anos, cuidava do irmão. "Jimi era o protetor de Leon", recordou Pernell Alexander. "Ele fazia tudo o que podia para garantir que Leon fosse bem cuidado."

Por fim, um assistente social encurralou Al Hendrix, e, por mais que as tias tentassem consertar as coisas, não dava para esconder a negligência em que Leon e Jimi viviam. Al tinha duas alternativas: os filhos poderiam ser mandados para acolhimento familiar ou ser colocados para adoção. Embora as condições em que vivessem fossem lamentáveis, aquele era o único mundo que os garotos conheciam e ambos imploraram a Al que não fossem separados. Al então tomou uma decisão que, por um breve período, alteraria a vida deles: ele argumentou que Jimi, quase adolescente, precisava de menos cuidados e, por isso, deveria ficar com ele. Leon, que sob todos os aspectos era o favorito do pai, iria para o acolhimento familiar. O assistente social aprovou a ideia, mas disse a Al que Leon teria de partir de imediato. "Não o leve agora, amanhã eu o acompanho até a casa", pediu Al. Foi uma das poucas vezes em que os meninos viram o pai chorar. O assistente social aceitou, e a partida de Leon foi adiada por uma noite.

Naquela noite, que todos achavam que seria a última que passariam juntos, Al exibiu um afeto que não lhe era característico. Em geral, o maior contato físico que os garotos esperariam dele seria um tapinha nas costas ou um aperto de mão; o gesto favorito de ambos, porém, era quando Al esfregava de leve os nós dos dedos na cabeça deles. Os dedos de Al eram calosos e ásperos pelos anos de trabalho manual, e talvez ele achasse que os nós eram mais suaves do que um carinho com a calejada palma da mão. Era uma forma estranha de demonstrar afeto, mas Jimi e Leon passaram a gostar desses momentos de conexão e ternura. Depois que o assistente social se foi, Al passou boa parte da noite afagando a cabeça deles, como se carícias suficientes dos nós dos dedos ásperos e rachados pudessem agir como um bálsamo para a dor que os filhos haviam enfrentado, e para toda a dor que ainda teriam pela frente.

Leon e Jimi estavam tristes no dia seguinte, quando Al levou Leon embora, mas a mudança foi muito menos dramática do que haviam imaginado. O garoto foi colocado em uma casa a seis quadras de distância, e ele e Jimi ficavam juntos todos os dias. "Ou eu ia brincar com Jimi na casa de meu pai, ou Jimi vinha a minha casa", Leon recordou. "Nunca ficamos separados de verdade." Arthur Wheeler, o pai acolhedor de Leon, confirmou o relato. "Jimi passava o tempo todo aqui em casa", contou. "Ele comia conosco com bastante frequência."

Arthur e Urville Wheeler tinham seis filhos, mas abriram sua casa para crianças necessitadas, chegando a receber dez delas de uma vez. Eram pessoas religiosas e viviam os ensinamentos da Bíblia, tratando igualmente todas as crianças, incluindo as que acolhiam. Jimi tornou-se um integrante informal da família. "Jimi ficava mais em nossa casa do que na casa do pai", recordou Doug Wheeler, um dos filhos do casal. "Muitas vezes, Jimi dormia em nossa casa para poder tomar o café da manhã antes de ir para a escola. Se não fizesse isso, talvez não tivesse nada para comer." Jimi e Leon ficaram espantados quando viram que sempre havia comida na cozinha dos Wheeler e que uma tigela com frutas ficava sobre o balcão. Jimi lamentava-se com frequência, "Queria poder morar aqui". No fundo, era o que fazia.

Supreendentemente, apesar da agitação de sua vida, Jimi tinha um bom registro de frequência na escola Leschi. Ele não era um aluno brilhante, mas suas notas eram boas e ele era promissor em artes. Em seu caderno, fazia incontáveis desenhos de temas típicos de meninos, como discos voadores e carros de corrida. Seu interesse em desenhar automóveis era tão grande que ele esboçou vários modelos de carros e os enviou à Ford Motor Company. Naquele outono, por insistência de Al, Jimi tentou jogar no time júnior de futebol americano. O treinador era Booth Gardner, que décadas mais tarde se tornaria governador de Washington. "Ele não era um atleta", Gardner recordou. "Ele não era bom o suficiente para começar a treinar; na verdade, ele não era bom o bastante para ser um jogador." Por um curto período, Jimi também foi membro da Boy Scout Troop 16 [Tropa Escoteira 16].

Em 1955, quando tinha 12 anos, o interesse de Jimi por música deu outro salto, depois que ele viu Jimmy Williams cantando "Wanted", de Perry Como, em um show de talentos da Leschi. "Houve muitos aplausos", Williams recordou. "Depois do show, Jimi veio falar comigo e disse 'Uau, você vai ser famoso. Você ainda vai ser meu amigo quando for famoso?'." O que Jimi havia percebido – talvez pela primeira vez na vida – era o poder do palco em transformar uma pessoa, e até um garoto tímido como Jimmy, em um artista. Foi uma lição que Jimi Hendrix aprendeu muito bem.

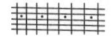

MUITAS FAMÍLIAS QUE VIVEM no Distrito Central de Seattle garantem que Jimi era presença regular em suas casas durante o jantar e na hora de dormir. Nesse período, Jimi passava muito pouco tempo na casa do pai e, para todos os propósitos, vivia da caridade da comunidade afro-americana. A contribuição que os Wheeler e outros como eles deram ao bem-estar de Jimi foi inestimável. Essas famílias, literalmente, mantiveram-no vivo.

Nenhuma família fez mais por Jimi Hendrix ao longo dos anos do que os Harding. Tia Doortee, como ele chamava Dorothy Harding, havia ajudado Lucille durante o parto, trocou as fraldas dele quando bebê e manteve um interesse constante por seu bem-estar. Jimi chamava Dorothy Harding de tia, mas ela desempenhava o papel de mãe mais do que qualquer outra mulher em sua vida, incluindo sua própria mãe biológica. Se tia Doortee ficava sem ver Jimi durante algum tempo, ela ia atrás de Al e passava-lhe um sermão, algo que fazia com regularidade, e ela era a única mulher da qual Al aceitava tais críticas.

Harding estava criando seus nove filhos como mãe solteira e tinha dois empregos para conseguir fazê-lo. Em 1955, ela trabalhava durante o dia na Boeing, como rebitadora, e então corria para casa e preparava a comida para as crianças antes de ir para seu segundo emprego, como doméstica de uma rica família branca. Os Harding tinham um apartamento de três quartos em Rainier Vista e, durante os vinte e cinco anos que ali viveram, Dorothy dormiu em um sofá na sala, deixando os quartos para as crianças. Apesar das dificuldades, Dorothy mantinha as crianças alimentadas e limpas, e todo domingo levava a turma toda à igreja católica de St. Edward. Muitas vezes, Jimi os acompanhava e parecia gostar do ritual, talvez apenas porque o fizesse sentir-se parte de uma família de verdade.

Os garotos Harding mais velhos assumiram o papel de protetores de Jimi em muitas ocasiões. "Havia um entendimento silencioso de que ninguém mexeria com ele por nossa causa", Melvin Harding recordou. "Ele não era briguento. Era quieto, tinha um sorriso sempre pronto, o tipo de sorriso que amolecia todo mundo." Jimi era introvertido, até mesmo melancólico. "Ele era muito sensível", Ebony Harding comentou. "Nunca dizia que sentia falta da mãe ou do pai, mas dava para saber que sentia. Ele chorava muito."

Foi durante uma das muitas noites que passou com os Harding que Jimi fez uma afirmação tão premonitória que os Harding a consideram sobrenatural e contam todos exatamente a mesma história. Dorothy Harding recordou: "Ele me disse 'Eu vou embora daqui, e vou para muito, muito longe. Vou ser rico e famoso, e todo mundo aqui vai sentir inveja'. Ele disse que iria embora do país e que nunca mais voltaria. Eu lhe disse que não podia fazer isso e me deixar aqui. Ele respondeu 'Não, tia Doortee, eu vou levar você comigo'". As crianças riram da petulância da declaração de Jimi.

Outra verdade profética surgiu nas histórias que as crianças da família Harding contavam umas às outras quando iam para a cama. Embora Jimi idolatrasse os meninos, o membro da família que mais efeito teve em sua futura carreira foi Shirley. Sendo uma das filhas mais velhas, era sua a responsabilidade de colocar os irmãos mais novos para dormir. Ela colocava todos na cama, diminuía a iluminação e então sentava-se no corredor no meio dos quartos. De seu posto, todas as noites, ela dava início a uma apresentação que era um elixir mágico para Jimi. Ela contava histórias, "histórias inventadas", como Jimi costumava chamá-las, e ele as adorava.

As histórias da hora de dormir sempre envolviam três personagens: Bonita, Audrey e Roy. Os nomes deles nunca variavam, embora a cada noite suas identidades mudassem. "As histórias eram como as fábulas de Esopo", recordou Ebony Harding. "Sempre tinham uma moral." Se alguém tivesse feito algo particularmente gentil naquele dia, Shirley contava a história de modo que todos soubessem que era sobre aquela pessoa. E se alguém tivesse feito algo errado, aquela criança iria reconhecer-se caracterizada como Bonita, Audrey ou Roy, com seus erros relatados e explicados. Jimi, com frequência, era o material bruto para o personagem Roy na história noturna. Limpar a casa dos Harding era uma tarefa sem fim, e Jimi assumia com tanta frequência o trabalho de varrer a cozinha que chamava a atenção, tornando-se assim, nas histórias, "Roy, o garoto varredor". Shirley fazia com que Roy, Bonita e Audrey tivessem muitos sucessos e derrotas, mas nenhuma história trouxe maior alegria à família – e a Jimi – do que a história em que Roy atingia o sucesso como guitarrista. "Roy ficou rico e famoso por causa de sua guitarra de vassoura", Shirley contava. "Vinha gente do mundo todo para ouvi-lo tocar. Ele ficou tão rico que andava por aí em um longo Cadillac preto. Ele estava sempre feliz. Ele tinha dinheiro aos montes, mas ainda limpava a cozinha, e varria o chão, e lavava os pratos." Aqui a história tinha sua moral: até os garotos ricos e famosos precisavam se lembrar de varrer o chão. "Roy era rico e famoso, e tinha um Cadillac", ela continuou. "Ele podia ir a qualquer lugar do mundo. Mas Roy não era aquele tipo de garoto – ele viajava pelo mundo, mas sempre voltava para casa em seu Cadillac. Ele costumava ir de carro até Rainier Vista e tocar a buzina, e todos os garotos vinham correndo para enchê-lo de amor." Nessa altura da história, Jimi tinha certeza de que estava ouvindo seu próprio futuro distante, vindo até ele como um sonho delicioso.

CAPÍTULO 5

Johnny Guitar

Seattle, Washington
Março de 1955 - março de 1958

"Herói: Meu nome é Johnny. Johnny Guitar.
Primeiro bandido: Isso não é nome.
Segundo bandido: Cara, eu o mato, senhor. Coroa, você pode tocar uma música para ela."
– do filme *Johnny Guitar*

NA PRIMAVERA DE 1955, Jimi Hendrix foi fotografado com sua classe do sexto ano, na escola Leschi. A foto da turma de 46 crianças poderia ser um cartão-postal das Nações Unidas: havia nela número igual de afro-americanos, caucasianos e asiáticos-americanos. "Eram uma época e um lugar idílicos", recordou Jimmy Williams. "Era como se a etnia não importasse. Nós nos sentíamos parte de um todo maior." Na fotografia, Jimi exibe uma expressão divertida diante dos adultos que tentavam fazer tantas crianças permanecerem quietas. Jimi formou-se na Leschi naquela primavera e passou para o ensino médio com média C.

Sua vida familiar, porém, era qualquer coisa menos "média". Em 30 de março de 1955, em uma audiência no fórum de Condado de King – o mesmo local onde haviam se casado – Al e Lucille Hendrix abriram mão legalmente de seus direitos parentais sobre Joe, Kathy, Pamela e Alfred Hendrix. A audiência foi uma formalidade, pois as crianças já haviam sido entregues ao Estado, mas, de qualquer forma, ao assinar a decisão judicial, Al e Lucille estavam renunciando, em perpetuidade, a "todos e quaisquer direitos parentais e interesse pelas crianças". Delores Hall disse que Lucille estava "destruída" ao assumir diante da corte seu fracasso como mãe. A audiência também foi significativa à luz das posteriores afirmações de Al Hendrix sobre não ser o pai daquelas crianças; na corte, ele admitiu ser pai das quatro.

A audiência aconteceu em um momento em que a situação de Jimi em casa havia chegado a seu ponto mais baixo até então. Al havia perdido o emprego e estava atrasado com os pagamentos da hipoteca. As condições da casa haviam se deteriorado ao ponto que mesmo as visitas das várias tias não eram suficientes para controlar a imundície e a desordem. Quando o treinador de futebol Booth Gardner esteve lá certo dia, encontrou Jimi sentado sozinho no escuro. "A luz tinha sido cortada", Gardner recordou.

Jimi percorria a vizinhança a qualquer hora do dia ou da noite, sem que ninguém tomasse conta dele. Muita gente no Distrito Central conhecia-o como se conhece um cachorro de rua que vai de casa em casa. Mas na rebeldia de Jimi ainda havia um senso infantil de descoberta, e ele logo conhecia todos os músicos da vizinhança só de ouvir o som dos ensaios deles. Ele ouvia a música que saía de uma casa e, sendo um garoto curioso, ele apenas batia na porta. "Meu irmão tocava teclado, Jimi ouviu a música e um dia apenas bateu à porta", recordou Sammy Drain.

Havia perigo para um adolescente, porém, no modo de vida itinerante. Um dia, Jimi estava na floresta com um grupo de crianças. Um de seus vizinhos, um garoto com deficiência de desenvolvimento, ficava para trás o tempo todo. Jimi e os demais gritaram-lhe para que os alcançasse e, quando o garoto sumiu de vista, voltaram para procurá-lo. Encontraram o garoto a ponto de ser abusado sexualmente por um homem mais velho, que eles fizeram fugir. Uma década depois, Jimi contou a uma namorada que ele próprio havia sofrido abuso sexual quando mais jovem. Ele não entrou em detalhes específicos, exceto que o abusador tinha sido um homem de uniforme, mas esse foi um incidente que o marcou.

Naquele verão, o departamento de assistência social mais uma vez ameaçou recorrer à justiça para forçar que Jimi fosse mandado para acolhimento familiar. Al fez um acordo em que Jimi iria morar com seu irmão Frank, que vivia ali perto. Na casa de Frank, Jimi encontrou em Pearl, esposa dele, outra figura matriarcal afro-americana forte. Ela comandava a família como um sargento, mas também dava a seus membros afeto e manteiga de maçã feita em casa. "Minha mãe me explicou que Jimi precisava de um lugar para ficar porque Al não tinha como cuidar dele", Diane Hendrix recordou. Frank Hendrix trabalhava na Boeing e tinha uma boa renda, de modo que um prato a mais na mesa não era um problema. O principal ponto negativo para Jimi foi que a mudança o levou para uma escola diferente daquela que seus velhos amigos frequentavam. Quando Jimi começou o sétimo ano, naquele outono, ele estudou na escola Meany, enquanto seus amigos estavam na Washington.

Al encontrou trabalho como jardineiro, atividade que exerceria pelo resto da vida. Mas cortar grama não pagava bem, e ele foi forçado a aceitar pensionistas. Cornell e Ernestine Benson mudaram-se para a casa dele por algum tempo, ocupando o quarto que fora de Jimi. Ernestine descobriu que, além de pagar aluguel, Al esperava que ela fizesse todo o trabalho de casa. A despeito de Al e Lucille estarem divorciados havia vários anos, a ex de Al era tema frequente das conversas dele. "Ele a chamava de bêbada", Ernestine recordou. "Às vezes, ele a acusava disso enquanto estava bêbado. Mas era assim que os homens tratavam as mulheres naquela época. Era aceito que os homens bebessem, mas uma mulher que bebesse era repudiada." O consumo de álcool do próprio Al, Ernestine recordou, estava fora de controle, e havia vezes em que ele se perdia ao voltar para casa. "Ele chegava a uma casa com portão e, como a casa dele tinha um portão, ele achava que era a dele", ela disse. "Ele ia entrando, sentava no sofá e dizia 'Por que vocês todos estão aqui?'. E as pessoas respondiam 'Nós moramos aqui e você não'. E então chamavam a polícia para tirá-lo de lá."

A presença de Ernestine Benson teve um lado bom para Jimi: ela era fã de blues e levou para a casa uma grande coleção de discos de 78 rpm. Pela primeira vez, Jimi foi exposto às obras de Muddy Waters, Lightnin' Hopkins, Robert Johnson, Bessie Smith e Howlin' Wolf. "Eu amava meus blues", Ernestine recordou, "e Jimi amava aquela música rural e autêntica". O único instrumento que Jimi tinha era a vassoura, mas, quando ele ouvia aqueles discos de blues, sua guitarra imaginária ficava mais animada. "Ele tocava aquela vassoura com tanta força que a palha toda se soltava", observou Cornell Benson.

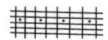

EM FEVEREIRO DE 1956, o interminável vaivém da vida de Jimi continuou. Frank e Pearl se separaram e devolveram o menino para Al. Os Benson foram embora, e, por algum tempo, Al e Jimi foram morar sozinhos. A mudança permitiu que Jimi fosse transferido para a Washington Junior High, onde se reencontrou com os amigos. No passado, ele havia sido um estudante razoável, mas naqueles anos suas notas pioraram muito. Durante o primeiro semestre, ele recebeu um B, sete C e um D. No segundo semestre, ele teve três C, quatro D e dois F. O diretor da Washington, Frank Fidler, disse que Jimi era presença assídua na diretoria da escola, mais por suas notas ruins do que por problemas de disciplina. "Ele não era um garoto que se metia em um monte de problemas, mas academicamente não estava indo bem", Fidler recordou.

Jimi terminou o ano letivo na Washington e teria começado aí o oitavo ano, em setembro de 1956, se não fosse por mais problemas em casa. Naquele mês, o banco retomou a casa, e Jimi e Al foram para uma pensão mantida por uma certa sra. McKay. Jimi teve que mudar de escola de novo e voltou para a Meany para cursar o oitavo ano.

A família McKay tinha um filho paraplégico que tocava um violão velho com uma corda só. Quando jogaram fora o violão, Jimi o resgatou e perguntou à sra. McKay se podia comprá-lo. "Ela disse que o venderia por 5 dólares", Leon recordou. Al não queria gastar aquele dinheiro, e no fim Ernestine Benson deu o dinheiro para a compra do primeiro instrumento de Jimi. Para a maioria das pessoas, aquele violão teria sido um pedaço inútil de madeira. Jimi transformou o violão em um projeto de Ciências: ele fez experiências com cada nota, com toda e qualquer propriedade sonora que o violão tivesse. Ele não estava propriamente fazendo música, mas estava produzindo sons. "Ele tinha apenas uma corda, mas conseguia de fato fazê-la falar", Ernestine Benson observou.

Agora, quando ele tocava guitarra imaginária, ao menos segurava um instrumento. Na matinê do Atlas Theater, Jimi havia visto o filme *Johnny Guitar*, de Nicholas Ray. Interpretando Johnny Guitar, o ator Sterling Hayden tocava apenas uma música e, durante a maior parte do filme, levava o violão nas costas, com o braço apontando para baixo. A imagem, porém, causou um efeito indelével em Jimi. "Ele viu o filme e adorou o jeito daquele cara com o violão nas costas", recordou Jimmy Williams. "Ele carregava o violão exatamente como o cara do filme." Assim como muitos adolescentes, Jimi via o violão como um acessório da moda. Vários de seus colegas de classe lembram-se dele levando o violão quebrado para a escola como um item para a atividade de "mostre e conte". Quando lhe perguntavam se podia tocar, ele respondia "Está quebrado". Ainda assim, nunca deixava o instrumento longe de sua vista. Chegava a dormir abraçado a ele.

Jimi tinha 14 anos no verão de 1957. Dois acontecimentos nos dezoito meses que se seguiram ficariam em sua memória daí em diante: ele viu Elvis Presley apresentando-se e ouviu Little Richard pregar.

O concerto de Elvis foi o evento mais previsível. Ele tocou no Sick's Stadium de Seattle em 1º de setembro. Jimi não tinha dinheiro para comprar o ingresso, que custava 1,50 dólar, e por isso assistiu ao show do alto de uma colina próxima ao estádio. Embora Elvis fosse só uma manchinha, Jimi pôde testemunhar a loucura que foram os 16 mil fãs saudando a chegada do astro no palco. Elvis tocou todos os seus maiores sucessos e, para sair do palco, pulou no banco de trás de um Cadillac branco. Foi quando o Cadillac saiu do campo que Jimi conseguiu ver mais de perto o Rei, que vestia seu paletó de lamê dourado. Dois meses depois do concerto, Jimi fez um desenho de Elvis segurando um violão, circundado pelos títulos de uma dúzia de suas músicas.

Em algum momento do ano seguinte, Leon estava fazendo algumas compras para sua mãe acolhedora quando uma limusine parou e de dentro saiu Little Richard. Richard apertou a mão de Leon e disse que iria fazer uma pregação em uma igreja local – isso foi durante o breve período em que Richard renunciou ao rock'n'roll, trocando-o pelo cristianismo evangélico. Leon correu para contar a Jimi, e os dois foram naquela noite ver a pregação de Richard. "Não tínhamos nenhuma roupa boa", Leon disse. "Jimi vestiu uma camisa branca, mas os tênis dele estavam bem velhos. As pessoas na igreja ficaram nos olhando." Esse incidente foi a base para uma declaração futura de Jimi sobre ter sido "chutado" da igreja por vestir-se de forma inadequada, fato que nunca ocorreu. Em vez disso, apesar dos olhares de desaprovação dos anciãos da igreja, Jimi e Leon, sentados em um banco, viram hipnotizados enquanto o penteado *conk*[1] de Little Richard sacudia para cima e para baixo durante a pregação sobre fogo e enxofre. Depois do sermão, os meninos esperaram para falar com Richard, mas, ao contrário dos demais presentes, eles não queriam falar da Bíblia – eles apenas queriam tocar a primeira pessoa famosa de que já haviam se aproximado.

JIMI COMEÇOU O NONO ano em setembro de 1957. O ponto alto do ano, e talvez de sua vida até aquele momento, foi conhecer Carmen Goudy, que se tornaria sua primeira namorada. Então com 13 anos, ela era mais nova que ele, mas ambos tinham a pobreza em comum. "Se juntássemos nosso dinheiro e houvesse o suficiente para um picolé, já era algo incrível", Carmen recordou. "Nós dividíamos o picolé na metade." Nas poucas ocasiões em que os adolescentes tiveram dinheiro suficiente para ir a uma matinê, foi porque Carmen havia ficado com a contribuição que deveria fazer para a escola dominical. Eles passavam a maior parte do tempo caminhando ou em parques.

---

[1] Penteado popular entre homens afro-americanos nas décadas de 1920 a 1960, em que o cabelo crespo era alisado com uma pasta que era feita de uma mistura de soda cáustica, ovos e batata, e então penteado para trás ou em um topete. (N. da T.)

Carmen também morava em uma pensão, mas até mesmo para ela Jimi parecia o mais pobre dos pobres. "Ele costumava usar um par de mocassins brancos", ela disse. "As solas estavam furadas, e ele cortava pedaços de papelão e colocava por dentro do sapato. Ele caminhava tanto que gastava o papelão. Teve a ideia de, em vez de ter só um pedaço de papelão dentro do sapato, fazer pedaços extras e levar no bolso. Então, se estava andando e o papelão ficava gasto, ele podia pegar outro pedaço e colocar no sapato." Jimi raramente tinha almoço para levar à escola, de modo que Carmen costumava dividir seu sanduíche com ele.

Se havia algo que ambos tinham era uma abundância de desejos, pois eram dois sonhadores. A fantasia de Carmen era um dia ser uma dançarina famosa. O desejo mais imediato de Jimi era ter uma guitarra elétrica de verdade. Depois disso, anunciou, iria tornar-se um músico famoso. Eram o tipo de ambições adolescentes das quais os colegas riam, mas, para Carmen e Jimi, davam liga a seu romance. "Nós chamávamos isso de 'faz de conta'", Carmen disse. "Um apoiava o outro, sem dar a entender que o que o outro dizia poderia ser impossível."

Carmen tinha outra qualidade que atraía Jimi: a irmã dela estava saindo com um homem que tocava violão. Jimi com frequência se sentava aos pés do homem, como se apenas vendo alguém tocar ele pudesse adquirir a habilidade de fazê-lo. Jimi havia aprendido a complementar sua guitarra imaginária com sons que produzia com a boca. "Ele fazia sons que pareciam as notas", ela disse. "Era um pouco como cantar no estilo *scat*,[2] mas ele podia de fato cantar um solo de guitarra, não com palavras, mas com sons que produzia na garganta." Quanto ao canto em si, Jimi dizia que sua voz era ruim, e, não importava o quanto Carmen lhe pedisse, ele se recusava a cantar músicas românticas. Ele havia melhorado da gagueira de infância, que raramente se manifestava, exceto quando ele ficava nervoso, o que era comum quando estava com Carmen.

Outros garotos da vizinhança com a mesma idade de Jimi começaram a ganhar seus primeiros instrumentos musicais naquele ano. Pernell Alexander foi

---

[2] Técnica vocal do jazz, em que são cantadas sílabas e palavras sem sentido, improvisando melodias e ritmos. (N. da T.)

o primeiro a ter um violão, que tinha o braço largo como um taco de beisebol e qualidade inferior. Mais tarde, naquele mesmo ano, Pernell adquiriu uma guitarra elétrica, e o instrumento se transformou em uma atração tão popular na vizinhança que os garotos iam à casa dele só para olhá-lo.

Quando Jimi finalmente conseguiu comprar cordas para seu violão, foi um alívio poder tocar de verdade o instrumento – embora o braço estivesse empenado e o violão não ficasse afinado. De qualquer maneira, ele o dedilhava o tempo todo, ou ao menos até que Al o pegasse. Jimi havia nascido canhoto, mas o pai insistia para que escrevesse com a mão direita. Al sentia que o mesmo princípio deveria ser aplicado ao violão. "Meu pai achava que tudo que fosse canhoto era do demônio", recordou Leon. Jimi encordoou o violão para poder tocá-lo com a mão canhota. Isso resultou na cena quase cômica que ocorria com regularidade, quando Al chegava em casa e Jimi no ato virava o violão, prosseguindo com a música sem interrupção. "Ele aprendeu a tocar com a esquerda e com a direita, porque, cada vez que papai entrava na sala, ele tinha que virar o violão e tocá-lo de cabeça para baixo, ou papai gritaria com ele", Leon disse. "Papai já não gostava que ele ficasse tocando violão o tempo todo em vez de trabalhar." Al chamava Jimi para ajudar a cortar a grama sempre que possível, obrigação que o filho tentava evitar o máximo possível.

Naquele outono, Leon deixou temporariamente o acolhimento familiar, e os três Hendrix moraram juntos de novo em um quartinho minúsculo de uma pensão. Jimi estava mais animado tendo o irmão ali com ele, e suas notas mostraram uma pequena melhora. Naquele outono, ele tirou C em inglês, música, ciências e serralheria. Ele ainda faltava na ginástica e recebeu um D por esforço geral. Mas até mesmo essas notas eram admiráveis, considerando que ele agora matava aula ao menos uma vez por semana. Quando faltava, ele caminhava pela vizinhança, em geral levando o violão nas costas como Johnny Guitar.

Embora Jimi e Leon não vissem a mãe havia meses, tinham ficado sabendo, por meio de Delores, que Lucille havia se casado de novo em 3 de janeiro de

1958. Depois de um romance muito breve, ela havia atado os laços com William Mitchell, um estivador aposentado três décadas mais velho que ela. Apesar do novo casamento, segundo Delores afirmava, Lucille ainda via Al de vez em quando, ao menos quando se encontravam por acaso no bar que ambos frequentavam na Yesler. "Eles topavam um com o outro e começava tudo de novo", Delores recordou.

Foram os problemas de saúde decorrentes do consumo de álcool que motivaram o encontro seguinte de Lucille com os filhos. Ela fora internada no Hospital Harborview duas vezes no outono de 1957, com cirrose hepática. Em meados de janeiro de 1958, recém-casada, havia voltado ao hospital com hepatite. Delores levou Jimi e Leon para vê-la. Os garotos ficaram chocados com a aparência pálida da mãe, que estava em cadeira de rodas, e o declínio que sofrera desde a última vez em que haviam se visto. "Ela costumava parecer sempre linda e glamorosa", Leon disse. "Sempre se enfeitava e estava perfumada. Mas dessa vez não havia nada disso."

Lucille abraçou e beijou os garotos repetidas vezes e, depois que Jimi e Leon já haviam saído do quarto, conversou a sós com Delores. "Sabe, irmã, eu não vou viver muito tempo", disse. "Tenho as crianças, e eu as amo, e quero cuidar delas e ser uma boa mãe, mas não vou poder. Não vou conseguir." Por piores que as coisas tivessem sido no passado, Lucille sempre tinha mantido uma disposição positiva. Delores ficou chocada por ver a irmã mais nova tão abatida. "Você vai ficar bem", disse-lhe. "Só tem que se cuidar." O estado de Lucille melhorou, e ela saiu do hospital na semana seguinte, dando a esperança de que iria se recuperar.

Anos mais tarde, Jimi escreveria sua música mais autobiográfica, "Castles Made of Sand", que fala de uma mulher em cadeira de rodas cujo "coração era um rosto amargurado".[3] "Essa música é sobre nossa mãe", Leon disse. A música começa com uma discussão doméstica, e a mulher fecha a porta na cara de seu marido bêbado. Outro verso conta a história de um garotinho que brinca na

---

[3] No original, em inglês, "[...] whose heart was a frown". (N. da T.)

floresta, fingindo que é um chefe indígena. A mulher deficiente acaba decidindo tirar a própria vida jogando-se no mar, dizendo "Vocês não vão mais me machucar", enquanto se joga. Ela cai em um navio "dourado com asas". Jimi termina a música com versos sobre atemporalidade, usando a imagem de "castelos feitos de areia" levados pelas ondas para o mar.

DUAS SEMANAS DEPOIS DE ver Jimi e Leon pela última vez, Lucille Jeter Hendrix Mitchell morreu.

Delores descobriu que a irmã tinha sido hospitalizada de novo em 1º de fevereiro, quando um amigo de Lucille ligou e contou que ela havia sido encontrada inconsciente no beco perto de um bar na Yesler. Delores e Dorothy Harding foram imediatamente até o Hospital Harborview para vê-la. "As enfermeiras disseram que não sabiam o que havia de errado com ela, mas que ela ficaria bem", contou Delores. "Tinha tanta coisa acontecendo naquela noite que os corredores estavam cheios de feridos a bala e a faca, e mal olharam para ela." Depois que as mulheres reclamaram, Lucille foi internada. Elas esperaram do lado de fora, mas, quando finalmente um médico chegou, Lucille havia morrido de uma ruptura no baço. "Podiam tê-la salvado, mas ela apresentava uma hemorragia interna, que eles nem chegaram a detectar", Delores disse.

No atestado de óbito de Lucille constava, como causa imediata da morte, "ruptura do baço com hemorragia". O documento citava como agravantes "hipertensão portal e cirrose portal". A veia porta hepática leva sangue para o fígado; pode ficar comprometida pela cirrose, doença do fígado em geral causada pelo alcoolismo. Entretanto, o baço raramente sofre ruptura sem um traumatismo, mesmo em pacientes com cirrose de longa duração. Lucille deve ter caído ou sofrido uma pancada para ter um rompimento do baço. Houve muita especulação na família sobre o que teria acontecido com ela fora do bar, mas os detalhes exatos nunca foram descobertos.

Um amigo foi até a pensão para dar a notícia a Al. Jimi, que havia feito 15 anos no outono anterior, entreouviu a conversa e começou a chorar; Leon tinha apenas 10 anos e ficou mais atordoado do que triste. Lucille havia sido levada para o velório em uma funerária em Chinatown, e Al pegou uma camionete emprestada e levou os meninos até lá. Fora da funerária, porém, ele mudou de ideia e não permitiu que eles vissem o corpo; os meninos ficaram no carro enquanto ele fazia a última visita à mulher com quem tivera seis filhos. "Al foi o único homem que Lucille amou", Delores disse. "Ela pode ter ficado com outros homens, mas nunca amou mais ninguém."

Jimi chorou enquanto esperavam na camionete, mas Leon ficou impassível, julgando que, se não demonstrasse emoção, a dor iria embora. Quando Al voltou, ofereceu a cada filho um gole do whisky Seagram's 7 que tinha em sua garrafa de bolso. Os três Hendrix tomaram longos tragos e Al dirigiu a camionete de volta para casa.

O funeral ocorreu quatro dias depois, em uma igreja pentecostal. A mãe de Al, Nora, veio de Vancouver, e cerca de duas dúzias de amigos de Lucille compareceram. A cerimônia estava marcada para as 14 horas de um domingo. Quando chegou a hora, estava todo mundo presente, exceto Al, Jimi e Leon. O pregador atrasou o serviço, na esperança de que apenas tivessem perdido a hora. Se Al não queria vir, que ao menos tivesse a decência de trazer os meninos, pensaram os parentes de Lucille. Às quatro da tarde, duas horas depois do programado, o funeral finalmente começou. Os meninos não apareceram. "Nós ficamos esperando", disse Delores, "e eles não vieram".

Em sua autobiografia, Al contou que Jimi queria ir ao funeral, mas, como não tinham carro, ele deu a Jimi o dinheiro da passagem de ônibus e disse: "Você pode pagar a passagem, e assim vá de ônibus". Em vez de pegar o ônibus para ir sozinho ao funeral da mãe, Jimi ficou chorando em seu quarto. "Nós dois queríamos ir", Leon recordou, "mas meu pai não deixou".

Quando Dorothy Harding encontrou Al mais tarde, naquela mesma noite, ela deu um tapa em sua cabeça. "Eu o odiei pelo que fez", Harding recordou. "Eu lhe disse que aquilo o faria sofrer pelo resto da vida." Talvez com mais exatidão, Delores disse a Al que Jimi e Leon sofreriam. A resposta de Al: "Bom, não faz sentido eles irem até lá agora, já terminou tudo".

"Não, Al", respondeu Delores, apontando para os meninos, que estavam então na sala ao lado, sendo abraçados por Dorothy. "Isso pode ser verdade para você, mas para eles nunca vai terminar."

Jimi sempre havia sido tímido, mas, depois da morte de Lucille, ele se tornou mais retraído e distante. Durante o resto da adolescência, era raro que iniciasse uma conversa, exceto com seus amigos mais próximos. "Ele se tornou muito sensível", Ebony Harding recordou. "Estava muito, muito triste." Também havia uma sensação de desinteresse que foi notada por algumas pessoas; era quase como se, tendo passado por uma situação da mais profunda perda, ele sentisse que nada mais importava de fato. O acontecimento marcou também o surgimento de uma característica que muita gente perceberia nele quando adulto: em vez de fazer planos a longo prazo, ele vivia cada dia como se fosse o último. Continuou sendo um sonhador, mas também respondia com resignação quando as coisas davam errado em sua vida.

A morte de Lucille mudou de maneira permanente a relação de Jimi com Al. Mesmo quando Jimi não sabia onde a mãe estava, ela ainda era uma presença emocional na vida dele, uma alternativa que podia ao menos ser imaginada. A decisão do pai de não permitir que ele fosse ao funeral ficou como uma amarga lembrança para Jimi. "Ele nunca perdoou de fato nosso pai por isso", disse Leon. Quanto à perda da mãe, Jimi raramente a mencionava, mesmo para os amigos mais próximos. Sua namorada Carmen Goudy descobriu por meio de um colega de classe. Jimmy Williams ficou sabendo por Leon. Em seu próprio mundo interior, Jimi começou a idealizar a mãe que perdera, e Lucille cada vez mais tornou-se tema de poesias e das músicas embrionárias que começara a escrever naquela primavera. Jimi sempre se interessou por ficção científica e pelo espaço, mas a tais interesses de menino somou-se um novo fascínio pelos anjos. "Mamãe tornou-se um anjo para ele", disse Leon. "Ele me disse que tinha certeza de que ela era um anjo, e que nos seguia aondes quer que fôssemos."

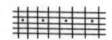

CERTA NOITE, NAQUELA MESMA primavera, Delores Hall ouviu um barulho no alpendre da casa. Pegou uma lanterna e foi investigar. Ao varrer o alpendre com a luz, iluminou o rosto redondo de Jimi. Estava em uma cadeira no canto. "O que está fazendo aqui fora tão tarde, Buster?", perguntou ela. "Nada, titia", ele respondeu.

"Era como se ele estivesse perdido", Delores Hall recordou anos mais tarde. "Estava muito retraído naquela noite. Dificilmente eu o via daquele jeito."

Delores tentou animá-lo e pediu:

– Por que não entra? Vou pegar algo para você comer.

– Ah, eu só estou olhando as estrelas – ele disse. Mais tarde eu entro.

– Você está pensando em sua mãe? – ela perguntou.

– Como você sabe? – ele respondeu. – Eu vou vê-la um dia. Vou vê-la de novo.

– Eu sei que você vai vê-la – respondeu Delores. – Todos nós vamos.

Jimi pareceu amolecer, como se tal intensidade não pudesse ser mantida por muito tempo. E então, como se o encantamento se quebrasse, voltou a falar como um garoto que havia lido gibis de ficção científica demais e visto filmes de *Flash Gordon* demais no Atlas Theater. "Um dia desses, vou fazer minha projeção astral subir nos céus", afirmou. "Vou para as estrelas e para a Lua. Quero voar e ver o que tem lá em cima."

"Quero subir até o céu", disse, olhando para a tia, "de estrela em estrela."

CAPÍTULO 6

Um Cara Alto e Descolado

Seattle, Washington
Março de 1958 – outubro de 1960

"A forma como ele tocou 'Tall Cool One' foi impecável, qualquer um teria achado que ele fazia parte dos Fabulous Wailers."
— Carmen Goudy

Na primavera de 1958, Jimi e Al deixaram a pensão e se mudaram para uma casa de dois quartos, em Beacon Hill, com Cornell e Ernestine Benson. Leon havia sido mandado para o acolhimento familiar de novo, mas ainda havia quatro pessoas – Al, Jimi, Cornell e Ernestine – morando em uma casa que tinha menos de 46 metros quadrados.

Para Jimi, porém, a mudança trouxe certo alívio. Embora ir para Beacon Hill o levasse para ainda mais longe do Distrito Central e de seus amigos, ele estava mais perto dos Harding. Também estava de novo morando com Ernestine, que fazia comida e cuidava dele como uma mãe. E, claro, havia a importante questão da coleção dela de discos de blues. Ernestine, às vezes, chegava até a levar Jimi à loja de Bob Summerrise, a World of Music, e deixava que ele escolhesse um disco. Essa loja lendária oferecia uma ampla variedade de discos de músicos de blues e R&B; oferecia também discos de artistas brancos populares, embora, em uma espécie de inversão, esses ficassem debaixo do balcão. Summerrise apresentava um programa de rádio que tocava as novidades mais quentes da música negra, e Jimi era um ouvinte ávido.

Jimi fez 15 anos naquele outono e seu gosto musical começou a amadurecer. Agora, quando visitava Pernell Alexander, ambos ouviam discos de Elmore James e tentavam acompanhar a música com seus instrumentos. Por meio de um amigo, Pernell conseguiu arranjar ingressos para verem Little Richard, que estava de volta ao circuito do rock'n'roll. Conseguiram entrar mais cedo para a apresentação da matinê e sentaram-se na primeira fileira. Durante o concerto, os dois garotos estavam tão animados que, quando o amigo de Pernell os levou aos bastidores depois do show, Richard reconheceu-os e saudou-os com um tapinha nas costas. "Eram vocês os garotos que estavam dançando tanto!", Richard exclamou. No dia seguinte na escola, Jimi contou a toda sua sala sobre o encontro com Little Richard, mas poucos acreditaram em sua boa sorte. A dupla também assistiu a Bill Doggett naquele outono.

Jimi nunca teve aulas formais de música, mas aprendeu como fazer *licks*[*] com garotos da vizinhança, sobretudo com Randy "Butch" Snipes. Butch sabia tocar guitarra atrás das costas, imitando um movimento de T-Bone Walker, e conseguia o admirável " passo do ganso" de Chuck Berry. Jimi passou muitas tardes observando Butch e, ainda que apenas em sua cabeça, tentando imaginar como poderia alcançar o mesmo tipo de presença de palco.

Os movimentos de guitarra eram uma das poucas coisas que Jimi estava aprendendo, pois suas notas escolares continuavam a piorar. A mudança de casa com os Benson levara a mais uma transferência escolar – a quarta escola em três anos. Seu boletim do nono ano trazia três C e cinco D. Se havia alguma boa notícia, era que ele recebera apenas um F – por ironia, em música. Ele, às vezes,

---

[*] Na música, são partes do solo. Ideias, frases musicais, sequências previamente estruturadas de notas. São tocadas dentro de um solo para alinhar o sentido melódico. (N. do E.)

levava a guitarra para a escola, mas, ao que parece, os resultados pouco impressionaram o professor de música, que o encorajou a pensar em outras carreiras. O fato de ter sido reprovado em música refletia mais o abismo entre seus interesses – blues, R&B, rock'n'roll – e a teoria musical ensinada na escola no fim dos anos 1950 do que o talento incipiente de Jimi. Naquele ano, ele ficou no percentil 40[1] nos testes padronizados, e o mau desempenho, em parte, foi resultado de suas numerosas faltas. Naquela primavera, ele perdeu 11 dias letivos e chegava atrasado quase todos os dias. "Eu não conseguia saber se era por causa de sua vida doméstica ou se era só falta de interesse pelo ensino rígido", observou Jimmy Williams. "Jimi sempre foi um espírito livre, e a escola simplesmente não servia para ele."

As notas precipitaram um evento que lhe causaria a maior vergonha de sua adolescência: todos os garotos com quem ele havia estudado na escola elementar Leschi estavam indo para a *high school*, o ensino médio, mas ele deveria repetir o nono ano. Ele não contou isso a quase ninguém e mentia quando indagado sobre qual escola frequentaria. A maioria dos adultos em sua vida lembrava de Jimi como um garoto brilhante. Na verdade, a maioria de seus problemas escolares decorria de não ter se dedicado e de suas faltas.

Nas frequentes ocasiões em que Jimi matava aula, ele fazia sua ronda, como um policial em serviço. Fazia uma visita inevitável ao lar que acolhera Leon, passava na casa de Pernell, visitava Jimmy Williams e parava na casa de Terry Johnson. Acompanhava Carmen na volta a pé da escola para casa, ainda que ele próprio não tivesse ido à aula. E, em suas andanças, ele começou a incluir as casas de vários músicos, na esperança de receber dicas sobre como tocar. "Naquela época, os caras eram bem abertos e eles mostravam os *riffs* e compartilhavam as coisas", recordou o baterista Lester Exkano. "Ninguém nunca pensou que seria possível ganhar dinheiro com música, e assim era mais uma questão de orgulho pessoal compartilhar essas ideias com outros músicos."

---

[1] De forma geral, isso significa que o resultado obtido foi melhor que 40% do total de alunos. (N. da T.)

Exkano recordou que os guitarristas favoritos de Jimi à época eram B.B. King e Chuck Berry.

Algumas famílias musicais tinham grande relevância, não apenas para Jimi, mas para muitos músicos aspirantes na vizinhança. A família Lewis – com o filho Dave Lewis, tecladista, e o pai Dave Lewis Sênior – inspirou muita gente. "Eles tinham um piano no porão, e a porta estava sempre aberta", recordou Jimmy Ogilvy. "Dave pai podia tocar guitarra, mas o principal era que ele sempre incentivava os demais. Ele havia mostrado a Ray Charles e Quincy Jones alguns *licks*." A família Lewis fornecia um ambiente acolhedor, onde os jovens aprendiam que ser criativo era algo positivo. A família Holden, com os filhos Ron e Dave e o patriarca Oscar, também fazia reuniões parecidas. De diversas maneiras, esta escola informal – a escola do rhythm and blues, como praticada nos porões e pátios traseiros da região central de Seattle – tornou-se a educação superior de Jimi.

JIMI FEZ 16 ANOS naquele outono, e a música adquiriu uma importância cada vez maior em sua vida. Ele aprendera a tocar seu violão, mas o que mais queria era uma guitarra elétrica. "Ele era fascinado por eletrônica", Leon recordou. "Ele havia modificado a fiação de um estéreo e tentou eletrificar seu violão com ele." Ernestine Benson, vendo crescer o interesse de Jimi pela música, insistiu com Al para que lhe comprasse um instrumento decente.

A escola continuava sendo um problema. Mesmo cursando de novo as matérias em que havia sido reprovado no ano anterior, Jimi teve dificuldades. Quando ele e Al se mudaram de novo em dezembro, indo viver por alguns meses com Grace e Frank Hatcher, foi necessária outra transferência para a Washington Junior High. Quando o semestre de primavera terminou, Jimi de novo não conseguiu passar em matemática, inglês e desenho mecânico. Ele não poderia repetir uma segunda vez, de modo que a direção da escola o aprovou para o ensino médio no outono, sem dúvida com a esperança de que o novo ambiente pudesse melhorar suas notas.

Pai e filho passaram pouco tempo morando com os Hatcher, que logo se cansaram dos problemas de Al. "Al era muito inconsistente: bebia, jogava e não tinha hora para chegar em casa", Frank Hatcher recordou. Em abril de 1959, eles se mudaram de novo, desta vez para um apartamento em First Hill. O prédio estava tão cheio de ratos que Al nem se dava ao trabalho de ligar o fogão a gás ou usar a cozinha. Prostitutas trabalhavam na mesma rua. O apartamento ficava em frente a um centro de detenção juvenil, e isso talvez servisse como um lembrete para Jimi de onde as coisas poderiam acabar.

Apesar da decadência do entorno, foi naquele apartamento que Jimi teve a maior alegria de sua infância, ao ganhar sua primeira guitarra elétrica. Sob a insistência constante de Ernestine Benson, dizendo-lhe para "comprar uma guitarra para aquele garoto", Al finalmente cedeu e comprou um instrumento a prestação na Myer's Music. Adquiriu também um saxofone, pensando em ele mesmo tocar o instrumento. Por um breve período, os dois Hendrix tocaram juntos. Quando a prestação seguinte venceu, porém, Al devolveu o sax.

A guitarra de Jimi era uma Supro Ozark branca. Ela era destra, mas Jimi de imediato encordoou-a como canhota; ainda assim, seus controles estavam invertidos, o que a tornava difícil de dominar. Jimi ligou na hora para Carmen Goudy e gritou no telefone "Tenho uma guitarra!".

– Você tem um violão, ela disse.

– Não, eu tenho uma guitarra *de verdade*!, exclamou. Ele correu até a casa dela. Enquanto caminhavam para o Parque Meany, Jimi estava literalmente pulando de alegria com a guitarra nas mãos. "Lembre-se, éramos jovens tão pobres que não ganhávamos nada no Natal", Carmen disse. "Aquilo foi como ter cinco Natais todos condensados em um. Não dava para não se sentir feliz por ele. Acho que foi o dia mais feliz da vida dele."

No parque, Jimi ficou mexendo na guitarra e tentou alguns dos *licks* que havia aprendido no violão. Ele já havia treinado os movimentos nas incontáveis horas tocando guitarra imaginária, de modo que já tinha jeito de músico, ainda que sua habilidade estivesse crua. "Vou ser sua primeira fã", Carmen afirmou.

"Você acha mesmo que vou ter fãs?", perguntou Jimi. Ela lhe garantiu que teria.

O relacionamento deles já havia chegado até os beijos, embora ambos ainda estivessem aprendendo essa arte. Depois que se beijavam, Jimi explicava o tipo de beijo que acabavam de dar. "Esse foi um beijo de língua, onde sua língua entra na boca", ele dizia. Ela recordou que os beijos dele "eram os mais saborosos". No parque, naquele dia, Carmen ficou frustrada por Jimi estar mais interessado na guitarra do que em beijar. Isso, é claro, tornou-o ainda mais atraente para ela, um aspecto que Jimi aperfeiçoaria e transformaria em uma arte muito refinada.

A GUITARRA TORNOU-SE SUA vida, e sua vida tornou-se a guitarra. Com o instrumento em mãos, sua fixação seguinte passou a ser encontrar uma banda. Ao longo dos meses seguintes, Jimi tocaria com praticamente todo mundo da vizinhança que tivesse um instrumento. Em sua maioria eram *jams* informais, em grande parte sem amplificador, pois Jimi ainda não possuía esse equipamento. Com sorte, alguns dos músicos mais velhos lhe permitiriam plugar a guitarra em seu equipamento, e então ele tocava à vontade. Às vezes, ele conseguia pegar um amplificador emprestado em um clube de jovens. Ele também não tinha uma capa para sua guitarra e carregava-a sem proteção ou em um grande saco de papel, o que fazia com que parecesse mais um mendigo do que um guitarrista descolado. Carregando sua guitarra em um saco, ele parecia "Johnnie B. Goode", de Chuck Berry.

À época, Jimi conhecia apenas alguns *riffs*, mas nenhuma música inteira. Carmen Goudy recordou que a primeira música que ele aprendeu a tocar do começo ao fim foi "Tall Cool One", dos Fabulous Wailers. Os Wailers eram uma banda de rock influenciada por R&B, originária de Tacoma, Washington, e localmente famosa por ser o primeiro grupo a aperfeiçoar "Louie, Louie".

No começo, Jimi sentiu-se atraído por músicas pop que eram populares naquele momento. Ele tocava frequentemente com Jimmy Williams; Williams cantava enquanto Jimi o acompanhava com alguns acordes crus de guitarra. "Tocávamos alguns clássicos", Williams recordou. "Um monte de coisas de Frank Sinatra e Dean Martin. Jimi se empenhou para pegar o ritmo dessas músicas. E ele adorava Duane Eddy." Eddy, que se especializou em tocar um *rockabilly* vigoroso, tornou-se o primeiro herói de guitarra de Jimi, que logo aprendeu "Forty Miles of Bad Road", "Peter Gunn" e "Because They're Young". Ele pegava as músicas tão depressa, aprendendo uma música nova por dia, que Jimmy Williams brincava, dizendo que Jimi era "um *jukebox* humano". Quando lhe davam a chance de um longo solo, aproveitava para se exibir, o que nem sempre era apropriado, até para Duane Eddy. Mas o rock'n'roll era apenas um dos muitos interesses de Jimi, e Williams recordou que sua música favorita naquele verão era "Memories Are Made of This", de Dean Martin.

Em 9 de setembro de 1959, Jimi começou o décimo ano na Garfield High School. Embora estivesse um ano atrasado, ainda assim o ensino médio marcou uma transição importante para ele. A Garfield, situada no coração do Distrito Central, era a escola de ensino médio com maior integração racial de Seattle e uma das melhores da cidade. O corpo discente era composto por 50% de alunos brancos, 20% asiáticos e 30% negros. A escola também era enorme: 1.688 alunos estavam matriculados no ano em que Jimi entrou.

Durante seu primeiro semestre na Garfield, Jimi chegou atrasado em vinte dias e suas notas não mostraram nenhuma melhora significativa. Ele tinha tão pouco envolvimento em sala de aula que um de seus professores descreveu-o como "um estudante não estudante". Ele ia à escola principalmente porque isso permitia voltar a ter contato com Jimmy, Pernell e seus outros amigos da vizinhança. Muitas de suas discussões diárias, às vezes no fundo da sala, durante a aula, eram sobre música. A escola tinha uma *jukebox* no refeitório, e os alunos tinham permissão para usá-la. Os jovens estavam formando bandas, ou falando em formar bandas, o tempo todo. A maioria das bandas da vizinhança era informal, com formação variável, dependendo de quem estivesse livre naquela noite. Nas carteiras do fundo, durante a aula de estudos sociais, eles planejavam quem tocaria baixo e qual a lista de músicas que sua próxima banda poderia tocar.

A apresentação de estreia de Jimi foi no porão da Temple De Hirsch Sinai, uma sinagoga de Seattle. Jimi estava tocando com um grupo de garotos mais velhos no que foi divulgado como uma audição para sua inclusão permanente na banda ainda sem nome. "Durante a primeira parte da apresentação, Jimi fez das suas", Carmen Goudy recordou. "Ele tocou como um louco e, quando apresentaram a banda e os holofotes o iluminaram, ele ficou ainda mais louco." Depois do intervalo, a banda voltou ao palco sem Jimi. Goudy ficou preocupada, achando que ele estivesse passando mal; Jimi ficara tão nervoso antes do show que ela receava que vomitasse. Foi em busca dele e encontrou-o em um beco atrás da sinagoga. Jimi parecia desanimado, como se estivesse a ponto de cair no choro. Ele contou a Carmen que havia sido demitido depois da primeira parte da apresentação – demitido de sua primeira banda na primeira noite de sua carreira profissional. Em vez de ir para casa, ele ficou sentado naquele beco por uma hora, enquanto discutia o estado sofrível de sua incipiente carreira. Carmen tentou, com delicadeza, sugerir que talvez ele pudesse tocar de um jeito mais tradicional e menos exibicionista. Ouvir isso, ainda que de sua namorada, ofendeu Jimi. "Esse não é meu estilo", afirmou. "Eu não faço isso." A maior preocupação dela era com as chances de Jimi conseguir emprego.

Não muito depois disso, o relacionamento entre Carmen e Jimi começou a esfriar, mas não por causa do desentendimento. Outros garotos começaram a convidar Carmen para sair e ela se sentia atraída por eles. "Eu gostava de Jimi de verdade, mas os rapazes mais velhos tinham carro, e dinheiro para me levar aos lugares", ela recordou. Os encontros de Carmen com Jimi eram quase sempre caminhadas no parque: com frequência, eles passavam por um restaurante *drive-in* onde viam os casais tomando Coca juntinhos no banco da frente de um carro. "Os garotos mais velhos podiam me pagar um hambúrguer, mas Jimi não tinha nem carro nem dinheiro para sair comigo." Ela continuou a amizade com ele durante o ensino médio, mas os beijos saborosos logo se tornaram apenas uma lembrança.

A PRIMEIRA BANDA SIGNIFICATIVA de Jimi seria The Velvetones, grupo formado pelo pianista Robert Green e pelo saxofonista tenor Luther Rabb. "Éramos, na verdade, apenas um bando de garotos", recordou Luther. "A formação do grupo variava muito, mas incluiu quatro guitarristas, dois tecladistas, alguns instrumentos de sopro e um baterista. Isso foi na época do 'teatro de revista', quando cada show trazia números de dança. Tínhamos que usar ternos e colar purpurina nas calças para que ficassem brilhantes."

Os Velvetones não eram uma banda mais lapidada. "A maioria de nossas músicas era composta de guitarra/piano que misturava jazz, blues e R&B", recordou Pernell Alexander, que tocou guitarra no grupo. Uma *setlist* típica dos Velvetones podia incluir um jazz clássico como "After Hours", seguido pelas músicas de Duane Eddy "Rebel Rouser" e "Peter Gunn". O carro-chefe da banda era a canção instrumental chamada "Honky Tonk", de Bill Doggett. "Aquela se tornou o clássico de Jimi", Terry Johnson observou. No início, Jimi não era o melhor guitarrista da banda, mas estava melhorando dia a dia. Um dos dons físicos de Jimi eram os dedos mais longos que a média, que lhe permitiam envolver o braço da guitarra para atingir notas altas que eram difíceis para outros guitarristas. Ele usava isso a seu pleno favor, tocando notas individuais que não estavam nas composições originais. Como ainda era um novato na execução, às vezes, o resultado não era musicalmente agradável, mas atraía a atenção do público. No mínimo, ele era chamativo.

Uma audição rendeu aos Velvetones uma apresentação fixa durante a semana à noite no Birdland, lendário clube situado na Rua Madison com a 22ª Avenida. Como músico contratado, Jimi agora podia entrar e ver as outras bandas de graça e, para ele, isso era um pagamento melhor que os 2 dólares que poderia ganhar tocando. Em um dos shows a que assistiu, Jimi convenceu Dave

Lewis a permitir que ele tocasse enquanto Lewis e sua banda estivessem no intervalo. Esses 10 minutos sob os holofotes basicamente deram a Jimi a chance de ensaiar diante de uma plateia e de tentar alguns de seus truques em um contexto em que não tinha nada a perder. Como mais tarde Lewis contaria a história, Jimi com frequência conseguia chocar a plateia mais madura e sofisticada que Lewis e sua banda atraíam: "Ele tocava aquela maluquice, mas não dava para as pessoas dançarem. Elas ficavam só olhando para ele".

Uma das apresentações regulares dos Velvetones era às sextas-feiras à noite, na casa comunitária de Yesler Terrace. Tocar no salão de festas de um conjunto habitacional não tinha qualquer *glamour* nem remuneração, mas dava a Jimi e seus colegas de banda uma chance de experimentar. "As apresentações eram na realidade bailinhos, e na verdade alguns dos jovens dançavam, mas no geral você tocava para outros jovens que também eram músicos", recordou o músico local John Horn. "Eles tocavam R&B e alguns blues. Jimi já era algo que valia a pena ver – só o fato de estar tocando a guitarra destra de cabeça para baixo era suficiente para deixar você fascinado."

Jimi ainda não tinha um amplificador e sabia que não podia pedir ajuda ao pai para comprar um. Embora tivesse lhe dado a guitarra, Al arrependeu-se dessa decisão, convencido de que o filho perdia tempo demais com a música. Mais tarde, Al insinuaria ter incentivado o filho em suas primeiras bandas, mas todos os integrantes desses grupos dizem o contrário. "Jimi guardava a guitarra na casa de Pernell com medo de que fosse destruída se ficasse em sua casa", recordou Anthony Atherton, que tocou nos Velvetones. "O pai dele era contra, e contra a música em sua casa, até mesmo ensaios." Conseguir tirar Jimi de casa para ensaios ou para apresentações tornou-se parte das tarefas diárias da banda. Vários colegas de banda também viram Al batendo no filho quando estava com raiva. "Al era assim", Pernell disse. "Ele era um homem violento. Em parte, isso era coisa da época e de como os homens eram então. Quando não tinham a mulher por perto para apanhar, eles batiam nos filhos. Era um lance difícil, cara. Era horrível."

Al ficava pouco em casa, mas, caso estivesse presente, os integrantes da banda sabiam que era preciso cuidado quando iam até lá. "Mesmo sendo adolescente, eu sabia que o sr. Hendrix era um tipo de pai muito diferente", recordou Atherton. "Eu tinha medo dele por causa de seu vozeirão e do modo como eu tinha visto ele tratar os próprios filhos. Qualquer um que aparecesse com um instrumento estava encrencado. Ele dizia: 'Largue essa porcaria; isso não vai lhe dar nenhum emprego'."

Certa noite, depois de uma apresentação no Birdland, Jimi deixou a guitarra nos bastidores do clube, achando que talvez ficasse mais segura ali do que em sua própria casa. Quando voltou no dia seguinte, a guitarra havia sido roubada. "Ele ficou absolutamente arrasado", Leon recordou. "Mas acho que estava ainda mais transtornado por saber que teria de contar a nosso pai e que levaria uma tremenda surra de cinto." Por um momento, parecia que a carreira musical de Jimi estava acabada.

No outono de 1959, Jimi começou a sair com Betty Jean Morgan, que conhecera na escola. Betty havia sido criada no Sul e tinha um sotaque forte – incomum entre os afro-americanos de Seattle. Seus encontros, dada a falta de fundos de Jimi, em geral, eram passeios no Parque Leschi. Os pais de Betty eram tradicionais e, se tinha interesse em sair com a filha deles, ele teria de pedir pessoalmente ao pai dela. Jimi gostava dessa formalidade. "Ele era um amor", Betty Jean recordou. "Meus pais gostaram dele porque era educado. Minha mãe era uma cozinheira excelente, e ele a adorava." Quando Jimi ainda tinha sua guitarra, ele a tocava no alpendre de Betty Jean, numa tentativa de impressioná-la.

Jimi fez 17 anos naquele outono. O colega de escola Mike Tagawa recordou que ele sempre se vestia com estilos que estavam havia dois anos fora de moda: "Ele usava calças pretas de cintura alta e afuniladas, uma camisa listrada branca e preta com colarinho para cima e um cinto fino colocado de lado. Era o mesmo visual que se via no filme *Grease*". Quando Jimi finalmente conseguiu trabalho vendendo o jornal *Seattle Post-Intelligencer* na rua, o emprego não durou muito: ele desistiu depois de três meses pela dificuldade em receber seu pagamento.

Jimi, com frequência, ajudava o pai a cortar gramados, e Al queria que ele entrasse no negócio familiar e trabalhasse com ele. "Se Jimi desse duro de verdade o dia todo, recebia 1 dólar", Leon recordou. "Mas era um trabalho pesado, que Jimi odiava." Jimmy Williams, em comparação, trabalhava em um mercado, ganhando 50 dólares por semana, e tentou levar Jimi para lá. "Esse dinheiro teria feito uma imensa diferença na vida dele", disse Williams, mas Al recusou-se permitir que o filho assumisse a vaga. "Al ficava dizendo 'Eu não posso deixar que trabalhe até tarde porque ele tem que estudar e ir para a escola'", Williams recordou. "Mas, claro, Jimi pouco ia à escola e nunca estudava."

A amizade entre os garotos da vizinhança começou a mudar à medida que ficavam mais velhos, arranjavam emprego ou iam embora da área. Jimi parecia estar atrasado com relação aos outros em muitos setores da vida, e mesmo sua relação com Betty Jean avançara apenas até os beijos. Ele passou o Ano-Novo de 1959 com Jimmy Williams, tocando "Memories Are Made of This", de Dean Martin. Ele ligou para Betty Jean à meia-noite, mas, considerando que ela morava a poucas quadras de distância, talvez não tenha achado lá muito romântico.

Se Jimi dormiu com alguma outra garota à época, nunca disse aos amigos nem contou qualquer vantagem. Jimmy Williams e Pernell Alexander se recordam de uma festa à qual todos foram, onde eram esperadas mulheres mais velhas e com experiência sexual. Em vista disso, a noite parecia prometer a Jimi uma chance de perder a virgindade. Pernell sempre foi mais experiente e, antes de entrar na casa, fez Jimi e Jimmy sentarem-se nos degraus da entrada e, como se fosse um irmão mais velho, explicou-lhes a situação. "Os pais das garotas saíram e, por isso, elas vão querer se divertir talvez a noite inteira. Espero que vocês saibam o que fazer. Algum de vocês já levou alguém para a cama?"

Nem Jimi nem Jimmy responderam. Estava óbvio, por seu silêncio e pelos olhos arregalados com que o fitavam, que eles não tinham qualquer experiência. "Bom, tudo que vocês precisam fazer é ficar numa boa", Pernell disse enquanto entrava na casa.

Jimi e Jimmy não foram atrás dele. Permaneceram no alpendre, entreolhando-se, reunindo coragem. Para eles, a sexualidade estava muito associada com os sermões que haviam recebido sobre não engravidar as garotas. Para aumentar o nervosismo, eles tinham amigos que já haviam se tornado pais. Durante alguns momentos, eles trocaram uma ideia e pensaram no tamanho do problema que uma gravidez somaria à jovem vida deles, já tão difícil. Eles tinham 17 anos, mas ainda eram garotos. "Não posso engravidar uma garota", disse Jimi, nervoso. Jimmy Williams ecoava aquele sentimento. Por fim, Jimmy levantou e saiu andando. Jimi se pôs de pé e foi atrás de seu melhor amigo, e voltaram para casa sem terem sequer entrado na festa.

Jimi acabou contando a Al que tinha perdido a guitarra e recebeu a bronca de sua vida. Nas semanas seguintes, Jimi apareceu na escola com cara de cachorro que levou bronca.

Antes de sua perda, Jimi havia começado a tocar em uma banda chamada The Rocking Kings. Assim como os Velvetones, o grupo era formado por estudantes do ensino médio, mas havia conseguido várias apresentações com remuneração de nível profissional. A banda tinha um guitarrista excelente, Junior Heath, mas Jimi causou sensação em um concerto ocorrido pouco antes, naquele mesmo outono, que consistia em um "duelo de bandas". "Ele parecia muito certinho", recordou o baterista Lester Exkano. "Não fumava nem bebia. Era um pouco mais maluco que o resto." Jimi podia ser bem careta fora de cena, mas, quando o colocavam em um palco, com um amplificador e holofotes, ele se transformava. Os Rocking Kings tinham um empresário, James Thomas, que tentava agendar shows para eles e fazer com que parecessem mais profissionais. Uma das determinações empresariais de Thomas era que todos na banda deviam usar paletós. Para um show, Jimi teve de alugar um paletó vermelho, cujo aluguel acabou custando mais do que ele recebeu pela apresentação. Foi algo que Al não deixou que Jimi esquecesse tão cedo.

Depois que a guitarra de Jimi foi roubada, ele se tornou inútil para os Rocking Kings, e vários membros da banda acabaram se juntando para ajudá-lo a comprar um novo instrumento. Era uma Danelectro Silvertone branca, comprada na Sears Roebuck por 49,95 dólares, que vinha com seu próprio amplificador. Assim como fizera com seus instrumentos anteriores, Jimi em geral deixava-a na casa de alguém para evitar a fúria do pai. Jimi pintou a guitarra de vermelho e escreveu o nome "Betty Jean" em letras de 5 centímetros na frente. Sua tia Delores observou que ele poderia ter chamado sua guitarra de "Lucille", em homenagem à mãe, se B. B. King já não tivesse usado tal nome.

B. B. King continuou sendo uma influência, e músicas como "Every Day I Have the Blues" e "Driving Wheel" eram covers populares que a banda tocava. Uma apresentação dos Rocking Kings podia incluir "C. C. Rider", a versão original R&B, como executada por Chuck Willis; a versão de Hank Ballard para "The Twist", que era mais lenta que o *hit* de Chubby Checker; números populares como "Rockin' Robin'" ou "Do You Want to Dance"; covers de sucessos da banda The Coasters; "Blueberry Hill", de Fats Domino; e, quase sempre, músicas de Duane Eddy e Chuck Berry. A banda também tocava suas próprias versões dos sucessos locais "David's Mood" e "Louie, Louie". "Misturávamos blues, jazz e rock", recordou Exkano. "Tocávamos qualquer coisa que fizesse as pessoas continuarem dançando." As músicas eram conduzidas pelo som incomum da bateria de Exkano, que ele chamava de "Uma batida *slop*". "Era mais um *shuffle*, que a tornava mais dançável", Exkano explicou, "era sem dúvida um som negro, mas nossos shows eram mistos, e todo mundo vinha".

Em junho de 1960, Al e Jimi mudaram-se uma vez mais, desta vez para uma casinha na Yesler Leste, 2606, a poucas quadras de distância da escola Garfield. Jimi terminou o segundo ano do ensino médio com B em arte, D em datilografia, F em teatro, história mundial e ginástica, e teve que trancar linguagem, marcenaria e espanhol para não repetir. "Ele simplesmente não estudava", recordou Terry Johnson. "Então tirava essas notas ruins e isso afetava ainda mais sua autoestima."

Quando as aulas recomeçaram na Garfield, no mês de setembro seguinte, Jimi frequentou a escola durante o primeiro mês, mas logo ficou evidente que nunca iria formar-se. Apesar de diversos avisos da diretoria de que seria expulso se voltasse a faltar às aulas, Jimi de novo deixou de ir à escola e, no fim de outubro de 1960, foi oficialmente excluído do corpo discente da Garfield. Seu histórico escolar dizia que o motivo para sair seria uma "indicação para emprego", mas ele não tinha nenhum outro trabalho exceto ser guitarrista dos Rocking Kings. "Ele estava muito longe de formar-se, não era questão de alguns créditos ou aulas", recordou o diretor, Frank Hanawalt. "Ele havia perdido tanta coisa que, de fato, era impossível recuperar tudo. Havia leis na época segundo as quais não poderíamos manter matriculado um aluno que não comparecesse regularmente às aulas." Por volta de 10% do corpo discente da Garfield abandonou a escola naquele ano.

Anos depois, quando Jimi se tornou famoso e começou a criar uma mitologia sobre seu passado para repórteres crédulos, ele contou uma história fantástica sobre como teria sido "chutado" da Garfield por professores racistas depois de ter sido descoberto de mãos dadas com uma namorada branca na sala de estudos. Essa história foi completamente inventada: namoros inter-raciais não eram desconhecidos na escola, embora Jimi não tivesse nenhuma namorada branca para ficar de mãos dadas. Ninguém que estudou na Garfield naquela época consegue se lembrar de qualquer namorada que ele tivesse na escola além de Betty Jean. Jimi tinha uma conexão com Mary Willix, colega branca que se tornou uma amiga próxima – ele com frequência conversava com Mary sobre OVNIs, a parte inconsciente da mente e sobre reencarnação. A amizade de Jimi com Willix era platônica e, mesmo assim, foi uma das poucas vezes em que, na adolescência, ele desenvolveu uma relação como uma mulher caucasiana. "Nenhuma das outras alunas [brancas] sequer sabia quem era Jimi", Willix observou. Ainda assim, essa amizade, em conjunto com muitas amizades que Jimi fez com músicos de todas as etnias na Garfield e no Distrito Central naquele outono, deixaria nele uma impressão duradoura. "O multiculturalismo que Jimi vivenciou na Garfield ficaria com ele pelo resto da vida", Willix recordou. "Foi um lugar de fato especial, e todos que estudaram lá ficaram marcados." Tais amizades, muitas delas surgidas graças a um amor em comum pela música, tiveram mais efeito em Jimi que qualquer coisa que tenha aprendido em sala de aula.

Quanto à história fantasiosa mais tarde contada por Jimi, de ter sido expulso da sala de estudos por conta de uma imaginária namorada branca, até mesmo a simples ideia de que Jimi estivesse na sala de estudos seria suficiente para fazer rirem seus amigos e colegas. A verdade é que, em 31 de outubro de 1960, Halloween, Jimi Hendrix, aos 17 anos de idade, foi expulso da escola.

CAPÍTULO 7

Spanish Castle Magic

~~~~~

Seattle, Washington
Novembro de 1960 – maio de 1961

"O Spanish Castle era o Valhala da época para os shows de rock'n'roll no Noroeste. Se você se desse bem lá, estava feito."
— Pat O'Day, DJ de Seattle

Na verdade, Jimi Hendrix não levou "metade de um dia" para chegar ao Spanish Castle, como escreveu ele em sua música de 1968, "Spanish Castle Magic", sobre o lendário salão de dança. Saindo do Distrito Central, demorava apenas uma hora de carro. No entanto, a viagem até o clube, que ficava em Kent, Washington, podia definir carreiras, pois o Castle era o principal salão de dança do Noroeste e tocar lá era o sonho de qualquer músico local. Hendrix visitou o clube pela primeira vez, em 1959, para ver um show dos Fabulous Wailers, a banda regional mais popular da época, e ele retornava para lá sempre que tinha a oportunidade. Construído como salão de bailes em 1931, tinha capacidade para 2 mil pessoas. Com luzes de néon cheias de estilo e fachada decorada com torres, o lugar da casa na história do Noroeste ficou cimentado quando os

Fabulous Wailers lançaram, em 1961, o álbum ao vivo *At the Castle*. O DJ Pat O'Day agendava a maioria dos grandes shows no salão. "O Spanish Castle era o Valhala da época para os shows dançantes de rock'n'roll no Noroeste", ele disse. "Era *o* lugar e todas as bandas locais queriam tocar naquele palco."

A primeira vez de Jimi no palco do Castle aconteceu quando os Rocking Kings fizeram a abertura para outra banda em fins de 1960. O show em si não teve nada de notável, pois a banda estava nervosa, mas, em fins de 1960, os Rocking Kings estavam conseguindo agendamentos decentes. Haviam tocado no Festival Seafair, de Seattle, tirando o segundo lugar em uma competição estadual amadora de bandas.

Embora a maioria das plateias no Castle fosse branca, o clube era racialmente integrado e muitos dos músicos brancos da região haviam adotado o R&B e o jazz. "A cena do Noroeste era muito influenciada pela cultura afro-americana", recordou Larry Coryell, que começou sua carreira no The Checkers, grupo popular no Castle. "Havia originalidade na música do Noroeste, em parte pelo fato de Seattle ser geograficamente tão isolada. Por isso, o R&B sujo dos Wailers, dos Frantics e dos Kingsmen tornou-se o som local."

"Louie, Louie" era a canção mais famosa da região, tocada em quase todos os shows de todas as bandas. A letra talvez fosse indecifrável, mas a batida poderosa da música – que havia sido adaptada do original de Richard Berry, quase um calipso – era sem dúvida dançável. O som "sujo" a que Coryell se referiu resultava parte do uso de equipamento mais simples, *low-fi*, em alto volume, mas também do resultado de uma experimentação intencional. "Nós cortávamos os cones dos alto-falantes, colocávamos toalhas neles e enfiávamos palitos nos *woofers*, tudo para conseguirmos um retorno mais cru", recordou Jerry Miller, que mais tarde tocou com Moby Grape. Os experimentos de Jimi com distorção começaram mais ou menos nessa época, quando ele deixou cair o amplificador uma vez e descobriu que o solavanco deformava o som de sua guitarra.

Banda alguma era melhor no som "sujo, porém descolado" que os Fabulous Wailers, de Tacoma. Embora fossem todos brancos, os Wailers haviam aperfeiçoado seu próprio som inovador de R&B, e o guitarrista do grupo, Rich Dangel, foi uma tremenda influência para Jimi. Dangel recordou de quando Jimi veio até ele, depois de uma apresentação no Castle, para cumprimentá-lo pela forma como havia tocado. "Ele era um cara tímido, mas claramente estava tentando me bajular", Dangel disse. "Ele se ofereceu para tocar caso precisássemos de outro guitarrista." À primeira vista, a ideia era absurda, mas mostrava que o antes tímido Jimi estava tentando promover a si mesmo. Não eram muitos os guitarristas afro-americanos que tocavam no Castle, e Jimi com certeza teria se destacado naquele contexto.

A história de Jimi perambulando pelos bastidores no Castle tornou-se lenda. Pat O'Day contava-a com frequência: "Havia um rapaz negro que costumava estar por ali. Ele me procurou e disse, muito educado, 'Sr. O'Day? Se o amplificador de alguém estragar, tenho um no porta-malas de meu carro. É um amplificador bom de verdade. Mas, se precisar usá-lo, então eu também vou tocar'". Na época, era comum que as válvulas dos amplificadores queimassem. A sugestão de Jimi era uma forma suave de chantagem: se você precisar de meu amplificador, eu vou junto. Embora a história esteja calcada em alguma verdade – O'Day mais tarde promoveria shows do Jimi Hendrix Experience, e ele e Jimi iriam recordar do Spanish Castle com nostalgia –, com certeza é exagerada, pois Jimi não tinha carro e o único amplificador que possuía então era seu Silvertone, que músico algum consideraria "bom de verdade". Sammy Drain, amigo de Jimi, recordou que um cara da vizinhança tinha um velho automóvel Mercury, que, às vezes, usavam para ir ao Castle. "Quando Jimi escreveu aquele verso sobre 'a meio dia de distância',[1] estava se referindo àquele carro, pois podiam demorar meio dia para chegar lá quando ele quebrava", disse Drain.

Os automóveis ruins tornaram-se uma parte complicada da experiência de tocar no Rocking Kings. Uma vez, por exemplo, quando a banda foi contratada para uma apresentação bem paga em Vancouver, o carro deles quebrou antes da

---

[1] *Half a day away*, em inglês. (N. da T.)

fronteira canadense. Terminaram fazendo um show improvisado em Bellingham, Washington, até a polícia acabar com a festa. Como compensação por todo o seu esforço, a banda obteve apenas as passagens de ônibus para voltar a Seattle. O grupo original se desfez depois dessa desastrosa quase turnê, mas o empresário James Thomas refez a banda e deu um papel maior a Jimi, que assumiu a função de vocal de apoio. Nessa época, Jimi quase não cantava, argumentando que sua voz era fraca demais. Thomas renomeou a banda como Thomas and the Tomcats e assumiu ele mesmo a função de líder. Com essa configuração, a banda fez algumas apresentações em cidadezinhas rurais distantes de Seattle, mas os problemas com os automóveis continuaram a sabotá-los. Um show no Leste de Washington rendeu-lhes 35 dólares, o que significava que a parte de Jimi seria de apenas 6 dólares por um fim de semana de trabalho. Contudo, o público rural adorou a banda, em particular o solo de Jimi em "Come On", de Earl King, que havia se tornado o ponto alto do show dos Tomcats. A banda estava eufórica na viagem de volta, até que foram pegos por uma leve nevada a Leste de Seattle. "Eram umas quatro da manhã, e estávamos no Studebaker 1949 de James Thomas", recordou Lester Exkano. "Todo mundo estava cansado, então paramos o carro e dormimos um pouco, na esperança de que a neve parasse." Quando acordaram, duas horas depois, a precipitação havia se transformado em uma forte nevasca, e eles ficaram com medo de morrer congelados se não seguissem viagem. Exkano estava ao volante quando o carro saiu da estrada, caiu em uma vala e capotou. Ninguém se feriu, mas os jovens ficaram assustados.

Jimi, porém, estava mais do que apavorado. Ele afirmou que estava cansado de viajar tarde da noite em carros velhos. "Para mim, chega dessa merda", disse aos atordoados colegas de banda. Depois, ele deitou no chão e começou a fazer anjos de neve. O resto da banda saiu pela estrada para procurar um caminhão-guincho. Quando voltaram, uma hora depois, Jimi ainda estava deitado na neve e parecia desacordado, com o casaco cobrindo a cabeça. "Pensamos mesmo que ele tinha morrido congelado", Exkano recordou. Quando Lester foi checar os sinais vitais de Jimi, este ficou em pé de um salto e gritou "Enganei vocês! Não vão conseguir me matar assim tão fácil!".

A MAIORIA DOS AMIGOS de Jimi havia terminado o ensino médio na primavera de 1961. As oportunidades de trabalho para jovens afro-americanos eram poucas, em geral limitadas a ocupações serviçais. Na época, inclusive, muitas funções de serviço – como vendedor de loja de departamentos – estavam fora dos limites para os negros. Até tão recentemente quanto a década de 1950, os negros de Seattle podiam comprar roupas em lojas de departamento, mas não podiam prová-las antes. Com perspectivas limitadas, vários dos amigos de Jimi, incluindo Terry Johnson e Jimmy Williams, alistaram-se nas forças armadas, a escolha mais comum para os rapazes afro-americanos do bairro depois de formados.

Tendo abandonado a escola, as opções de trabalho para Jimi eram ainda mais limitadas. Ele não tinha experiência profissional, exceto ter ajudado o pai em jardinagem e ter tocado em bandas. Naquela primavera, quando os amigos o encontravam e lhe perguntavam se estava trabalhando, ele sempre respondia que o emprego dele era os Tomcats. Ele não tinha nada além da guitarra e do amplificador, mas esses bens preciosos eram suficientes para que imaginasse uma carreira como guitarrista. Quando Hank Ballard and the Midnighters vieram à cidade durante uma turnê, Jimi conseguiu ingressos gratuitos e assistiu ao show com a guitarra no colo. Depois, ele importunou o guitarrista de Ballard para que lhe ensinasse alguns *licks*, perseguindo o homem até que ele concordasse. Jimi havia começado a sério sua autopromoção; ele podia estar com pouca grana, mas tinha ambição e determinação. Contudo, mesmo no período de maior sucesso dos Tomcats, Jimi estava ganhando menos de 20 dólares por mês e gastava boa parte disso em equipamento e roupas de palco. Jimi tinha 18 anos e era legalmente um adulto, mas ainda dependia do pai para sobreviver.

Em algum momento daquela primavera, Jimi teve contato com a outra estrela local em ascensão: Bruce Lee. "Foi na Imperial Lanes, na Avenida Rainier", recordou Denny Rosencrantz, colega de Jimi na Garfield. Na época, Lee era conhecido pelas demonstrações de caratê que fazia na cidade e por sua propensão a comprar briga no estacionamento da pista de boliche. Jimi estava lá para ver os amigos jogando – ele mesmo não tinha dinheiro suficiente – e, além de apertar a mão de Lee, ele provavelmente não teve mais nenhum contato com o homem que se tornaria uma lenda nas artes marciais.

A relação de Jimi com o pai continuou conturbada durante a primavera. Al achava o filho preguiçoso, e agora que Jimi já era, para todos os propósitos, um homem, tornara-se ainda mais crítica. "Meu pai achava que a ideia de Jimi de tocar música era um lixo", Leon recordou. "Ele dizia literalmente que a música era 'coisa do demônio'." Al ainda queria que o filho mais velho o ajudasse como jardineiro. Jimi odiava o trabalho físico da jardinagem, e a ideia de trabalhar como assistente do pai era para ele uma abominação. Das vezes em que pai e filho trabalharam juntos, a atividade compartilhada não fortaleceu os laços entre eles, e Jimi reclamou que tudo o que o pai lhe pagava era 1 dólar. Jimi e Leon imitavam a voz áspera do pai, dizendo "Tome 1 dólar". Durante a primavera de 1961, um cliente para quem Al fazia jardinagem viu-o esmurrando Jimi. Em uma entrevista concedida em 1967, Jimi falou sobre esse incidente: "Ele me acertou na cara e eu fugi". Leon recordou que, mesmo quando Jimi já tinha 18 anos, Al lhe aplicava surras com o cinto.

Mesmo os demais integrantes dos Rocking Kings – nenhum dos quais era de família privilegiada – ficavam impressionados com a pobreza de Jimi. Terry Johnson trabalhava em um quiosque localizado em frente à Garfield, e Jimi com frequência parava ali para comer de graça. Por meio de Terry, ele soube que o restaurante, na hora de fechar, jogava fora os hambúrgueres ou as batatas fritas que não haviam sido vendidos. Mesmo quando Terry não estava de serviço, Jimi aparecia antes do fim do expediente e perguntava se alguma comida ia ser descartada. No começo, alguns dos funcionários ficaram chocados porque um garoto que conheciam da escola estava basicamente mendigando. Mas logo perceberam como a situação de Jimi era deplorável e começaram a juntar todos os dias os hambúrgueres não vendidos. Às vezes, Jimi tinha sorte e conseguia meia dúzia de hambúrgueres, que levava para casa. Mas, em muitas ocasiões, ele devorava depressa o que lhe dessem, ali mesmo no estacionamento, como um animal selvagem faminto. Enquanto comia ele olhava, do outro lado da rua, a escola onde já não estudava.

Jimi continuou a namorar Betty Jean Morgan, embora fosse raro poder levá-la a outro lugar que não fosse o parque. Apesar disso, naquela primavera, ele a pediu em casamento. Seu gesto foi impetuoso, e nem Betty Jean nem os pais dela jamais o levaram a sério. "Minha mãe havia dito que eu teria que esperar até me formar, o que aconteceria só em 1963", ela recordou. Embora seus pais gostassem de Jimi, era muito provável que também alimentassem a esperança de que ele arranjaria um emprego antes de aspirar a uma união com a filha deles.

A questão do casamento foi descartada no começo de maio, quando Jimi ficou sob custódia do Departamento de Polícia de Seattle. Em 2 de maio de 1961, ele foi preso por circular em um carro roubado. Foi levado para o centro de detenção juvenil que ficava bem na frente do apartamento onde vivera apenas um ano antes. Quando Al foi pagar a fiança para tirá-lo de lá, Jimi lhe disse não saber que o carro era roubado e que estava estacionado quando foi preso. Al escreveu em sua autobiografia que a questão foi logo esclarecida e que Jimi "não passou tempo algum preso". A ficha policial conta outra história: Jimi passou um dia na cadeia por aquele primeiro delito, foi solto e, então, apenas quatro dias depois, foi preso outra vez, por estar em outro carro roubado. A coincidência das duas prisões, tão próximas entre si, não favorecia a leniência quando Jimi foi detido pela segunda vez; ele passou os oito dias seguintes no centro de detenção juvenil. Essa detenção não significou o fim do caso, pois Jimi ainda teria de comparecer a uma audiência diante do juiz, onde receberia uma sentença formal e poderia sofrer uma punição considerável.

O Departamento de Polícia de Seattle era muito criticado, naquela época, pela exagerada perseguição a homens negros. "Os policiais paravam você mesmo que você só estivesse andando na rua", recordou Terry Johnson. Em 1955, o prefeito de Seattle criou uma comissão para investigar a violência policial no Distrito Central. O relatório da comissão concluiu que as crenças comuns da polícia incluíam "Todos os negros carregam facas" e "Qualquer negro dirigindo um Cadillac é cafetão ou traficante de drogas". Jimi jurou não ter roubado os carros e não saber que eram roubados. No entanto, ele poderia pegar até cinco anos na prisão por cada uma das acusações.

Mesmo Jimi sendo um sonhador, nem sua tremenda imaginação era capaz de conceber um cenário no qual fosse capaz de ganhar a vida como músico em Seattle. Ele já havia manifestado interesse por entrar nas forças armadas e, com a data da audiência se aproximando, passou a pensar mais a sério nessa possibilidade, uma vez que a promotoria, muitas vezes, aceitava a prestação de serviço militar em substituição à pena, em casos de admissão de culpa. Pouco antes, nessa mesma primavera, Jimi havia tentado, com Anthony Atherton, entrar para a força aérea. "No posto de alistamento, eles nos olharam e disseram que não tínhamos a capacidade física de suportar a força G de uma aeronave", Atherton recordou. O motivo mais provável de recusa era eles serem negros; havia poucos pilotos afro-americanos na força aérea naquela época.

A escolha seguinte de Jimi era o exército. Ele foi até o posto e indagou se o alistamento lhe permitiria ir para a 101ª Divisão Aerotransportada. Jimi havia lido sobre essa divisão nos livros de história e desenhara, em seu caderno, o famoso emblema da "Águia Gritante". "Ele vivia dizendo que ia conseguir um emblema desses", Leon recordou. O emblema em si tornou-se uma fixação para Jimi, pois conferia uma identidade a quem o portava. Para um garoto cuja vida doméstica durante a infância fora instável, aquele emblema, com a masculinidade que representava, exercia uma poderosa atração.

Em uma audiência no juizado juvenil, em 16 de maio de 1961, um defensor público representou Jimi. O promotor concordou com uma sentença de dois anos, que seria suspensa com a condição de que Jimi se alistasse no exército. A condenação, porém, permaneceu em sua ficha criminal. No dia seguinte, Jimi assinou um contrato de três anos no exército. No dia 29 de maio, ele deveria tomar o trem para Fort Ord, Califórnia, onde daria início ao treinamento básico. Com sorte, logo seria membro da afamada 101ª Divisão Aerotransportada, a mesma companhia que havia saltado de paraquedas atrás das linhas inimigas durante o Dia D. Exceto por algumas viagens quando era criança, Jimi nunca havia se afastado mais do que 300 quilômetros de Seattle. Não havia sequer subido em um avião, quanto mais saltado de um.

Na noite anterior à partida para o treinamento básico, Jimi apresentou-se pela última vez com os Tomcats. Era um festival ao ar livre na Madison Street, e a banda tocou em um palco erguido bem em frente ao Birdland, o clube onde Jimi havia estreado com os Velvetones, quase três anos antes. Leon compareceu, para ver o último show do irmão mais velho com a banda; Betty Jean Morgan também foi. Depois do concerto, Jimi deu de presente a ela um anel barato de strass que comprara, declarando que aquele era um anel de noivado. Em um gesto que provavelmente simbolizou melhor que seu anel seu compromisso com Betty Jean, ele pediu a ela que guardasse em sua casa a amada guitarra, até que ele pudesse mandar buscá-la.

O baile de rua atraiu várias centenas de pessoas, incluindo muitos amigos de escola e vizinhos que haviam conhecido Jimi ao longo dos 18 anos que ele vivera em Seattle. Uma dessas pessoas era Carmen Goudy, que compareceu com um namorado novo. Não ficaram ressentimentos entre Carmen e Jimi, e ela tampouco se sentiu dividida ao vê-lo no palco de novo. Como uma das poucas pessoas que haviam assistido a seu primeiríssimo concerto público – no porão de uma sinagoga, em um show no qual foi despedido –, ela não pôde deixar de notar o quanto ele progredira como guitarrista em tão pouco tempo. Ele agora tinha confiança e, apesar de ainda se exibir demais nos solos, ele tocava com o tipo de elegância e estilo que forçava o público a prestar atenção. "Ele ainda era um homem selvagem ao tocar", recordou ela. "Mas ele era bom. Ele era bom *de verdade*."

No dia seguinte, ele tomou o trem noturno para a Califórnia. Jimi havia feito a mesma viagem uma década e meia antes, com a avó Clarice e sua mãe, Lucille, indo para Berkeley. Para uma criança de 3 anos de idade, o trem havia sido uma máquina gloriosa, cheia de prodígios, mas, como adulto, ele se sentiu solitário antes mesmo de sair da estação. Jimi havia passado toda a sua jovem vida nos arredores daquela estação, mas agora o trem o levava de novo ao Sul, para longe do único lugar que ele já havia chamado de lar.

CAPÍTULO 8

Um Soldado Solitário

~~~~~~✦~~~~~~

Fort Ord, Califórnia
Maio de 1961 - setembro de 1962

"Enquanto tiver você por perto, as coisas vão estar perfeitas para mim, porque você é meu Pai Querido, e vou sempre amá-lo [...] sempre [...]. Então, com todo o amor do mundo, ao Velho e Querido Pai, de seu filho que o ama, James".
— Jimi Hendrix, em uma carta para seu pai

Em 31 de maio de 1961, Jimi Hendrix chegou a Fort Ord, na Califórnia, e começou o treinamento básico do exército dos Estados Unidos. Ao alistar-se, ele havia requisitado uma posição burocrática e pediu para servir na 101ª Divisão Aerotransportada, embora fosse receber suas ordens finais apenas depois do treinamento básico. Jimi havia escolhido a Aerotransportada, diria mais tarde, pelo fato de que os riscos decorrentes de saltar de aviões vinham acompanhados de um bônus de 55 dólares por mês, quantia significativa para um rapaz que mal havia conseguido ganhar tudo isso em toda a vida. Também passou por sua cabeça tornar-se um Army Ranger,[1] outra função muito exigente. Sua folha de serviço mostra que, um mês depois de entrar no exército, ele pesava 70 quilos e media 1,78 metro de altura.

Anos mais tarde, Jimi contaria em entrevista ter "detestado o exército logo de cara", mas tal declaração é contestada por cartas que ele enviou para a família. Ao menos no início, ele gostou da estrutura e da formalidade do serviço militar, que estabelecia a hora de comer, o que vestir e o que fazer a cada minuto do dia. Para alguém que vivera uma adolescência tão independente e que, na infância, tinha sido tão negligenciado, a ordem presente no exército era uma mudança bem-vinda. No mínimo, Jimi estava recebendo três refeições completas por dia, a melhor nutrição que já tivera na vida.

Jimi escreveu a Al dúzias de cartas durante os primeiros seis meses de serviço militar. No início, a motivação para escrever ao pai era pedir dinheiro emprestado – ele reclamava que o pagamento do exército estava atrasado e não cobria suas necessidades básicas. Mas a correspondência logo se ampliou e passou a incluir as saudades de casa e seus desejos para o futuro. Havia anseios e melancolia nas cartas de Jimi para Al, que eram frequentes e extensas. Jimi não precisava de motivo para escrever – uma vez ele escreveu apenas para contar ao pai que havia perdido uma passagem de ônibus. Al lhe escrevia de volta, embora suas cartas fossem mais curtas e menos regulares. Ainda assim, a correspondência tornou-se importante para ambos e representou a maior intimidade que teriam como pai e filho. Embora tivesse sido criado na rua, Jimi era um garoto frágil, que não conhecia muito do mundo. Estar longe de amigos e da família atenuava seus sentimentos sobre o lar distante. Jimi claramente amava Al, apesar dos muitos defeitos do pai, e sentia-se amado por ele. Esse afeto estava mais evidente nas cartas deles do que jamais esteve em suas interações.

A primeira carta de Jimi, escrita apenas cinco dias depois de sua chegada a Fort Ord, continha um pedido de dinheiro ("por favor, por favor, se puder,

---

[1] Membros de elite do exército dos Estados Unidos; o termo *ranger* é usado no país para descrever pequenas companhias independentes de infantaria ligeira. O 75º Regimento Ranger é um grupo de elite aerotransportado que atuou na Guerra do Vietnã. (N. da T.)

mande alguns dólares assim que possível"), com uma longa lista de suas despesas ("*kit* para engraxar sapatos, 1,70 dólar; dois cadeados, 80 centavos cada"). Ele também comentava sua reação inicial ao asseio e aos cuidados pessoais no exército: "Temos que dar uma limpada nos alojamentos antes de dormir. Eu só queria que você soubesse que ainda estou vivo, embora por pouco. Ah, e o exército não parece tão ruim, até agora. É mais ou menos, embora às vezes tenha seus 'altos e baixos'. Todo, e quero dizer *todo*, meu cabelo foi cortado e tenho que me barbear". Os pelos faciais de Jimi haviam começado a crescer fazia pouco tempo, e barbear-se era uma novidade para o rapazinho de 18 anos. Ele tentava parecer positivo na carta, mas a saudade de casa era evidente. "Embora eu esteja aqui há cerca de uma semana, parece um mês. O tempo passa muito devagar."

Jimi encontrou tempo para escrever cartas ao menos uma vez por semana pelos dois meses seguintes e, às vezes, com mais frequência. De início, disseram-lhe que seria mandado para Fort Lee, Virgínia, para uma escola de datilografia, mas essas ordens nunca chegaram, e ele aguardava sua ambicionada designação para a 101ª Aerotransportada. Em 4 de agosto, Jimi concluiu o treinamento básico e recebeu a graduação de soldado. Ele tinha sido fotografado com seu uniforme do exército um mês antes e mandou essa foto, com a notícia de sua promoção, para o pai e para Delores Hall, Dorothy Harding e Betty Jean Morgan, com quem ele também mantinha uma correspondência regular. O afeto por sua garota aumentou com a distância. A foto dela estava em seu beliche, e ele ainda falava em casar-se com ela. Ele chegava a escrever cartas para a mãe e a avó de Betty Jean. Com toda probabilidade, ele escrevia essas cartas para cativar os futuros sogros e o restante da família de Betty Jean, mas também porque estava solitário, e qualquer carta que recebesse em resposta levantava seu ânimo.

Fazia menos de dois meses que partira quando pediu a Al que fosse pegar sua guitarra na casa da mãe de Betty Jean e a enviasse a ele. O instrumento chegou em 31 de julho, e aquela ocasião abençoada foi motivo suficiente para escrever outra carta. Essa carta em particular, escrita em seis folhas de papel timbrado do Centro de Treinamento do Exército dos Estados Unidos, ia além do agradecimento a seu pai pela tão valiosa guitarra. Jimi começou pedindo desculpas por não ter respondido de imediato à última carta de Al: "Estivemos em campo por uma semana e, quando a gente fica sem selos ou sem papel por lá, é um azar – foi o que me aconteceu". A guitarra, Jimi escreveu, "foi uma visão muito bem-vinda. Ela me fez pensar em você e em casa". Ele reclamou de estar em uma missão de oito dias e que seus superiores haviam ameaçado adicionar um ano a seu contrato de alistamento.

Al havia terminado pouco antes com uma namorada, Willeen, e Jimi aproveitou a ocasião para expressar sua opinião sobre o caráter dela: "Ela é uma mulher doce de verdade, e acredito que seja uma boa mãe, mas, como você diz, é um pouco tentada pelo 'Irmão Selvagem'. Ela ao menos podia entender que foi a melhor oportunidade que já teve e que provavelmente vai ter [com você]. Mas sei que ainda o ama, porque ela costumava me dizer o quanto gostava de você, um monte de vezes, o suficiente para me convencer. E olha que precisa muito para me convencer, como no caso de Betty, por exemplo".

Jimi escreveu que a vida no exército não tinha mudado muito sua personalidade, mas que havia aprendido como limpar o alojamento. Disse que estava ansioso para ver o novo estéreo de Al e que, quando fosse visitá-lo, pensava em levar fotos que havia tirado na base. Ele prometeu chegar sábado à noite, se pudesse pegar um avião. Concluiu com as palavras mais carinhosas que já havia escrito ao pai: "Enquanto tiver você por perto, as coisas vão estar perfeitas para mim, porque você é meu Pai Querido, e vou sempre amá-lo [...] sempre [...]. Então, com todo o amor do mundo, ao Velho e Querido Pai, de seu filho que o ama, James".

Jimi terminou a carta, como terminaria a maior parte de sua correspondência nos anos seguintes, com uma pequena ilustração de sua guitarra Danelectro. Na carta, ele se referia à folga de uma semana que teria em breve; ele esperava poder ir de avião a Seattle. A folga foi adiada e, uma semana mais tarde, ele escreveu outra carta para dizer que ainda estava no aguardo de ordens oficiais. "Algumas pessoas esperam dois, três, ou quatro dias", observou, "outras esperam semanas ou até meses [...]. Isso dá uma sensação de tempo perdido, embora na verdade ele conte." Por "contar", Jimi queria dizer que cada dia que passava significava um dia menos de seu contrato de três anos. Ele estava no exército havia dois meses e já contava os dias para sair. Jimi terminou a carta com uma boa notícia: "Fui qualificado como atirador de primeira classe. É a segunda qualificação mais alta com um rifle M-1". Como ele conseguiu tal proeza é algo que não se sabe; ele era terrivelmente míope. Um médico do exército já havia observado que ele enxergava mal e tinha dado ordens para fazer óculos, que Jimi recusava-se a usar.

Em 1º de setembro, Jimi por fim obteve permissão para sua folga de uma semana. Ele levou consigo sua guitarra, pois iria deixá-la em Seattle até saber qual seria sua missão seguinte. Jimi não teve dinheiro para comprar passagens de avião e teve que tomar um ônibus e, assim, quatro dos sete dias de folga foram gastos na viagem. Quando desceu do ônibus em Seattle, estava recém-barbeado e usando seu uniforme de cerimônia, incluindo, ele foi rápido em explicar, um cordão azul ao redor da manga, por treinamento extra. "Ele ficava muito elegante com aquele uniforme", recordou sua prima Dee Hall. "Estava orgulhoso em exibi-lo para todo mundo."

Os reencontros com Al e com Leon foram ambos emotivos. Al estava orgulhoso de Jimi em seu uniforme e notou que o serviço militar havia amadurecido o filho. O uniforme impressionou Leon, que também ficou assombrado por seu irmão mais velho ter 5 dólares para lhe dar. Jimi visitou tia Delores, Dorothy Harding e vários velhos amigos da vizinhança, mas o que ele mais aguardava era o reencontro com Betty Jean. Ele passou a maior parte da folga com ela, ou, de forma menos romântica, com ela e com seus pais. "Ele disse a meus pais que iria se casar comigo assim que eu saísse da escola, e que eu seria uma esposa de militar", Betty Jean recordou. Em seu último dia em Seattle, Jimi deu a Betty Jean uma fronha de seda que havia comprado para ela na Califórnia. Disse-lhe que era a fronha com a qual dormia todas as noites pensando nela, embora fosse improvável que qualquer soldado tivesse permissão para usar uma fronha de seda. Ele escreveu na fronha: "Amor eterno, sempre seu, James Hendrix, 7 de setembro de 1961".

Durante o mês de setembro, Jimi e Betty Jean trocaram cartas quase que dia sim, dia não. Quando ele deixava de mandar algumas cartas no ritmo que se mantinham, ela o acusava de a estar traindo. "Você está saindo com alguém aí [...]. É melhor você escrever e deixar de lado essas 'sirigaitas', ou é melhor nem vir para cá me ver." Depois de algumas cartas furiosas como essa, Jimi escreveu a Al para reclamar que as emoções de sua namorada "mudam duas, três e até quatro vezes, enquanto ela escreve". Jimi não melhorou muito sua situação com Betty Jean quando lhe escreveu para contar que estava tão sem dinheiro que o presente de aniversário dela chegaria atrasado.

No Halloween, as tão adiadas ordens de Jimi chegaram: ele havia sido designado como almoxarife da 101ª Divisão Aerotransportada em Fort Campbell, Kentucky. Ele transmitiu de imediato a gloriosa notícia a todos os seus correspondentes. Al tinha sua própria boa notícia: ele escreveu contando que Leon havia voltado do acolhimento familiar e que os dois estavam juntos. A resposta de Jimi dizia que ele estava "muito feliz" por saber que seu irmão e seu pai estavam juntos e que ele entendia o que era estar solitário: "É como me sinto quando começo a pensar em vocês, e nos outros, e em Betty". A carta de Jimi terminava com a promessa de "dar o melhor de mim na Aerotransportada para honrar nosso nome [...]. Eu o farei para que toda a família Hendrix tenha o direito de usar o emblema da 'Águia Gritante'".

Ele chegou a Fort Campbell no dia 8 de novembro e, sem demora, escreveu ao pai. Ao final da carta, incluiu seu monograma da guitarra, mas adicionou um pequeno paraquedista. Ele escreveu:

> Bem, aqui estou eu, aonde eu queria chegar. Estou na 101ª Aerotransportada [...]. É bem difícil, mas não posso reclamar e não me arrependo [...]. até agora. Saltamos da torre de 10 metros no terceiro dia. Foi quase divertido [...]. Quando estava subindo a escada até o topo da torre, eu ia numa boa e devagar, só na tranquilidade. Três caras desistiram quando chegaram lá no alto. Você pode desistir a qualquer momento, e eles olharam

para fora e simplesmente desistiram. E isso me fez pensar enquanto eu subia a escada. Mas eu já me decidi que, o que quer que aconteça, não vou desistir por decisão própria.

Uma vez que ele chegou ao alto da torre, o mestre de salto prendeu Jimi a um arnês e empurrou-o da torre. Jimi escreveu que o cabo "estalou como um chicote" e ele aterrissou em uma duna de areia.

Foi uma nova "experiência". Por duas semanas, não há nada aqui além de treinamento e desafio físico, então, quando você vai para a escola de salto, é aí que começa o inferno. Eles o forçam até a MORTE, atormentando e brigando [...]. Eles criam um clima muito tenso, e metade das pessoas desiste. É como eles separam os homens dos garotos. Rezo para estar no lado dos homens desta vez.

EM UM DIA CHUVOSO de novembro, Jimi estava no Clube Militar Nº 1, em Fort Campbell, praticando guitarra, quando outro homem passou por ali e ouviu-o tocar. O clube tinha instrumentos e amplificadores disponíveis para alugar, e Jimi praticava lá quando não estava no serviço ativo ou escrevendo cartas.

Quando o soldado Billy Cox ouviu a música, pareceu-lhe uma combinação de "Beethoven e John Lee Hooker" e ficou intrigado. Cox havia crescido em Pittsburgh e tinha tocado baixo em várias bandas. "Era um som que eu nunca havia ouvido antes", Cox recordou. "Entrei e me apresentei. Foi rápido assim." Cox alugou um baixo e começou a tocar com Jimi. Essa conexão levou Cox e Hendrix de imediato a uma amizade que seria tanto pessoal quanto musical e que se estenderia por quase uma década.

Tendo Cox como companheiro de banda, e seu primeiro amigo de verdade no exército, os interesses de Jimi mudaram. Ele ainda tinha uma fixação pelo emblema da Águia Gritante, e de fato começou a escola de salto no mês seguinte, mas ele e Cox de imediato formaram uma banda com outros três soldados. Eles não tinham um nome – e a formação mudava o tempo todo –, mas, com o núcleo formado por Billy e Jimi, eles tocavam nos clubes da base nos fins de semana. Por algum tempo, tiveram um grupo com três integrantes, os dois mais um baterista. Com essa composição, Jimi e Billy dividiam os vocais e, como Cox não era um cantor potente, o efêmero grupo tornou-se a primeira experiência de Jimi como vocalista. Ele ainda não gostava da própria voz, mas por necessidade começou a cantar.

Fort Campbell situava-se na divisa entre Tennessee e Kentucky, a 100 quilômetros de Nashville. Na cidade vizinha de Clarksville, Tennessee, havia diversos clubes frequentados pelos militares, incluindo o Pink Poodle, que se tornou o preferido de Jimi. A casa servia uma clientela quase só negra; no Sul, Jimi descobriu a verdadeira segregação racial. Embora o exército fosse oficialmente integrado, os soldados socializavam-se por etnia e, fora da base, grandes porções da sociedade eram vedadas aos negros. Até a música era definida por etnia, e os negros do Sul estavam mais interessados em blues e R&B; os deliciosos *riffs* de Jimi em "Louie, Louie" eram indesejáveis aqui. Cox recordou que Jimi passou a ter um interesse profundo por Albert King, Slim Harpo, Muddy Waters e Jimmy Reed, lendas do blues que haviam começado a carreira na região.

Naquele inverno, Jimi por fim teve a chance de saltar de um avião. Em entrevistas posteriores, ele descreveu a emoção que sentiu. "O primeiro salto foi incrível demais", ele contou ao *N.M.E.* "Você está lá no avião, e alguns dos caras nunca tinham subido em um avião antes. Tinha gente vomitando." O que Jimi não disse na entrevista foi que seu primeiro salto também foi sua primeira vez a bordo de um avião. Ele falou de seu fascínio com os sons da aeronave ("o avião faz 'rrrrrrr'") e do salto em si ("o ar faz 'ssssshhhh' quando passa pelas orelhas"). Ele até havia emprestado uma câmera e fotografado alguns saltos. No verso de um instantâneo de outro soldado, ele escreveu: "Isto foi logo antes de aterrissar; quando aterrissou, ele atingiu o chão com um *splat*".

A vida de um paraquedista tinha seus riscos, e Jimi temia que seu paraquedas falhasse. Com menor intensidade, também tinha medo de ser chamado para o combate de verdade. Como escreveu em uma longa carta que mandou para sua tia Delores em janeiro, "Estou na melhor divisão: a 101ª Aerotransportada. É o melhor grupo do mundo. Se um problema começa em qualquer lugar, somos os primeiros a ir para lá". Em 1962, quando Jimi escreveu à tia, o aumento das tensões na fronteira coreana, no Leste Europeu e em Cuba fazia com que esses surgissem como possíveis locais de ação militar. O conflito no Sudeste Asiático estava se intensificando, e a Guerra do Vietnã logo incluiria tropas dos Estados Unidos. Diante desse cenário, no início de 1962, Jimi começou a se questionar se os 55 dólares extras valiam o risco.

O pagamento de Jimi no exército representava o primeiro e único salário regular de sua vida. Ele havia sido promovido a soldado de primeira classe em janeiro e completou os requisitos para receber seu emblema da 101ª. Uma vez que adquiriu todos os emblemas da Água Gritante de que precisava para mandar à sua família, ele se viu pela primeira vez na vida com algum dinheiro de sobra. Com suas cartas para Betty, ele começou a incluir títulos de poupança de 25 dólares, com os quais ele queria provar aos pais dela que seria capaz de sustentar uma família. Ele pagou para ser fotografado em um estúdio fotográfico e mandou a foto para Betty Jean. Uma foto mostrava-o posando em seu uniforme de serviço com um fundo tropical. Ele também mandou a Betty Jean um poema que havia colado em um cartão, intitulado "Sweetheart" ["Docinho"]. Ele colocou a dedicatória, "Daquele que vai sempre amar você, sinceramente". E, durante a primavera de 1962, ele escreveu a ela várias vezes, oferecendo pagar a viagem para que ela fosse encontrá-lo, caso ela concordasse em se casar com ele. "Ele queria que eu pegasse um avião para Kentucky", ela recordou. "Ele me mandou um anel de brilhante como anel de noivado e já tinha comprado uma aliança de casamento."

Os esforços de Jimi para convencer Betty Jean e os pais a um casamento a curto prazo fracassaram. Os pais insistiam que ela se formasse. A rejeição a suas propostas de casamento só estimulou Jimi ainda mais, porém. Talvez suas ações resultassem do amor profundo por Betty Jean, ou talvez fossem uma tentativa desesperada de curar sua solidão.

POR VOLTA DE MARÇO de 1962, até Betty Jean notou uma mudança na correspondência de Jimi, quando a banda passou a ser seu assunto principal. O pai dele lhe enviara a guitarra pouco antes naquele inverno e, tendo seu instrumento de novo e o emblema da Águia Gritante bem pregado no uniforme, o fascínio original da Aerotransportada se desvaneceu. À medida que seu interesse pela banda crescia, o respeito que tinha pelo exército, antes tão elevado, dissipou-se. "Eles não permitiam que eu tivesse qualquer atividade musical", disse Jimi em uma entrevista alguns anos mais tarde. Ele havia sido treinado no uso de várias armas diferentes, mas sentia-se mais seguro quando tinha sua guitarra nas mãos; ele ainda dormia com ela sobre o peito. Seus colegas achavam isso estranho e era um motivo a mais para que ele permanecesse à parte e solitário.

O único lugar onde ele se sentia confortável era com Billy Cox, na banda deles. O grupo agora tinha nome – The Kasuals – e eles, aos poucos, construíam sua reputação na região. Nos finais de semana, davam shows em Nashville e em bases militares até na Carolina do Norte. Jimi logo descobriu que, no Sul da segregação racial, bandas afro-americanas em geral só podiam tocar para plateias negras. "Ele me escreveu e contou que tinha muita dificuldade no Sul, estando em uma banda negra", disse Betty Jean. "Ele disse que havia visto no Tennessee um preconceito que nunca vira em Seattle, inclusive no ramo musical." A grande população negra sulina sustentava muitos clubes, porém. Jimi também começou a conhecer mais mulheres negras disponíveis do que já conhecera em Seattle. Atraente e exibido no palco, ele descobriu pela primeira vez na vida que era popular com as mulheres.

Com sua banda tocando para grandes plateias, e a fama local aumentando, as possibilidades de turnê para os Kasuals surgiram. O único problema era que Jimi e Billy eram soldados em tempo integral. Cox, ao menos, estava perto do fim de seu contrato. Jimi não poderia sair do exército; ele seria preso caso se ausentasse sem permissão. Em 1º de abril, ele havia servido apenas 10 dos 36 meses de seu alistamento, mas para ele a situação havia ficado insustentável. Em 2 de abril, ele se apresentou no hospital da base e disse que tinha um problema sério e íntimo, sobre o qual precisava conversar com o psiquiatra. Jimi contou uma história absurda, afirmando que havia desenvolvido tendências homossexuais e que tinha fantasias com seus colegas de beliche. O médico lhe disse para descansar um pouco.

Suas visitas ao psiquiatra da base tornaram-se regulares em abril e maio daquele ano. Ele disse ao médico que não conseguia parar de se masturbar e que havia virado um vício. Em um gesto que, com muita probabilidade foi intencional, ele foi flagrado masturbando-se nos alojamentos. Ele afirmou ao psiquiatra estar apaixonado por um colega de pelotão. Disse que não conseguia dormir e que despertava com terrores noturnos. Disse que repetidamente se urinava. Afirmou ter perdido sete quilos devido à paixão por seu colega. Inventar tais confissões era uma jogada arriscada; se não resultassem em sua baixa, Jimi seria rejeitado por seus pares. Nenhum soldado queria ficar conhecido como desistente, ou como homossexual, em um exército homofóbico. A mera percepção de fraqueza nessas questões poderia resultar em uma "festa do cobertor", eufemismo para uma surra no alojamento, ou até mesmo em uma bala perdida. Talvez em outra tentativa de provar que estava enlouquecendo, naquele mês Jimi vendeu a guitarra para outro soldado de sua unidade.

Por fim, em 14 de maio, o capitão John Halbert fez um exame médico completo em Jimi. Quando Jimi entrou no exército, havia passado por um exame físico minucioso, e o único problema anotado em sua avaliação foi "teve gagueira no passado". Desta vez, preenchendo o mesmo formulário, Jimi apresentou sete diferentes males, que iam de "dores no peito" a "homossexual". Na ficha médica de Jimi, o capitão Halbert datilografou: "homossexual; masturbação; vertigem; dor e pressão no lado esquerdo do peito; perda de peso; problemas de sono frequentes; problemas pessoais". Halbert deixou passar um detalhe revelador no formulário de autoavaliação de Jimi: quando entrou para o exército,

Jimi havia declarado como profissão "estudante", apesar de estar fora da escola havia um ano. Depois de mais de um ano no exército, ele tinha uma nova profissão: "músico".

O exército desistiu. Halbert recomendou que fosse dada baixa a Jimi devido a suas "tendências homossexuais". Jimi nunca admitiu o subterfúgio, nem para amigos próximos. Em vez disso, quando indagado sobre o motivo de sua saída do exército, ele sempre contava que quebrou o tornozelo em seu vigésimo sexto salto de paraquedas. "Também machuquei as costas", contou a um repórter. "Cada vez que me examinavam, eu gemia, até que finalmente acreditaram em mim e saí." Em junho, ele foi fotografado com o tornozelo envolto em gaze, durante uma apresentação dos Kasuals; não é possível saber se o ferimento era real ou um artifício adicional, embora sua ficha médica no exército não mencione nenhuma fratura no tornozelo.

O último pagamento de Jimi incluía um bônus por 21 dias de licença não utilizados. Seu plano inicial era ir para Seattle, casar-se com Betty Jean e conseguir trabalho. "Eu me vi do lado de fora do portão de Fort Campbell, na divisa dos estados de Tennessee e Kentucky, com minha sacola de lona e 300 ou 400 dólares no bolso", ele contou à revista *Rave*, em 1967. "Eu ia voltar para Seattle, que era bem longe [...]. Então, decidi dar só uma olhada em Clarksville, que ficava ali perto, passar a noite lá e voltar para casa na manhã seguinte [...]."

Em Clarksville, ele entrou em um clube de jazz e tomou uma bebida. Tomou outra bebida. "Eu me sentia muito generoso naquele dia", contou à *Rave*. "Devo ter dado grana para qualquer um que pedisse." Ele saiu do bar muitas horas depois e contou seu dinheiro. Haviam sobrado 16 dólares, que não eram o suficiente para viajar para Seattle. Jimi disse que seu primeiro pensamento foi chamar o pai e pedir o dinheiro para o ônibus: "Mas eu podia imaginar o que ele ia dizer se eu dissesse que havia perdido quase $ 400 em um dia só. Não. Estava fora de questão. Tudo que posso fazer é conseguir uma guitarra e tentar encontrar trabalho". Jimi lembrou do cara a quem havia vendido a guitarra. Ele voltou às escondidas para a base, pegou "Betty Jean" emprestada e, depois de ter passado quase três meses tentando sair do exército, acabou dormindo de novo em seu velho beliche.

Billy ainda tinha pela frente três meses de serviço militar, e o plano deles era de que Jimi se aguentasse em Clarksville até a baixa do amigo, e então os dois sairiam em busca do sucesso. A banda deles deu alguns shows de fim de semana, mas Jimi sobreviveu, como faria de forma intermitente, pelos quatro anos seguintes de sua vida, dormindo no sofá de amigos ou na casa de garotas que conhecia nos clubes. Naquele verão, ele começou um relacionamento com uma mulher chamada Joyce, muito provavelmente sua primeira experiência sexual. Quando Cox por fim deu baixa, em setembro de 1962, os três moraram por algum tempo em um apartamento minúsculo.

A relação de Jimi com Joyce colocou um ponto final a sua fantasia de casar-se com Betty Jean. Ele escreveu a Betty Jean naquele mês e contou-lhe que não tinha planos de voltar para Seattle, ou para ela; de imediato, ela mandou de volta o anel de noivado. A ideia de casar-se havia sido um sonho intenso para Jimi, mas, uma vez que terminou, e ele começou a descobrir os prazeres da carne, anos iriam se passar antes que ele voltasse a falar em ficar com uma só mulher.

Até a guitarra "Betty Jean" foi banida. Billy Cox foi fiador para a nova guitarra Epiphone Wilshire, que Jimi comprou a crédito de uma loja de música de Clarksville. "Betty Jean", o instrumento querido que Jimi amava tanto a ponto de dormir com ela todas as noites, foi vendida para uma loja de penhores local.

CAPÍTULO 9

Caçador de Cabeças e Duelos de Guitarra

Nashville, Tennessee
Outubro de 1962 - dezembro de 1963

"Ele era como um caçador de cabeças. Jimi estava sempre procurando derrotar o maioral."
— JOHNNY JONES, guitarrista

QUANDO BILLY COX DEU baixa do exército, em setembro, ele e Jimi Hendrix passaram a dedicar-se à música em período integral. A primeira oportunidade surgiu quando Jimi conheceu, em um bar em Clarksville, um sujeito que agendava shows em um clube em Indianápolis. "Jimi estava sempre conhecendo gente", Cox recordou. "Era sempre eu quem avisava a ele 'Esse cara está escondendo o jogo'. Alguém tinha que ter os pés no chão." Desta vez, porém, Cox entrou na onda de Jimi. "Terminamos indo para lá em um Plymouth 1955 sem marcha a ré", Cox disse.

Quando chegaram, descobriram que o clube não iria contratar uma banda só de negros. Sem dinheiro suficiente para pagar a gasolina de volta, eles saíram em busca de trabalho em lugares que estivessem abertos. Na tarde em que chegaram, havia um "Duelo de Bandas" marcado no George's Bar, na Avenida Indiana, no coração da Main Stem de Indianápolis. Eles participaram do concurso e se saíram bem. Tocando uma versão de "Soldier Boy", das Shirelles, Jimi e Billy ficaram em segundo lugar. "Teríamos ganhado, se não fosse outra banda, The Presidents, que as garotas do lugar preferiam", Cox recordou.

O segundo lugar não lhes deu direito a prêmio, mas eles impressionaram tanto que o guitarrista dos Presidents, Alphonso Young, decidiu sair de seu grupo e juntar-se a Billy e Jimi. Eles formaram uma nova banda chamada The King Kasuals, com Hendrix como peça central, Harry Batchelor como cantor, Cox no baixo e Young na guitarra rítmica ou guitarra base como é mais conhecida. Young sabia tocar com os dentes e, em cada apresentação, havia um número reservado para seu solo dental. Não era a primeira vez que Hendrix via aquele truque com a guitarra – em Seattle, Butch Snipes fazia isso com desenvoltura – mas era a primeira vez que ele era superado no palco por um membro de sua própria banda. Jimi aprendia rápido; ele observou os truques de palco e o estilo de execução de Young e logo os copiou.

O grupo foi para Clarksville e conseguiu trabalho no Del Morocco Club, em Nashville, onde eles tocavam duas vezes por semana. Nas outras noites, eles aceitavam trabalhar em qualquer restaurante ou *juke joint*[1] de beira de estrada ou salão de bilhar onde pudessem tocar. Foi esta a primeira tentativa de Jimi de ser músico profissional e ele descobriu que, mesmo com tempo para devotar à carreira – sem as distrações da escola ou do exército –, ele não ganhava mais do que quando tocava com os Velvetones nos bailinhos da escola. Ele estava tão sem dinheiro que, por algum tempo, teve de dividir uma cama de solteiro com Alphonso Young no apartamento que alugaram. "Às vezes, Jimi

---

[1] No Sul dos Estados Unidos, locais que oferecem música, bailes, jogos e bebidas, administrados sobretudo por afro-americanos. (N. da T.)

trazia uma garota, e nós três dormíamos ali, embora fosse só dormir mesmo", recordou Young.

As garotas foram o principal aspecto positivo da vida de Jimi naquele outono. Joyce foi seguida por Florence, que foi seguida por Verdell, que foi seguida por incontáveis outras. Joyce foi a que durou mais tempo e chegou até a mandar a Al uma foto dela e de Jimi, tirada em dezembro de 1962. Na fotografia, Joyce está olhando para as lentes, enquanto Jimi, abraçado a ela, está claramente de olho em outra pessoa. Usando uma gravata fina, camisa branca e paletó, ele parece jovial e cortês. O cabelo havia crescido e ele o usava, como faria pelos próximos anos, no estilo "conk", uma versão do estilo "marcel"[2] tornado famoso por Little Richard.

Jimi era notavelmente atraente, educado, de voz macia, obviamente talentoso e, claro, totalmente sem dinheiro. Ele usava a pobreza a seu pleno favor. Jimi enfatizava sua miséria como parte de um cenário de ajuda que muitas mulheres achavam irresistível. Sua própria timidez, que havia sido um obstáculo no ensino médio, tornou-se um trunfo nos clubes de R&B, onde a sexualidade adulta era em geral aberta e raramente expressa de forma gentil. Jimi era meigo, e a meiguice era sensual. Era raro encontrar uma mulher que não quisesse ter um romance com ele, cuidar dele, levá-lo para a cama e, como em geral era o caso, alimentá-lo e vesti-lo. Esses idílios se desenrolavam por várias semanas até que as salvadoras descobriam que seu protegido era, na verdade, um Romeu que, com toda probabilidade, já estava mirando outra Florence Nightingale.

As namoradas de Jimi, durante esse período, eram todas negras; era um momento e um lugar onde até mesmo flertar com uma mulher branca podia terminar em assassinato. Nashville tinha sido, inclusive, o primeiro local onde as lojas de música separaram os discos em seções como "country, *hillbilly*" e "música negra", e essa divisão estendia-se a todos os aspectos da vida. Embora o racismo fosse menos prevalente no Tennessee que no Mississippi, onde mesmo

---

[2] Penteado em que modelador quente é usado para ondular o cabelo. (N. da T.)

em 1962 ainda existiam linchamentos,[3] os afro-americanos viviam em um mundo separado mas desigual. Escolas e moradias ainda eram segregadas, e as lanchonetes apenas recentemente haviam sido integradas, depois de uma manifestação gigantesca em favor dos direitos civis. O círculo no qual Jimi se movia era ainda mais restrito, pois ele passava a maior parte do tempo nos três ou quatro clubes que estavam abertos para os negros. Quando a banda saía em turnê, ele era lembrado de imediato da cor de sua pele, pois muitos postos de gasolina no Sul recusavam-se a deixar os negros usarem o banheiro. No ano anterior, Medgar Evers havia começado um boicote a tais estabelecimentos – em junho de 1963, ele seria assassinado por seu ativismo. Jimi, porém, não era nem ativista nem separatista negro, e seu foco central era, como sempre, a música, que para ele não tinha cor. A *surf music* havia se tornado popular naquele ano entre o público branco, e Jimi adorava tocar *surf runs* em sua guitarra ao praticar. Os colegas de banda, porém, riram quando ele sugeriu que incluíssem semelhante heresia em suas apresentações.

Praticar guitarra foi a atividade central da vida de Jimi naquele ano. Ele ia para a cama praticando, dormia com a guitarra sobre o peito e a primeira coisa que fazia ao acordar era começar de novo a praticar. No esforço de conseguir ainda mais tempo para praticar, ele ocasionalmente comprava anfetaminas baratas para poder ficar acordado a noite toda. Essa foi a primeira vez que Jimi usou drogas ilegais de forma rotineira; a anfetamina que ele consumia não era cara e tampouco era mais potente que comprimidos de cafeína. Além das anfetaminas, a única droga ilícita que ele usava era a maconha, também comum entre os músicos de então, mas sua pobreza limitava o acesso até mesmo a isso.

A obsessão de Jimi com sua guitarra valeu-lhe um apelido em Clarksville: Marbles. Ele era assim chamado porque as pessoas achavam que havia perdido o juízo (em inglês "lost his marbles") e tinha ficado maluco por praticar demais. A guitarra havia se tornado uma extensão de seu corpo, e Billy Cox observou

---

[3] No Sul dos Estados Unidos, os linchamentos de afro-americanos tornaram-se frequentes a partir de fins do século XXI e persistiram até 1968. (N. da T.)

que Jimi conseguiu condensar 25 anos de guitarra em um período de apenas cinco anos. Alphonso Young recordou que Jimi praticava na ida para uma apresentação, tocava por quatro ou cinco horas durante um de seus shows de noite inteira e continuava praticando no carro enquanto voltavam para casa. "Ele estava sempre com a guitarra", Young disse. Nessa singular obsessão, Jimi guardava semelhança com o grande saxofonista John Coltrane, que costumava praticar no intervalo entre *sets*, coisa rotineira para Jimi. Uma vez Jimi foi visto entrando no cinema com sua guitarra, sem conseguir largar o instrumento pelo tempo suficiente para assistir a um filme.

Tanta prática aos poucos foi dando frutos. O desenvolvimento de Jimi como guitarrista veio de sua perícia inata, em conjunto com sua singular dedicação em aprender cada nuance do instrumento. Os colegas de banda brincavam que Jimi parecia consegui tocar com os olhos vendados, de cabeça para baixo e atrás das costas. De fato, em 1962, ele já era capaz de fazer as três coisas.

Ganhar a vida como músico era outra história, porém. Jimi imaginava que o trabalho em estúdio poderia ajudá-lo a manter-se e, quando Billy Cox foi chamado para gravar, naquele mês de novembro, levou Jimi consigo. Era uma sessão de gravação para um disco de Frank Howard & the Commanders, na King Records, de Nashville. Jimi teve permissão para participar, mas o produtor achou o estilo dele tão absurdo que cortou o microfone dele. De fato, na época, o estilo de Jimi era frenético, enlouquecido. As longas sessões de prática, em conjunto com seus dedos mais longos que o normal, deram-lhe a facilidade de um virtuoso ao tocar, mas faltava-lhe ainda o tom característico e individual que um grande guitarrista imprime ao instrumento.

O melhor guitarrista de Nashville era Johnny Jones, do grupo The Imperials. Jimi havia conhecido Jones quando estava no exército e os Imperials tocavam toda terça-feira à noite em Clarksville. "Ele era só um rapazinho, mas parecia que tinha uma missão", Jones recordou, "Ele se sentava bem na frente do palco e me observava tocando". Durante um intervalo, Jimi foi até Johnny e perguntou se poderia segurar a guitarra dele até o reinício da apresentação. Ele prometeu ficar sentado na frente do palco e não quebrar o instrumento. Jones concordou e, na semana seguinte, Jimi perguntou-lhe se poderia deixar o amplificador ligado durante o intervalo. Jones assim o fez, sobretudo para aquietar Jimi e fazer com que parasse de incomodar, e nos intervalos Jimi ficava dedilhando baixinho a guitarra, mais em uma tentativa de descobrir os segredos do som de Jones do que para entreter a plateia.

Depois de se mudar para Nashville, Jimi passou a assistir a todos os shows dos Imperials que podia, na esperança de aprender algo com Jones. Jimi havia escolhido um mentor admirável: aos 26 anos, Jones era apenas seis anos mais velho que ele, mas havia aprendido a tocar com os sucessores de Robert Johnson. "Minha guitarra já estava *falando*", Jones disse. "E, quando sua guitarra está falando, é como se você estivesse escrevendo uma carta, e tudo o que você precisa é da pontuação." Jones havia passado algum tempo em Chicago e havia aprendido com Freddie King, Muddy Waters, T-Bone Walker e Robert Lockwood Jr. Talvez mais importante, ele havia crescido em meio à pobreza do Delta rural e transportava as experiências de uma vida sofrida para a forma como tocava. "Jimi havia ouvido os discos, mas não tinha convivido com alguém que tivesse lama sobre si, como eu", Jones disse. "É isso que é necessário para ser um artista do blues – você tem que viver a verdadeira e vibrante alma do blues. Jimi não poderia fazer com que as cordas falassem o suficiente para soar mais vibrante."

Jones gostou de Jimi e eles se tornaram amigos. Muitas noites depois do show, os dois sentavam-se no banco da frente do carro de Jones enquanto Jimi fazia perguntas sobre o modo de tocar guitarra. "Jimi era bastante analítico, mas ele precisava viver mais tempo de vida se quisesse entender o blues", Jones disse. Por meio de Jones, Jimi conheceu, naquele outono, dois de seus grandes heróis: B. B. King e Albert King. "Quando B. B. entrou, você devia ter visto como os olhos de Jimi se iluminaram", recordou Jones. "E se o visse ao lado de Albert King, você teria achado que Jimi estava no céu." Assim como fizera com Jones, Jimi encheu Albert King de perguntas sobre o estilo do seu dedilhado e como ele conseguia fazer um *bend* na horizontal. A maioria dos jovens guitarristas iria apenas dizer a King como ele era bom; Jimi era impertinente o bastante para perguntar como ele havia se tornado bom. Os músicos de blues tinham um comportamento machão e poucos estariam dispostos a fazer tais perguntas, ou a demonstrar sua própria inexperiência. De forma surpreendente, muitos desses músicos já estabelecidos sentiram-se tão pouco ameaçados por Jimi que compartilharam de bom grado os segredos do ofício, convencidos de que aquele garoto magricela e descabelado nunca desenvolveria talento suficiente para desafiá-los.

Jimi, porém, tinha não só um traço de profunda ambição como também uma crença interna em seu próprio destino. Ele se tornou uma espécie de "antropófago musical", assimilando com rapidez os diferentes estilos de tocar e dominando técnicas muito mais depressa do que seus mentores achavam possível. Naquele outono, ele desafiou seu tutor, Johnny Jones, em uma competição que eles chamaram, de brincadeira, de "caça-cabeças". Instigado por seu amigo Larry Lee, Jimi empurrou um pesado amplificador para dentro do clube onde Jones estava se apresentando. Ao entrarem, Lee provocou Jones: "Vamos para cima de você nesta noite, meu velho. É melhor que você seja bom". Jimi, o desafiante, foi menos presunçoso, ameaçando, "Esta vai ser A NOITE". Jones disse a eles "mandem ver" e mandou que se posicionassem.

O duelo começou e logo ficou claro que Jimi não era páreo para Jones. Seu amplificador não era tão potente quanto o que Jones usava – uma lição que Jimi não esqueceria – e sua execução, apesar da habilidade técnica, ainda carecia dos tons graves mais profundos que Jones havia aperfeiçoado. A plateia chegou a rir de alguns solos de Jimi, por serem uma óbvia tentativa de copiar B. B. King. Jimi deixou o palco decepcionado, e Jones continuou sendo o líder. Depois, Larry Lee repreendeu Jimi por sua exibição ruim: "Que diabos você está fazendo? Aquele cara detonou você". O modo como Jimi falava era sempre menos coloquial que o de seus colegas, e sua resposta soou como a de um cientista que falhara em provar sua teoria: "Eu só estava tentando acertar aquele som estilo B. B. King e meu experimento fracassou". Jimi tocou com Jones em várias outras ocasiões, mas nunca conseguiu superá-lo. "Ele chegou querendo um duelo", Jones disse, rindo, "mas acabou atirando nele mesmo". Esses fracassos foram essenciais para o desenvolvimento de Jimi: uma longa fila de guitarristas podia imitar B. B. King, mas apenas um era B. B.

Em dezembro, Jimi desistiu. Os agendamentos dos King Kasuals não estavam melhorando, e ele sentia não estar indo a parte alguma. Pegou emprestado dinheiro suficiente para comprar uma passagem de ônibus para Vancouver, onde ficou com sua avó Nora durante algum tempo. O fato de ter escolhido Vancouver, e não Seattle, revelava muito acerca de seu relacionamento tenso com o pai, e seu desejo de evitar Betty Jean. Embora Vancouver ficasse a poucas horas de Seattle, durante sua estada, Jimi não visitou sua cidade natal. Em vez disso, passou a tocar com Bobby Taylor and the Vancouvers. "Eles tocavam coisas do tipo Motown",* recordou Terry Johnson, que tocaria com eles um ano depois. "O som deles também tinha um pouco de rock estilo *surf music*, com uma pegada de *garage band*." Na banda, Hendrix era ritmista, enquanto Tommy Chong, mais tarde da dupla de humoristas Cheech and Chong, era o vocalista.

Jimi terminou 1962 tocando com o grupo em uma residência prolongada, em uma casa noturna de Vancouver chamada Dante's Inferno. Os Vancouvers eram uma banda talentosa, mas Jimi estava decepcionado por suas plateias serem quase exclusivamente brancas. Ele logo sentiu um pouco do mesmo anseio que seu pai enfrentara na cidade cerca de vinte e cinco anos antes: ele queria estar em uma cidade onde sua etnia e sua música fossem aceitas por sua essência e não por seu exotismo. Depois de apenas dois meses, Jimi tomou um trem para o Sul e rumou de volta para o delta do Mississippi. Ele buscava um pouco da "lama" de que Johnny Jones havia falado.

Tendo crescido em Seattle, Jimi tivera pouco contato com a tradicional culinária sulista. Contudo, sempre que visitava sua avó Nora, que havia trabalhado como cozinheira na Chicken Inn, em Vancouver, ele comia couve, *grits* (mingau de milho), joelho de porco, peixe-gato, *hog maws* (bucho de porco),

---

* Gravadora de *soul music* fundada em janeiro de 1959, em Detroit, estado de Michigan, nos Estados Unidos. Seu estilo de som foi tão influente a partir de meados da década de 1960 que virou sinônimo de um estilo de fazer *soul music* no mundo todo. (N. do E.)

pão de milho, *hush puppies* (bolinhos de milho) e torta de batata-doce, pratos típicos da culinária sulista. Nora promovia todos os anos uma campanha de arrecadação de fundos para a igreja, onde ela oferecia esses quitutes tradicionais e outros. "Costumávamos dar jantares com *chitterling* – tripas de porco –", Nora disse uma vez em uma entrevista. "Vendíamos tudo tão depressa; ah, eles fariam sua cabeça rodar." O prato principal desses jantares eram os *chitterlings*, comumente chamados de *chitlins*. Ao menos cinco horas eram necessárias para cozinhar de forma adequada esse prato típico e, quando Nora estava com ele no fogão, os vizinhos apareciam famintos.

Em homenagem à iguaria sulista, o nome "Circuito Chitlin" foi cunhado para descrever uma sucessão de clubes afro-americanos no Sul Profundo. Estabeleceu-se que a rota começava no Teatro Apollo, em Nova York, passava pelo Howard Theater, em Washington, D.C., mas a seguir abrangia estabelecimentos menos célebres, em áreas rurais. "O Circuito Chitlin' era basicamente qualquer lugar onde você tocasse para plateias negras", observou a lenda do blues Bobby Rush. "Podia ser um restaurante de beira de estrada, uma churrascaria, um salão de bilhar ou um bar."

De 1963 a 1965, o Circuito Chitlin' tornou-se o ambiente de Jimi Hendrix. Tocando com os The King Kasuals ou, como era mais frequente, em outras bandas como músico de apoio contratado, Hendrix em breve sentia como se já tivesse visto o interior de cada taverna *juke joint* e bar da Virgínia à Flórida ao Texas. Mas, mesmo apresentando-se todas as noites, era difícil sustentar-se. O tempo deu a Jimi inestimáveis lições sobre presença de palco, interação com a plateia e sobrevivência como músico de turnê. Também entranhou nele para sempre a noção de que o trabalho do músico de turnê incluía ser um verdadeiro *entertainer*: se a plateia não permanecesse deslumbrada, não importava muito o quão autêntica fosse a música. A cada nova apresentação, Jimi aprendia mais sobre a tradição do Delta, e sua própria execução amadurecia.

Naquele mês de fevereiro, os King Kasuals foram reconfigurados para incluir uma seção de metais. "Queríamos ter o 'Show'", disse Alphonso Young. O "Show" era o termo usado para as bandas grandes no estilo teatro de revista, em voga naquela década. Muitas plateias no Circuito Chitlin' queriam mais do que música; a apresentação de uma noite podia incluir humor, teatro e pantomina. Os Kasuals adicionaram um mestre de cerimônias, Raymond Belt, que abria os shows com sua imitação da comediante Moms Mabley. A banda tinha de tocar após seu número e superar o entretenimento oferecido por um humorista que se vestia de mulher não era fácil.

Hendrix já era um músico exibicionista, mas ele aperfeiçoou seu primeiro "ato" real no Circuito Chitlin', onde as plateias exigiam que os músicos fossem *entertainers*. Ele começou a tocar a guitarra atrás das costas, assim como havia visto T-Bone Walker fazer, e imitava o truque de Alphonso Young, tocando com os dentes. Billy Cox comprou para Jimi um cabo de guitarra de 15 metros, e Jimi podia usá-lo para tocar na pista de dança e, às vezes, do lado de fora, na rua. As interações de Jimi com Alphonso Young no palco começaram a assumir um formato de duelo de guitarristas, o que tornava mais interessante a apresentação deles. Jimi também aceitou o conselho de Young de que seria melhor se, em vez de praticar nos intervalos das apresentações, ele fosse interagir com a plateia. "Ele era tímido", Young relembrou. "Eu disse a ele para ficar, conhecer as pessoas e conversar com elas. Era a maneira de conseguir fãs, que viriam para ver você noite após noite." Socializar-se com o público, Jimi logo descobriu, era também um bom jeito de conhecer garotas.

Os Kasuals tocaram nos estados de Tennessee, Kentucky, Arkansas e Indiana, mas, mesmo conseguindo uma base de fãs mais ampla, estava claro que seu sucesso seria limitado. Eles eram basicamente uma banda dançante, que tocava os sucessos de R&B do momento para um público negro e, como tal, havia um teto preexistente para sua fama.

A maioria dos integrantes da banda tinha empregos de meio período para sobreviver. Jimi era a exceção – ele recusava todas as possibilidades de emprego fixo para poder passar mais tempo com sua guitarra. Era uma decisão admirável do ponto de vista artístico, mas também significava que ele precisava viver dependendo da generosidade alheia. Quando o dono de um clube ofereceu aos Kasuals um lugar para ficarem de graça, eles aceitaram na hora, mas logo descobriram que o oferecimento tinha um senão. Na primeira noite que passaram na casa, por exemplo, alguém atirou na janela da frente. Eles descobriram, pelos vizinhos, que o inquilino anterior havia sido um afro-americano que estava sendo julgado por assassinar um homem branco. Mesmo assim, eles ficaram lá. "Não tínhamos mais aonde ir", disse Young. Antes disso, Jimi havia estado dormindo em uma casa em construção, levantando-se antes que os trabalhadores chegassem pela manhã.

Embora Jimi nunca tenha tido um emprego regular, ele se dedicou a vários projetos musicais paralelos. Nessa época, ele fez turnês como músico de apoio para Carla Thomas, Tommy Tucker, Slim Harpo, Jerry Butler, Marion James, Chuck Jackson e Solomon Burke. Nenhuma dessas turnês era longa – a maioria era apenas alguns shows regionais no Circuito Chitlin' –, mas a experiência foi importante. Jimi aceitava qualquer trabalho com música, pagasse bem ou não, e em cada turnê aprendia algo.

A turnê com Solomon Burke foi o mais notável dos vários trabalhos de 1963. Lendário cantor de *soul*, pastor e agente funerário em meio período, Burke pesava 115 quilos e tinha uma voz igualmente grande. Já havia emplacado dois sucessos nas Top 40, o que fazia dele o primeiro astro de verdade para o qual Jimi tocava como apoio. "Eu tinha lançado uma música chamada 'Just Out of Reach (Of My Two Open Arms)' e Jimi conseguia tocá-la tão bem que faria você chorar", Burke recordou. Essa turnê era um grande espetáculo com cinco atrações e incluía Burke, Otis Redding, Joe Tex, Sugar Pie DeSantos e o comediante Pigmeat Markham. Mesmo com esse elenco de estrelas, Jimi destacava-se como um dos melhores guitarristas, embora seu exibicionismo gerasse atritos entre ele e Burke. "Cinco shows transcorriam muito bem", Burke disse, "e aí, no show seguinte, ele começava com suas maluquices que não eram parte da música. Eu já não aguentava mais." Certa noite, no ônibus da turnê, Burke negociou Hendrix, como quem negociaria um jogador de beisebol, com Otis Redding, trocando-o por dois músicos. Jimi tocou na banda de Redding por menos de uma semana antes de ser despedido por razões semelhantes. "Terminamos largando-o na beira da estrada", recordou Burke.

Demissões semelhantes se seguiram. Jimi conseguiu trabalho como músico de apoio das Marvelettes, um grupo bem-sucedido de Motown Records. A turnê era uma programação com Curtis Mayfield, cujo estilo suave tornou-se uma das maiores influências de Jimi. No entanto, depois de destruir por acidente um dos amplificadores de Mayfield, Jimi foi despedido uma vez mais. Muitas de suas partidas eram traumáticas: quando um breve período com Bobby Womack deu errado, o irmão de Womack atirou pela janela do ônibus a guitarra de Jimi enquanto este dormia. Ele acordou horrorizado e teve de pegar uma guitarra emprestada.

Quando era largado em algum lugar, Jimi pedia ajuda a Billy Cox, que estava sempre pronto para resgatá-lo em alguma estação de trem solitária, ou em um restaurante de beira de estrada, e agia como teria agido um irmão mais velho. Quanto a sua própria família, Jimi continuou mantendo contato com eles, embora sua correspondência fosse breve e em geral limitada a cartões-postais à medida que ia de cidade em cidade. "Caro papai", escreveu em março, "apenas algumas palavras para contar-lhe que cheguei à Carolina do Sul". Ele enviou a Al uma foto dos Kasuals naquela primavera e escreveu no verso dela "Somos uma das melhores bandas de *rhythm and blues* de Nashville". Considerando que a cena musical de Nashville estava associada sobretudo com a música *country* e *hillbilly*, não era um grande feito.

Por volta do outono de 1963, Jimi já havia feito turnês com algumas das melhores bandas do país e seu interesse nos King Kasuals se desvaneceu. Os Kasuals terminariam por substituí-lo. Nesse meio-tempo, ele fazia qualquer turnê para a qual fosse contratado. Em uma turnê com Gorgeous George, Jimi viu-se abrindo o show para Sam Cooke e Jackie Wilson. Em outra, ele tocava em um grupo que fez a abertura para Little Richard. Depois desse show, Jimi fez uma *jam session* com a banda de Little Richard, a mesma que vira tocar em Seattle, assombrado, quando era adolescente. Com esta sessão, ele percebeu que sua execução havia fechado o circuito: ele agora podia tocar de forma respeitosa com os grupos que havia crescido admirando. Essa percepção também ajudou a cimentar sua crescente sensação de que tocar em uma banda *cover* de Nashville não era seu destino.

Quando um promotor de eventos de Nova York passou por Nashville e ofereceu trabalho naquela cidade, Jimi agarrou a oportunidade. Ele tentou convencer seus colegas dos Kasuals a acompanhá-lo, mas ninguém se interessou. Billy Cox era prático demais e ainda tinha esperança de que os Kasuals fizessem sucesso no Tennessee. Seu colega de banda Alphonso Young ouviu as promessas de fama e fortuna, mas já estava preocupado com o uso cada vez maior de anfetaminas por Jimi. "Ele estava sempre tomando aqueles Red Devils e outros comprimidos que chamavam de *speed*", Young recordou. Young era Testemunha de Jeová e achava detestáveis todas as drogas.

Em novembro, apenas uma semana antes do assassinato do presidente John F. Kennedy, Jimi fez 21 anos. Um mês depois, ele partiu para Nova York a bordo de um ônibus da Greyhound. Uma vez mais levava sua guitarra às costas, no estilo que aprendera assistindo a *Johnny Guitar* quando adolescente. Na rodoviária, um dos colegas de banda lhe deu um sobretudo bege, para o inverno de Nova York; na época, o único casaco que tinha era parte de seu uniforme do exército, muito pouco adequado à sofisticada Nova York. Quando Jimi embarcou no ônibus, tudo o que possuía estava em uma pequena sacola de lona. Não era muito, mas, quando se instalou na parte de trás do ônibus – como ainda era exigido de todos os afro-americanos no Sul dos Estados Unidos –, ele tirou sua guitarra para mais uma sessão de prática em público. Seus companheiros de viagem devem ter ouvido algo que agradaria qualquer apreciador calejado do blues – ali, além da execução rápida e da técnica habilidosa, estava a primeira sugestão de seu próprio som, polida por quase três anos de batalha no Sul. Aquele *bluesman* no fundo do ônibus havia começado a soar como Jimi Hendrix, e mais ninguém.

CAPÍTULO 10

Vivendo em um "Mundo Harlem"

Nova York, Nova York
Janeiro de 1964 - julho de 1965

> *"Mundo Harlem era o nome que usávamos para aquilo que estava acontecendo na cena musical – na cena musical negra. Também era um conceito mais amplo que usávamos para descrever as garotas, a comunidade, os sons. Mais tarde apareceu um clube chamado 'Harlem World'."*
> — Tunde-ra Aleem, amigo

Jimi chegou pela primeira vez à cidade de Nova York no início de 1964. Tendo passado a maior parte da vida em Seattle, onde a população negra era pequena, ficou impressionado com a vitalidade do Harlem, onde vivia mais de meio milhão de afro-americanos. Artística e politicamente, à época o bairro era a verdadeira capital dos Estados Unidos negro. Jimi mudou-se para um hotel na Rua 125 onde era possível pagar 20 dólares por semana por um quarto, e saiu dali para conquistar cidade.

Ele logo descobriu que a oferta de trabalho que o havia trazido a Nova York havia desaparecido. Não conhecia ninguém na cidade, de modo que começou a frequentar clubes como Small's Paradise e o Palm Café, em busca de trabalho como *sideman* ou músico *freelancer*. Durante seu primeiro mês em Nova York, entrou no concurso de amadores das quartas-feiras no Teatro Apollo e ficou em primeiro lugar, ganhando 25 dólares. No entanto, o prêmio não levou de imediato a outros trabalhos, e isso foi uma grande decepção. Jimi percebeu que, apesar da enorme escala da cena musical de Nova York, não era fácil entrar nela. Quando pedia para tocar nos clubes, com frequência era desdenhado. Ele havia imaginado que a cidade seria mais aberta do que Nashville, mas descobriu que a cena do Harlem era extremamente fechada. *Rhythm and blues*, jazz e blues eram os únicos gêneros aceitos e deveriam ser tocados em estrito acordo com que os mestres fizeram antes. "Os negros não queriam ouvir rock'n'roll no Harlem", Taharqa Aleem recordou. "Havia um código de vestimenta – se você não tivesse um certo visual, ou som, você era repudiado. Comparado com o resto da cidade, o Harlem era um planeta totalmente diferente. Chamávamos a cena de Mundo Harlem, porque todo nosso mundo estava centralizado ali."

Não muito depois de chegar a Nova York, Jimi conheceu Lithofayne Pridgeon, sua primeira namorada no Harlem. Fayne, como era conhecida, era uma bela mulher afro-americana que havia crescido nas ruas e que, aos 19 anos, já era presença constante na cena do Harlem. "Fayne era uma *supergroupie*", disse Taharqa, que mais tarde se casaria com ela. "Ela havia visto Otis Redding e James Brown; ela conhecia todos aqueles caras." Era chamada por alguns de "Apollo Fayne", por frequentar os bastidores do famoso teatro. No primeiro encontro de verdade que tiveram, Fayne levou Jimi para comer na casa de sua mãe. A mãe dela adorava cozinhar, e Jimi, que estava quase morto de fome, precisava se alimentar. Fayne mais tarde escreveria, em um artigo para a revista *Gallery*, que havia conhecido Jimi numa orgia, embora nunca tenha sido explicado como foi que ele conseguiu ser convidado para algo tão exótico. Pridgeon descobriu que Jimi era supreendentemente antiquado: ele falava muito de sua antiga namorada dos tempos de escola, Betty Jean.

Os dois foram morar juntos no Hotel Seifer e depois com a mãe de Fayne. No artigo que escreveu para a *Gallery*, Pridgeon descreveu o relacionamento com

Jimi como baseado no sexo: "Toda nossa atividade acontecia na cama", ela escreveu. "Ele vinha para a cama com a mesma elegância de um madeireiro do Mississippi atacando um prato de couve com pão de milho depois de trabalhar dez horas sob o sol. Ele também era criativo na cama. Sempre havia um bis após o outro." O apetite sexual de Jimi era insaciável, de acordo com Pridgeon: "Algumas vezes ele quase me partia em duas". A única paixão que se igualava a sua sexualidade era tocar guitarra, e ela imaginava a concorrência "não como uma mulher, mas como uma guitarra". Jimi e Fayne tinham desentendimentos frequentes sobre isso e também sobre outras coisas. Em uma carta que Jimi escreveu quando estava viajando, em uma das raras turnês da época, ele pedia a ela que não desse ouvidos a quem falasse mal dele. "Não dê atenção aos crioulos na rua", ele escreveu. Outra discussão ocorreu certa noite em que Jimi recusou-se a sair com ela. A explicação dele: "Você sabe que odeio sair quando meu cabelo não está bom". Jimi era obcecado com o cabelo e passava horas assegurando-se de que seus cachos estivessem bem. Era a única vaidade que tinha à época: suas roupas eram velhas, os sapatos não calçavam bem e o casaco emprestado mal conseguia mantê-lo aquecido, mas o cabelo tinha que estar perfeito antes que ele se atrevesse a sair.

Embora Jimi estivesse apaixonado por Pridgeon, outras mulheres o achavam interessante, incluindo uma das amigas de Fayne. Na tentativa de encontrar outro par para essa amiga, Fayne convidou Taharqa Aleem para o que seria um encontro duplo. Taharqa apareceu com seu gêmeo idêntico, Tunde-ra, e, estando o grupo agora com cinco pessoas, a noitada tomou um rumo muito pouco romântico. Os Aleem, que todo mundo chamava de "Os Gêmeos", haviam nascido e crescido no Harlem e tinham uma vivência das ruas de que Jimi carecia. "Logo de cara, a gente adorou ele", Tunde-ra recordou. "Ele era muito perceptivo para alguém tão jovem." No fim da noite, Jimi acabou brindando Fayne, a amiga dela e os irmãos Aleem com suas histórias das turnês que fez pelo Sul tocando guitarra. Um mês depois de chegar a Nova York, ele tinha seu primeiro fã-clube no Harlem.

Os irmãos Aleem também haviam sido músicos, mas tinham abandonado temporariamente essa atividade para traficar drogas. Trabalhavam para "Fat Jack" Taylor, que era dono de uma gravadora, mas ganhava dinheiro com narcóticos. "Ele era um dos maiores chefões do tráfico no Harlem", Tunde-ra disse. Os clubes de música do Harlem estavam repletos de narcóticos, prostituição e jogos de azar, algo que Jimi já vira, em menor escala, na Rua Jackson, em Seattle. No Harlem, porém, tais atividades tinham uma conexão estreita com a cena musical e movimentavam muito dinheiro. "Fat Jack era como um personagem de Charles Dickens", Taharqa observou. "Sempre grandes festas, e gente bonita, mas é claro que tinha um lado sombrio. Na época, achávamos que era uma maneira de escapar da pobreza."

Ninguém na cena era mais pobre que Jimi, e Fat Jack ofereceu-lhe trabalho vendendo drogas. Jimi resistiu a essa tentação e permaneceu firme na crença de que a música era sua única vocação na vida. Mais tarde ele explicaria, em uma entrevista, sua posição quanto ao trabalho não musical: "As pessoas diziam, 'Se você não arranjar um emprego, vai acabar morrendo de fome'. Mas eu não queria ter um emprego fora da música. Tentei alguns trabalhos, como ser entregador de carros, mas sempre desistia depois de uma semana". A dedicação de Jimi ao sonho musical fez os Aleem reconsiderarem sua escolha de trabalho; no ano seguinte, eles abandonaram o tráfico em favor da música. Contudo, a alegada ética musical de Jimi era no mínimo contraditória: por algum tempo, ele morou com os Aleem e não via problema no fato de que era o dinheiro das drogas que pagava o aluguel. A devoção de Jimi à música só foi possível graças ao patrocínio que teve de outras pessoas. Ele tampouco era um puritano moral no que se referia ao sexo. Um dos primeiros empregos que conseguiu em Nova York foi uma turnê com uma *stripper* chamada Pantera. "Ela era uma dançarina exótica que se apresentava com uma cobra", recordou Tunde-ra Aleem. "Viajávamos para cima e para baixo pelo estado com ela, e Jimi às vezes nos acompanhava e tocava como apoio."

O que Jimi mais queria era uma turnê de apresentações com uma banda grande. Por meio de Fayne, ele foi ao Teatro Apollo uma noite para ver Sam

Cooke, um ex-namorado dela e a quem ele pediu trabalho. Cooke já tinha um guitarrista, mas a tentativa deixou Jimi mais confiante. A sorte dele mudou em fevereiro de 1964, quando soube que os Isley Brothers estavam precisando de um novo guitarrista. Seu primeiro encontro com eles ocorreu no dia 9 daquele mês, na casa deles em Nova Jersey. Os Beatles tocaram no "The Ed Sullivan Show" naquela noite, e Jimi e os Isley assistiram juntos à histórica apresentação, sem saber que aquele evento transformaria os Estados Unidos e faria com que o rock'n'roll se tornasse o gênero dominante nas paradas musicais.

Em março, Jimi já era membro da banda dos irmãos Isley. Sua primeira sessão em estúdio foi a gravação de "Testify", que alcançou certo sucesso. Uma turnê de primavera levou-o por toda a Costa Leste, através do Circuito Chitlin' até as ilhas Bermudas. Quando a banda retornou a Nova York naquele verão, Jimi entrou em estúdio com eles e gravou vários *singles*, incluindo "The Last Girl", que contava com a jovem Dionne Warwick nos vocais de apoio. Os Isley Brothers eram uma das maiores bandas de R&B da época, mas Jimi depois reclamaria dos parâmetros estilísticos rígidos que devia seguir, tanto na música quanto na aparência. "Tive de me enquadrar", disse em uma entrevista dada em 1967. "Tínhamos ternos brancos de *mohair*, sapatos de couro legítimo e penteados de couro legítimo. Não podíamos entrar no palco com trajes casuais. Se os cadarços dos sapatos fossem diferentes um do outro, recebíamos uma multa de 5 dólares. Ah, cara, como aquilo me cansava!" No show ao estilo teatro de revista de que os Isley gostavam, o lugar de Jimi na orquestra apinhada era a última fileira e, em cada apresentação, ele tinha apenas um solo de 20 segundos sob os holofotes. Ele aprendeu a saborear esses momentos e aproveitá-los ao máximo, embora durante a maior parte do show fosse ouvido, mas não visto. Quando a turnê chegou a Nashville, Jimi pediu demissão e foi tocar com Gorgeous George Odell em uma curta turnê.

Em Memphis, durante um dia livre nessa turnê, Jimi visitou a Stax Records. Com iguais doses de ingenuidade e audácia, entrou pela porta da frente e apresentou-se como um guitarrista em visita à cidade que desejava conhecer a lenda da guitarra Steve Cropper. Uma vez na vida, Jimi não estava acompanhado de sua guitarra, talvez achando que trazer o instrumento na visita a Steve Cropper exigia mais coragem do que até mesmo ele conseguiria reunir. A secretária disse que Cropper estava ocupado no estúdio e pediu a Jimi que voltasse mais tarde. "Mais tarde já não estarei na cidade" foi a resposta dele.

Cropper estava fechado no estúdio quando a secretária veio lhe informar que um rapaz queria vê-lo; ele disse a ela para mandá-lo embora. Cropper trabalhou até as seis da tarde. Quando saiu do estúdio, a secretária veio até ele e disse "Aquele cara ainda está aqui". Jimi havia esperado durante todo o dia. "Eu não fazia ideia de quem era", recordou Cropper, "mas falei com ele". Achou Hendrix extremamente educado, e Jimi conhecia toda sua discografia. Quando indagado sobre sua própria experiência, a resposta modesta de Jimi foi "Eu toco um pouco de guitarra, em Nova York e em alguns outros lugares". Cropper perguntou se Jimi havia feito algum trabalho como músico de sessão, e Hendrix citou as gravações com os Isley Brothers e "Mercy, Mercy", música de Don Covay na qual tocara e que foi o primeiro disco com participação sua a entrar nas Top 40. Cropper ficou impressionado: "Você tocou nesse disco? É uma de minhas músicas favoritas. É um prazer conhecê-lo".

Cropper levou Hendrix para jantar, feliz por ter um jovem fã, e com evidente talento. "Terminei convidando-o para voltarmos ao estúdio", Cropper recordou. "Conversamos durante horas, e mostrei-lhe alguns *riffs*." Jimi usou a guitarra de Cropper para demonstrar o *lick* de "Mercy, Mercy".

Cropper era o modelo ideal para qualquer músico profissional: era um músico de sessão bem-sucedido, que tocava o blues com dignidade e autenticidade, e havia sido um dos autores do *hit* "Green Onions", um sucesso nº 1 para sua banda, Booker T. & the MG's. Hendrix ficou surpreso ao descobrir que ele era branco; como muitos ouvintes, havia imaginado que a guitarra vibrantemente *funky* de Cropper só poderia ser tocada por um negro. De certa forma, ambos eram *outsiders*, intrusos tentando desafiar as premissas convencionais sobre música branca e negra.

No que dizia respeito a fazer música e permutar *licks*, os dois homens falavam a mesma língua. Jimi fizera 22 anos naquele outono e, depois de um ano inteiro apresentando-se todas as noites, seu modo de tocar havia amadurecido. Estava ali, em seu *riff* de guitarra na introdução de "Mercy, Mercy", que não era uma imitação de B. B. King, e na verdade não era imitação de nada. "Era *funky*", Cropper recordou. "Aquele *riff* tinha algo especial."

A guitarra de Jimi estava começando a falar.

COMO ERA TÍPICO, JIMI ficou "encalhado" em Kansas City depois de perder o ônibus da turnê de Gorgeous George. Ele esperou que outra turnê passasse pela cidade, imaginando poder embarcar em outro grupo musical quase como alguém pega um ônibus. E de fato, uma semana depois outra banda o contratou. "Eu não tinha grana alguma, sabe, e aí aquele grupo apareceu e me levou de volta para Atlanta, Georgia", explicou Jimi em uma entrevista mais tarde. Não se sabe que banda era, e Jimi teria ficado com ela poucas semanas – ele tocou com tantas bandas que nem ele mesmo conseguia guardar o nome de todas.

Em Atlanta, naquele verão, Jimi estava sentado em um restaurante com sua guitarra quando foi abordado por outro cliente. "Eu perguntei se ele tocava", recordou Glen Willings, que pertencia à banda The Upsetters, de Little Richard. Jimi respondeu que sim e que precisava de trabalho. Willings levou Jimi para fazer uma audição com Little Richard, que o contratou na mesma hora. Se Jimi chegou a contar a Little Richard que, quando criança, havia assistido a uma pregação dele, que havia se encontrado com ele nos bastidores do Eagles Auditorium, em Seattle, e que já tinha feito uma *jam* com uma versão anterior da banda dele, é algo que não se sabe. Contudo, em uma atitude estranha, considerando que Jimi tinha 22 anos, Richard pediu a Bumps Blackwell, que era de Seattle, que telefonasse pedindo autorização a Al Hendrix antes da contratação formal de Jimi. "Bumps […] ligou para o sr. Hendrix para saber se estava tudo bem que o filho se juntasse a nós", Richard contou ao escritor Charles White. "Al Hendrix disse a Bumps, 'Jimi simplesmente idolatra Richard. Ele comeria 10 metros de merda para tocar na banda dele.'" A lembrança de Little Richard era de que Jimi estava tocando "blues de B. B. King" na época em que entrou nos Upsetters, e Richard mais tarde tentaria atribuir-se todo o crédito pelo interesse de Jimi em misturar rock e blues. Richard também iria colocar-se como a inspiração para os movimentos de Jimi no palco, sua forma de vestir-se e até mesmo seu bigode; parte disso era o tipo de fanfarronice pela qual Richard era conhecido, mas na essência suas afirmações eram verdadeiras. Little Richard era um artista tão inigualável e pioneiro que muitos dos músicos que surgiram nessa era devem-lhe algo.

Os Upsetters de Richard constituíam a banda de apoio mais famosa na qual Jimi já havia tocado, e eram excepcionalmente coesos. No entanto, o trabalho era pouco satisfatório em termos criativos, pois Jimi descobriu que Richard era um maníaco por controle de primeira ordem, que chegava ao ponto de determinar onde deviam ficar parados os membros de sua banda. Embora as plateias enlouquecessem quando Richard tocava sucessos como "Tutti Frutti" e "Good Golly, Miss Molly", pouco havia de desafiador para Jimi na repetição dos mesmos acordes de guitarra, noite após noite. Quando a turnê chegou a Nashville, um mês depois, Johnny Jones, o antigo mentor de Jimi, observou que aquela não era uma posição ideal para Hendrix. "Jimi estava melhorando e tornara-se mais exibicionista, mas eu sabia que não ia durar muito mais com Richard", Jones recordou. "Jimi era bonito, e Little Richard não iria permitir que alguém fosse mais bonito que ele."

O período que Hendrix passou tocando com Little Richard produziu algumas de suas histórias de viagem favoritas, e anos mais tarde ele se divertiria ao contá-las, imitando a voz aguda de Richard ao fazê-lo. Uma das histórias era da noite em que Jimi, cansado dos uniformes da banda, usou uma camisa de cetim. Depois do show, ele foi repreendido por sua insolência e multado pelo líder da banda. "Eu sou Little Richard", gritou Richard, soando outra vez como um pregador. "Eu sou o *único* Little Richard! Eu sou o *Rei* do Rock'n' Roll e só eu tenho permissão para estar bonito. Tire essa camisa!"

Os Upsetters tiveram uma rara noite livre em Los Angeles, no Ano-Novo de 1964. Jimi passou essa noite no Californian Club, assistindo à The Ike & Tina

Turner Revue. Ali, ficou de olho em Rosa Lee Brooks, de 20 anos, cantora em uma banda *girl group*, e fez um galanteio que não era nada sensual, mas que sem dúvida era verdade: "Você parece minha mãe", ele disse. Rosa Lee de fato tinha uma semelhança notável com Lucille. Eles se beijaram à meia-noite e mais tarde foram comer hambúrguer no Tiny Naylor's. Brooks tinha um Impala conversível, e Jimi foi sentado no banco de trás tocando sua guitarra enquanto rodavam, parecendo um destaque de honra em um desfile. Mais tarde, eles foram para o hotel dele. "Nós celebramos o Ano-Novo a noite *toda*, até amanhecer", Brooks recordou.

Durante boa parte da noite, Jimi reclamou de Little Richard. Ele desaprovava a forma humilhante como Richard o tratava, as investidas sexuais de Richard e a música sempre igual que tinha que tocar noite após noite. "Por mim, prefiro Curtis Mayfield", disse Jimi a Brooks. Ele contou a ela que era um compositor iniciante e que estava trabalhando em material para uma futura carreira solo. Eles brincaram quanto a formar uma dupla. "Vamos virar os novos Mickey & Sylvia, ou Ike & Tina", disse Brooks. "Love Is Strange", um sucesso de Mickey & Sylvia em 1958, era uma das músicas favoritas de Jimi.

Jimi acompanhou Brooks a algumas das apresentações que ela fez naquela semana e, em uma delas, conheceu Glen Campbell. Brooks ficou surpresa por Jimi conhecer todas as gravações de que Campbell participara e identificar-se como um fã do seu trabalho com os Beach Boys. A mãe de Brooks era dona de um restaurante, o que manteve Jimi interessado por algum tempo, do mesmo modo que o apaixonado relacionamento sexual de ambos. Brooks declarou que seu caso com Jimi levou Little Richard a sugerir que o casal fizesse amor enquanto ele olhava, oferta que Jimi declinou.

Em 19 de fevereiro, Jimi escreveu ao pai para contar que estava em Los Angeles. O cartão-postal trazia uma informação reveladora: Jimi usava agora o nome Maurice James. Seria o primeiro de vários pseudônimos que usaria ao longo dos próximos três anos. Não está claro de onde o tirou, mas ele contou a Rosa Lee que havia escolhido James em homenagem ao grande guitarrista Elmore James. A mudança de nome pode ter sido um indicativo dos planos de Jimi de deixar Little Richard e tornar-se um músico solo. Se era essa sua intenção, a estratégia não foi muito longe. Quando ele saiu dos Upsetters, no mês de março, de imediato, conseguiu outro trabalho como músico de apoio de Ike e Tina Turner. Ike Turner contou que Jimi tocou com eles por pouco tempo, até que seus solos chamativos se tornaram "tão elaborados que passaram da conta", e mais uma vez ele foi demitido sem demora e voltou a tocar com Little Richard.

No início de março, Rosa Lee Brooks gravou um *single* chamado "My Diary" e chamou Jimi para tocar guitarra. Arthur Lee também participou da sessão, e isso marcou o início de uma longa amizade entre Jimi e Lee, que afirmava ter sido "o primeiro *hippie* negro". À época da sessão, Lee era mais conhecido por ser um excêntrico que andava por Hollywood com um sapato só e óculos escuros através dos quais não conseguia enxergar, mas mais tarde ele produziria, com sua banda Love, vários álbuns psicodélicos fundamentais. Nesse dia, o trio gravou duas músicas que traziam em destaque o trabalho de guitarra de Jimi. O lado B, "Utee", é descartável, mas "My Diary" provou que Jimi era um aluno de Curtis Mayfield tão bom a ponto de elaborar um solo de guitarra que foi confundido por algumas pessoas com o próprio Mayfield. A música chegou a ser tocada na rádio de Los Angeles, mas não se tornou um sucesso.

Embora Jimi tivesse voltado a tocar com Little Richard, os dois ainda tinham atritos frequentes. Em abril, antes de um show em Huntington Beach, Califórnia, Jimi pediu que Rosa Lee Brooks enrolasse seu cabelo e – no que só podia ser considerado um ato de hostilidade a Richard – usou no palco uma blusa feminina e um chapéu de bolero. Além disso, Jimi executou todos os truques de palco que já tinham sido proibidos por Richard. "Ele tocou guitarra com os dentes, atrás da cabeça e fez sexo com a guitarra", Brooks recordou. "O povo todo ali ficou louco." Inclusive, ao que parece, Little Richard, que se recusou a pagar-lhe pela apresentação.

Jimi estava ganhando 200 dólares por mês com Richard, remuneração bastante decente para um músico de apoio, mas, com todas as multas, seu salário real raramente chegava a isso. Depois de um show em Washington, D.C., ele perdeu o ônibus e, quando alcançou a banda, percebeu que sua posição estava em perigo. Jimi mais tarde afirmou ter pedido demissão, mas Robert Penniman, irmão de Richard e gerente de turnê, contou ao escritor Charles White uma história diferente: "Despedi Hendrix [...]. Era um tremendo guitarrista, mas o sujeito nunca era pontual. Estava sempre atrasado para pegar o ônibus e flertando com as garotas, e coisas assim".

Quanto a Rosa Lee Brooks, Jimi prometera-lhe que voltaria para Los Angeles quando largasse Little Richard. Mas, quando já estava de novo acomodado no Harlem, Los Angeles pareceu longe demais. Brooks recebeu uma carta de Jimi, naquele outono, perguntando se ela poderia mandar dinheiro para que ele pudesse tirar sua guitarra do penhor. Jimi contou essa mesma história, de ter sua guitarra no gancho, várias vezes ao longo do ano, em geral para benfeitoras do sexo feminino – era a forma mais garantida de pedir dinheiro, tocando o coração de qualquer uma que tivesse visto como ele amava o instrumento. Nem mesmo uma ex-namorada como Brooks, abandonada a 5 mil quilômetros de distância, podia resistir a esse apelo. Rosa Lee enviou a Jimi 40 dólares, com uma foto dela mesma. "Eu simplesmente não podia suportar a ideia de que ele ficasse sem sua guitarra", recordou ela. Rosa Lee jamais voltou a ter notícias dele.

CAPÍTULO 11

Sonhos em Tecnicolor

~~~❖~~~

Nova York, Nova York
Julho de 1965 - maio de 1966

"Eu costumava sonhar em tecnicolor que 1966 seria o ano em que algo iria acontecer para mim."
— JIMI HENDRIX, em uma entrevista para *Open City*

NO VERÃO DE 1965, Jimi Hendrix estava de volta a Nova York e passou algum tempo no Harlem, morando com Fayne Pridgeon ou com os gêmeos Aleem, ou alugando quartos de hotel baratos próximo da Times Square. Tendo saído da banda de Little Richard, ele voltou a tocar com os Isley Brothers por um mês em um *resort* em Nova Jersey. Mas a vida como músico de apoio já não tinha qualquer atrativo, e Jimi começou a reconsiderar sua carreira. Aquele verão marcou sua primeira tentativa de refazer-se como músico de estúdio. Jimi nunca comentou o quanto o encontro com Steve Cropper teve a ver com sua mudança de rumo, mas deve ter tido um peso considerável.

No mês de julho, Jimi ofereceu-se a diversas gravadoras como músico de sessão. Havia começado a compor músicas e, embora sua habilidade ainda não estivesse refinada, ele levou algumas ideias esboçadas, incluindo ao menos uma fita demo, para Juggy Murray, da Sue Records. A Sue havia emplacado um sucesso, em 1962, com a música de Jimmy McGriff, "I've Got a Woman (Part 1)" e tinha um plantel de artistas de R&B. Embora as músicas de Jimi não fossem de interesse para Murray, ele recebeu uma oferta de trabalho como guitarrista. Murray sugeriu que eles primeiro firmassem um contrato e, sem sequer ler o documento, Jimi assinou um acordo de dois anos. Entretanto, ele talvez tivesse pensado melhor, porque Murray não voltou a ter notícias dele durante meses. Como tantos músicos novatos, Jimi havia sido seduzido pela ideia de que ter um produtor interessado nele era pagamento suficiente. Em um de seus poucos golpes de sorte naquele ano, o selo apresentou problemas financeiros e nunca fez valer o contrato assinado. Jimi conseguiu algum trabalho em estúdio naquele verão com Mr. Wiggles, líder de uma banda de R&B. Wiggles contratou Jimi para tocar em uma série de *singles* para o selo Golden Triangle. "Ele era um furacão na guitarra", Wiggles recordou. Como muitas das sessões de estúdio de Jimi nessa época, sua participação não foi creditada – os *singles* de 45 rpm raramente traziam algo além do nome do artista.

Em uma carta para Al, de 8 de agosto de 1965, Jimi mencionou sua mudança de carreira. "Estou começando tudo de novo", escreveu. "Quando você toca por trás de outras pessoas, ainda não está tornando seu nome conhecido como se estivesse trabalhando sozinho. Mas saí em turnê tocando com outras pessoas para ter exposição em relação ao público e descobrir como lidar com os negócios e, acima de tudo, apenas para ver como são as coisas. E, depois que eu tiver um disco lançado, já vai haver algumas pessoas que me conhecem e que podem ajudar nas vendas." Ele disse que Al talvez pudesse ouvi-lo no rádio em breve: "Na dúvida, se daqui uns três ou quatro meses você ouvir alguma música minha e achar terrível, não sinta vergonha, espere só até o dinheiro começar a chegar". Jimi assinou a carta como Maurice James, mas também havia começado a usar Jimmy James e Jimmy Jim como nomes artísticos. Essas mudanças de nome causavam uma grande confusão e, se o objetivo era estabelecer uma reputação sólida, não o ajudavam nada. No entanto, as alterações de nome refletiam uma característica que era parte central do caráter de Jimi: estava se reinventando o tempo todo, sempre que mudavam seus interesses em música, moda ou cultura. Essa natureza camaleônica mais tarde faria com que Jimi – já como astro – parecesse misterioso e enigmático. No começo de sua carreira, porém, quando não tinha fãs para agradar, ela prejudicava sua capacidade de criar um público fiel.

Em outubro de 1965, "Maurice James" estava morando no Hotel America, um hotel barato na *midtown*[1] de Nova York. Foi no saguão do hotel que, no começo desse mês, ele conheceu Curtis Knight, que tinha um grupo chamado The Squires. Embora Knight fosse guitarrista e líder da banda, ele ganhava a maior parte de seu dinheiro gerenciando prostitutas. "Era um cafetão com uma banda", recordou Lonnie Youngblood, outro músico que fazia parte da cena. Knight convidou Jimi para entrar nos Squires, e Jimi aceitou. De acordo com Knight, naquele mês, Jimi pensara em desistir da música e uma vez mais havia penhorado sua guitarra para pagar o aluguel. Knight emprestou a Jimi uma guitarra e percebeu que, enquanto Jimi dependesse de seu instrumento, teria algum controle sobre ele. Knight usaria Jimi como a principal faceta de sua banda pelos oito meses seguintes. Embora os Squires fossem muito inferiores às outras bandas com quem Jimi havia tocado, existia uma grande vantagem no grupo: Knight colocou Jimi à frente e no centro e prometeu fazer dele um astro. Em 1965, Knight já tinha gravado diversos *singles*, mas nenhum havia emplacado nas paradas. A primeira sessão de gravação que fez com Jimi – um cover da canção de Bob Dylan "Like a Rolling Stone" retrabalhada como "How Would You Feel" – não mudaria essa condição, mesmo com o solo vigoroso de Jimi.

"How Would You Feel" soava como uma música cover porque havia sido gravada para o produtor Ed Chalpin, proprietário da PPX Productions. Chalpin

---

[1] Manhattan, o coração da cidade de Nova York, costuma ser dividida grosso modo em três zonas: *Uptown* é a parte Norte da ilha (acima do extremo Sul do Central Park), que compreende, entre outros, o bairro do Harlem; *Midtown* é a parte central (que vai do Sul do Central Park até a Rua 14, onde termina o sistema de ruas e avenidas em grade), onde está situada a Times Square; e *Downtown* é a porção Sul da ilha, que inclui Greenwich Village e o centro financeiro nova-iorquino. (N. da T.)

alcançara êxito com sua gravadora ao comercializar com rapidez no exterior versões cover de músicas de sucesso nos Estados Unidos. Ele acompanhava as paradas americanas e, quando uma música começava a decolar, gravava às pressas um cover para os mercados estrangeiros. De início, Chalpin não viu nada de notável em Jimi, pois este não conseguia ler música. No entanto, depois de ouvi-lo tocar, percebeu seu talento e assinou com ele um contrato de gravação e produção, em 15 de outubro de 1965.

O contrato – que Jimi não leu antes de assinar – estabelecia que ele iria "produzir e tocar e/ou cantar exclusivamente para a PPX Enterprises Inc., por três anos". Também especificava que Hendrix deveria "produzir [...] um mínimo de três sessões de gravação por ano". Como compensação, ele receberia um por cento do preço de venda de todos os discos que produzisse. Com esse contrato, a PPX teria "direitos exclusivos de utilização de todas as masters produzidas" por Jimi. Como compensação financeira, Jimi receberia "1 dólar", que era uma cláusula contratual padrão em muitos acordos da indústria musical à época em que não eram feitos adiantamentos em dinheiro. Basicamente, Jimi não recebeu nada adiantado por conta de eventuais pagamentos futuros, embora a oferta de 1% do preço de varejo constituísse um *royalty* melhor do que a maioria dos contratos então oferecidos.

O contrato foi assinado em um café situado na mesma rua que os estúdios da PPX. "O cara estava feliz por assiná-lo", Chalpin recordou. "Ele sabia que músicos de apoio nunca recebem *royalties*. Eu estava dando a ele um bom *royalty*, sem deduções. E ele sabia que seria um artista. Se fosse um sucesso, e o nome dele estivesse no rótulo, ele receberia *royalties*." Chalpin havia sido visionário o bastante para saber a palavra mágica que atrairia Jimi: *artista*. A sugestão de que ele era um artista, e não um músico de apoio, foi suficiente para colocar Jimi em transe, como um sonâmbulo. "Ele estava muito feliz por ser um artista por mérito próprio e teria assinado qualquer coisa", Chalpin observou.

Nos oito meses seguintes, Jimi tocou em duas dúzias de sessões de estúdio para Chalpin e participou de um total de 33 músicas, como mais tarde um juiz estabeleceria. A maioria das faixas gravadas era notável apenas pelos solos de guitarra de Jimi, pois Curtis Knight era um cantor de qualidade inferior. Talvez a melhor coisa a ser dita sobre o trabalho com Knight no estúdio de Chalpin foi que Jimi aprendeu o básico sobre técnicas de gravação e o uso do *overdub*.[2] A música "No Such Animal" é uma das poucas faixas de destaque de que Jimi participou, em parte por conta de seu solo vigoroso, mas também por não trazer os vocais de Knight.

Chalpin também conseguiu aquele que deve ter sido o mais estranho trabalho de toda a carreira de Jimi: uma sessão de gravação para Jayne Mansfield, a atriz de filmes B. Ela era mais conhecida por seu busto de extraordinário tamanho. Nem dá para imaginar o que Jimi deve ter pensado ao descobrir que, em sua carreira como músico de estúdio, terminaria tendo de criar um clima para aquela gravação em que Mansfield "trucidava" uma música chamada "As the Clouds Drift By".

Curtis Knight and the Squires tocavam regularmente em clubes nova-iorquinos como o Purple Onion e o Ondine's, mas nunca atraíram muitos fãs, e Jimi ganhava pouco dinheiro com a banda. Como ponto positivo, os Squires não saíam em turnê e tocavam nos arredores de Nova York. Jimi chegou até a cantar em algumas músicas. No entanto, qualquer liberdade criativa que houvesse era limitada pelo fato de que os Squires tocavam somente *covers*. Uma das especialidades de Jimi à época era tocar um sucesso, como "In the Midnight Hour", de Wilson Pickett, mas adicionar suficientemente um trabalho novo de guitarra para que um espectador que visse a banda todas as noites tivesse algo único a cada apresentação. Ele fazia isso para sua própria satisfação – na época, os Squires não tinham fãs ávidos o suficiente para se tornarem clientes assíduos.

Quando Jimi descobriu que tocando com os Squires não conseguiria ganhar o suficiente para sobreviver, saiu em turnê com Joey Dee and the Starliters,

---

[2] Técnica em que duas gravações iguais são sobrepostas com um ligeiro intervalo de tempo. (N. da T.)

fazendo 58 shows em 60 dias. O trabalho foi excelente para Jimi, pois os Starliters eram uma banda de sucesso e sua música "Peppermint Twist" havia chegado ao nº 1 nas paradas. "Jimi fez sua audição em minha garagem em Lodi, Nova Jersey, e nós o contratamos na hora", recordou Joey Dee. "Ele era um guitarrista ótimo." Os Starliters eram a primeira banda racialmente integrada em que Jimi tocava desde Seattle, e o som deles era mais rock'n'roll do que suas bandas anteriores. A turnê concentrou-se no Nordeste, mas fizeram algumas apresentações no Sul, onde Jimi descobriu que estar em uma banda integrada era ainda mais difícil do que tocar em um grupo todo negro. Eles dormiam em hotéis cujos proprietários eram negros, às vezes, a 80 quilômetros de distância do local do show, e comiam sentados em sacos de farinha na cozinha, uma vez que os três integrantes negros da banda não eram bem-vindos na maioria dos restaurantes. Embora Jimi mais tarde reclamasse de ser mal pago, seu período com os Starliters mostrou-lhe em primeira mão que existiam músicos brancos dispostos a lutar pelos direitos civis. "Muitas vezes me ofereceram mais dinheiro para que eu fizesse uma turnê sem os músicos negros, mas recusei", Joey Dee recordou. Na turnê, os Starliters tocavam para plateias que chegavam a ter 10 mil pessoas, as maiores que Jimi já havia visto. Contudo, devido à tensão racial que a banda mista provocava, em muitos locais, não era permitido aos músicos saírem da área dos bastidores nos intervalos dos shows.

Talvez por compartilharem o fardo do preconceito, os Starliters eram uma banda unida, e Jimi se entrosou. "Ele era bem tímido no começo", recordou David Brigati, integrante da banda, "mas depois se abriu e contou histórias malucas das viagens que fez com os Isleys e Little Richard". Jimi também contou que havia viajado com James Brown e que, certa vez que interrompeu o Padrinho do *Soul*, Brown lhe deu um soco e o demitiu.

Sendo uma banda dançante, os Starliters não tinham escolha a não ser tocar seus sucessos sempre da mesma forma. No entanto, Jimi tinha um solo a cada noite, durante o qual ele tocava a guitarra atrás da cabeça. A turnê também representou a primeira vez que Jimi tocou para plateias brancas desde a Garfield High School e de alguns shows em bases militares. "Em certas cidades pequenas, o público era todo branco", disse Brigati. Para seu espanto, Jimi descobriu que era objeto de olhares ardentes das garotas que se apertavam contra o palco. Isso o surpreendeu, pois à época não se sentia particularmente atraente. "Jimi tinha muita acne", contou seu amigo Tunde-ra Aleem. "Isso acentuava sua natureza retraída." As jovens fãs brancas ajudaram a aumentar a autoconfiança de Jimi e ele começou a contar vantagem aos colegas de banda sobre seu fã-clube feminino. "Ele era um ímã para elas", Brigati observou. "Ele tinha algo que simplesmente parecia atrair as garotas."

Certa noite, em Buffalo, três mulheres indianas dormiram com Jimi depois de declarar que ele tinha a face de um deus hindu – elas o haviam conhecido no hotel e sequer eram fãs da banda. Em uma das paradas da turnê, uma mulher especialmente aventureira dormiu com Brigati, mas depois do ato ela comentou sobre suas fantasias com o sexo inter-racial. Ela sugeriu que ele ligasse para os outros integrantes da banda. Brigati fez isso. "Antes que eu conseguisse sequer sair da cama, já tinha um cara em cima dela", disse Brigati. Jimi, porém, parou e perguntou, com muita educação, se ele poderia tirar as botas de caubói. Brigati saiu do quarto e, quando voltou duas horas mais tarde, a mulher estava sozinha. Ela disse a Brigati que tinha sido "o melhor dia" de sua vida.

O sexo durante as viagens havia se tornado parte rotineira da vida de Jimi como músico de turnê, mas mesmo essas oportunidades não eram suficientes para manter seu interesse nos Starliters. Ele mais tarde contou ao *N.M.E.*, fazendo um trocadilho com o nome do maior sucesso da banda, que "depois de chupar um salário com sabor de menta, eu tive que pedir demissão", mas deve ter percebido que não havia avançado nada no sonho de lançar seus próprios discos. Durante uma turnê com os Starliters, Jimi havia celebrado seu vigésimo terceiro aniversário. Quando 1965 se transformou em 1966, ele confessou a vários amigos ter sonhado que o ano que se aproximava iria mudar sua vida. "Eu costumava sonhar em tecnicolor que 1966 seria o ano em que algo iria acontecer para mim", contou ele a um repórter. "Soa meio bobo, mas juro por Deus que é a verdade."

Esse destino magnífico teria de esperar, porém, porque, quando 1966 começou, Jimi estava de volta à mesma rotina. Ele tocava com Curtis Knight and the Squires, tentava conseguir trabalhos ocasionais em estúdio e perguntava-se o que iria comer. A vida romântica dele não estava muito melhor, pois sua namorada principal no Harlem, Fayne Pridgeon, havia se casado com Taharqa Aleem. Jimi ainda morava com o casal no apartamento deles, mas Fayne sentia-se incomodada com a situação. "Fayne não entendia como eu podia deixar que ele ficasse aqui depois que nos casamos", Taharqa recordou. Certa noite, Taharqa e Fayne acharam que estavam sozinhos e tiveram uma discussão. "Ela queria que eu me livrasse dele, mas eu disse, 'Deixe-o ficar'", contou Taharqa. Mais tarde eles descobriram que Jimi havia ouvido tudo.

Ao saber que logo poderia ser posto na rua, Jimi mudou-se para um hotel barato. Em 13 de janeiro, ele enviou a Al um cartão-postal do Empire State Building: "Tudo é mais ou menos nesta grande e acabada cidade de Nova York", ele escreveu. "Tudo está dando errado aqui." Ele corria o risco de despejo por atrasar o aluguel e, com frequência, ficava sem comer. Se havia algum consolo em sua situação, ele vinha na frase que usou para concluir o postal a seu pai: "Diga a Ben e a Ernie que eu toco o blues como eles NUNCA ouviram". A afirmação era dirigida a Ernestine Benson, a primeira pessoa a apresentar a Jimi os artistas do blues, por meio de sua extensa coleção de discos. A frase "Tudo está acontecendo mal aqui" podia ser letra de uma daquelas músicas clássicas, mas era também a evidência de uma mudança que era interior e artística. As condições miseráveis que Jimi suportou ao longo de 1965 – a pobreza, a segregação que enfrentara durante suas viagens ao Sul, a solidão – fizeram desse um de seus anos mais difíceis desde a morte da mãe. No entanto, o turbilhão também o amadureceu como artista; ele lhe deu um pouco da "lama", o aspecto sofrido que Johnny Jones dissera ser essencial para todo grande músico do blues. Jimi não estava apenas tocando o blues, ele também o estava vivendo.

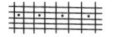

SUA SALVAÇÃO IMEDIATA VEIO quando King Curtis and the All-Stars precisaram de um guitarrista substituto para um show no Small's Paradise, no Harlem. O Small's havia lançado a carreira do organista Jimmy Smith e recebera todos os músicos afro-americanos importantes da época. Malcolm X trabalhara lá como garçom. "Jimi teve audácia então, porque no Harlem não importava o quanto você fosse mau, você tinha de preencher os pré-requisitos", observou Taharqa Aleem. "Você pode ser mau o quanto quiser, mas é melhor que se vista como todo mundo, é melhor que se pareça com todo mundo, é melhor que caminhe como todo mundo e é melhor que fale como todo mundo." Durante a maior parte da noite, Jimi ficou na sua, como parte da seção rítmica da banda. O momento da verdade veio durante seu primeiro solo, que ele fez com perfeição. Para ajudar, os All-Stars incluíam as futuras lendas Bernard "Pretty" Purdie na bateria e Cornell Dupree na guitarra. Tocando com Dupree, ele próprio um guitarrista notável, Jimi aprendeu a interagir e a tocar de forma "mais azeitada", como dizia Dupree, colocando mais sentimentos e mais alma. Jimi aprendeu depressa todo o material da banda. "Em todos os meus anos, nunca vi outro guitarrista assimilar o material daquele jeito", Bernard Purdie recordou.

Jimi tocou e gravou com King Curtis pelos meses seguintes, mas também pegou shows ocasionais com os Squires. Ainda assim, tinha dificuldade para conseguir pagar a alimentação e o aluguel. Naquele inverno, Diana Carpenter encontrou Jimi na cafeteria Ham and Eggs, na Broadway com Rua 52. Ela o notou porque era um dia frio e ele estava usando uma jaqueta fina, sem forro. "Ele estava numa posição tal que eu podia ver que a sola do sapato dele estava furada", ela recordou. O restaurante cobrava, para uma pessoa sentar-se, um valor mínimo de 50 centavos por um copo d'água, que era tudo o que Jimi tinha diante de si.

Carpenter era uma garota de 16 anos fugida de casa, que na época trabalhava como prostituta de rua. Estava no restaurante com seu cafetão e já ia embora quando Jimi lhe disse: "Você é tão bonitinha!". Ela ficou chocada com aquela insolência diante do cafetão. Este se ofendeu, disse a Jimi para "calar a boca" e puxou Carpenter para fora do restaurante. Algumas semanas mais tarde, Jimi encontrou Diana de novo, desta vez sem seu cafetão, e eles deram início a um relacionamento.

No começo, a profissão dela era mais um ponto positivo que um problema para Jimi, e talvez até houvesse certo fetiche. Ela ganhava muito melhor que ele e, mesmo depois de um dia de trabalho, ainda estava à altura do desejo sexual de Jimi. "Ele era muito ativo", recordou ela. "Duas ou três vezes por noite." Carpenter era uma afro-americana de pele clara e Jimi também lhe disse que era parecida com sua mãe; ou essa era uma de suas cantadas favoritas, ou ele sentia atração por mulheres que lembravam Lucille. Carpenter trabalhava só de dia – ela descobriu que era a melhor forma de evitar ser presa – de modo que tinha as noites livres e assistia a muitos dos shows dele. "Ele estava sempre reclamando que Curtis Knight lhe devia dinheiro", Carpenter disse. "Mas mesmo que Curtis pagasse, Jimi não ganhava o suficiente para cobrir o aluguel." Havia quem achasse que Jimi era o cafetão de Carpenter, mas, embora fosse mantido por ela, ele não a agenciava.

Mesmo com a renda dela, eles não tinham dinheiro sobrando. Numa noite em que andavam pela Quinta Avenida, Jimi pediu que ela escolhesse a joia que ia querer quando ele fosse rico. Ela apontou para uma gema absurda. "Um dia vou comprar isso para você", disse ele. Um dos assuntos sobre os quais costumavam conversar era quão rico e famoso ele seria. "Quão rico?", ele perguntava. "Rico de verdade e famoso de verdade", respondia ela. Em certas ocasiões, essa conversa assumia um tom mais sombrio. "Se eu não ficar rico e famoso em um ano, vou enlouquecer", disse-lhe ele uma vez. Havia um desespero crescente nas fantasias de Jimi, como se elas fossem evaporar se não se realizassem logo. Ele passava muitas horas por dia praticando, arrastando por quatro quadras um amplificador emprestado, de um clube próximo até o hotel, uma vez que não podia pagar um táxi.

Uma vez Jimi chegou em casa e encontrou um cliente estrangulando Carpenter. Ele agarrou o homem e jogou-o para fora do quarto, mas o incidente o indispôs com o trabalho dela. Naquela mesma semana, Diana foi pega, encarcerada e colocada em um ônibus rumo ao Meio Oeste. Ela fugiu e voltou para Jimi, que estava aos prantos, dizendo que ele ficara com medo que algum cliente a tivesse matado. Uma outra vez, ele também chorou quando ela descreveu o abuso sexual que sofrera quando criança; ele lhe contou que também havia sido vítima de um abuso semelhante, embora não desse detalhes, exceto que havia ocorrido na infância.

No começo de maio, Carpenter descobriu que estava grávida e, por insistência de Jimi, parou de trabalhar nas ruas. A única renda de Jimi provinha de apresentações ocasionais e, ao final da primavera, eles estavam roubando para sobreviver. Em certa ocasião, quando Jimi e Carpenter estavam furtando uma loja, o proprietário percebeu e correu atrás deles com um taco de beisebol. Correram várias quadras para deixar o homem para trás e quase não conseguiram escapar. Jimi com frequência explodia, "As coisas têm que mudar. Não aguento mais essa merda. Não quero morrer como um ninguém". Secretamente, Carpenter voltou a trabalhar nas ruas para ganhar algum dinheiro. Quando Jimi descobriu o que ela havia feito, espancou-a com um cinto. "Ambos sabíamos que eu estava grávida", ela disse. "Foi a única vez em que ele agiu daquele jeito." Enquanto batia, ele vociferou coisas que não se pareciam com nada que ela já tivesse ouvido vindo dele. "Quando eu lhe digo para fazer alguma coisa, faça!", ele bradou. "Você gosta de ser cabeça dura, eu vou te mostrar. Vou te mostrar e você vai aprender do pior jeito." Aquela não era a forma como Jimi normalmente falava ou agia. Carpenter ficou chocada com a maldade desencadeada.

A relação entre eles deteriorou-se a partir daí. Quando Carpenter sugeriu que se dessem ao luxo de ir à matinê de um filme com Lana Turner chamado *Madame X,* Jimi ficou furioso, achando que era um filme sobre prostituição. Ela saiu furiosa, pegou um cliente que era um policial disfarçado e foi presa na hora. A polícia descobriu que ela era menor de idade e lhe deu uma escolha entre três anos de prisão e uma passagem de ônibus para voltar para os pais. Grávida, com fome e preocupada com a saúde do bebê que carregava, ela aceitou a passagem. Em fevereiro de 1967, deu à luz uma filha, Tamika, que pesou cerca de 2 quilos. Graças ao período em que seu deu sua gravidez, e ao fato de que ela só pegava clientes brancos nas ruas, Carpenter tinha certeza de que a criança era de Jimi.

Ela não sabia para onde mandar-lhe correspondência; haviam morado em tantos hotéis baratos que ela desistiu da ideia de algum dia voltar a localizá-lo.

O CASO DE JIMI com Carpenter poderia tê-lo feito desistir da ideia de namorar prostitutas, mas havia uma ligação indiscutível dessas mulheres com o passado dele: os hotéis baratos, o ritmo acelerado e a vida difícil traziam lembranças de quando era mais jovem. Pode não ter sido o que Jimi queria da vida, mas era o que ele conhecia, e por esse ângulo era algo confortável.

Logo depois da partida de Carpenter, e talvez antes, Jimi começou a sair com sua primeira namorada branca, Carol Shiroky. Ela também era prostituta, embora fosse mais uma *call girl* que atendia por telefone do que uma trabalhadora sexual de rua. Foi uma relação curta e tumultuada. Shiroky comprou para Jimi uma guitarra nova, para libertá-lo de Curtis Knight, e Jimi passava horas lixando os trastes – era uma guitarra destra e ele a havia encordoado como canhota, necessitando de alguns cuidados para adaptá-la.

Por meio de Shiroky, Jimi conheceu Mike Quashie, um artista que se apresentava no African Room, na Rua 44 Oeste, e que era conhecido como "The Spider King" ["o rei aranha"]. Quashie havia aparecido na capa da revista *Life* em 1961 e introduziu o *limbo*[3] nos Estados Unidos. Ele tinha 1,80 metro de altura, mas era capaz de passar sob um sarrafo a 18 centímetros de altura do chão. Quashie conheceu Jimi no quarto de hotel de Shiroky e, quando viu o guitarrista usando bobes cor-de-rosa e amarelos no cabelo, achou que ele fosse um cafetão. Quashie contou a Jimi histórias de vodu, mas Jimi lhe pareceu tão calado e retraído que o achou inquietante. "Ele era bem para baixo", Quashie disse. "Ele falou sobre sua depressão, sua frustração e ansiedade. Não era fácil para ele." Parte da *performance* com a qual Jimi mais tarde chocaria o mundo

---

[3] Competição de dança originada na ilha de Trinidad, que consiste em passar sob um sarrafo horizontal, com as costas voltadas para baixo. À medida que o jogo avança, o sarrafo é colocado cada vez mais baixo, e cada participante que encoste nele ou o derrube vai sendo eliminado, até restar só um. (N. da T.)

– os lenços ao pescoço, tocar de joelhos e o uso de pirotecnia – foram copiados de Quashie. Jimi tentou algumas dessas extravagâncias com os Squires, mas não teve grande reação.

Depois de uma apresentação especialmente irritante dos Squires, Jimi escreveu um poema sobre sua insatisfação. Nele detalhava como seus pretensos amigos só estavam interessados em seu senso de moda extravagante e não "curtiam a forma como penso". Ele tinha tão poucos amigos à época que seu verdadeiro alvo deve ter sido os colegas da banda Squires. Ele não terminou o poema nem o musicou. Como muitos de seus escritos à época, era apenas uma ideia rabiscada em um pedaço de papel e enfiada em um estojo de guitarra. O título desse poema em particular poderia ter resumido os demônios interiores de Jimi, passados e futuros. Ele o chamou "My Friends of Fashion Turned Out to be My Enemies of Thought" ["Meus Amigos da Moda mostraram ser meus Inimigos do Pensamento"].

CAPÍTULO 12

LSD e a Psicodelia na Vida de Hendrix

~~~~~~~~

Nova York, Nova York
Maio de 1966 – julho de 1966

> *"Imagens caleidoscópicas fantásticas me envolveram, alternando-se, variegadas, abrindo-se e depois fechando-se em círculos e espirais, explodindo em fontes coloridas, reorganizando-se e hibridizando-se em um fluxo constante. Era particularmente notável como cada percepção acústica, como o som de uma maçaneta de porta ou um automóvel que passava, tornavam-se percepções ópticas [...]. Não havia nenhuma outra substância conhecida, até onde eu sabia, que evocasse efeitos psíquicos tão profundos, em doses tão extremamente pequenas, que causassem mudanças tão dramáticas na consciência humana e em nossa experiência dos mundos interior e exterior."*
> — Dr. Albert Hoffman, *LSD: My Problem Child*

UMA GAROTA DE OLHOS castanhos, um cantor *folk* nascido em Minnesota e uma droga psicodélica entraram na vida de Jimi Hendrix certa noite no fim de maio de 1966, e cada um deles teria um efeito indelével na carreira dele. Esse trio de forças ajudaria a abrir para Jimi um mundo interno que até então permanecera inexplorado e mudaria para sempre o que parecia ser seu destino como apenas um coadjuvante em sua própria vida. Com tais mudanças, sua vida anterior –

sendo o obediente músico de apoio de Little Richard, ou dançando uniformizado em um espetáculo de R&B – passaria a ser apenas uma coleção de lembranças distantes e desagradáveis. Esta seria uma nova fase em sua frequente reinvenção de si mesmo, e esta *persona* demonstraria ser poderosa e perene.

Ele primeiro conheceu a garota. Linda Keith, de 20 anos, uma modelo de beleza marcante, era tudo o que Jimi não era: britânica, judia, rica, muito culta e parte integral da nata da "Swinging London", a Londres descoladinha e efervescente da época. Talvez o que mais tenha impressionado Jimi foi que o então namorado dela era Keith Richards, dos Rolling Stones. Linda, que começara a sair com Richards em 1963, havia testemunhado o nascimento dos Stones, o que a tornava, por procuração, algo equivalente à realeza musical britânica. Os Stones deveriam desembarcar nos Estados Unidos daí a um mês, para a muito aguardada turnê de 1966; Linda havia chegado antes para sentir melhor a cena dos clubes de Nova York. Como fanática por música, ela adorava blues e levava consigo uma maleta de viagem contendo seus *singles* de 45 rpm favoritos. Bonita, inteligente e entendida em música, sua presença era suficiente para fazer os rapazes delirarem.

E eles deliraram quando, no fim de maio, ela entrou no Cheetah Club, onde Jimi fazia mais uma apresentação sofrível com Curtis Knight and the Squires. Durante toda a primavera, Jimi havia jurado que sairia para sempre da banda de Knight, e finalmente cumprira a promessa – aquela noite, em particular, seria seu último compromisso com os Squires. E não espantava que quisesse sair: o clube estava quase vazio.

O Cheetah ficava em um edifício que, no passado, abrigara um dos grandes salões de baile de Nova York na virada do século. Tinha reaberto em abril de 1966 como uma sofisticada casa noturna, as paredes revestidas com pele de imitação de guepardo, mas ainda não havia decolado. Em um lado do salão ficava o bar, e as atrações apresentavam-se em um palco com 15 metros de largura. Linda recordou que havia menos de 40 pessoas em um local que comportaria duas mil. No começo ela mal prestou atenção à banda, até que notou o guitarrista. "A forma como as mãos dele se moviam para cima e para baixo no braço da guitarra era fascinante de ver", ela recordou. "Ele tinha mãos incríveis. Fiquei hipnotizada ao vê-lo tocar."

Linda era namorada de um guitarrista famoso, não uma caçadora de talentos, mas reconheceu em Jimi uma habilidade extraordinária. Vendo-o tocar para uma plateia diminuta e indiferente também inflamou seu senso de justiça. "Ele era um músico brilhante, e um guitarrista de blues brilhante", ela lembrou. "Era claramente um astro, embora um astro de aparência bem estranha, e o lugar era tão estranho que aquilo não parecia certo." Quando a apresentação terminou e Jimi estava curtindo sua bebida no bar, Linda e as amigas convidaram-no para sua mesa e encheram-no de elogios. Receber atenção de belas modelos era algo com que Jimi não estava acostumado; só podemos imaginar a cara que fez quando Linda lhe contou que era namorada de Keith Richards, e que ele em breve chegaria à cidade.

Linda e as amigas ficaram para a última apresentação. Quando esta terminou, convidaram Jimi para ir a um apartamento na Rua 63. Lá conversaram sobre música, política e, inevitavelmente, drogas. Uma das amigas de Linda era conhecedora de drogas. Jimi foi indagado se teria interesse em tomar um pouco de ácido. A resposta dele expôs tanto sua ingenuidade quanto sua completa inexperiência com os psicodélicos: "Não, eu não quero nada disso, mas adoraria provar um pouco daquele lance de LSD". Ele disse isso a sério, sem saber que ácido era uma gíria para o LSD.

Antes de 1966, a experiência de Jimi com drogas limitara-se, em parte pela questão econômica, à maconha, ao haxixe, a bolinhas baratas e, em raras ocasiões, à cocaína. "Em Manhattan, as drogas preferidas eram cocaína e maconha", Taharqa Aleem observou. "Ninguém no Harlem usava ácido naquela época." Alguns afro-americanos viam o LSD como uma droga "branca". Mais tarde, naquele verão, Jimi tentou convencer seu amigo da *uptown*, Lonnie Youngblood, a viajar com ele. "Jimi dizia que todo o lixo que você tem na mente, as teias de aranha, o LSD limpa e dá foco", Youngblood recordou. Lonnie passou um sermão em Jimi sobre os perigos do LSD e como a droga podia fazer você pensar como uma pessoa branca. "Era uma droga de gente branca", Youngblood disse. "Eu não queria alucinações. Eu tinha esposa, uma criança, carro e apartamento."

O dr. Albert Hoffman descobriu a dietilamida do ácido lisérgico em 1938, enquanto pesquisava o fungo *ergot*. Hoffman havia se dopado por acidente e, de imediato, notou o efeito alucinógeno. Mais tarde, ele descreveu essa primeira viagem em seu livro *LSD: My Problem Child*: "Em um estado onírico, com os olhos fechados (a luz do dia parecia desagradavelmente ofuscante), observei um fluxo ininterrupto de imagens fantásticas, forma extraordinárias com um jogo de cores intenso e caleidoscópico". Nos anos 1940, a farmacêutica Sandoz vendia comercialmente o LSD, promovendo-o como a cura para tudo, do alcoolismo à esquizofrenia. A distribuição oficial da droga foi interrompida em agosto 1965, depois que ela se tornou controversa, e o uso sem receita generalizou-se. O LSD era legal quando Hendrix o tomou pela primeira vez (ele se tornou ilegal nos Estados Unidos em 1967).

O dr. Timothy Leary, um dos primeiros cientistas a realizar testes intensivos com o LSD, muitos deles em si mesmo, afirmou que o "contexto" e o "cenário" de um experimento com LSD eram tão importantes quanto a dosagem. O "contexto" era a disposição mental do usuário; o "cenário" referia-se ao ambiente onde a droga era usada. Para Jimi Hendrix, o contexto e o cenário para sua primeira viagem de ácido não poderiam ter sido melhores: ele estava sendo cumulado de elogios por uma brilhante modelo britânica que sabia quem era Robert Johnson, estava em um apartamento moderno com estampa de leopardo nas paredes vermelhas e estava escutando a coleção de *singles* de blues pertencente a Keith Richards – já teria sido uma viagem mesmo sem drogas. A viagem, claro, foi ótima.

Mais tarde, Jimi descreveria a um amigo que, em sua primeira viagem de ácido, "olhei no espelho e achei que era Marilyn Monroe". Depois de maio de 1966, ele escolheu olhar naquele espelho com frequência. A dietilamida do ácido lisérgico tornou-se uma lente que filtrou boa parte da música que ele criaria pelo resto da vida. Isso não quer dizer que ele criou toda sua obra enquanto chapado; no entanto, depois que ele penetrou no mundo do ácido, o pensamento psicodélico passou a pautar o que tocava, as músicas que compunha e as letras que escrevia. Jimi afirmava a pessoas próximas que ele tocava cores, não notas, e que ele "via" a música em sua cabeça enquanto a tocava. A descrição de seu processo criativo tinha uma semelhança incrível com o que o dr. Hoffman escreveu sobre sua primeira viagem com ácido: "Todas as percepções acústicas [...] transformaram-se em percepções ópticas".

Naquela noite, não foram só as drogas que Jimi descobriu serem transformadoras. Bob Dylan havia lançado *Blonde on Blonde* duas semanas antes, e Linda Keith tinha uma cópia do disco. Além de ser virgem quanto ao uso de ácido, Jimi ainda não havia ouvido o lançamento recente de Dylan. É provável que já estivesse viajando quando Dylan exclamou "Everybody must get stoned" ["Todo mundo precisa ficar chapado"] na música de abertura do álbum "Rainy Day Women #12 & 35". Jimi mais tarde citaria *Blonde on Blonde* como seu álbum de Dylan favorito; ouvir "I Want You", "Stuck Inside of Mobile with the Memphis Blues Again" e a triste "Sad Eyed Lady of Lowlands" pela primeira vez – e viajando no ácido – teria deixado uma impressão duradoura em qualquer um.

Linda mais tarde descreveria o momento como uma "noite de magia", mas os relatos que apareceram, com o passar dos anos, insinuando que a relação dela com Jimi naquela noite tenha sido sexual, estão equivocados. "Eu estava saindo com Keith [Richards]", ela disse. "E eu era uma garota de classe média, com valores de classe média." Ainda assim, a noite *foi* íntima para Jimi, de uma maneira que para ele era novidade. A discussão deles naquela noite – sobre os temas que mais apaixonavam Jimi, música e guitarra – não era do tipo que ele costumava ter com mulheres. Chegou um momento em que as amigas de Linda se cansaram de discutir se o melhor blues era do Delta ou de Chicago, e foram dormir no outro quarto. Jimi e Linda ficaram acordados a noite toda na sala, de forma casta, afirmou ela.

Linda ficou surpresa ao ver como Jimi era franco e, de certa forma, ingênuo ao discutir sua carreira. Ele estava claramente frustrado com o ponto em que estava na vida, mas não tinha vergonha de falar sobre essa decepção, característica incomum entre os guitarristas machões. Quando, em certo momento, Jimi colocou bobes de plástico cor-de-rosa no cabelo – ele os levava no estojo de sua guitarra –, ela ficou chocada por ele estar enrolando o cabelo na frente de pessoas que ele considerava sofisticadas.

Quanto ao blues, eles compartilhavam um amor ardente pelo gênero. Linda conhecia bem a música americana de raiz e, como que para provar isso, ela tirou de sua maleta de viagem vários discos obscuros de 45 rpm. Ela colocou para tocar "Little Bluebird", de Johnny Taylor, "Yours Truly", de Snooks Eaglin, e mais uma seleção de raridades, muitas delas da coleção pessoal de Keith Richards. Quando os *singles* se esgotaram, eles ficaram voltando para *Blonde on Blonde* como se fosse algo impossível de ignorar. Jimi contou a Linda que era admirador de Dylan e ambos concordaram que aquele álbum era a obra de um gênio. Jimi acompanhou as músicas com sua guitarra a noite toda. "Foi o concerto mais especial que você pode imaginar", Linda disse. "Eu colocava um disco para ele, e ele acompanhava com a guitarra ou respondia tocando sua própria versão. Foi como um recital exclusivo."

A conversa deles também incluiu o tema da composição de músicas e um debate sobre o que faz com que uma canção seja forte. Jimi contou a ela ter escrito várias músicas e tocou uma versão embrionária de "Red House" e várias músicas que mais tarde terminariam em *Are You Experienced*. Linda ficou impressionada e não parou de perguntar a seu novo protegido por que havia passado tanto tempo tocando para outros. Ela fez a pergunta óbvia: "Por que você está tocando com Curtis Knight?". A isto, Jimi deu uma resposta simples e direta: "Eu não tenho minha própria guitarra". Se, naquele momento, Carol Shiroky havia ou não lhe comprado uma guitarra, é algo que não está claro. "Seria possível", Linda recordou mais tarde, "que ele estivesse me usando para conseguir uma guitarra. Mas não acredito nisso".

Ela disse que iria conseguir uma guitarra para ele. Àquela altura, ela já se tornara uma fã e estava disposta a fazer tudo o que pudesse para ajudá-lo. Em algum momento daquela noite, ele lhe contou que seu nome real era Jimi Hendrix e não Jimmy James, seu nome de palco do momento. Ela perguntou por que ele não cantava. "Bom, sabe, não sou muito bom como cantor", ele disse.

Jimi achava que sua voz era fraca para cantar desde os tempos de escola, quando ele se comparou de forma desfavorável com amigos como Jimmy Williams, mas havia começado a reavaliar isso, à luz de cantores populares como Dylan. "Hoje em dia, as pessoas não querem que você cante bem", escreveu ele em uma carta a Al naquele ano. "Elas querem que você cante de qualquer jeito e tenha uma boa batida em sua música. Por isso, é esse ângulo que vou explorar. É onde está o dinheiro." Ainda assim, ele continuava inseguro e cantava apenas algumas músicas com Curtis Knight.

"Com certeza você canta bem", respondeu-lhe Linda Keith naquela noite, tendo ouvido o concerto dele de sala de estar durante aquelas horas. E, se ela precisasse de mais munição, estava ali no toca-discos: Bob Dylan. Nada mais precisava ser dito. Na capa desfocada de *Blonde on Blonde,* olhando para Jimi, havia um sujeito magro, com uma cabeleira rebelde e casaco comprido que, por qualquer outro motivo que não fosse a cor da pele, poderia ser o próprio Jimi. E ele tinha uma voz que Jimi simplesmente não conseguia ignorar.

———

EMBORA *BLONDE ON BLONDE* tenha impulsionado a ambição de Jimi e sua confiança como cantor, o interesse por Dylan antecedia em alguns anos aquela noite com Linda Keith. Essa admiração – que alguns chamavam de obsessão – criava atritos entre ele e seus amigos no Harlem. Fayne Pridgeon lembrou de Jimi ter gastado seus últimos dólares, em 1965, comprando *Highway 61 Revisited,* de Dylan, para grande desgosto dela. Antes disso, Jimi levou uma cópia de "Blowin' in the Wind" à cabine do DJ em um clube no Harlem. O DJ, que não conhecia Dylan, cometeu a insensatez de tocá-lo. Jimi foi expulso do clube por uma turba furiosa que gritava "Vá embora e leve sua música caipira com você!".

Não muito depois de ouvir *Blonde on Blonde,* Jimi comprou um *songbook* de Bob Dylan. Como ele não sabia ler partituras, deve ter sido atraído pelas letras de Dylan. Ele sempre levava esse livro consigo e, com frequência, era o único item em sua bolsa de viagem. Quando o músico Paul Caruso conheceu Jimi, no início de 1966, a primeira pergunta de Jimi foi "Como você consegue esse cabelo de Bob Dylan? Sabe, o afro-branco?". Jimi podia precisar apelar para os bobes, mas conseguia imitar com perfeição o cabelo de Dylan.

Hendrix mais tarde afirmaria ter conhecido Dylan em 1966, em um clube chamado The Kettle of Fish, na MacDougal Street. O único comentário de Dylan sobre o relacionamento entre ambos apareceu nas notas para uma exposição de museu de 1988. "Conheci Jimi de passagem, antes que ele se tornasse um grande astro, [mas] quase não o vi depois disso", Dylan escreveu.

Parte da atração que Linda Keith exercia sobre Jimi era ser a primeira mulher que ele conhecia que também gostava de Dylan e, na primeira noite que passaram juntos, ele esgotou o tema. Ela estava mais interessada em saber sobre a vida pessoal dele e, em um dado momento, perguntou se ele tinha namorada. "Muitas", respondeu ele, embora a única que tivesse mencionado fosse "Tia Fayne", com quem disse que comia uma vez por semana na *uptown*. Ele não citou Carol Shiroky, com quem muito provavelmente estava morando na época, ou Diana Carpenter, que estava grávida dele.

Dylan ainda estava na mente de Jimi duas semanas mais tarde, quando ele conheceu o músico Richie Havens no Cheetah. Jimi estava tocando naquela noite com Carl Holmes and the Commandeers, outra banda ruim de R&B. Havens ficou tão impressionado com a forma como Jimi tocava que lhe perguntou onde ele havia aprendido. A conversa deles acabou indo parar em Dylan, e Havens disse que seu próprio repertório incluía um *cover* de "Just Like a Woman". Jimi quis ver como era e perguntou-lhe onde tocava. Havens começou a descrever a cena dos cafés no Greenwich Village. Embora Jimi estivesse morando de forma intermitente em Nova York havia dois anos, ele deu a Havens a impressão de ter acabado de chegar. "Você tem que descer até o Village", Havens respondeu. "É onde tudo acontece." Antes de se despedirem, Havens escreveu os nomes de alguns clubes do Greenwich Village incluindo o Café Wha?.

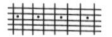

O Café Wha? estava localizado em um porão na esquina das ruas MacDougal e Minetta, no coração do Greenwich Village. O Wha era literalmente uma caverna: um porão escuro, com paredes de terra em uma alcova. Era mais conhecido pelo fato de Mary Travers ter sido garçonete ali antes do entrar para a banda Peter, Paul and Mary, e por Dylan ter tocado ali alguns anos antes, do que como uma plataforma de lançamento para novos talentos. A casa não tinha licença para vender bebidas alcoólicas e por isso atraía uma multidão de adolescentes, quase todos brancos, da mesma forma que as bandas. Durante o verão, o Wha abria às dez da manhã e fechava às duas da madrugada. Não havia *couvert* artístico durante a semana, embora os clientes devessem consumir um *drink* por apresentação; em geral, eles pediam um "Tigre Verde", um copo de água gaseificada com limão que custava 70 centavos. Cada artista fazia cinco apresentações, pelas quais era pago um total de 6 dólares. Foi nesse local improvável que Jimi começou seu esforço para transformar sua carreira e sua vida.

Hendrix havia começado a explorar o Greenwich Village naquela primavera, fazendo várias "expedições" em abril e maio. Paul Caruso recordou com clareza a primeira vez que viu Jimi andando pela MacDougal Street: "Ele parecia ridículo. Vestia calças listradas, uma camisa de calipso com enormes mangas bufantes e aqueles cachos bem definidos tipo Little Richard". Era como se tivessem soltado um pirata do Harlem entre os *beatniks*, boêmios e radicais que povoavam o Village. O movimento da contracultura havia apenas começado a florescer em 1966, e o Greenwich Village tinha sido uma de suas incubadoras. O cabelo comprido estava em voga, colares de contas tornaram-se populares para os homens, a experimentação com drogas aumentava e as normas sociais sobre sexo e casamento estavam sendo desafiadas. Jimi não havia se encaixado no Harlem, mas no Greenwich Village descobriu que sua extravagância era acolhida e incentivada.

Não se sabe em que dia Hendrix entrou pela primeira vez no Wha, mas quase com certeza ele voltou em uma segunda-feira, que era a noite de audições de palco aberto no clube. Janice Hargrove estava na plateia no dia em que ele se apresentou, assim como estava na maioria dos dias – o namorado dela lavava pratos no clube, e ela mais tarde seria *hostess* do local. "Qualquer um podia ir lá e tentar", ela recordou. "A maioria das pessoas era mais ou menos. Jimi tocou, e todo mundo no clube ficou alucinado, todas as 15 pessoas." Jimi ainda não tinha material próprio suficiente e tocou vários *covers*, mas fez de seus solos de guitarra o foco da apresentação. O gerente do clube ofereceu-lhe trabalho. Com a emoção da noite, ou talvez pensando que seria seguro, Jimi deixou sua guitarra no clube de um dia para o outro. Em mais uma repetição do tema, a guitarra foi roubada.

Jimi voltou na noite seguinte e, descobrindo que o instrumento tinha sumido, teve um ataque de fúria. Os donos do clube interrogaram todos os funcionários, mas não adiantou. Para sua primeira apresentação no Wha, Jimi precisou pegar um instrumento emprestado. Contou Hargrove, "Alguém lhe passou uma guitarra destra e, sem hesitação, ele a virou de cabeça para baixo e começou a tocar. Só esse lance já deixou a gente maluco. Ele fez isso sem nem uma pausa; apenas virou e começou a tocar. Ele era tão bom tocando uma guitarra alheia de cabeça para baixo como era tocando sua própria guitarra canhota." Ao final da noite, Jimi foi convidado para voltar na noite seguinte.

Naquela mesma semana, enquanto comprava uma guitarra na Manny's Music, Jimi conheceu um garoto de 15 anos que havia fugido de casa, chamado Randy Wolfe. Hendrix contou a Wolfe que faria uma apresentação solo naquela noite no Wha e convidou-o para fazer parte de sua banda. Jeff "Skunk" Baxter, que trabalhava na Manny's, e mais tarde tocaria nos Doobie Brothers, foi convidado para tocar baixo no show. Jimi havia entrado em uma loja de música, conheceu dois caras e formou uma banda ali mesmo.

Quanto ao nome, ele decidiu chamar de Jimmy James and the Blue Flames o grupo improvisado. Ele escolheu esse nome porque Junior Parker tinha um grupo chamado The Blue Flames, mas, dependendo de seu humor, ele também chamava seu grupo de The Rain Flowers. Não muito depois de começar a tocar no Wha, Hendrix decidiu mudar a grafia de seu primeiro nome para "Jimi", porque achou que pareceria mais exótico. O único letreiro que o Wha tinha era um cavalete com uma lousa com a programação escrita a giz, de modo que não houve dificuldade em trocar os nomes. A formação do Blue Flames era fluida – e como dois dos músicos se chamavam Randy, Jimi chamou Wolfe de "Randy California", que mais tarde viria a ser seu nome artístico, e o outro tornou-se

"Randy Texas". Ficava tão evidente que era Jimi o ponto focal que muita gente na plateia nem notava o resto do grupo. "Jimi não tinha de fato muita 'música de Jimi Hendrix' na época", observou Tunde-ra Aleem. "Ele acabava tocando *covers*, mas transformava-os em músicas de Jimi." Randy California disse que a banda criou apenas quatro músicas originais naquele verão, e a única que permaneceu no repertório de Jimi foi "Mr. Bad Luck", que depois se tornou "Look Over Yonder". Algumas testemunhas dizem que Jimi tocou as primeiras versões de "Foxy Lady" e "Third Stone from the Sun", mas, sendo o caso, essas eram raridades e não a parte central da apresentação.

Em vez de música de Hendrix, Jimi tocava *covers* como "Killin' Floor", de Howlin' Wolf, ou "Like a Rolling Stone", de Dylan, imprimindo nelas sua própria marca exclusiva. "Tocávamos músicas que eram populares naquele momento, mas Jimi sempre executava versões estendidas", recordou Danny Taylor, baterista do Blue Flames. "Tocávamos 'House of the Rising Sun', 'Hang On Sloopy', 'Midnight Hour', 'Knock on Wood' e 'Mercy, Mercy'." À noite, os shows incluíam mais R&B e menos rock. Para alongar cada apresentação, o grupo tinha uma versão de "Summertime" que durava quase 20 minutos. Outro ponto alto da apresentação era uma releitura de "Wild Thing", que havia sido um tremendo sucesso da banda The Troggs, chegando ao nº 1 naquele verão. A versão original dos Troggs tinha concisos 2 minutos e 42 segundos, mas Jimi conseguia estender a música em uma obra de 12 minutos e era capaz de tocá-la sempre de forma diferente a cada apresentação. Livre dos limites impostos no Circuito Chitlin', Jimi não tinha nada contra aplicar a harmonia do blues à progressão do rock, ou inserir alucinados solos de rock no meio de clássicos do blues. Muitos guitarristas de blues conseguiam um som diferente fazendo um *bend*, "curvando" as cordas – Jimi aplicava o mesmo princípio a toda a música. Ele *curvava* a música e, ao fazer isso, tornava seu o que quer que tocasse.

Em junho de 1966, Jimi estava também experimentando com a versão primitiva de um pedal *fuzzbox* construído para ele por um integrante dos Fugs. Essa caixa de efeitos ficava entre a guitarra e o amplificador, e distorcia a nota e engrossava o som – ela fazia uma corda leve soar pesada e uma corda pesada soar como uma marreta. Esse som psicodélico, quando combinado com o *bend* e com o *feedback* criado pelo *Overdrive* do amplificador, parecia-se muito com o som "sujo" do Noroeste que Jimi havia ouvido no Spanish Castle. Em 1966, a perícia técnica de Jimi estava tão aprimorada que ele conseguia dominar com rapidez os novos efeitos e torná-los musicais. Seu domínio sobre aqueles dispositivos eletrônicos primitivos era tal que ele conseguia atrair uma multidão de guitarristas que ficavam maravilhados com seu uso da nova tecnologia. "Era incrível", recordou o baterista Danny Taylor. "O *squealing* que ele conseguia fazer com aquela guitarra era uma obra de arte."

Mas, mesmo para quem não estava interessado na guitarra elétrica, uma apresentação do Blue Flames era algo a que valia a pena assistir. Pela primeira vez livre para liderar uma banda, Jimi pegou cada movimento que vira Little Richard, Solomon Burke, Jackie Wilson ou Johnny Jones executarem e trouxe um show negro para uma plateia branca. Tomando lenços e joias emprestados do número de limbo de Mike Quashie, Jimi vestia-se de forma exótica. E, quando o show começava, ele apelava para todos os truques que conhecia: tocava guitarra com os dentes; tocava atrás das costas; tocava entre as pernas; encoxava a guitarra com a perna de modo claramente sexual; e fazia tudo isso sem perder o ritmo da música que estava tocando. Ele trouxe "o show" que havia visto no Circuito Chitlin' e na apresentação do "Spider King" de Mike Quashie, e filtrou-o para as plateias brancas do Wha. Se Jimi tivesse tentado o mesmo tipo de show no Del Morocco em Nashville, ou no Small's Paradise no Harlem, teria saído do palco sob gargalhadas pela extravagância de sua apresentação. Mas, no verão de 1966, os jovens brancos de Long Island que frequentavam o Wha acharam-na mágica. Sob a inspiração de Dylan, do ácido, do Spider King do limbo, do incentivo de Linda Keith e dos novos amigos que estava fazendo no Village, o "Jimi Hendrix" que o mundo logo conheceria foi criado naquele verão no clube escuro que funcionava num porão de Nova York. Em 1º de julho, o Wha premiou Jimi com um aumento – ele agora ganhava 10 dólares por noite.

CAPÍTULO 13

O "Dylan Negro"

Nova York, Nova York
Julho de 1966 – setembro de 1966

> *"Todos nós o chamávamos de 'Dylan negro' por causa do cabelo. Uma vez que você visse o cara, não esquecia mais. Era como se ele o penteasse a ferro quente; era igualzinho ao cabelo de Dylan."*
> — Ellen McIlwaine

Os Blue Flames tocaram por várias semanas no Wha e, se por um lado seria um exagero dizer que o grupo conseguiu um grande público, por outro ele atraiu alguns fãs leais e chamou a atenção de muitos músicos do Greenwich Village. Richie Havens enviou Mike Bloomfield, considerado o melhor guitarrista de Nova York; Bloomfield saiu do show anunciando que nunca mais pegaria uma guitarra. "Hendrix sabia quem eu era, e naquele dia, diante de meus olhos, ele acabou comigo", Bloomfield contou em uma entrevista. "Bombas H explodiam, mísseis guiados eram lançados – não posso lhe descrever os sons que ele estava tirando de seu instrumento. Ele estava tirando todos os sons que eu iria ouvi-lo tirar, bem ali naquele bar com uma Fender Stratocaster[1] [...]. Como ele fazia aquilo, eu gostaria de entender." Bloomfield, cumprindo o que havia dito, não compareceu ao show seguinte que tinha programado, e Richie Havens teve de substituí-lo.

A reação de Bloomfield foi a mesma de muitos guitarristas ao verem Jimi pela primeira vez: era como se o talento de Jimi negasse o deles próprios, como se tocar fosse algo que fizesse para *eles*. Eles tomaram como algo pessoal aquele astro em ascensão, e isso levou à admiração, mas também à inveja. Até os ensaios de Jimi começaram a atrair os aficionados. O guitarrista Buzzy Linhart foi a um ensaio onde Jimi basicamente tocou um show inteiro para um punhado de guitarristas. "Ele estava se apresentando, mesmo que a plateia fosse uns poucos músicos", recordou Linhart. "Ele conseguia jogar a guitarra e tocar quando ela voltava para suas mãos." Pela primeira vez na vida de Jimi, ele despertava a admiração alheia e ele adorava essa atenção.

Linda Keith ainda estava tentando encontrar um produtor que ficasse tão impressionado com Jimi quanto estavam os guitarristas de Nova York. Ela levou Andrew Loog Oldham, o empresário dos Rolling Stones, a um show no Wha, na esperança de que se interessasse em assinar um contrato com Jimi. Linda tentou convencê-lo com suavidade, mas Oldham não ficou impressionado. "Eu estava mais preocupado com as interações dela com Jimi do que em assinar algo com ele", Oldham recordou. "Era evidente que ela o conhecia, e estava claro que ela o conhecia bem. E ela era a namorada de meu guitarrista solo, e era com isso que eu me preocupava. Aquela parte de mim que gostava da música percebia que ele era encrenca, e eu já tinha encrenca suficiente com os Stones." Oldham recordou que Jimi dirigiu-se a Linda várias vezes de cima do palco, algo que o empresário achou desconcertante; ele pensou no que poderia acontecer se Keith Richards estivesse no clube. "Keith era o tipo de cara que poderia de fato matar alguém que se envolvesse com sua namorada", disse Oldham.

Linda recordou de outra maneira aquela noite e afirmou que Oldham simplesmente não gostou de Hendrix e não conseguiu ver nada além de suas

---

[1] Considerada a melhor guitarra elétrica de todos os tempos. (N. do E.)

roupas de brechó. "Andrew achou Jimi uma porcaria", ela disse. "Sim, Jimi tinha uma imagem horrível, e para Andrew a imagem era tudo. O lance de Andrew eram as cordas e o *wall of sound* que coneguia criar. Andrew não conseguiu entender. Jimi não era para todos os gostos." Também não deve ter ajudado em nada o fato de, naquela semana, Jimi estar com a cara cheia de espinhas.

Sem se deixar desanimar, Linda tentou de novo, desta vez contatando Seymour Stein, da Sire Records. Stein ficou impressionado com o que viu – em particular pelo fato de Hendrix ter algumas músicas originais –, mas a noite deteriorou-se quando Jimi começou a destruir sua guitarra, frustrado. Linda ficou em pânico, talvez porque havia surrupiado de Keith Richards aquela guitarra, embora tenha sido fácil consertá-la depois. Stein foi com Linda ver Jimi uma segunda vez e assistiu a um desentendimento entre Linda e o guitarrista, impedindo qualquer discussão de negócios.

A relação de Linda Keith com Keith Richards estava se deteriorando naquele verão por vários motivos, incluindo o ciúme que Richards sentia de Jimi. De sua parte, Linda afirmou que ela e Jimi nunca tiveram um relacionamento romântico sério e que nunca houve um caso amoroso entre eles porque Jimi não estava a fim de sossegar. "Eu lhe disse que ele não poderia ficar com todas aquelas mulheres se estivesse envolvido comigo", contou ela. "Dei uma espécie de ultimato, e ele escolheu as outras. Acho que eu era uma das poucas mulheres que não aceitava aquilo. Todas suas namoradas tinham um papel secundário e lhe forneciam alguma coisa: dinheiro, alimentação ou mais mulheres."

Linda Keith estava assombrada com o modo como Jimi conseguia manobrar as muitas namoradas e como fazia cada uma pensar que era seu único interesse. "Ele tinha profundidade na sua forma de lidar com as mulheres", ela observou. "Todas elas diziam ser o grande amor da vida dele, era muito provável que naquele momento de fato o fossem. Ou ao menos era o que ele lhes dizia." Ela recordou estar uma vez no quarto de Jimi, no Hotel Lennox, quando havia sete mulheres dormindo na cama dele – era provável que fossem prostitutas, e não namoradas de Jimi, mas, de qualquer modo, a cena impressionava. Jimi dizia que aquele comportamento fazia parte de sua "natureza". Linda sentia-se magoada por Jimi não poder ser monógamo e, estranhamente, Jimi sentia-se magoado por ela ter padrões mais elevados. De fato, ele se sentiu preterido. Jimi evitava conflitos diretos o quanto podia, preferindo afastar-se de desentendimentos ou de situações desconfortáveis, e era assim que lidava com a antiga relação entre eles – ele continuou a suspirar por ela, mas era incapaz de desistir das outras mulheres que conhecia e levava para a cama.

Apesar do comportamento de Jimi, Linda trabalhava sem cessar para que o mundo o notasse, e poucos músicos tiveram a sorte de ter uma defensora tão determinada. Linda chegou a levar os Rolling Stones a um dos shows de Jimi no Ondine's, um salão de dança na *midtown*. Os Stones viravam assunto para as colunas de fofocas simplesmente por assistirem ao show de outros artistas, mas a presença deles na apresentação de Jimi passou despercebida, e ele não causou impressão à banda. Os Stones passaram a maior parte da noite dançando ou afastando admiradores; o único que prestou atenção em Jimi foi Keith Richards, que não pôde deixar de notar o quanto sua namorada falava daquele tal Jimi.

A bem da verdade, a apresentação no Ondine's pode não ter sido uma das melhores dos Blues Flames, pois o clube ficava na *midtown*, e a maior parte do espaço era ocupada por clube noturno. Os Blues Flames sempre agradaram mais as plateias indulgentes do Greenwich Village. Jimi nunca tentou tocar com a banda no Harlem, percebendo que ali seu híbrido de rock e blues não decolaria. Ele convidou repetidas vezes seu amigo Lonnie Youngblood para ir ao Wha assistir a um show dos Blues Flames, mas seria pedir demais que Youngblood gostasse da música de Jimi. "Jimi começou a conviver com aqueles garotos brancos, aqueles viciados", Youngblood recordou. "Ele tocava para mim aquelas músicas que tinha escrito e queria que eu as gravasse com ele, mas, quando eu escutava, elas eram esquisitas." Hendrix repetia sempre para Youngblood que, com o grupo certo, eles dois poderiam ser "donos do Café Wha?". "Eu não tinha nenhum interesse naquilo", Youngblood disse. "Eu voltei a meu cantinho no Small's Paradise."

Por alguns meses, Jimi foi um homem dividido entre duas culturas musicais: a tradição rígida e regrada do R&B do Harlem e a amálgama livre de *folk* e rock que estava se desenvolvendo no Village. Sua excepcional musicalidade fazia com que se sentisse à vontade em ambos os mundos, mas ele sabia que não deveria levar misturar as coisas, ou, como diziam, levar a *downtown* para a *uptown*. "Se tivesse levado aquilo para o Harlem, teriam zombado dele", observou Taharqa Aleem. Os irmãos Aleem estavam entre os poucos amigos negros de Jimi que iam ao Village para vê-lo tocar. "A revelação aconteceu naquele momento", Tunde-ra disse. "Em termos artísticos, foi a epifania para ele." Esta polinização cruzada de gêneros aconteceu, como na maioria dos grandes eventos na carreira de Jimi, sem um planejamento prévio. Jimi não planejou misturar blues, rock'n'roll e R&B, mas sua imaginação musical era tão vasta que a combinação de gêneros era inevitável. O som único que ele forjou, naquele verão, nos clubes *underground* do Greenwich Village, foi de certa forma um acidente, mas foi um acidente visionário, brilhante.

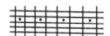

DEPOIS DE TENTAR, SEM êxito, convencer Andrew Loog Oldham, Seymour Stein e os Rolling Stones, Linda Keith sentia ter falhado. "Eu estava desesperada", ela disse. "Começava a duvidar de mim e me achar maluca." Seu salvador, e de Jimi também, veio sob a forma de Bryan "Chas" Chandler, que era baixista do The Animals. The Animals era uma banda de sucesso do Reino Unido, com oito *hits* nas Top 40; seu sucesso de 1964 "House of the Rising Sun" tinha chegado ao topo das paradas dos dois lados do Atlântico. Chandler havia planejado sair do grupo ao final da turnê americana de 1966 e estava em busca de oportunidades como produtor. Embora tivesse apenas 28 anos na época, Chandler já tinha uma década de experiência em uma das maiores bandas de rock do mundo e podia reconhecer um sucesso quando o ouvia. Naquele verão, ele ouviu uma versão da música de Tim Rose, "Hey Joe", e ficou convencido de que, se encontrasse o artista certo para fazer um *cover* na Inglaterra, seria sucesso esmagador.

Na noite de 2 de agosto, Linda encontrou Chandler na porta de um clube. "Eu nunca havia conversado de verdade com Chas antes, embora soubesse quem ele era", ela recordou. Era difícil não notar Chandler: ele media 1,90 metro de altura e era corpulento como um mineiro de carvão de Newcastle – e era o que ele teria sido se não descobrisse a música. Linda disse a Chas que havia um guitarrista no Village que ele precisava ver. Eles combinaram ir na tarde seguinte.

Quando Chandler e Linda chegaram ao Wha para o show da quarta-feira à tarde, havia lá duas dúzias de adolescentes tomando Green Tigers. Chandler, que vestia um terno, destoava do ambiente. "Ele estava mais bem vestido do que qualquer um lá e dava para ver que era do tipo empresário", recordou Danny Taylor, da banda de Jimi. Hendrix ficara sabendo que Chandler iria aparecer e deu o melhor de si em sua *performance*. Quis o destino que Jimi também tivesse descoberto "Hey Joe" pouco antes e, quando tocou essa música, Chandler ficou tão empolgado que derramou um *milk-shake* na roupa. "Na hora, percebi que ele era o melhor guitarrista que eu já havia visto", Chandler recordou em *A Film About Jimi Hendrix* [Um Filme sobre Jimi Hendrix].

Depois do show, Jimi, Chas e Linda ocuparam uma mesa e Chandler apresentou-se. Chandler perguntou a Jimi sobre "Hey Joe" e como ele havia criado as partes originais de guitarra para a música. Esse detalhe do acaso – o caso de amor de ambos com "Hey Joe" – foi o ponto de partida da relação profissional entre eles. Enquanto conversavam, e Chandler ouvia sobre os anos em que Jimi viajou como músico de apoio de Little Richard e dos Isley Brothers, ele se convenceu de que Jimi tinha todos os sinais de um astro. "Eu só estava ali e pensei comigo mesmo 'Tem que ter uma pegadinha em algum lugar aqui, alguém devia ter assinado com ele faz tempo'" recordou Chandler em uma entrevista anos depois. "Eu simplesmente não podia acreditar que aquele cara estava por aí e ninguém tivesse feito nada por ele." Jimi contou a Chandler sobre Juggy Murray e o contrato da Sue Records, e Chandler disse que tentaria resolver aquilo. Quando indagado se tinha algum outro contrato, Jimi omitiu – ou esqueceu de mencionar – o contrato que havia assinado com Ed Chalpin e a PPX.

Chandler perguntou a Jimi se ele estaria disposto a ir para a Inglaterra, onde tinha certeza de que ele faria sucesso. No futuro, contando essa história, Jimi sempre afirmaria ter dito sim de imediato, mas muita gente da cena do

Village relembra outra coisa: a ideia de ir para a Inglaterra a princípio assustou Jimi. Ele sabia tão pouco sobre a Grã-Bretanha que indagou se sua guitarra elétrica funcionaria com a eletricidade de lá. Ainda assim, quando a reunião terminou, eles apertaram as mãos como cavalheiros. Chandler ainda tinha mais um mês de turnê pelos Estados Unidos com o The Animals; ele garantiu a Jimi que voltaria para acertar os detalhes.

Se Jimi levou Chandler a sério, ele não deu qualquer indício em conversas com os amigos ou na forma como conduziu sua carreira no mês seguinte. Ele continuou a tocar no Village pensando em conseguir um contrato nos Estados Unidos e lançar um disco. Iriam se passar outras cinco semanas – até a volta de Chandler – antes que Jimi sequer pedisse a emissão de seu passaporte. Enquanto isso, ele continuou a conquistar seus próprios fãs no Greenwich Village, um a um.

Converter mais músicos a sua causa não foi difícil. John Hammond Jr. estava no meio de um show quando um amigo entrou correndo para dizer que um cara do outro lado da rua estava tocando músicas do álbum recente do próprio Hammond. Hammond havia gravado, no ano anterior, o influente *So Many Roads*, usando uma formação de futuros *superstars*: Robbie Robertson, Levon Helm e Garth Hudson, todos mais tarde do The Band; Charlie Musselwhite; e Mike Bloomfield. Hammond foi ao Wha, onde ficou surpreso ao ver Jimi tocando os mesmos *licks* que Robertson havia tocado em *So Many Roads*, mas executando-os melhor. Depois do show, Hammond apresentou-se. "Jimi me contou que era de Seattle", Hammond recordou. "Ele era muito aberto, amável e talentoso. Qualquer um que o ouvisse, ou o visse tocar, saberia que seria um astro – estava evidente." Os dois fizeram amizade e Hammond concordou em incluir Jimi em sua banda, por uma temporada de duas semanas no Café Au Go Go. Naquela mesma semana, Hammond combinou um encontro de seu famoso pai, John Hammond Sr., com Jimi. Hammond Sr. – que já tinha como contratados, entre outros, Billie Holiday e Bob Dylan, e mais tarde teria Bruce Springsteen – tornou-se mais uma lenda da indústria da música a dispensar Jimi Hendrix.

Embora o Café Au Go Go comportasse apenas 200 pessoas, o clube era a vitrine do Village e um lugar onde muitos músicos haviam sido descobertos. Como parte da banda de Hammond, Jimi havia voltado a sua posição de guitarrista de apoio, mas tinha um solo durante a apresentação. O músico Kiernan Kane estava na plateia de vinte pessoas que testemunhou o primeiro show de Jimi no Au Go Go. "O que ele podia fazer com aquela Strat era alucinante", Kane recordou. "Havia muito exibicionismo, mas havia também substância, e ela estava distorcida de uma forma que absorvia você." Kane voltou na noite seguinte, e a casa estava vazia o suficiente para que ele pudesse sentar-se no mesmo lugar em que se sentara na noite anterior, bem na frente de Jimi.

Ellen McIlwaine era a atração principal do clube naquela primeira semana e fez amizade com Jimi nesse período. Ele já era o ponto alto do show de abertura, mas teve a audácia de perguntar se podia tocar com a banda de McIlwaine durante a apresentação dela; desconcertada, ela respondeu que sim. Oficialmente, Jimi era apenas um guitarrista de apoio, mas havia conseguido transformar a noite inteira em "o show de Jimi", e naquela noite ganhou muitos fãs. "Ele deixou todo mundo alucinado", observou Bill Donovan, que trabalhava no clube. "Ele tocava atrás das costas, todos aqueles lances que tinha roubado de T-Bone Walker. A gente achava que ele havia inventado aquilo. Ninguém sabia que havia uma tradição negra que vinha desde os anos 1920. As plateias aos poucos começaram a crescer, junto com a reputação de Jimi.

No entanto, quando um artista de blues verdadeiro se apresentou no Au Go Go na semana seguinte, Jimi sofreu uma humilhação do mesmo nível de quando perdeu o duelo em Nashville. Tentando a mesma técnica que havia usado para enfiar-se nos grupos de Hammond e McIlwaine, Jimi perguntou se poderia tocar com o lendário gaitista Junior Wells. No meio de sua apresentação, Wells anunciou à plateia "Ouvi dizer que temos um verdadeiro homem selvagem na plateia que precisa tocar." Quando Jimi subiu no palco, Wells retirou-se para os camarins. Intrigado, Jimi liderou a banda por três músicas, esperando que Wells retornasse. Quando ele voltou, veio berrando obscenidades para Jimi: "Seu filho da puta imundo! Nunca mais tente roubar minha banda de novo!". Wells empurrou Jimi para fora do palco. A princípio, Jimi pareceu confuso, como se esperasse que Wells revelasse que era tudo uma brincadeira. Mas, quando ficou aparente que era a sério, o rosto de Jimi empalideceu. "Ele ficou arrasado", Bill Donovan disse. "Achei que ia chorar. Não o vimos durante alguns dias depois disso."

McIlwaine estava entre os poucos músicos do Village que haviam visto Jimi quando ele tocava em uma banda composta exclusivamente por afro-americanos. Ela recordou "Eu o vi em Atlanta com King Curtis, e todos nós o chamávamos 'Dylan negro' por causa de seu cabelo". McIlwaine perguntou a seu empresário se ele toparia trabalhar com Jimi. A resposta dele: "Ele não pode tocar em seu grupo – ele é negro". Embora a cena do Village fosse uma das mais progressistas nos Estados Unidos, a igualdade racial ainda não havia chegado à indústria da música. Certa noite, o Au Go Go apresentou um tradicional grupo negro de *soul* e Jimi e McIlwaine assistiram juntos ao espetáculo. A plateia toda branca de *hipsters* do Village permaneceu indiferente. Jimi virou-se para McIlwaine e disse "Eles nunca viram um grupo de soul antes". Foi uma informação importante para Jimi: para ter sucesso com plateias brancas, ele deveria encontrar um equilíbrio – se tivesse "show" demais, ele as perderia. Os passos de dança padronizados da banda dos Isley Brothers pareceriam demasiado formais se executados diante de uma plateia branca sentada. Ao mesmo tempo, Jimi precisava selecionar alguns desses movimentos para estabelecer-se como um *showman*, porque ser apenas um guitarrista talentoso – preto ou branco – não era garantia de estrelato. Ele precisava exibir-se, sem ser caricato. Até mesmo seu nível de sexualidade no palco deveria ser temperado e não cômico. Durante uma apresentação com McIlwaine, outro membro da banda jogou um tubo de pasta de dente entre as pernas de Jimi durante um solo, zombando dele.

Em agosto, Jimi conseguiu uma temporada de duas semanas para os Blue Flames no Café Au Go Go. Agora não precisava brilhar por trás de Hammond ou de McIlwaine; ele tinha o palco para si. Quando soube, por meio de Buzzy Linhart, que Dylan às vezes aparecia no Au Go Go, Jimi examinava a plateia todas as noites na esperança de ver o semblante famoso do ídolo. Uma noite, no minúsculo camarim do clube, ele fez a Bill Donovan uma pergunta que pareceria quase infantil a quem vivia e trabalhava no Village: "Esse compositor me alucina, Bob Dylan. Já ouviu falar dele?". Ao que Donovan respondeu: "Hã, sim, já ouvi falar dele". Jimi então discursou por 20 minutos sobre a grandiosidade de *Blonde on Blonde*.

Linda Keith ainda assistia regularmente aos shows de Jimi e, no fim de agosto, ela e Keith Richards haviam rompido. Richards ficou furioso e, para vingar-se, telefonou aos pais de Linda e lhes disse que sua filha tão recatada estava envolvida com um "viciado negro" em Nova York. O absurdo de Keith Richards, logo quem, de sugerir que Jimi fosse um "viciado" parece ter passado despercebido ao pai de Linda Keith, que ficou em pânico. Richards deu ao sr. Keith instruções explícitas sobre onde poderiam encontrar Linda e seu suposto amante. O sr. Keith contratou um advogado e de imediato colocou Linda sob a tutela judicial. Então tomou um avião para Nova York para trazê-la de volta.

O sr. Keith foi procurar a filha no Café Au Go Go em uma noite em que Jimi estava tocando. Não devia ser a primeira vez que um pai preocupado confrontava Jimi por conta de uma filha desencaminhada, mas com certeza foi a primeira vez em que o pai era um digno cavalheiro britânico. Um amigo correu até os bastidores e alertou Jimi e Linda de que o sr. Keith estava a ponto de invadir o camarim. Jimi virou-se para o espelho e ajeitou o cabelo. "Ah, estou bem?", perguntou. Como recordou Linda mais tarde, foi um momento leve em uma situação explosiva: "Como se aquele homem selvagem, depois de ajeitar o cabelo, tivesse de algum modo ficado aceitável para meu pai, o velho cavalheiro britânico judeu", ela disse. O pai de Linda tirou-a do clube e a levou de volta para a Inglaterra. Ela não veria Jimi por dois meses, embora lhe escrevesse aos cuidados do Wha.

Na primeira semana de setembro, Chas Chandler já estava de volta a Nova York. Jimi não estava se apresentando em nenhum clube naquela semana e até mesmo localizá-lo foi um trabalho de detetive para Chandler, que mais tarde contou ter passado quatro dias vasculhando hotéis pulguentos na *midtown*. Uma vez que encontrou Jimi, os dois tiveram uma série de reuniões nas quais planejaram a estratégia para lançar o artista então conhecido pelo mundo como Jimi James.

Embora Chandler fosse inicialmente descrito como o empresário de Jimi, desde o começo, ele trabalhou em parceria com Michael Jeffrey, que era empresário do The Animals e logo seria o coempresário de Jimi. Enquanto Chas era extrovertido e sociável, e fazia a maior parte de seus negócios tomando uma cerveja, Jeffrey era um homem discreto e intelectual, que muitos achavam difícil de decifrar. Embora com seu 1,67 metro Jeffrey fosse quase 30 centímetros mais baixo que Chandler, ele sugeria um poder sinistro por trás dos óculos escuros que usava o tempo todo. Havia trabalhado para os serviços britânicos de inteligência, em um papel clandestino ao qual fazia apenas vagas alusões, e havia rumores de que teria matado gente. Tais boatos eram provavelmente exagerados, embora Jeffrey não se esforçasse para desmenti-los. Como muitos empresários poderosos do rock – de Peter Grant, do Led Zeppelin, a Albert Grossman, de Bob Dylan –, Jeffrey usava o medo e a intimidação a seu favor nas negociações profissionais.

As leis de imigração da Grã-Bretanha eram rígidas, e até mesmo conseguir que Jimi entrasse no país exigia uma documentação que atestasse seu passado. Sendo Jimi um músico de turnê sem um passado documentado, tais documentos precisariam ser criados do nada. Eles forjaram uma correspondência para fazer parecer que Jimi estava sendo chamado para ir ao Reino Unido por um promotor de eventos. Jeffrey adiantou as poucas centenas de dólares de que Chandler precisou para comprar de Juggy Murray, da Sue Records, o contrato de Jimi. Também tiveram de pedir em Seattle a certidão de nascimento de Jimi e colocar em dia suas vacinas. Jeffrey cuidou de tudo isso; com um telefonema, ele era capaz de contornar os regulamentos.

A principal preocupação de Jimi continuava sendo o rumo musical que sua carreira poderia tomar, assunto que Chandler tentou evitar. Jimi também havia pensado, equivocadamente, que Chas queria toda a sua banda, ponto sensível que Chas disse que discutiriam mais tarde. Jimi queria que Randy California o acompanhasse e chegou até a entrar em contato com o padrasto dele para pedir autorização, mas estava claro que Randy, com 15 anos de idade e fugido de casa, não conseguiria passaporte. Jimi convidou os demais integrantes dos Blue Flames para irem com ele. "Jimi perguntou se queríamos ir, mas eu não queria terminar encalhado lá", contou o baterista Danny Taylor. Esta era também uma grande preocupação de Jimi. Ele também pediu a Billy Cox que fosse junto. Billy declinou com educação, mas desejou sorte a Jimi.

O momento da decisão se aproximava e Jimi ainda tinha dúvidas, mas tão pouca coisa o prendia em Nova York que a mudança não representava um grande risco. Mais tarde, ele diria ter pensado "Bom vou me virar lá passando fome", assim como havia se virado nos Estados Unidos passando fome. Jimi e Chandler tiveram uma última reunião na qual Jimi manifestou suas dúvidas finais. "Qual o sentido em minha ida para a Inglaterra como guitarrista?", perguntou ele a Chandler. "Lá vocês têm Eric Clapton e Jeff Beck. Não precisam de mais um guitarrista." Então o próprio Jimi deu a Chandler a resposta a sua pergunta: "Se me garantir que pode me apresentar a Clapton, eu vou para Londres". Aquilo era algo, respondeu Chandler, que ele podia prometer; ele daria um jeito para que Jimi conhecesse Eric Clapton. Com isso, a data de partida foi marcada para 23 de setembro.

Jimi nunca foi bom em despedidas. Ele foi ver os amigos, visitando Fayne Pridgeon, Carol Shiroky, os Aleem e Lonnie Youngblood. Também pediu dinheiro emprestado. Disse a todos que iria para a Inglaterra por um algum tempo para gravar um disco e que logo voltaria aos Estados Unidos. "Para alguém que tinha crescido no Harlem, ou mesmo em Seattle", Tunde-ra Aleem observou, "A Inglaterra era como outro planeta". Jimi não telefonou nem escreveu para contar ao pai que estava deixando o país. Em 1966, sua correspondência com Al havia diminuído muito e a ideia de ir para outro país para seguir carreira na música era algo que Al não teria apoiado.

Na noite de 23 de setembro de 1966, Jimi embarcou em um voo da Pam Am, no Aeroporto Internacional John F. Kennedy. Pela primeira vez na vida, viajava de primeira classe – Michael Jeffrey, claro, pagava sua passagem. Tudo o que tinha como bagagem era sua guitarra e uma sacola com uma muda de roupa, seus bobes de plástico rosa e um frasco de creme facial Valderma para a acne. Os únicos outros itens que possuía eram algumas peças de roupa que deixara com um amigo. Estava tão duro que, antes de ir para o aeroporto, havia passado no Café Au Go Go para ver se conseguia pegar um dinheiro emprestado com alguém da banda de John Hammond. O baterista Charles Otis lhe deu 40 dólares, que era tudo o que tinha no bolso quando subiu no avião.

CAPÍTULO 14

O "Homem Selvagem de Bornéu" em Londres

Londres, Inglaterra
Setembro de 1966 - novembro de 1966

"Você precisa descer e ver o cara que Chas trouxe. Ele parece o homem selvagem de Bornéu."
— RONNIE MONEY, mulher de Zoot Money, líder de banda, descrevendo Jimi

JIMI HENDRIX PISOU EM solo inglês pela primeira vez no sábado, 24 de setembro, chegando a Heathrow às nove da manhã. Um *roadie* do The Animals passou com sua guitarra pela alfândega, em função das leis que impediam estrangeiros de emigrar para a Inglaterra atrás de trabalho, uma impressão que Jimi não podia dar. Apesar desse pequeno subterfúgio, Tony Garland, o assessor de imprensa do escritório de Michael Jeffrey, encontrou-se com eles no aeroporto e demorou duas horas para liberar o visto de trabalho de Jimi. "Precisei inventar uma história de que Jimi era um cantor famoso que tinha vindo à Inglaterra para receber seus *royalties*", Garland recordou. "De outro modo, não deixariam que entrasse." Finalmente, ele recebeu um visto de uma semana e foi liberado para entrar.

Saindo do aeroporto, pararam na casa de Zoot e Ronnie Money, em Fulham. Zoot era um bem-sucedido líder de banda, enquanto sua esposa era presença constante na cena dos clubes, e Chas estava interessado em mostrar o mais rápido possível sua nova atração. Jimi tirou sua Strat e tentou tocar algumas músicas por meio do estéreo dos Money. Quando isso não deu certo, ele pegou um violão e começou a tocar. Andy Summers, que muitos anos depois ajudaria a formar o The Police, morava no porão da casa dos Money e ouviu a movimentação. Quando subiu para participar da festa informal, testemunhou a perícia técnica de Hendrix e tornou-se o primeiro de uma legião de guitarristas britânicos a ficar impressionado e atordoado com Jimi.

Hospedada no andar de cima estava Kathy Etchingham, de 20 anos, que ainda dormia. Etchingham era uma jovem atraente de olhos castanhos, que trabalhava como cabeleireira e como DJ em meio período. Ela já havia namorado Brian Jones, dos Rolling Stones, Keith Moon, do The Who, e alguns outros astros do rock. Ronnie Money tentou acordá-la para contar-lhe sobre a nova sensação que estava na sala de estar. "Lembro-me vagamente da cama sacudindo por causa da bagunça no andar de baixo", Etchingham recordou. "Ronnie disse, 'Acorda, Kathy. Você precisa descer e ver o cara que Chas trouxe. Ele parece o Homem Selvagem de Bornéu'."[1] O rótulo Homem Selvagem de Bornéu mais tarde se tornaria um dos apelidos de Jimi nos tabloides londrinos, como consequência da aparência desgrenhada de Jimi aliada aos seus traços étnicos afro; ambos eram tão incomuns na cena musical de Londres que ele poderia muito bem ser considerado pelo showbizz inglês uma "nova descoberta antropológica" por seu talento, beleza e exotismo. Com Chandler levando-o de um lado a outro e exibindo-o, de certa forma, Jimi o era. O apelido era racista, claro, e a descrição jamais teria sido usada para um músico branco. Ainda assim, Jimi

---

[1] *O Homem Selvagem de Bornéu* é uma comédia americana de 1941, dirigida por Robert B. Sinclair e estrelada por Frank Morgan, Mary Howard e Billie Burke. (N. da T.)

gostou do apelido: ele o fazia parecer interessante e exótico, qualidades que ele esperava cultivar. Os jornais também o chamaram de "Mau Mau",[2] e isso também gerou controvérsia, sempre um ingrediente importante para um artista novo conseguir atenção na mídia.

Etchingham estava cansada demais, por causa da festa da noite anterior, para ir conferir o assim chamado homem selvagem, mas, naquela mesma noite, ela foi tomar algo no Scotch of St. James e Jimi estava no palco. O Scotch era um clube que atraía uma clientela de músicos e gente da indústria fonográfica. Jim pediu para tocar e, ao contrário de suas incursões iniciais nos clubes do Harlem, de imediato foi bem-vindo. Em vez de constituir um empecilho, sua raça lhe oferecia uma tremenda vantagem em Londres: havia na cena local tão poucos músicos negros, e tantos fãs do blues americano, que lhe foi conferida uma credibilidade instantânea.

Quando Jimi começou a tocar – sobretudo blues, como recordaria quem estava presente –, o clube ficou em silêncio e o público assistiu a ele numa espécie de transe coletivo. "Ele era simplesmente incrível", Etchingham recordou. "As pessoas nunca tinham visto nada como aquilo." Eric Burdon, do The Animals, era um dos muitos músicos que estavam no clube naquela noite. "Era espantoso como ele era bom", disse ele. "Você apenas parava tudo e assistia a ele." Tocando os clássicos do blues, com todos os seus truques incluídos, Jimi conseguiu de imediato ganhar o público.

Chas chamou Etchingham para a mesa onde estava sentado com algumas jovens, incluindo Ronnie Money e Linda Keith. Embora estimulado pela forte resposta que Jimi estava tendo, o empresário tinha a preocupação de não violar o visto temporário de Jimi. "Vou tirá-lo de lá", Chandler anunciou. "Ele não pode trabalhar, mesmo sem receber." Jimi foi arrancado do palco e acabou sendo instalado à mesa, ao lado de Linda Keith.

---

[2] Os Mau Mau eram uma organização revolucionária do Quênia, o Kenya Land and Freedom Army (KLFA), que lutava contra os colonizadores europeus e pela libertação do país. (N. da T.)

Quando Linda saiu por um instante, Jimi chamou Kathy Etchingham. Linda voltou, e Etchingham deu uma versão dramática dos eventos seguintes: "Linda disse a Ronnie algo desagradável sobre mim. E começou uma briga. As mesas tinham tampo de ardósia e havia uma garrafa de *whisky* na nossa. Ronnie agarrou a garrafa, quebrou-a na mesa e colocou sob o queixo de Linda a borda quebrada. Tudo aconteceu em segundos". Etchingham recordou que Chas entrou em pânico, não querendo que Jimi estivesse metido em uma briga de bar, e pediu que Kathy o levasse de táxi para o hotel dele. Linda Keith classificou essa história como "absurda" e negou que o episódio tivesse ocorrido. Se ocorreu de fato, a ideia de ter duas garotas brigando por ele era algo que Jimi teria achado delicioso.

A veracidade do drama seguinte daquela noite é incontestável, porém: saindo do clube, Jimi – sem saber que na Grã-Bretanha as mãos de trânsito eram invertidas com relação aos Estados Unidos – imediatamente entrou na frente de um táxi. "Consegui agarrá-lo pelo colarinho e puxá-lo de volta, e o táxi apenas encostou nele", Etchingham recordou. No hotel, Jimi e Kathy foram até o bar, onde Jimi lançou a pergunta "Você gostaria de vir a meu quarto?". Etchingham, que havia achado Jimi charmoso e atraente, aceitou. Eles ficariam juntos pelos dois anos seguintes, indo e voltando, e Etchingham seria uma de suas namoradas mais duradouras. Talvez o mais importante naquele momento era que Kathy conhecia todo mundo na cena, e para Jimi ela se tornou a porta de entrada para um novo mundo social. Os amigos dela, que incluíam integrantes do The Who, dos Rolling Stones e de muitas outras bandas, logo se tornaram amigos de seu novo namorado.

Jimi estava na Inglaterra fazia menos de 24 horas e já havia impressionado um segmento-chave da cena musical londrina e conseguido uma namorada. Ele sempre havia sido um mestre da reinvenção, mas a velocidade com que sua vida se transformou depois de apenas um dia na Inglaterra deve ter feito com que até ele se espantasse. Os acontecimentos do dia ilustravam também o quanto da vida pessoal de Jimi – e sua carreira – foi moldado por eventos aparentemente casuais: ele conheceu uma garota; ela se tornou sua namorada. Se seu primeiro dia em Londres esteve repleto de casualidades, sua vida ao longo dos dois anos seguintes seguiria um padrão semelhante. Tudo o que antes havia sido tão difícil – conseguir atenção para sua música, ganhar dinheiro suficiente para viver – de repente tornara-se tão fácil que parecia preestabelecido. Jimi havia passado 23 anos de sua vida lutando com sua identidade e procurando seu lugar em um mundo onde se sentia excluído. Em um único dia em Londres, parecia que sua vida inteira havia sido remodelada para sempre.

NA LINHA DO TEMPO da história do rock'n'roll, Jimi Hendrix não poderia ter chegado a Londres num momento melhor. Embora o rock tivesse sido inventado nos Estados Unidos – e é possível que a primeira gravação de rock'n'roll tenha sido da música de Ike Turner, "Rocket 88", que Jimi aprendeu durante seu breve período com Ike e Tina –, Londres era a capital de todo o mundo cultural em 1966. A chegada de Hendrix aconteceu durante o auge da explosão de moda, fotografia, filme, arte, teatro e música dos anos 1960. A revista *Time* havia feito uma matéria de capa sobre a *Swinging London* em abril de 1966, anunciando ao resto do mundo que Londres era a criadora de tendências culturais. Aos olhos de Jimi, o sinal mais óbvio do "milagre do terremoto jovem" de Londres, como colocou o autor Shawn Levy, teria sido a moda. Em Londres, os cabelos eram compridos, as saias muito curtas, e os *mods* e roqueiros haviam transformado o simples ato de vestir-se para um concerto em uma declaração política.

Em 1966, a força da Invasão Britânica[3] havia arrefecido nos Estados Unidos, mas as bandas britânicas continuavam a dominar as listas de mais vendidos no mundo todo, e os Beatles continuavam sendo o grupo mais popular dos dois lados do Atlântico. "Antes dos Beatles, ninguém achava que o rock'n'roll tinha qualquer futuro", observou Vic Briggs. "Você imaginava que iria tocar rock por

---

[3] A Invasão Britânica foi um evento ocorrido em meados da década de 1960, quando bandas britânicas de rock tornaram-se subitamente populares nos Estados Unidos, dominando as paradas musicais. (N. da T.)

dois anos e então arranjaria um emprego de verdade. Mas os Beatles mudaram tudo, e as pessoas começaram a ter carreiras de verdade na música." Londres estava repleta de clubes noturnos, casas de espetáculos e *pubs*, e acompanhar a movimentação dos Beatles, que Mick Jagger chamou de "o monstro de quatro cabeças", tornou-se um esporte de todas as noites.

Em sua primeira semana em Londres, Jimi tinha dois objetivos principais: montar uma banda e conseguir um visto de trabalho que lhe permitisse ficar no país. O plano inicial de Chandler era vender Hendrix ao público britânico como um autêntico *bluesman* americano. Para conseguir isso, precisava colocar Jimi no palco de "clubes vitrines" de Londres, o que tornava o visto de trabalho uma necessidade. "A única forma pela qual Chas poderia conseguir isso era por meio de Michael Jeffrey", Eric Burdon observou. Jeffrey sabia os cordões certos que deveria puxar e quais autoridades públicas subornar, pois tinha laços com os *bookers* que controlavam o circuito de clubes na Inglaterra; havia vagas insinuações de suas conexões com o crime organizado. "A Inglaterra, naquela época, estava afundada até os joelhos nesse tipo de manipulação", Eric Burdon observou. "Era como se a coisa toda fosse dirigida por Frank Sinatra."

Na verdade, Jeffrey estava mais para James Bond do que para Sinatra; ele falava sussurrando e sempre usava um casaco de lã de carneiro. Jeffrey havia começado no ramo musical como gerente do Club A Go Go em Newcastle. "Ele demonstrou grande habilidade em ludibriar as pessoas", Burdon recordou. Quando o clube se incendiou de forma suspeita, o dinheiro do seguro ajudou-o a assinar com o The Animals, de Newcastle, como seus primeiros artistas, e foi aí que conheceu Chas. Newcastle tinha uma cultura peculiar de classe trabalhadora, e também um sotaque característico – Chas falava como um "*geordie*" de Newcastle, enquanto Jeffrey, originalmente um *cockney* londrino, falava diversas línguas, incluindo russo. Embora as distinções de classe estivessem aos poucos desaparecendo em Londres nos anos 1960 – constituindo uma parte importante da revolução social – as raízes de Chas eram a classe trabalhadora, enquanto Jeffrey viera da classe alta e da escola pública. Apesar de sua origem culta, Jeffrey não se furtava a desafiar as convenções: para despistar a Receita Federal, ele mantinha seus livros em russo, na esperança de confundir eventuais auditores.

O escritório dos empresários Jeffrey e Handler situava-se em um distrito de aluguéis baratos, na Rua Gerrard, 39, subindo um lance de escadas de um edifício que parecia um labirinto. A vizinhança estava repleta de fotógrafos, artistas e gente que atuava nas margens da sociedade, incluindo um pornógrafo a três portas de distância. Jeffrey preferia fazer negócios no escritório, enquanto Chandler em geral ia para o *pub* virando a esquina.

O primeiro membro da nova banda de Jimi foi Noel Redding, um guitarrista de 20 anos de idade, que havia tocado no The Loving Kind e no The Lonely Ones, grupos obscuros, mas valiosos para o aprendizado. Vendo um anúncio de "procura-se músico" no *Melody Maker,* Noel compareceu a uma audição para a vaga de guitarrista no The Animals. Indagaram-lhe se teria interesse em formar uma banda com Jimi. "Chas perguntou se eu sabia tocar baixo", Noel recordou. "Eu disse que não, mas que poderia tentar." Redding pegou um baixo, uma das primeiras vezes na vida, e tocou uma *jam* com Hendrix. Eles tocaram "Hey Joe" e "Mercy, Mercy". Depois, Jimi perguntou se poderiam bater um papo, e Noel sugeriu um *pub*. Ali, Jimi tomou pela primeira vez uma cerveja *bitter* inglesa e disse que o cabelo arrepiado de Noel lembrava o de Bob Dylan. Qualquer um que se parecesse com Bob Dylan era legal para Jimi e, com isso, o posto de baixista foi oferecido a Noel. Assim como muitas das escolhas musicais de Jimi, esta foi impulsiva, mas em tudo ele reagia com base em seu primeiro impulso. Noel aceitou, com a condição de receber 10 *shillings* para a passagem de trem. Ele se tornou um baixista excelente, mas continuou a nutrir o desejo de tocar guitarra, o que para sempre criou uma rivalidade entre ele e Jimi; essa rivalidade era não apenas musical, mas podia ser também pessoal, quando ambos tentavam levar para a cama as mesmas *groupies*.

Em algum momento daquela semana, a banda recebeu um nome. De acordo com Noel, foi Michael Jeffrey quem criou o nome "The Jimi Hendrix Experience". "Todos achamos que era louco, mas até aí nós éramos mesmo 'uma experiência'", disse Noel.

Enquanto prosseguiam com as audições para completar a banda, as visões de Chandler e de Jimi divergiram: Hendrix, tendo passado a maior parte de sua história em bandas grandes, do estilo teatro de revista, estava convencido de que precisava de um grupo de nove pessoas, incluindo metais, tradicionais para o R&B. Chandler queria um grupo menor, não só por ser mais barato, como também porque desejava que a banda estivesse centrada em Jimi. Jimi chegou a entrar em contato com seu velho amigo Terry Johnson para convidá-lo a entrar para a banda grande que planejava. "Eu estava prestando serviço militar", Johnson recordou, "e ele conseguiu me localizar. Ele queria um organista." Quando Terry disse que havia acabado de alistar-se de novo, e que tinha mais quatro anos de força aérea pela frente, a resposta de Jimi dizia muito sobre suas próprias escolhas no serviço militar: "O pessoal tem jeitos de sair", Jimi lhe disse. "Diga só que você é homossexual." Johnson respondeu a Jimi que uma jogada como essa podia acabar com você sendo morto por seus colegas. Terry recusou aquele risco e Jimi voltou às audições de músicos ingleses.

Talvez para satisfazer o desejo de Jimi de ter um tecladista, Chandler telefonou para Brian Auger, que era o líder do Brian Auger Trinity, banda de rock com uma base de blues e pesada influência de jazz, e propôs uma ideia bem radical. "Tenho um guitarrista americano realmente incrível", disse Chandler a Auger. "Acho que seria perfeito como vocalista de sua banda." Chandler estava propondo que Auger despedisse seu próprio guitarrista, Vic Briggs, e, em essência, entregasse sua banda a Jimi para que ele a liderasse. Ofendido pela sugestão, Auger declinou, sem saber nada sobre Jimi Hendrix naquele momento. Recuando na proposta, Chandler perguntou se Jimi poderia ao menos fazer uma *jam* com o Trinity em um show que dariam naquela noite. Dessa vez, Auger concordou.

O guitarrista do Trinity, Vic Briggs, estava preparando seu equipamento para o show daquela noite quando Chandler entrou no clube e perguntou se Jimi poderia tocar com eles. Briggs, com um senso britânico de educação que estaria totalmente deslocado nos Estados Unidos, concordou e até ofereceu uma guitarra a Jimi, embora este dissesse que tinha a sua. Briggs estava usando um dos primeiros amplificadores Marshall, um modelo experimental que tinha quatro alto-falantes de 6 polegadas – menor do que os futuros *stacks* Marshall, mas ainda assim capaz de proporcionar uma tremenda potência. Quando Jimi plugou sua guitarra, girou os botões de volume do amplificador até o máximo, para grande espanto de Briggs. "Eu nunca tinha colocado os controles acima de cinco", ele recordou. Jimi notou o olhar de horror de Briggs e disse "Não se preocupe, cara, eu abaixei na guitarra". Jimi gritou quatro acordes para Brian Auger e começou.

O som que saiu foi uma parede de *feedback* e distorção, o que em si foi suficiente para fazer todo mundo no clube olhar – o momento também marcou o início do caso de amor de Jimi com os poderosos amplificadores Marshall. A aparente facilidade de Jimi para tocar as partes complicadas deixou os espectadores assombrados. "O queixo de todos caiu até o chão", Auger recordou. "A diferença entre ele e muitos dos guitarristas ingleses, como Clapton, Jeff Beck e Alvin Lee, era que ainda dava para perceber na execução de Clapton e de Beck suas influências. Havia muitos seguidores de B. B. King, Albert King e Freddie King na Inglaterra. Mas Jimi não estava seguindo ninguém – ele estava tocando algo novo." Em uma espécie de reversão de papéis, Jimi estava agora na posição que Johnny Jones estivera no passado, na cena dos clubes de Nashville: ele era considerado de imediato o maioral, o vitorioso em cada duelo.

No sábado, 1º de outubro, Eric Clapton e sua banda Cream dariam um show no Polytechnic, no centro de Londres. Chas havia encontrado Clapton uns dias antes e lhe dissera que gostaria de apresentá-lo a Jimi. Conhecer Clapton foi, claro, uma das promessas que Chandler havia feito a Jimi antes de saírem de Nova York. Clapton falou do show no Polytechnic e sugeriu que Chandler trouxesse seu protegido. Com toda certeza, Clapton quis dizer apenas que teria prazer em conhecer Jimi, mas de qualquer modo Jimi levou sua guitarra. Chandler, Jimi e as namoradas deles ficaram na plateia durante a primeira metade do show e, quando o intervalo começou, Chandler chamou Clapton, ainda no palco, pedindo que se aproximasse, e perguntou-lhe se Jimi podia fazer uma *jam*. O pedido era tão absurdo que ninguém do Cream – Clapton, Jack Bruce ou Ginger Baker – soube bem o que dizer: ninguém antes havia pedido para fazer uma *jam* com eles; a maioria das pessoas teria ficado intimidada demais pela reputação deles como a melhor banda da Grã-Bretanha. Jack Bruce disse, por fim, "Claro, ele pode plugar no amplificador de meu baixo". Jimi plugou a guitarra em um canal reserva. "Ele subiu lá e tocou uma versão arrasadora de 'Killin' Floor', de Howlin' Wolf", recordou Tony Garland, que estava na plateia. "Eu cresci com Eric e sabia como ele era fã de Albert King, que tinha uma versão lenta dessa música. Quando Jimi começou sua versão, porém, era umas três vezes mais rápida que a versão de Albert King e dava para ver o queixo de Eric cair – ele não sabia o que estava por vir." Quando Clapton relembrou o show, em uma entrevista para a *Uncut*, ele comentou "Eu pensei, 'Meu Deus, isto é como Buddy Guy viajando no ácido'".

Quando Jack Bruce, mais tarde, contou sua versão do fabuloso evento, ele focou na reação de Clapton e fez alusão aos *graffiti* londrinos que à época proclamavam "Clapton is God" (Clapton é Deus). "Deve ter sido difícil para Eric lidar com aquilo, porque [Eric] era *Deus*, e aquela pessoa desconhecida aparece e *arrasa*", disse Bruce. Jeff Beck, outro dos guitarristas badalados de Londres, estava na plateia naquela noite e ele também ficou atento à *performance* de Jimi. "Mesmo que tivesse sido um lixo – e não era –, aquilo chegou à imprensa", observou Beck mais tarde. Fazia apenas oito dias que Jimi estava em Londres e já havia encontrado Deus e arrasado com ele.

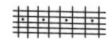

Como se a sorte de Jimi precisasse melhorar ainda mais naquele outono, o cantor francês Johnny Hallyday estava na plateia em uma das *jams* que ele fazia nos clubes. Hallyday ficou bastante impressionado e ofereceu a Jimi duas semanas de shows como banda de apoio em uma turnê pela França, no mês de outubro, que era exatamente o tipo de estreia que Chandler andava procurando. Eles ainda precisavam, porém, encontrar um baterista, mesmo que temporário. Chandler telefonou para John "Mitch" Mitchell, que havia acabado de sair da banda de Georgie Fame, e chamou-o para uma audição. Mitchell tinha só 20 anos, mas possuía considerável experiência com turnês e sessões de estúdio.

Apesar de medir apenas 1,70 metro de altura, era um baterista vigoroso e, depois de duas audições, ganhou o emprego. Desde seus primeiros ensaios como trio, o Jimi Hendrix Experience tinha um som surpreendentemente alto. Em um desses ensaios, uma figura familiar apareceu à porta do estúdio e pediu que tocassem mais baixo – era o compositor Henry Mancini.

Antes de viajar para a França, os três membros da banda assinaram contratos de produção com Chandler e Jeffrey. Tais contratos davam a estes últimos 20% de toda a renda auferida; nas vendas de discos, a banda dividiria 2,5% de todos os *royalties*. Jimi assinou em separado com Chandler um contrato de publicação que dava a este uma participação de 50% nas composições de Jimi por um período de seis anos. A banda receberia um salário, começando com 15 libras por semana, como adiantamento de futuros ganhos. Se esses contratos pareciam beneficiar demais os empresários, que mais tarde se tornariam muito mais ricos que a banda, na época ninguém sabia se o grupo iria ganhar um centavo, e a maioria das bandas desconhecidas ficaria feliz em ganhar qualquer salário que fosse. Para pagar pelo equipamento da banda e despesas de viagens, Jeffrey pegou dinheiro emprestado de seus pais e Chandler vendeu seus baixos. Se a banda algum dia ganhasse algum dinheiro de verdade, os membros haviam concordado que ele fosse direcionado por uma empresa de fachada chamada Yameta, que fora criada nas Bahamas para evitar a Receita Federal. Jeffrey havia usado esse método com sucesso para não pagar impostos sobre boa parte da renda do The Animals, mas até Chas Chandler reclamaria discretamente que as inúmeras empresas de fachada beneficiavam sobretudo Jeffrey; elas com certeza tornavam impossível uma contabilidade exata.

De sua parte, Jimi estava mais do que satisfeito com as 15 libras semanais. Como era típico, ele assinou sem ler os contratos com Jeffrey e Chandler, e estava preocupado apenas com o adiantamento que receberia. Ele usou um salário adiantado para atualizar o guarda-roupa em algumas das butiques londrinas de nomes estranhos, como "Granny Takes a Trip" ("vovó sai de viagem") ou "I Was Lord Kitchener's Valet" ("fui valete de Lorde Kitchener), ambas especializadas em roupas *vintage*. Ao entrarem na Granny, os clientes passavam por uma pintura de 5 metros de altura do chefe Touro sentado e sob um aviso que havia na entrada, dizendo VOCÊ DEVE SER UMA OBRA DE ARTE OU USAR UMA OBRA DE ARTE. Eram palavras que Jimi levou a sério. Ele substituiu o surrado sobretudo de Nova York por uma ornamentada jaqueta militar antiga dos gloriosos dias do Império Britânico. Comprou várias calças de veludo de cores chamativas. Embora Chandler tivesse pedido a ele que comprasse ternos de *mohair*, Jimi declarou que estava farto daquele estilo e que para ele já era. Suas escolhas de roupas, que eram todas extravagantes, colocaram-no à frente da curva da moda pela primeira vez em sua vida. O cantor Terry Reid recordou que as roupas de Jimi eram um tema quente entre os outros músicos: "Mesmo antes de saber o nome dele, nós o chamávamos 'aquele cara que anda por aí que parece ter entrado no *closet* de uma garota e vestido tudo o que tinha'". O menino que havia crescido usando roupas doadas de repente havia se revelado um formador de tendências da moda, como um dos primeiros homens a explorar o "*vintage chic*".

Com calças de veludo amassado, seu casaco militar, um gigantesco chapéu preto estilo Oeste americano e o penteado esvoaçante, Jimi chamava a atenção só de andar na rua. "As pessoas paravam e ficavam olhando para ele", Etchingham recordou. "Não era porque conheciam a música dele; era só porque ele parecia bem estranho." A própria Etchingham vestia-se com elegância e estava sempre a par dos estilos em voga. O casal que formava com o atraente Jimi, em suas roupas militares antigas, era uma visão e tanto. Jimi e Kathy faziam compras ocasionais na loja de departamentos Selfridges, e a simples presença deles em público era suficiente para provocar risinhos nos outros clientes. Isso ocorria em parte porque a relação inter-racial deles ainda estava à frente daqueles tempos, mas em geral era devido à aparência extravagante de Jimi.

Jimi e Kathy de imediato foram morar juntos, mas viviam em um hotel, despesa que Jimi mal conseguiria bancar. Quando Etchingham encontrou Ringo Starr em um clube e reclamou sobre o apertado quarto de hotel onde estavam, o Beatle ofereceu um apartamento de dois quartos que não estava usando, e Jimi e Etchingham mudaram-se para o número 34 da Praça Montagu, com Chas e sua namorada. Era incomum um relacionamento entre um músico e seu empresário em que dividissem apartamento, mas isso sugeria o papel paternal que Chandler desempenhava à época. Quanto a seu próprio pai, Jimi não escrevia a Al fazia meses e, quando tentou telefonar-lhe, descobriu que ele havia se mudado. Jimi a seguir ligou para Ernestine Benson, em Seattle. Ela lhe contou que Al havia se casado de novo e que a nova madrasta de Jimi era Ayako "June" Jinka, uma japonesa, mãe de cinco filhos.

Depois, Jimi telefonou para Al. Em sua autobiografia, Al relatou que Jimi usou o telefonema para falar sobre a banda e a vida na Inglaterra. Al, por sua vez, contou a Jimi que havia casado e tinha planos de adotar uma das crianças de June. Mas tanto Jimi quanto Kathy Etchingham referiram-se ao telefonema de modo bem diferente. "Jimi ligou a cobrar e Al ficou furioso com aquele desperdício de dinheiro", Etchingham recordou. "Jimi ficou falando sobre a Inglaterra, mas Al não acreditou." O próprio Jimi disse, mais tarde, que a primeira coisa que Al lhe perguntou, quando ouviu que Jimi estava em Londres, foi "De quem eu tinha roubado o dinheiro para pagar a viagem". Jimi acabou passando o fone para Kathy, na esperança de que o sotaque dela pudesse convencer o pai de seu paradeiro. "Sr. Hendrix, é verdade, Jimi está aqui na Inglaterra", Etchingham disse. A resposta de Al surpreendeu-a tanto que ela a recordou décadas depois. "Diga a meu garoto para me escrever", Al lhe disse. "Não vou pagar por nenhuma ligação a cobrar." E, com isso, Al desligou. Depois de colocar o fone no gancho, Jimi disse a Kathy: "O que ele está fazendo, adotando os filhos dos outros, quando não conseguiu nem cuidar dos dele?".

NA QUINTA-FEIRA, 13 DE outubro, o The Jimi Hendrix Experience fez seu show de estreia em Evreux, França, no Novelty Theatre. Como banda de abertura para Johnny Hallyday, sua apresentação durou apenas 15 minutos. Era uma combinação estranha: Hallyday com frequência era chamado de o "Elvis da França" e seu estilo estava, de fato, muito mais para Presley do que para o sofisticado blues rock que o Experience estava tentando. A apresentação do Experience foi tão curta, porém, que a banda não teve muito tempo para causar uma impressão, boa ou ruim. Eles tocaram "Hey Joe", "Killin' Floor" e alguns *covers*. Um jornal francês chamou Jimi de "uma mistura ruim de James Brown e Chuck Berry, que fez cara de desgosto no palco por um quarto de hora e também tocou com os dentes". Noel recordou a banda como mal ensaiada e irregular. "Jimi ainda estava se acostumando a ser vocalista", Noel disse. "Mal nos conhecíamos uns aos outros."

Alguns dias depois, a breve turnê chegou a Paris para um show no Olympia. Os ingressos estavam esgotados, por conta da popularidade de Hallyday, e 2.500 fãs lotavam o local. O Trinity, de Brian Auger, havia sido adicionado ao programa. "Se o público francês não gostava de você", Auger recordou, "cuidado, porque podiam até jogar tomates em você. Mas se te adorassem, ficavam loucos." Tocando mais ou menos a mesma *setlist* que havia tocado na estreia, mas soando mais confiantes e adicionando a arrasadora versão *cover* de Jimi para "Wild Thing", a banda deu seu primeiro show realmente bom, e os franceses se apaixonaram por eles. "Jimi pintou e bordou com a plateia", recordou Vic Briggs. O plano de Chandler estava começando a funcionar: ao menos na França, havia público para a mistura de blues e rock de Jimi.

Uma semana depois de Paris, e um mês exato depois da chegada de Jimi à Inglaterra, Chandler entrou com a banda em estúdio para gravar "Hey Joe", que seria seu primeiro *single*. Para o lado B, Jimi havia sugerido "Mercy, Mercy", mas Chandler lhe disse que ele teria de compor material próprio se algum dia quisesse ganhar dinheiro com a publicação musical. Embora Jimi ainda se sentisse inseguro como compositor, com o incentivo de Chandler, ele se sentou e compôs "Stone Free" em uma noite, sua primeira música completa. Chandler mais tarde recordaria que ele apenas havia sugerido a Jimi que escrevesse o que sentia, o suficiente para ajudá-lo como compositor iniciante. A música era uma construção bem simples com letra autobiográfica, que falava sobre Jimi não querer estar amarrado a uma só mulher, e consequentemente estar "livre para voar".[4]

---

[4] No original, em inglês, "*stone free to ride the breeze*". (N. da T.)

A primeira menção a Jimi na imprensa do Reino Unido apareceu em 29 de outubro, no *Record Mirror*: "Chas Chandler assinou contrato e trouxe para este país um negro de 20 anos de idade chamado Jim [sic] Hendrix, que – entre outras coisas – toca guitarra com os dentes e está sendo saudado em alguns lugares como o maior concorrente ao título de 'próxima sensação'". Essa primeira menção na imprensa havia errado a idade de Jimi, descrevera-o como Negro, grafara errado seu nome e destacara em especial seus truques. Embora estivesse cheio de erros, o texto deixou Jimi eufórico. Ele recortou a nota e guardou-a na carteira como um tesouro valioso. Como observou o jornalista Keith Altham, "Parece ridículo em retrospectiva, mas os truques foram necessários logo no início, para a publicidade. Você primeiro tem de chamar a atenção da mídia, antes que alguém note você". Jimi divertia-se exibindo seu arsenal de manobras chamativas: ele gostava da atenção que lhe rendiam, mas logo se cansou de ter que realizá-las noite após noite.

O Experience viajou a seguir para Munique, Alemanha, onde Jeffrey havia agendado quatro dias de apresentação no clube Big Apple. De Munique, Jimi enviou um postal ao pai. "Querido pai: embora eu tenha perdido o endereço, sinto que preciso escrever antes que eu vá para muito longe. Estamos agora em Munique; acabamos de vir de Paris e Nancy, França. Estamos tocando ao redor de Londres agora. É onde estou morando estes dias. Tenho meu próprio grupo e vou ter um disco lançado daqui a uns dois meses chamado 'Hey Joe', por The Jimi Hendrix EXPERIENCE. Espero que você receba este cartão. Vou escrever uma carta decente. Acho que as coisas estão ficando um pouco melhores."

O contrato com a Big Apple exigia que a banda tocasse dois shows por noite, algo comum nos agendamentos que fariam ao longo do ano seguinte. Jimi realizava sua *performance* completa duas vezes por noite e, a cada show, as plateias ficavam maiores e mais entusiasmadas. "Aquela foi de fato a primeira vez que todos nós soubemos que alguma coisa grande iria acontecer", Noel Redding recordou. "Dava para sentir que estávamos a um passo do sucesso." Fazendo uso de um cabo de guitarra longo, Jimi percorreu a plateia enquanto tocava. Quando foi voltar para o palco, ele jogou a guitarra antes e, ao fazer isso, ele rachou o braço do instrumento. Contrariado com o dano, e sabendo que a compra de um novo instrumento iria custar-lhe dois meses de pagamento, Jimi agarrou o braço da guitarra, ergueu-a acima da cabeça e baixou-a contra o palco numa fúria violenta, arrebentando-a. Aquele deve ter sido um dos poucos gestos feitos durante a noite que não havia sido ensaiado ou realizado para agradar a plateia. O público, porém, aplaudiu loucamente e arrastou Jimi para fora do palco ao final do show. Vendo aquela reação, Chandler decidiu na mesma hora que Jimi iria arrebentar mais guitarras nos shows seguintes. A destruição de uma guitarra – muitas vezes a mesma guitarra, remendada noite após noite – tornou-se parte ocasional da apresentação de Jimi, executada quando todos os outros truques haviam falhado em animar a plateia. Ela se tornou o grande ponto de exclamação de Jimi e uma forma de exorcizar anos de ira e frustração. O garoto que havia esperado tanto tempo por sua primeira guitarra agora estava no palco destruindo-as.

CAPÍTULO 15

Sentimento Livre

Londres, Inglaterra
Dezembro de 1966 – maio de 1967

"Não queremos ser classificados em qualquer categoria. Se algum rótulo é necessário, eu gostaria que se chamasse 'Free Feeling'. É uma mistura de rock, freak-out, blues e rave music."
— JIMI HENDRIX, para *Record Mirror*

JIMI HENDRIX FEZ 24 anos naquele mês de novembro e foi o primeiro aniversário que celebrou como uma estrela em ascensão. No entanto, apesar de sua fama crescente, ele ainda carregava uma nota de dólar toda amassada na sola da bota, um resquício de seus anos de pobreza. Originalmente ele levava 1 dólar de prata, em seus dias de Circuito Chitlin', mas ele o gastara e passou a levar uma nota em papel. Muitas vezes, ele usou aquele último dólar para sair de um apuro, e mais tarde o repôs. Na Inglaterra, ele o trocou por uma nota de 1 libra e decidiu mudar seu tesouro para a parte interna do chapéu. Ele contou a Kathy Etchingham, "Quando você já ficou sem um centavo, você nunca esquece".

Em novembro, o assessor de imprensa Tony Garland começou a escrever a primeira biografia oficial de Jimi para a imprensa e não conseguia acreditar quando Jimi citou todas as lendárias bandas de R&B nas quais tocara. Garland recordou que, certa vez, estavam ouvindo um disco de King Curtis no estéreo e perguntou a Jimi se ele sabia quem era o guitarrista. "Eu toquei isso, seu filho da puta", disse Jimi, com um grande sorriso no rosto. Garland receava que, se a biografia listasse cada uma das dezenas de bandas em que Jimi tocara, os jornalistas achariam que era mentira.

Mas, com ou sem biografia para a imprensa, as próprias botas que Jimi calçava contavam a história de seus anos de dificuldade. "Quando você via as solas daquelas coisas", Garland observou, "estavam furadas de tão gastas". Não apenas os sapatos dele eram velhos, estavam completamente fora de moda. "Ele tinha botas pretas com zíper lateral", Noel Redding disse. Havia quem atribuísse às solas gastas a forma curiosa como Jimi andava, mas, mesmo depois de ter comprado um par de elegantes botas cubanas tamanho 44 com bico quadrado, a passada incomum, com os pés virados para dentro, permaneceu. "Dava para saber, pela forma como caminhava, que ele havia usado sapatos de tamanho errado quando era criança, e que seu passo estava todo ferrado", observou Eric Burdon. "Era como se os dedos de seus pés fizessem um triângulo quando ele andava."

De fato, muita coisa em Jimi parecia angular: ele andava arrastando os pés, com os dedos do pé apontando para dentro; seu corpo tinha forma de V, com ombros largos que afinavam até uma cintura muito estreita; e, se estivesse caminhando pela rua com os dois outros integrantes do Experience, eles invariavelmente adotariam uma formação triangular, com Jimi na frente e Noel e Mitch logo atrás. Embora Noel e Mitch não pudessem ser mais brancos – a pele deles era tão pálida que parecia translúcida –, a aparência dos três começou a fundir-se em uma só: eles se vestiam do mesmo jeito, usavam penteados semelhantes e, exceto pela cor da pele, poderiam ter sido irmãos. Eles tinham um visual característico, parte do qual Jimi havia copiado de *designers* britânicos da moda, mas sobretudo resultante de qualquer influência acidental que, por acaso, Jimi encontrasse naquele dia. Mitch e Noel eram seguidores dele, tanto na banda quanto em termos de moda: quando Jimi passou a usar calças boca de sino, eles também o fizeram. Para Noel, o afro encaracolado era natural, e o dele ficou maior do que o de Jimi; Mitch tinha de fazer uma permanente para conseguir o mesmo resultado. O cabelo, porém, era uma das características que de fato se destacava neles e, à medida que suas cabeleiras cresciam, os três começaram a parecer aqueles bonecos cabeçudos que balançam a cabeça. "Com tanto cabelo, a cabeça dele era tão larga quanto o tronco", Eric Burdon recordou. Aquela muralha de cabelo era uma visão incrível quando iluminada por trás e fotografada, e raramente os fotógrafos deixavam de enfatizar os afros da banda. Eles eram mais do que fotogênicos – eram angelicais.

Uma recepção e um concerto para a imprensa, no clube Bag O' Nails, rendeu a Jimi sua primeira entrevista no *Record Mirror*. "A Grã-Bretanha é mesmo demais", Jimi comentou em uma matéria intitulada SR. FENÔMENO. Ele disse que preferia que nenhum rótulo de gênero fosse aplicado ao som da banda, mas que, se fosse necessária uma classificação, "Eu gostaria que se chamasse 'Free Feeling' ('sentimento livre'). É uma mistura de rock, *freak-out*, blues e *rave music*". Quando a banda dava entrevistas, era Jimi quem falava, mas Noel e Mitch, com frequência, faziam apartes cômicos. Noel era o mais piadista dos três, mas nenhum deles levava a sério demais o fato de serem astros do rock. Jimi pedia a Noel que fizesse sua imitação de Peter Sellers, enquanto Jimi com frequência imitava Little Richard. A amizade deles surgiu das experiências que compartilharam durante as viagens e no estúdio, mas, como em qualquer relação surgida em circunstâncias de trabalho, a banda era de Jimi e isso fazia sombra a todo o resto. Noel e Jimi tinham a amizade mais estreita no grupo, embora Noel com frequência achasse que Jimi cruzava os limites ao dizer para a banda o que tocar no estúdio. Como a administração cuidava de toda a parte de negócios, e o trabalho de integrar uma banda em si não era muito diferente de uma extensão da adolescência, o que mais os unia era o humor e as brincadeiras adolescentes, além de, claro, o orgulho compartilhado pela música que estavam criando. "Durante algum tempo, dava a impressão de que éramos nós contra o mundo", Noel recordou.

Enquanto checava um estúdio de gravação, Jimi encontrou o The Who pela primeira vez. "Ele parecia mal-arrumado", Pete Townshend recordou. "Não me impressionou nada." Jimi tentou ignorar o baterista Keith Moon, que estava de mau humor e ficava gritando "Quem deixou esse selvagem entrar?". Townshend deu a Jimi algumas dicas sobre onde comprar amplificadores, mas também ficou se perguntando se aquele ianque de fato precisava de equipamento de primeira.

Poucos dias depois, Townshend viu Jimi apresentando-se pela primeira vez e, por fim, compreendeu o motivo de tanto alarde. "Virei fã na mesma hora", Townshend recordou. "Assisti a todos os primeiros shows de Jimi em Londres. Foram uns seis." Esses shows aconteceram nos clubes Blaises, Upper Cut, Ram Jam Club, Speakeasy, 7 1/2 e Bag O'Nails. Embora fossem todos locais relativamente pequenos, e nenhum tenha pagado mais que 25 libras por show, havia um burburinho em torno da banda e Jimi estava sendo propagandeado como o guitarrista do momento em Londres. Integrantes de bandas muito mais famosas do que o Experience – incluindo os Rolling Stones e os Beatles – começaram a ir a seus shows para conversar com ele. Jimi havia encontrado Brian Jones, dos Rolling Stones em Nova York, mas agora Jones tornara-se um dos maiores divulgadores de Jimi, arrastando outros astros para que fossem vê-lo tocar. Jimi, que no começo tinha ficado encantado com todas as lendas que estava conhecendo, agora via seus próprios heróis parecerem fascinados quando em sua companhia.

Depois de um show, Eric Clapton convidou Jimi para ir a seu apartamento. Jimi foi com Kathy Etchingham e, embora o clima fosse cordial, nem Eric nem Jimi estavam especialmente falantes, e suas namoradas terminaram conduzindo a maior parte da conversa. Apesar da reverência que tinham um pelo outro, os dois homens tinham um histórico tão diferente que seu único ponto de referência em comum era o amor pelo blues. "Foi um encontro muito tenso", Kathy Etchingham recordou. "Estavam intimidados um pelo outro. Tivemos de centrar toda a conversa na música." Quando Jimi se foi, várias horas depois, ele comentou com Etchingham, "Aquilo foi difícil".

Quando Little Richard passou por Londres em dezembro, Jimi disse a Etchingham que iriam visitar o lendário cantor. Kathy colocou um vestido e Jimi vestiu suas melhores roupas, incluindo a jaqueta militar antiga. Quando chegaram ao hotel de Richard, foram bem recebidos e Richard ficou encantado em ver Jimi. A alegria da noite só diminuiu quando Jimi cobrou os 50 dólares que ainda lhe eram devidos pelo período que tocou na banda de Richard. Este se recusou a pagar, argumentando que Jimi deixara de ter direito ao salário ao perder o ônibus da banda. Jimi precisava do dinheiro, mas poder estar diante de Richard como líder de uma banda era mais importante, e só aquilo já valia como vingança.

Embora tenha saído sem os 50 dólares, Jimi estava de bom humor na caminhada de volta para casa, até que ele e Etchingham viram-se rodeados por sete policiais. A princípio, os dois não entenderam o que podiam ter feito de errado e ficaram pensando se a polícia estava ofendida simplesmente por serem um casal inter-racial. Então um dos policiais gritou para Jimi, "Você sabe que nossos soldados morreram usando esse uniforme?" – referindo-se à jaqueta antiga que Jimi vestia. Jimi permaneceu educado e disse que não queria ofender ninguém. Ele já havia sido assediado antes por antigos soldados ao usar a jaqueta e costumava tranquilizá-los dizendo que era um veterano da 101ª Aerotransportada. Embora mais tarde passasse a ser visto como um revolucionário da contracultura, Jimi sempre teve grande respeito pelos militares. Ele chegou a pesquisar a história de seu casaco e descobriu que aquele estilo não era usado pelos soldados da linha de frente, mas por homens que "cuidavam dos burros". Ele tentou explicar isso para os policiais. Um deles continuou insistindo que era traição usar uma jaqueta com a qual um soldado poderia ter morrido, e Jimi respondeu "Morreu gente com uma jaqueta de gala Corpo de Veterinários do Exército Real? (RAVC – Royal Army Veterinary Corps)". O policial achou que Jimi estava fazendo graça com ele e forçou-o a tirar a jaqueta. Os policiais disseram a ele que, se o pegassem de novo usando a jaqueta, ele seria preso. Quando se foram, Jimi ficou lá parado, humilhado, segurando nas mãos a jaqueta dobrada. No momento em que a polícia sumiu de vista, ele vestiu a jaqueta e foi para casa.

EMBORA JIMI TIVESSE UMA reputação musical em ascensão, e fosse famoso entre os guitarristas, ainda não sabia se poderia de fato ganhar dinheiro. A resposta dependia inteiramente de como iria se sair "Hey Joe" como o primeiro *single* do Experience. A banda havia começado a gravar um álbum antes mesmo de ter um contrato de gravação; se "Hey Joe" fracassasse, as chances de que aquele álbum saísse eram nulas. A Decca Records havia rejeitado uma demo de "Hey Joe", como haviam feito ao menos outros dois selos. Por fim, Chandler convenceu Kit Lambert e Chris Stamp, empresários do The Who, a lançarem Jimi por seu novo selo Track Records. A Track conseguiu que o grupo tocasse no show de televisão "Ready, Steady, Go!", um dos poucos veículos de mídia que daria a uma banda penetração em toda a Grã-Bretanha. O programa com o Experience foi ao ar em 16 de dezembro de 1966, no dia em que o *single* foi lançado, e a música foi um sucesso imediato.

Esse sucesso não foi totalmente orgânico. Embora o *single* tenha chegado à quarta posição nas paradas, os empresários de Jimi tiveram um papel importante em inflar artificialmente as vendas. "Eles passaram pelas lojas de discos e compraram todos para subir nas paradas", Etchingham disse. "É o que se chama *payola*, e sei que aconteceu porque eu mesma comprei vários discos." Segundo Etchingham, o dia em que o *single* chegou à posição nº 6 foi uma das poucas vezes em que viu Jimi pular de alegria. "Foi tipo, 'Fantástico! Vamos para o *pub* comemorar!'" Chandler também aproveitou a oportunidade para fazer uma piada que era típica do humor do círculo interno do Experience: "Seu prêmio, Jimi, são duas semanas com Kathy na África do Sul". Na África do Sul daquela época, o relacionamento deles teria resultado em cadeia para ambos, ou coisa pior.

Para comemorar, Jimi tomou uma cerveja no *pub*. Ele raramente consumia álcool quando estava nos Estados Unidos, mas na Grã-Bretanha desenvolveu um gosto pela vida social dos *pubs* e começou a beber mais. Ele também começou a fumar compulsivamente, muitas vezes começando o segundo cigarro antes de terminar o primeiro. As drogas também estavam onipresentes na cena musical do Reino Unido, em particular o haxixe. Um dos truques favoritos de Jimi, que ele aprendeu com Michael Jeffrey, era tirar o tabaco de um cigarro, colocar haxixe, e então voltar a colocar tabaco ao redor dele. Com esses cigarros, Jimi podia ficar chapado em locais públicos sem despertar suspeitas. Uma vez, nos bastidores de uma apresentação, ele fumou um cigarro de haxixe enquanto falava com um policial.

O LSD estava apenas abrindo seu caminho por Londres, e no início não era uma droga comum na van da turnê do Experience. Em vez disso, a banda preferia bolinhas baratas, que não davam euforia, mas ajudavam-nos a ficarem acordados a noite toda para tocar ou gravar. Naquele inverno, a banda fez inúmeros shows por toda a Inglaterra, tentando levantar fundos para pagar pelas horas de estúdio. Não era raro que tocassem em alguma cidade situada várias horas ao Norte de Londres e, em seguida, voltassem correndo para fazer uma sessão de gravação no meio da noite, quando a hora de estúdio era mais barata. "Tocávamos em Manchester e então voltávamos de Manchester para Londres", Redding disse. "Chegávamos às três da manhã e gravávamos as faixas. Íamos dormir às cinco e levantávamos na manhã seguinte, para voltar para o Norte e dar outro show. E voltávamos a Londres nessa noite de novo para mais gravação. Foi assim que fizemos o primeiro álbum."

Durante a tarde do dia em que o Experience fez a filmagem de "Hey Joe" para "Ready, Steady, Go!", eles entraram nos estúdios da CBS e gravaram "Red House", "Foxy Lady" e "Third Stone from the Sun". O engenheiro de estúdio Mike Ross ficou atônito quando o *roadie* deles trouxe quatro amplificadores Twin Marshall empilhados, o que significava um total de oito alto-falantes. Ele perguntou a Jimi se deveria colocar microfone em cada um, mas Jimi sugeriu colocar um único microfone a quatro metros de distância. Quando a banda começou a tocar, Ross foi forçado a retirar-se para a sala de controle por causa do volume ensurdecedor do som da banda. "Foi o som mais alto que eu já havia ouvido naquele estúdio", recordou ele. "Doía nos ouvidos."

"Red House" foi uma de muitas músicas em que Jimi havia estado trabalhando por um ano ou mais e, como boa parte do material que acabou sendo usado em seu álbum de estreia, ele havia tocado amostras dela em Nova York. Durante janeiro de 1967, movido por uma necessidade desesperada de terminar depressa um álbum, Jimi estava compondo uma música a cada dois dias. Naquele inverno, ele sentia como se as músicas simplesmente viessem até ele, de modo quase inconsciente. "Red House", porém, tinha raízes específicas no passado de Jimi. Embora o tema básico do blues de 12 compassos seja tão velho quanto o próprio blues e seu motes principais, como a mulher daquele que canta já não o ama mais e foi embora. Jimi contou a Noel que a música fora escrita com inspiração em sua antiga namorada de escola, Betty Jean Morgan. Ela havia sido o primeiro amor de Jimi e tinha uma irmã, como a mulher da letra. A casa de Betty Jean, contudo, era marrom e não vermelha. Jimi já era um compositor bom o bastante para saber que "Brown House" não teria a mesma força. Contudo, as palavras ou o título pouco importavam; foi o brilhante solo de guitarra de Jimi que disse tudo e tornou esse seu primeiro blues clássico.

Não há melhor exemplo da misteriosa musa de Jimi – e da forma como a música estava se movendo através dele – do que a música "The Wind Cries Mary". Na tarde de 10 de janeiro, Jimi deu uma entrevista ao *Melody Maker* em seu apartamento. Na mesma noite, Etchingham estava tentando preparar o jantar e Jimi criticou a comida que ela fazia. Em geral, ela brincava com ele quanto a isso e devolvia "Coma ou morra de fome". A culinária dela era um motivo comum para as brigas entre ambos, mas dessa vez a coisa ficou feia. "Fiquei muito brava e comecei a jogar panelas e então fui embora furiosa", Kathy disse. Quando ela voltou no dia seguinte, Jimi havia composto "The Wind Cries Mary". Mary era o nome do meio de Etchingham.

A gravação dessa música também foi fácil para Jimi. Eles tinham 20 minutos de sobra em uma sessão e Chandler, quase de brincadeira, perguntou a Hendrix, "Você tem mais alguma coisa?". Jimi mostrou a música recém-escrita e a banda a aprendeu na hora. "Nós não ensaiamos nada", comentou Noel, "para 'The Wind Cries Mary'. Jimi basicamente tocou os acordes e, tendo sido guitarrista, consegui pegar bem depressa, e então tocamos. Não estávamos fazendo aquilo às pressas, mas nós, tipo, sabíamos que precisávamos ser rápidos." Aqueles

20 minutos de tempo de gravação incluíram até os *overdubs* de guitarra de Hendrix. A versão que gravaram naquela noite tornou-se o terceiro *single* deles.

NENHUM DIA EM TODA a história do Experience foi tão produtivo quanto 11 de janeiro de 1967, em que a banda trabalhou no estúdio o dia inteiro e depois deu dois shows à noite no Bag O' Nails. A sessão do dia no De Lane Lea Studio produziu várias músicas, entre elas "Purple Haze", "51st Anniversary" e outro *take* de "Third Stone from the Sun". Jimi havia rascunhado a letra de "Purple Haze" nos bastidores de um show, duas semanas antes. Embora na imaginação popular essa música vá ficar para sempre ligada ao LSD, Jimi disse que ela foi inspirada em um sonho que teve depois de ler um excerto do romance *Night of Light: Day of Dreams*, de Philip José Farmer. Em um primeiro rascunho da letra, Jimi escreveu "Jesus salva" sob o título, algo que não constava do romance de Farmer, e que talvez ele pensasse em usar como refrão. Ele mais tarde reclamou que a versão da música que foi lançada – e que se tornou o segundo *single* de sucesso da banda – havia sido encurtada. "A música [original] tinha cerca de mil palavras", disse ele em uma entrevista. "Isso me deixa louco, porque aquilo não é nem mesmo 'Purple Haze'."

Depois daquela longa sessão em estúdio, que fora mais difícil do que o normal – eles gastaram quatro horas só com "Purple Haze" – Jimi e a banda ainda tinham dois shows para fazer no Bag O' Nails. Uma casa noturna que parecia ter saído de um romance de Charles Dickens, o Bag ficava em uma rua estreita no Soho, em um porão úmido no fim de uma longa escada. O público que havia se reunido para assistir ao Jimi Hendrix Experience constituía um verdadeiro quem é quem da elite londrina do rock – se a proverbial bomba tivesse sido lançada no Bag naquela noite, a cena musical britânica talvez deixasse de existir. Embora haja várias versões de quem exatamente estava na plateia, a maioria dos relatos inclui Eric Clapton, Pete Townshend, John Lennon, Paul McCartney, Ringo Starr, Mick Jagger, Brian Jones, o empresário dos Beatles, Brian Epstein, John Entwistle, Donovan, Georgie Fame, Denny Laine, Terry

Reid, Jeff Beck, Jimmy Page, Lulu, The Hollies, The Small Faces, The Animals e Roger Mayer, talvez a pessoa mais importante na plateia. Mayer não era famoso, mas era um apaixonado por eletrônica que, nas horas vagas, desenvolvia caixas de efeito para guitarristas. Ele ficou tão impressionado com o que ouviu que mais tarde iria criar aparelhos exclusivamente para Jimi.

O cantor Terry Reid ainda não havia visto o Experience e recordou "Era como se todos os guitarristas do mundo tivessem aparecido". Quando Reid se sentou, ficou surpreso ao ver Paul McCartney sentado a seu lado. "Você já viu esse cara? Ele é incrível", McCartney disse. O que Jimi fez para começar o show chocou Reid ainda mais. "Obrigado por virem", Jimi disse ao entrar no palco. "Eu gostaria de tocar esta pequena música que sei que está no coração de vocês. É a número um nas paradas." Aquilo foi suficiente para surpreender toda a plateia de músicos. Disse Terry Reid: "Estávamos pensando, se é a número um nas paradas, não está no coração de ninguém, porque, se estava acima da décima posição, nós a odiávamos". Jimi então começou a tocar "Wild Thing". "'Wild Thing' era um pop descartável, o tipo de música que todos detestávamos!", Reid observou. "E ele a tocou e fez o diabo com aquela porcaria, e decolou rumo ao espaço sideral. Imagine a música mais horrível do mundo transformada na mais bela de todas." Reid foi ao banheiro num dado momento e, ao voltar, esbarrou em Brian Jones. "Ali na frente está tudo molhado", alertou Jones. Reid respondeu: "Do que você está falando? Não tem água nenhuma ali". E Jones disse, "Está molhado de tantos guitarristas chorando".

Uma residência de uma semana no 7 ½ Club seguiu-se à extraordinária noite do Experience no Bag. Clapton, Townshend e Jagger voltaram todos. Em um show, Townshend viu-se em pé bem do lado de Clapton. Tanto um quanto o outro tinham ficado pasmos com a súbita aparição de Jimi na cena e viraram fãs de imediato, mas também estavam preocupados com o que Jimi poderia representar para a carreira deles. Os dois desenvolveram uma amizade naquele inverno baseada quase que apenas nas discussões que tinham sobre Hendrix e o que poderiam fazer como resposta a ele. Durante aquele show em particular, enquanto assistiam a Jimi tocar uma versão intensa de "Red House", os dedos deles por acaso se tocaram. Clapton agarrou a mão de Townshend, e ambos ficaram de mãos dadas, como duas garotas fariam ao assistirem a um filme particularmente emocionante.

Embora Mick Jagger não tivesse ficado impressionado com Hendrix em Nova York, precisou revisar sua opinião, agora que ele era um sucesso em Londres. Jagger levou Anita Pallenberg e Marianne Faithfull a uma das apresentações em clubes. "Mick me contou que tinha visto Hendrix em Nova York", Faithfull recordou. "Acho que o que ele me disse foi 'Ele vai arrebentar o mundo'." Quando Jimi tocou no Speakeasy, perto do fim de janeiro, Mick voltou com Faithfull. Durante um intervalo, Jimi foi até a mesa dele e deu em cima de Faithfull bem na frente de Jagger. Talvez devido à amizade de Jimi com Linda Keith, namorada de Keith Richards, Jagger tratava Jimi como rival; quando estavam na mesma sala, Mick desfilava de um lado a outro como um pavão, tentando ofuscar a presença de Hendrix. A reação de Jimi era francamente hostil, e sua investida sobre Faithfull foi ostensiva. "Ele me perguntou por que eu estava com Mick", ela recordou, pergunta que poucos homens na época teriam coragem de fazer. Em uma tentativa de levá-la para a cama, Jimi disse a Marianne que havia escrito "The Wind Cries Mary" para ela. Faithfull, porém, fez jus a seu nome (em inglês, *faithful* significa "fiel"). "É um dos maiores arrependimentos que tenho na vida", disse. "Eu devia ter levantado e dito 'Ok, camarada, vamos lá'." Jimi, ela não tinha dúvida, largaria tudo para ir com ela, mesmo que fosse só para deixar Jagger com ciúmes.

Jimi ainda estava envolvido com Etchingham, mas parecia incapaz de manter-se fiel a ela. Não ajudava em nada o fato de Chandler preferir apresentar Jimi à imprensa como solteiro, e, sempre que alguém ia ao apartamento deles para fazer uma entrevista, Kathy era enxotada de lá. Às vezes, as jornalistas eram mulheres, e não foram poucas as vezes em que Etchingham voltou e precisou expulsar do apartamento garotas seminuas. Por outro lado, à semelhança do pai, Jimi sentia um ciúme doentio, sobretudo quando bebia. Etchingham era muito atraente, e Jimi imaginava que todos os homens estavam atrás dela. Uma noite, no Bag O'Nails, Kathy estava ao telefone e Jimi achou que falava com outro homem. Ele agarrou o fone e usou-o para bater nela; a violência súbita foi tão chocante quanto dolorosa, pois não tinha nada a ver com o comportamento dele. Ela gritou. Naquele momento, John Lennon e Paul McCartney entraram no clube e, com toda tranquilidade, tiraram o fone da mão de Jimi.

Era raro que Jimi fosse violento, e seus eventuais episódios de agressividade em geral tinham a ver com um consumo excessivo de álcool. O incidente no Bag O' Nails era também uma mostra de seu temperamento irritadiço, tão chocante em contraste com seus modos em geral educados. A mesma característica que fazia dele um músico tão talentoso – a capacidade de focar no momento da *performance* – também fazia com que agisse com base em seus desejos ou necessidades imediatos, às vezes de forma irresponsável. Isso lhe permitia ser um grande improvisador no contexto da música, mas sua natureza temperamental, quase infantil, podia magoar quem gostava dele. Certa noite, depois de um show em Manchester, Etchingham pegou Jimi fazendo sexo no banheiro feminino com uma garota que ele tinha acabado de conhecer. Kathy já estava calejada com tais traições. Sua única resposta foi a resignação: "Vamos logo ou a gente vai perder o trem para Londres". A desculpa de Jimi: "Ela queria meu autógrafo". Embora Kathy fosse a pessoa mais próxima a Jimi, eles começaram a brigar com tanta frequência que Chas Chandler chamou Etchingham de lado e pediu-lhe que não discutissem em público: Chas achava que uma briga em público poderia prejudicar a imagem de Jimi. Etchingham respondeu que aquilo era ridículo, e ela e Jimi voltaram a seus bate-bocas, às vezes em *pubs* de Londres.

O Experience terminou janeiro com dois shows no famoso Saville Theatre, em um programa duplo com o The Who. Esses shows foram vistos por Lennon, McCartney, George Harrison e os integrantes do Cream. Depois de um dos shows, Jack Bruce saiu do teatro, foi para casa e compôs o *riff* de "Sunshine of Your Love", inspirado por Jimi.

NA LONGA E RICA história do rock'n'roll britânico, artista algum tivera uma ascensão tão rápida rumo à fama em Londres quanto Jimi Hendrix, um homem que passara os primeiros dois terços de sua vida em Seattle e que chegara à Inglaterra sem saber nada sobre a história do país, exceto o que aprendera pelos quadrinhos do Príncipe Valente. No início da primavera de 1967, porém, ainda não se sabia se Jimi faria sucesso fora de Londres, uma vez que o resto da Inglaterra não tinha gostos tão avançados. O Experience terminou seu álbum de estreia naquela primavera e decidiu chamá-lo de *Are You Experienced*. O LP havia sido gravado em vários estúdios diferentes, sempre que a banda conseguia arranjar algum tempo. Quando Chandler somou todas os recibos das sessões de gravação que haviam se estendido por meses, descobriu que totalizavam apenas 72 horas. Muitas vezes, ele e Jeffrey haviam sido incapazes de pagar as contas em dia, e as fitas de estúdio ficavam retidas como garantia até que as dívidas fossem saldadas. Para acelerar as sessões, Chandler enganava a banda, fazendo-os pensar que estavam ensaiando quando na verdade ele estava gravando. "Chas sempre dizia 'Ok, rapazes, vamos repassar do começo ao fim", recordou Noel. "E nós tocávamos a faixa toda e então Chas dizia 'Ok, vamos tentar de novo.' Mas ele na verdade já tinha gravado o primeiro *take* sem que soubéssemos. E aí, depois do segundo *take*, saíamos para fumar um cigarro e ele dizia, 'Conseguimos'. E a gente respondia, 'Como assim, nós ainda nem começamos. E ele tinha gravado o primeiro *take*." Chandler havia arriscado tudo para fazer aquele disco, incluindo boa parte de seu próprio dinheiro e toda sua reputação pessoal. As primeiras resenhas, como a que Keith Altham escreveu para o *N. M. E.*, mostraram que havia valido a pena: "Este LP é um bravo esforço de Hendrix para produzir uma forma musical original e empolgante". Quando o disco foi finalmente lançado, ele chegaria ao nº 2 das paradas britânicas, ficando fora da primeira posição apenas por causa dos Beatles.

Jimi ficou satisfeito com seu álbum de estreia, embora não estivesse totalmente feliz com a produção. Quando recebeu a primeira prova do disco, na mesma hora ele a levou para casa e telefonou para Brian Jones, chamando-o para ouvirem juntos. Brian chegou com seu amigo Stanislas De Rola. "Ficamos acordados a noite toda e ouvimos o disco sem parar", De Rola recordou. "Jimi estava orgulhoso dele." Brian Jones também ficou impressionado e manifestou o desejo de produzir Jimi no futuro, uma ideia que Jimi disse que teria em mente. Assim como Jones e De Rola, todos os amigos de Jimi em Londres estavam ligados ao mundo da música, e não havia muitos limites entre relações pessoais e profissionais. Na época, porém, a vida de Jimi *era* o mundo da música, e ele não tinha uma vida fora de seu trabalho.

Antes do lançamento do álbum, o Experience fez uma turnê por cinemas de cidades pequenas, sua primeira experiência no interior do país. As apresentações dessa turnê britânica faziam parte de um pacote que lembrava os shows de teatro de revista em que Jimi costumava tocar no Circuito Chitlin'. A atração principal era o grupo The Walker Brothers, mas no programa também estavam Engelbert Humperdinck e Cat Stevens, com o Experience fazendo a abertura desse curioso espetáculo. Nos bastidores do primeiro show da turnê, Jimi, Chas Chandler e o jornalista Keith Altham estavam discutindo o que Jimi podia fazer para destacar-se naquela programação bizarra. Eles pensaram em destruir uma guitarra, mas Altham argumentou que Townshend agora tinha a primazia naquele truque. "Quem sabe eu podia esmagar um elefante", brincou Jimi. Altham sugeriu então algo que parecia igualmente absurdo: "Que pena que você não pode colocar fogo em sua guitarra". Os olhos de Jimi brilharam com aquela ideia e ele mandou um *roadie* ir atrás de fluido de isqueiro. Depois de alguns testes no camarim, ele anunciou que era possível ao menos dar a impressão de que a guitarra estava pegando fogo. Na hora do show, quando o Experience terminou sua curta *setlist* de cinco músicas com "Fire", Jimi derramou fluido de isqueiro no instrumento e jogou um fósforo nele. Foram necessárias três tentativas, mas por fim a guitarra irrompeu em chamas. Jimi rodou-a como um moinho de vento antes que um contrarregra corresse até o palco e jogasse água nela. Um bombeiro municipal estava nos bastidores e passou um longo sermão em Jimi; este alegou que tinha girado a guitarra para tentar apagar o fogo. Apenas alguns milhares de pessoas testemunharam a cena da guitarra flamejante, que durou no total uns 30 segundos, mas, depois de aparecer nos jornais, ela se tornou lendária. Poucos artistas do rock tinham um dom tão extraordinário para gerar menções na imprensa; Jimi parecia ter nascido para isso. Em meados de

1967, tudo o que ele fazia na Inglaterra rendia uma manchete nos jornais. Em uma apresentação durante a turnê dos Walker Brothers, um fã enlouquecido perseguiu Jimi com uma tesoura e conseguiu cortar um cacho do cabelo dele – até isso saiu depois no jornal. Os anúncios para seus shows agora ostentavam, "Não perca este homem que é Dylan, Clapton e James Brown em um só".

Embora a turnê conjunta estivesse apresentando Jimi a todo um grupo novo de fãs – na maioria fãs dos Walker Brothers –, Jimi cansou-se da atmosfera quase circense dos bastidores. Quando a turnê chegou a Liverpool para dois shows no Empire, ele e Noel escapuliram para um *pub* no intervalo entre apresentações, mas não foram servidos porque o *barman* achou que estavam vestidos de palhaços: essa infelicidade com certeza não teria acontecido com seu companheiro de turnê Engelbert Humperdinck, que sempre usava um *smoking*. Mais tarde na mesma noite, o gerente de turnê Neville Chesters concordou em levar de carona, até Londres, um amigo de Liverpool. A banda gostou do sujeito e decidiu mantê-lo como *roadie* pelas duas semanas seguintes. O nome dele: Lemmy Kilmister. Mais tarde ele fundaria a famosa banda Motorhead.

Uma das mais reveladoras matérias publicadas sobre o Experience saiu naquele mês de março no jornal *Express,* em que Jimi respondeu a uma pesquisa intitulada "Linha da Vida", na qual revelava do que gostava e não gostava. Ele não gostava de "geleia de frutas e lençóis frios" e gostava de "música, cabelo, montanhas e campos". Suas comidas favoritas eram bolo de morango e espaguete. Seus *hobbies* eram "ler ficção científica, pintar paisagens, devanear e música". Ele citava como seus compositores favoritos Dylan, Muddy Waters e Mozart. Mais sugestivas, porém, eram as respostas a questões sobre seu passado. Ele mentiu sobre a idade, diminuindo-a em três anos porque seus mentores garantiram que a juventude impressionaria mais garotas. Dos genitores, mencionou só o pai, e dos irmãos, apenas Leon. Sua ambição profissional, disse, era "aparecer em um filme e acariciar a tela com minha luz resplandecente". A maior parte da pesquisa foi respondida com comentários gaiatos, sarcásticos, mas, na categoria "Ambição Pessoal", Jimi escreveu que seu desejo era "ter meu próprio estilo musical", um objetivo já alcançado em seu primeiro ano na Grã-Bretanha.

E a seguir ele acrescentou uma linha que somente algumas pessoas de Seattle teriam entendido. Sua verdadeira ambição, escreveu ele, era "ver minha mãe e minha família outra vez".

Poucos na Inglaterra haviam ouvido Jimi sequer mencionar sua mãe. Tony Garland, que escrevera a biografia de Jimi para a imprensa e havia redigido para ele o texto do *Express*, não sabia se ela estava viva ou morta. Ao menos Kathy Etchingham sabia que ela havia morrido. "Ele me contou que a mãe bebeu até morrer", recordou ela, "mas disse também que ela era uma deusa no céu e um anjo". Embora já tivessem se passado dez anos desde a morte da mãe, Jimi ainda sonhava com ela e tinha breves lampejos de memória que passavam como uma sombra veloz. Ele contou a Etchingham que sua lembrança mais vívida era de um dia em que ele e Leon estavam no banco de trás de um carro que a mãe dirigia. Era um dia de verão, as janelas estavam baixadas e ele podia sentir o perfume dela no ar. Era raro que Jimi falasse sobre sentimentos e lembranças tão profundos assim. "Ele em geral não era de expressar seus sentimentos", Kathy observou. Etchingham também tivera uma infância difícil, uma das coisas que tinha em comum com Jimi.

Jimi passava a maior parte das horas livres praticando guitarra, mas também gostava de assistir à comédia "The Goon Show" na televisão e de jogar uma versão britânica de Monopólio. Raramente tinha tempo, mas quando possível lia livros de ficção científica. Seu jogo de tabuleiro favorito era War, o jogo de dominação mundial. "Ele era muito bom nesse jogo e jogava para ganhar", recordou Etchingham.

Em fins da primavera, às vésperas do lançamento de *Are You Experienced* no Reino Unido e na Europa, outro tipo de dominação mundial entrou na mira de Jimi: Chandler e Jeffrey estavam começando a planejar como levar o Experience para o mundo todo. Haviam tornado Jimi um astro na Europa, quase que exclusivamente por meio das turnês de seu dinâmico show, mas era uma incógnita se poderiam repetir esse resultado nos Estados Unidos. Em março, Jeffrey havia assinado um contrato com a Warner Bros. para o lançamento do álbum de Jimi nos Estados Unidos, e a gravadora pagou o valor recorde de 150 mil dólares pelos direitos. Um comunicado de imprensa da Warner Bros. alardeava, "Vamos introduzir um conceito de promoção totalmente novo, que vai levar Jimi ao topo em muito pouco tempo".

O golpe de promoção realmente brilhante aconteceu, mais uma vez, devido ao *timing* oportuno. O produtor Lou Adler e o músico John Phillips estavam organizando um Festival de Música em Monterey, Califórnia, para o mês de junho. Andrew Loog Oldham e Paul McCartney foram nomeados consultores britânicos para o evento. McCartney havia sido um dos primeiros entusiastas de Hendrix: ele escrevera uma resenha de "Purple Haze" para o *Melody Maker*, na qual chamou Jimi de "Fingers ('Dedos') Hendrix; um mestre absoluto da guitarra". Tanto Oldham quanto McCartney escolheram The Who e Hendrix como as atrações mais importantes do Reino Unido para o festival. Quase não havia dinheiro envolvido na iniciativa, mas a exposição seria importante para impulsionar Jimi nos Estados Unidos. Cópias importadas do disco de estreia de Jimi haviam começado a circular entre a comunidade *hipster* nos Estados Unidos, e algumas músicas eram tocadas em emissoras de rádio *underground* americanas, mas ele ainda era desconhecido em seu país natal.

Jimi raramente falava em tocar nos Estados Unidos – fora acolhido de forma tão calorosa pela Grã-Bretanha que era difícil para ele imaginar o retorno ao país onde batalhara tanto tempo para ser reconhecido. Em um show no Saville Theatre, em maio, ele havia introduzido uma das músicas dizendo "Quando eu tocava no quintal de casa, a garotada costumava se juntar para me ouvir e dizia que era legal. Quero agradecer a todos vocês, agora, por tornarem esta a minha casa". Quando Chandler apareceu no apartamento dele para comunicar que o Experience logo iria para a Califórnia, Etchingham recordou que Jimi só disse uma coisa. "Estou voltando para casa", ele disse. "Para minha casa, os Estados Unidos."

CAPÍTULO 16

De Rumor a Lenda

Londres, Inglaterra
Junho de 1967 - julho de 1967

"O Jimi Hendrix Experience era dono do futuro, e o público percebeu isso na hora. Quando Jimi deixou o palco, ele havia sido promovido de rumor a lenda."
– Pete Johnson, no *Los Angeles Times*, sobre o Festival Internacional de Música Pop de Monterey

Antes de ir para os Estados Unidos, tocar no Festival Internacional de Música Pop de Monterey, Jimi tinha mais alguns shows marcados no Reino Unido e precisava concluir algumas gravações. Embora *Are You Experienced* tivesse acabado de sair na Inglaterra, a banda já havia começado a trabalhar no segundo álbum, e pareceu não ter havido intervalo algum entre as sessões do dois discos. "Nós nunca paramos", recordou o engenheiro Eddie Kramer. "Chas vinha da velha escola de 'Temos quatro horas, vamos aproveitar ao máximo'." Jimi encarava o trabalho com a mesma seriedade: não havia muita coisa de que gostasse mais do que de tocar, e um dia inteiro gravando no estúdio era para ele só mais uma chance de estar com sua guitarra.

As sessões de gravação para o álbum que seria conhecido como *Axis: Bold as Love* também avançaram depressa, apesar de serem mais complicadas por conta dos experimentos da banda com *phasing*, efeitos de guitarra, *feedback* e alguns artefatos que Roger Mayer havia criado. Mayer tinha emprego fixo como analista acústico para o governo, e nas horas vagas criava efeitos para Jimmy Page e para Jeff Beck, incluindo as primeiras versões de uma *fuzzbox*. Quando ele viu Hendrix tocando no Bag O' Nails, foi como se o dr. Frankenstein encontrasse seu monstro, e daí em diante Mayer também criou efeitos para ele. Mayer havia construído uma "Octavia", e Jimi usou o dispositivo em "Purple Haze" – ela podia mudar as notas da guitarra uma oitava inteira, criando um efeito sobrenatural. "Jimi estava sempre me perguntando, 'Roger, o que a gente pode fazer?'", Mayer recordou. "Estávamos tentando usar sons para criar emoções e pintar imagens. Na época, só dispúnhamos de uma tecnologia rústica, mas, quando não tínhamos algo, nós construíamos." Jimi apelidou Mayer de The Valve ["A Válvula"] e chamava-o de sua arma secreta. Usando as invenções de Mayer, assim como produtos disponíveis no mercado, como os pedais Vox Wah-Wah e Fuzz Face, Jimi era capaz de criar sons que nenhum outro guitarrista conseguiria imitar de imediato.

A tecnologia também criava problemas para Jimi, sobretudo no palco, durante concertos, se o sistema de som do local fosse ruim. Quando seu equipamento estragava ou desafinava, ele se frustrava e a apresentação ficava prejudicada. Durante o show de 29 de maio em Spalding, uma plateia de 4 mil pessoas assistiu a um dos ataques de fúria de Jimi no palco. Quando os espectadores vaiaram, depois que o artista parou várias vezes para afinar sua guitarra, ele berrou, "Vão se foder. Vou afinar minha guitarra nem que demore a porra da noite toda". A reputação dele como *showman* já trazia problemas; as pessoas queriam assistir a um espetáculo e ficavam impacientes quando não recebiam tudo aquilo sobre o qual haviam lido nos jornais. A acadêmica feminista Germaine Greer estava no show de Spalding e mais tarde escreveu sobre isso para a *Oz*: "Eles [...] sequer se importavam se 'Hey Joe' estava afinada ou não. Eles só queriam ouvir qualquer coisa e puxar o saco. Eles queriam que ele fizesse sexo oral com a guitarra e esfregasse o pau nela. Não queriam ouvi-lo tocar. Mas Jimi queria, como sempre quis, tocar com perfeição. Ele o fez, e trepou com a guitarra, e eles gemeram e se balançaram de um lado para o outro, e ele olhou para eles desgostoso, e viu que não conseguiam escutar o que estava tentando fazer, e nunca conseguiriam".

Se o público ficou decepcionado e confuso com a *performance* atrapalhada de Jimi naquele dia, igualmente desconcertante foi o Pink Floyd, banda de abertura. Três dias depois, Jimi assistiu a um show da banda em Londres e viu que a plateia estava quase tão cheia de astros quanto seus próprios concertos. Com seu som psicodélico pesado, o Pink Floyd forçava os limites ainda mais do que Jimi, e a ousadia deles inspirou-o. Naquela mesma semana, o álbum dos Beatles *Sgt. Pepper's Lonely Hearts Club Band* havia sido lançado na Inglaterra – foi a única coisa que impediu *Are You Experienced* de chegar à posição nº 1 nas paradas. Jimi adorou *Sgt. Pepper's* e achou que havia certa predestinação no fato de que os Beatles estivessem explorando o mesmo terreno psicodélico que ele.

O álbum dos Beatles teve participação em dois dos mais lendários shows que Jimi realizou: os concertos do Experience denominados *Farewell England* em 4 de junho. Os dois shows (matinê e noite) aconteceram no Saville Theatre, que era de Brian Epstein, empresário dos Beatles. Por causa de Epstein, existia a possibilidade de que os Beatles estivessem presentes, no que seria a primeira aparição pública deles desde o lançamento de seu álbum histórico, três dias antes. Paul McCartney havia se arriscado ao recomendar Jimi para o futuro Festival Internacional de Música Pop de Monterey – se o show de Jimi em Londres fosse tão ruim quanto aquele a que Germaine Greer assistira em Spaulding, seria uma catástrofe.

Trinta minutos antes do horário previsto para entrada do Experience – e não muito depois de o Procol Harum ter deslumbrado o público com a estreia d "A Whiter Shade of Pale" , música que se tornaria se maior *hit* e marca registrada da banda – Jimi irrompeu no camarim e anunciou a Noel e Mitch que tinha uma música nova para abrir a apresentação. Tinha em mãos uma cópia de *Sgt. Pepper's*. Ele colocou o álbum no toca-discos portátil que havia trazido e, diante da banda estarrecida, tocou a faixa título. "Vamos abrir com isto", disse. Mitch e Noel se entreolharam incrédulos. "Achamos que ele tinha pirado", recordou Noel. Jimi tocou a música algumas vezes enquanto eles aprendiam os acordes.

O Jimi Hendrix Experience entrou no palco sob estrondoso aplauso. No camarote de Epstein, à vista de muitos dos presentes, e provavelmente também de Jimi, estavam sentados Paul McCartney e George Harrison. Também estavam na plateia os costumeiros superstars fãs de Hendrix: Eric Clapton, Spencer Davis, Jack Bruce e a cantora pop Lulu. Jimi começou com um agradecimento às bandas de abertura e também agradeceu ao público por comparecer àqueles que seriam seus últimos shows na Inglaterra "por muito, muito tempo". E, com isso, começou a tocar "Sgt. Pepper's Lonely Hearts Club Band".

Tocar um *cover* de uma música como "Sgt. Pepper's" apenas três dias depois do lançamento do álbum, com os Beatles na plateia, foi uma das decisões mais corajosas que Jimi tomou na vida. Se tivesse tocado uma versão inferior da música, ou se fizesse mais uma cópia do que uma interpretação inspirada, poderia ter enfrentado um constrangimento que talvez não pudesse superar. Uma execução que não fosse no mínimo brilhante teria sido um insulto tanto a Brian Epstein, proprietário da casa, quanto aos Beatles. A própria audácia da escolha era inacreditável e, para que aquilo desse certo, era necessária uma total autoconfiança – e isso era algo que Jimi possuía. Ele já não era o clone de B. B. King que quatro anos antes tinha saído debaixo de risadas do palco do Del Morocco Club, em Nashville. A combinação de sua perícia técnica com sua suprema confiança era imbatível. "Os Beatles não podiam acreditar", Eddie Kramer recordou. "Ali estava Hendrix tocando uma música do álbum deles que havia acabado de sair, e ele havia pegado a música e criado um arranjo completamente novo e arrasador. Era preciso ter *colhão* e muita testosterona." Jimi chegou até a acrescentar um solo carregado de *feedback e white noise,* gerando um *wall of sound* de pura micofonia, que tornou sua versão da música totalmente autoral. Era reconhecível como um *cover*, mas ele havia encontrado uma nova forma de estruturar a melodia baseada nas partes de sua guitarra em lugar dos metais que os

Beatles tinham usado. "Foi simplesmente tirado da manga", Noel recordou, "mas era assim que fazíamos tudo. Éramos ousados."

O *cover* de "Sgt. Pepper's" foi só o começo do show no Saville Theatre; o Experience tocou por mais uma hora, com músicas como "Foxy Lady", "Purple Haze", "Hey Joe" e a interpretação de Jimi para "Like a Rolling Stone", de Bob Dylan. Jimi teve problemas técnicos naquela noite e, embora isso tivesse prejudicado uma parte do show, não o destruiu de forma alguma. A única destruição aconteceu quando Jimi arrebentou o que ele chamou de "minha guitarra querida" e no dia seguinte isso foi, nos *pubs* de Londres, um tópico de um falatório maior do que a versão *cover* de "Sgt. Pepper's", embora na realidade aquele tipo de exibicionismo fosse menos arriscado do que a decisão de fazer um *cover* daqueles. A destruição da guitarra aconteceu durante "Are You Experienced?", depois que Jimi trocou de guitarra e pegou uma Strat que havia pintado à mão. Havia um poema atrás dela, que ele dedicara à Grã-Bretanha. Dizia: "Possa isto ser amor ou apenas confusão, nascidos da frustração, sentimentos fraturados de não ser capaz de fazer o verdadeiro amor físico com a Deusa Cigana Universal da música verdadeira e livremente expressa. Minha querida guitarra, por favor, descanse em paz. Amém". Quando a apresentação terminou, Jimi arrebentou a guitarra e chutou os pedaços para a plateia.

O crítico Hugh Nolan escreveu que o Jimi Hendrix Experience havia roubado o coração de Londres e "atingiu a cidade com todo o impacto de uma bomba H de 50 megatons". Nolan disse que, se Jimi algum dia retornasse à Inglaterra depois de sua viagem a Monterey – havia uma certa preocupação de que, uma vez de volta aos Estados Unidos, ele ficasse por lá –, "Jimi Hendrix pode ter certeza de que as coisas nunca mais vão ser as mesmas aqui". Um endosso mais importante veio de Paul McCartney, que chamou o *cover* de "Sgt. Pepper's" de "uma das maiores honras de minha carreira".

Depois do show, o Experience foi convidado para uma festa privada na casa de Brian Epstein. Para espanto de todos, McCartney atendeu a porta com um baseado enorme entre os lábios. Ele o passou para Jimi e disse "Aquilo foi foda demais, cara". Um ano antes, Jimi estava tocando *covers* de R&B com Curtis

Knight and the Squires. No que pareceu ter sido um piscar de olhos, ele era a sensação de Londres e, melhor ainda, estava fumando a maconha dos Beatles.

Duas semanas mais tarde, o Experience, junto com Brian Jones e Eric Burdon, pegou um voo de Heathrow com destino à cidade de Nova York, onde faria uma breve escala antes de seguir rumo à Califórnia, para o show de Monterey. Em Nova York, Jimi foi imediatamente lembrado de que, apesar de seu *status* na cena musical de Londres, nos Estados Unidos ele ainda era um afro-americano em uma nação onde a etnia era um fator de divisão. A banda registrou-se no Hotel Chelsea, mas retirou-se depois que uma mulher no saguão confundiu Jimi com um carregador e insistiu para que ele carregasse sua bagagem. Mais tarde, naquele mesmo dia, Jimi não conseguiu que um táxi parasse para ele. Estava vestido de forma extravagante — uma jaqueta florida e um lenço verde vivo ao pescoço —, mas o lembrete da barreira racial era alarmante. Após um voo de cinco horas, ele havia ido de confidente de um Beatle a carregador de hotel.

Assim que Jimi começou a explorar os clubes no Village, as coisas melhoraram. Em um restaurante, ele encontrou a banda The Mothers of Invention, que estavam a par da fama dele na Inglaterra e lhe pagaram uma cerveja. Encontrou o cantor de *soul music* Richie Havens no Café Au Go Go, e Havens entusiasmou-se ao saber de seu sucesso. Mais tarde, Jimi foi ao Scene Club, onde assistiu ao The Doors e, com base nesse show, entendeu melhor que rumo o rock estava tomando nos Estados Unidos.

No dia seguinte, o Experience viajou para São Francisco, onde passaria uma noite. A última vez que Jimi estivera na Área da Baía foi enquanto ficou estacionado em Fort Ord. Nos seis anos que transcorreram, São Francisco havia passado por uma mudança de maré: o movimento jovem estava a pleno vapor, e milhares de jovens haviam se mudado para o distrito da Haight durante aquilo que mais tarde seria chamado de "Verão do Amor". Em Londres, até mesmo os músicos mais vanguardistas vestiam-se de forma elegante com ternos bons, mas em São Francisco Jimi parecia um Pequeno Lorde Fauntleroy, com suas roupas de Carnaby Street. Nos Estados Unidos, a moda jovem ditava cabelos compridos, *jeans* e colares de contas. E diferentemente da Inglaterra, o movimento jovem nos Estados Unidos já se tornara muito politizado pela Guerra do Vietnã, que em 1967 estava causando várias centenas de mortes de americanos todas as semanas. O dr. Martin Luther King Jr. havia feito um apelo aos manifestantes dos movimentos contra a guerra e pelos direitos civis para que se unissem, e as demonstrações haviam se tornado frequentes nos Estados Unidos. Dentro do amplo movimento jovem, havia também numerosos elementos anarquistas que se envolviam em eventos, e o Festival Internacional de Música Pop de Monterey não esteve imune a eles: o festival foi assediado por grupos como os Yippies e os Diggers,[1] que exigiam que fosse gratuito.

"O Primeiro Festival Internacional de Música", que depois seria conhecido por todos como Festival Internacional de Música Pop de Monterey, havia surgido do desejo de promover o respeito cultural devido ao rock'n'roll. "Houve uma conversa entre John Phillips [do The Mamas and the Papas], Paul McCartney, eu mesmo e algumas outras pessoas, sobre o rock não ser considerado uma forma de arte da mesma forma que o jazz era", recordou o coprodutor Lou Adler. A ABC TV forneceu patrocínio, com a ideia de exibir filmagens do concerto de três dias como um filme da semana. D. A. Pennebaker foi contratado para filmar o evento, que ocorreu na área de exposições do Condado de Monterey.

O Experience chegou na sexta-feira em que o festival começou. Os organizadores haviam levado para o local 100 mil orquídeas, e todos em Monterey pareciam ter flores no cabelo. Os organizadores do festival tinham planejado tudo para 10 mil fãs, mas apareceram ao menos 90 mil e palcos "alternativos" foram instalados fora dos portões do festival, para *jam sessions*. Em um fato que talvez representasse melhor o espírito do momento, o infame químico Augustus Owsley Stanley III estava distribuindo LSD de graça nos bastidores para os

---

[1] *Yippies* eram os membros do Partido Internacional da Juventude (Youth International Party), grupo revolucionário e contracultural, fundado no fim de 1967. Os *Diggers* eram ativistas de um autodenominado "grupo radical anarquista" e acreditavam que tudo deveria ser gratuito. (N. da T.)

músicos. A cor favorita de Owsley para o LSD produzido por ele mesmo era o roxo, e Jimi ficou espantado ao descobrir que a droga tinha sido apelidada de "Purple Haze" ("Névoa Roxa") por alguém que havia ouvido seus *singles* ingleses.

O Experience só tocaria na noite de domingo, e assim, no sábado, Jimi circulou entre o público, na companhia de Buddy Miles, do Electric Flag, Eric Burdon e Brian Jones. Jimi usava sua jaqueta militar antiga, com um bóton escrito "Sou virgem", enquanto Jones vestia uma antiga capa de feiticeiro. "Eles não poderiam ter uma aparência mais bizarra", Eric Burdon observou. "Brian estava vestido com peles, como uma velha dama rica, e Jimi estava simplesmente absurdo." Naquele sábado, Jimi assistiu ao Electric Flag, e depois ao Big Brother and the Holding Company, tendo a oportunidade de ver Janis Joplin fazer uma das apresentações que definiram o festival. Mas o ponto alto do sábado foi Otis Redding, que deslumbrou o público com sua presença de palco e talento. Steve Cropper estava tocando na banda de apoio de Otis, e Jimi falou rapidamente com o guitarrista nos bastidores. Haviam se passado apenas três anos desde que o então desconhecido Jimi visitara Cropper na Stax.

Nos bastidores, Jimi estava particularmente empolgado por falar com Jerry Miller, do Moby Grape, que havia conhecido no Spanish Castle, em Seattle. Eles fizeram brincadeiras sobre o tamanho dos seios de Gail Harris, uma adolescente que costumava cantar com os Fabulous Wailers. Naquela noite, em uma das muitas *jams* improvisadas, Jimi pediu emprestada a guitarra Gibson L5 de Miller para experimentá-la. Jimi levou a guitarra para um palco alternativo, rodeado por gente que dormia. "As pessoas na verdade resmungaram quando o viram, porque ninguém sabia quem ele era e elas queriam dormir um pouco", Eric Burdon recordou. "Ele começou a tocar algo bonito, triste, melódico, e aquilo virou uma alegre *jam*." Há diferentes relatos sobre quais músicos estiveram envolvidos, mas, em algum momento durante a noite, o público sonolento teria visto Jimi no palco com Ron "Pigpen" McKernan, do Grateful Dead; Jorma Kaukonen e Jack Casady, do Jefferson Airplane; e possivelmente Jerry Garcia, do The Grateful Dead, tocando "Walking the Dog" e "Good Morning Little Schoolgirl". "Ninguém era uma lenda naquela época", recordou Jack Casady. "A parte mais especial de Monterey foi que todos aqueles músicos puderam se conhecer." No domingo, Jimi liderou outra *jam* nos bastidores – durante a apresentação do Grateful Dead – que incluiu Janis Joplin, Mama Cass, Roger Daltrey, Eric Burdon e Brian Jones, todos cantando "Sgt. Pepper's". "Estávamos fazendo muito barulho", Burdon recordou, "e Bill Graham desceu do palco e disse 'Calem a boca, porra! Vocês estão acabando com as outras apresentações'."

Embora ninguém pudesse ter previsto a importância histórica de Monterey, Jimi estava muito ciente de que o show representava a estreia do Experience nos Estados Unidos e que muita coisa estava em jogo. "Para Hendrix, era um pouco estranho voltar", observou Noel. "Ele havia ido embora como um cara que tocava em bandas *cover* de R&B e estava voltando com dois caras brancos em uma banda de rock. Muita coisa havia mudado para ele." Jimi havia falhado antes nos Estados Unidos, e o estrelato ainda era incerto – o sucesso no Reino Unido não garantia nada nos Estados Unidos. Querendo destacar-se, Jimi passou a tarde pintando sua Strat com espirais psicodélicas.

O Festival Internacional de Música Pop de Monterey não tinha uma organização rígida, e a ordem exata das apresentações do domingo não estava definida. The Mamas and the Papas deveria fechar o show e Ravi Shankar iria abri-lo, mas não ficara decidido em que momento Jimi e o The Who tocariam. "Naquela época em que Jimi e o The Who foram para Monterey, estávamos ambos desesperados para ser notados", recordou Pete Townshend. "A apresentação de cada atração era muito curta, e éramos competitivos. Eu *realmente* não queria entrar depois de Jimi." Hendrix sentia a mesma coisa sobre tocar depois do The Who. O The Grateful Dead, também com apresentação marcada para aquela tarde, concordou em tocar "quando fosse a hora". O organizador John Phillips finalmente decidiu resolver a questão jogando a moeda. O ganhador tocaria primeiro; o perdedor viria depois. O The Who ganhou, e Jimi foi um mau perdedor. "Se vou tocar depois de você, eu vou botar pra quebrar", Jimi disse a Townshend em tom ameaçador. Jimi saiu apressado para procurar fluido de isqueiro, enquanto o The Who subiu ao palco e fez um tremendo show, que lançou seu futuro estrelato nos Estados Unidos. Quando Townshend arrebentou sua guitarra no fim da apresentação da banda, ele o fez com tal fúria que os fragmentos acertaram o cineasta D. A. Pennebaker, que estava a uns 10 metros de distância.

Nos bastidores, Jimi topou com Al Kooper, do The Blues Project. Os dois conversaram sobre Dylan, com quem Kooper havia tocado, e Hendrix perguntou se Al se juntaria a ele no palco para tocar "Like a Rolling Stone". Kooper declinou. Em seguida, Jimi foi até a tenda de The Mamas and the Papas, onde conversou um pouco com Mama Cass e Lee Kiefer, namorado dela. "Owsley apareceu", Kiefer recordou. "Jimi então tomou um ácido. Era o lance de verdade, nada de *bad trip*." Parecia que todo mundo em Monterey estava numa "trip de ácido" de Owsley, e Jimi brincou que estava decepcionado que o Grateful Dead tocaria antes dele, uma vez que o público estaria no auge da viagem antes de sua apresentação. Jimi calculou sua própria viagem de ácido para que o pico acontecesse no meio de sua *performance*.

Quando chegou a hora do Experience tocar, Brian Jones foi ao palco para fazer a apresentação. "Gostaria de apresentar-lhes um grande amigo, um compatriota de vocês", anunciou à plateia. "Um artista brilhante, o mais empolgante guitarrista que já ouvi: The Jimi Hendrix Experience." A banda começou com "Killing Floor" e então tocou "Foxy Lady". Foi apenas na terceira música, "Like a Rolling Stone", que Jimi começou a conquistar o público – seu álbum ainda não havia saído nos Estados Unidos, e aquela era a única música que a plateia conseguia reconhecer. "Àquela altura, você teria visto milhares de 'Os', porque estava todo mundo de boca aberta", recordou Paul Body, que estava na plateia. "Nunca havíamos ouvido nada como aquilo e nunca havíamos visto nada como ele." Jimi usava uma camisa amarela de babados, calças justas vermelhas, sua jaqueta militar bordada e uma faixa no cabelo, e fez todos seus truques de sempre, como tocar com os dentes, tocar atrás das costas e tocar entre as pernas. Mas por trás de todas essas artimanhas havia músicas inovadoras e uma banda sólida que havia estado em turnê pelos últimos sete meses. "Nós arrebentamos o lugar", disse Noel. "Acertamos em cheio. Aquilo fez a banda nos Estados Unidos."

A única falha verdadeira de Jimi aconteceu no final de "The Wind Cries Mary", quando sua guitarra perdeu totalmente a afinação. Trocar de instrumento não era possível, pois Jimi havia pintado a Strat para aquela ocasião. Ele tocou "Purple Haze" usando *feedback*, que não precisava estar afinado. Em seguida, disse ao público "Vou sacrificar, bem aqui, algo que eu amo de verdade. Não achem que sou um idiota por fazer isso, porque eu não acho que estou ficando maluco. Só posso fazer isso deste modo". Começando a tocar "Wild Thing", ele disse que a música era "os hinos inglês e americano combinados". Depois de tocar por 2 minutos, ele apanhou uma lata de fluido de isqueiro Ronson e colocou fogo na guitarra. Ele ficou a cavalo sobre o instrumento enquanto lançava o fluido nele e por fim ajoelhou-se junto a ele, mexendo os dedos como se fosse um sacerdote do vodu. Jimi já havia feito esse truque antes, mas nunca na frente de câmeras de filmagem ou diante de 1,2 mil jornalistas, que era o número estimado de articulistas, críticos e repórteres que haviam ido a Monterey. Pete Townshend estava sentado na plateia ao lado de Mama Cass durante o show de Jimi. Cass virou-se para ele enquanto Jimi arrebentava a guitarra em chamas e disse "Ele está roubando seu número". "Não, ele está *fazendo* meu número", devolveu Townshend. Quando Jimi deixou o palco, ainda cheirando a fluido de isqueiro, Hugh Masekela começou a berrar "Você os matou!". Andy Warhol e Nico foram os primeiros a cumprimentar Jimi. Antes do show, eles não haviam lhe dado atenção, mas agora beijaram-no nas duas faces e o abraçaram do modo como duas damas nobres dariam boas-vindas a uma debutante. Mais tarde, Nico descreveu a atuação de Jimi em Monterey como "a mais sexual" *performance* musical que já havia visto.

Monterey fez de Jimi Hendrix um astro nos Estados Unidos, mas o efeito não foi instantâneo. Seis meses se passariam até que o filme de D. A. Pennebaker sobre o festival estreasse, e levou algum tempo para que aquela multidão de repórteres publicasse suas matérias por todo o país. Pete Johnson escreveu no *Los Angeles Times* que, ao final da apresentação, "o Jimi Hendrix Experience era dono do futuro, e o público percebeu isso na hora. Quando Jimi deixou o palco, ele havia sido promovido de rumor a lenda". Praticamente, todas as matérias sobre o festival mencionaram o Experience – para o bem ou para o mal – como a atração mais memorável do evento. Jimi havia se perguntado se conseguiria atingir a fama nos Estados Unidos; Monterey provou que podia. "Foi sua festa de debutante", Eric Burdon observou. "Ele estava pronto para lançar as fundações sobre as quais iria construir o monumento."

Nem todas as resenhas foram positivas, mas mesmo as que tinham tom negativo criaram controvérsia, o que para um artista desconhecido também era útil. Robert Christgau, na *Esquire*, chamou Jimi de "Pai Tomás psicodélico", enquanto Jann Wenner, que mais tarde fundaria a *Rolling Stone*, resenhou o show para o *Melody Maker* e escreveu, "Embora ele manejasse a guitarra com agilidade rítmica e muita naturalidade, não é o grande artista que nos disseram". Pete Townshend estava desapontado por Jimi recorrer a tantas artimanhas durante o show. "Quando Jimi entrou e começou a fazer os mesmos truques que havíamos feito – e eles eram só truques –, percebi que eu tinha subestimado sua disposição em bancar o tolo para conseguir atenção. Ele não precisava fazer aquilo. Estamos falando aqui de bobagens grosseiras da indústria do entretenimento. Comecei a arrebentar guitarras como um conceito artístico sério, com um manifesto claro." Se Townshend tivesse tentado discutir "manifestos", é bem possível que Jimi tivesse arrebentado a guitarra na cabeça dele.

No dia seguinte a Monterey, Jimi topou com Townshend no aeroporto da cidade. Em uma tentativa de aliviar a tensão do dia anterior, Pete disse, "Escuta, sem ressentimentos. E eu adoraria ter um pedaço daquela guitarra que você destruiu". Hendrix devolveu um olhar gelado e chamou Townshend de *cracker*. Era raro que Jimi usasse termos racistas contra brancos, mas, quando ficava furioso como estava ali no aeroporto, uma torrente de obscenidades podia jorrar de sua boca. Townshend foi pego de surpresa pelo ataque venenoso de Jimi; na Inglaterra, eles haviam discutido com frequência o papel da raça na música. "Havíamos conversado um bocado sobre o fato de que ele tinha pegado 'de volta' o blues negro que artistas como os Stones e Clapton haviam se apropriado dos Estados Unidos, para em seguida vendê-lo de volta aos americanos como se fosse britânico e branco", Townshend recordou. "Isso sempre havia sido discutido entre nós como uma ironia incrível e aceitável, claro." Alguns meses depois de Monterey, Townshend e Hendrix reatariam sua amizade, que seria longeva, mas, no aeroporto da cidade, eles se separaram de forma amarga. Embora Jimi tivesse arrasado no show em Monterey e tivesse todos os motivos para estar eufórico, ele embarcou no avião de cara amarrada, ainda furioso pelo encontro com Townshend e percebendo – talvez pela primeira vez – que com a fama vinham os ciúmes, os subterfúgios e a inveja.

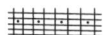

Monterey havia gerado muita publicidade para Jimi, mas celebridade e sucesso financeiro nem sempre andam juntos. Depois do concerto, a banda conseguiu um contrato de patrocínio com os Amplificadores Sunn, que lhe deram equipamento de graça e um contrato com Michael Goldstein, que atuaria como assessor de imprensa do grupo nos Estados Unidos, mas eles ainda não tinham shows marcados. O único agendamento veio de Bill Graham, que lhes pediu que abrissem alguns shows no Fillmore, em São Francisco. Eles tocaram uma única noite como banda de abertura, pois a resposta do público foi tão boa – isso em um programa que incluía o Big Brother, de Janis Joplin –, que passaram a tocar como atração principal por uma semana. Durante essa série de shows, Jimi conheceu Janis e diz a lenda que ambos fizeram sexo no banheiro dos bastidores do Fillmore em um intervalo das apresentações. Nenhum dos envolvidos jamais confirmou diretamente tal encontro, mas todos os colegas de banda de ambos acreditavam que ele ocorreu. Jimi ainda estava morando com Kathy Etchingham em Londres, mas na estrada comportava-se como se estivesse solteiro. Janis teria sido uma parceira mais do que disposta, e talvez tivesse partido dela a iniciativa do encontro carnal; a imagem das duas estrelas em ascensão transando apoiadas numa parede dos bastidores tornou-se parte da rica história do Fillmore, do mesmo modo que a música tocada no palco.

O mês de julho começou com um show em Santa Barbara, e com a primeira apresentação do grupo em Los Angeles, no Whisky A Go Go. O show no Whisky atraiu uma plateia de estrelas que incluiu Mama Cass e Jim Morrison. A lendária *groupie* de rock Pamela Des Barres estava no Whisky e sentiu que o show marcou a ascensão de Jimi ao estrelato em L. A. "Ninguém em L. A. sequer sabia quem ele era antes do show", ela disse. "Todo mundo sabia depois." Mais tarde, Jimi deu em cima de Des Barres, que, surpreendentemente, achou a presença sexual dele forte demais para ela, que ainda estava no início de sua carreira como *groupie*. "Ele simplesmente exalava sexualidade", ela recordou. "Havia nele um óbvio magnetismo. Eu simplesmente não pude topar naquele momento." Durante uma festa em Laurel Canyon, Jimi encontrou uma parceira mais disposta, Devon Wilson, uma afro-americana alta e atraente, que foi uma das primeiras *"supergroupies"* do rock. Ela havia nascido como Ida Mae Wilson, mas aos 15 anos escolheu o nome Devon, enquanto trabalhava nas ruas como prostituta. Havia se alçado ao título de *groupie* em 1967, e pelos três anos seguintes seria parceira ocasional de Jimi na cama. Devon tinha uma beleza excepcional e era muito inteligente; parecia-se um pouco com uma versão mais curvilínea de Josephine Baker. Não fosse sua constante luta com as drogas, que costumavam deixá-la com aparência fantasmagórica, Devon poderia ter sido modelo; em lugar disso, ela encontrou o poder e a identidade que desejava associando-se com os maiores astros do rock de então. Uma vez que Jimi entrou em sua mira, ela o perseguiu sem descanso.

No dia seguinte ao show no Whisky, o Experience pegou um avião para Nova York, onde se apresentou em dois clubes, e depois voou para Jacksonville, Flórida, onde teria início uma turnê como banda de abertura dos Monkees. Foi Michael Jeffrey que conseguiu essa turnê tão peculiar. Ao ser informado por Jeffrey sobre ela, Chas Chandler respondeu "Porra, você está maluco?". Os Monkees eram um fenômeno pop, e toda sua turnê estava com os ingressos esgotados, mas a programação conjunta com o Experience iria mostrar-se uma das mais estranhas nos anais da história do rock. "Nosso público não curtiu exatamente Jimi", recordou Peter Tork, um dos membros da banda. De fato, os únicos fãs novos que o Experience ganhou foram os quatro integrantes dos Monkees. "Nós chegávamos cedo e assistíamos à apresentação nos bastidores", disse Tork. "O que ele fazia era simplesmente maravilhoso. Eu adorava ver a forma como suas mãos trabalhavam – era tão fácil para ele que parecia que nem estava tocando." Tork achou que a forma como Jimi tocava a guitarra era tão fácil quanto o "aceno real" da Rainha, um movimento físico feito com naturalidade, que poderia ser repetido o dia inteiro, sem pressão. "A maioria dos guitarristas coloca tanta tensão nos braços que ficam curvados para a frente", Tork observou. "Mas quanto mais natural você fica – e nisso Jimi tinha uma naturalidade extraordinária – mais amplo seu espectro de expressão."

O amor de Jimi por tocar guitarra não foi suficiente para melhorar seu humor, porém; abrir o show para uma sensação adolescente pareceu-lhe um retrocesso e, fora o fato de que os Monkees tinham um estoque interminável de maconha, ele via pouca coisa positiva naquela turnê. Chandler convenceu os organizadores a dispensar o Experience depois de apenas oito shows. No espírito de controvérsia que rodeava Jimi, porém, Chandler emitiu um comunicado falso à imprensa, afirmando que o Experience havia sido expulso da turnê porque "as Filhas da Revolução Americana"[2] tinham reclamado que o show dele era "erótico demais". As integrantes do DAR não deviam ser fãs de Hendrix, mas o comunicado era completamente inventado. Mas, ainda assim, ser enxotado de uma turnê por ser erótico demais era uma excelente propaganda e uma manchete estampada na *N.M.E.*(*New Musical Express*) colocou ainda mais fogo na controvérsia: **HENDRIX: ELE DESISTIU OU FOI CHUTADO?**

O cancelamento da turnê deixou um grande vazio na agenda do Experience. Eles o preencheram voltando para o estúdio em Nova York e fazendo diversas apresentações em clubes. Uma das poucas casas que aceitaram marcar shows em cima da hora foi o Café Au Go Go, no Village. Passara-se menos de um ano desde que Jimi havia tocado no mesmo local como Jimi James, um desconhecido. Agora ele estava de volta ao clube onde havia sido esnobado por Junior Wells e onde tinha sido músico de apoio de John Hammond. O salão era pequeno o bastante para que a apresentação rendesse apenas uma fração do que o Experience poderia ganhar no Reino Unido, mas de qualquer modo deve ter sido uma sensação de vitória ver, toda noite, filas que davam a volta no quarteirão.

---

[2] Em inglês, Daughters of the American Revolution (DAR), organização formada por mulheres descendentes de pessoas que atuaram na luta da independência dos Estados Unidos. (N. da T.)

Uma das primeiras coisas que Jimi fez em Nova York foi ir atrás de Charles Otis e pagar-lhe os 40 dólares que tomara emprestados antes de viajar para a Inglaterra. Poder finalmente pagar um empréstimo parecia uma espécie de vingança, mas melhor do que isso era o fato de ter realizado exatamente o que havia dito a todos no Village: por mais improvável que fosse, ele havia ido para Londres e voltado como um astro.

CAPÍTULO 17

Black Noise

~~~◆~~~

Nova York, Nova York
Agosto de 1967 - fevereiro de 1968

"Ele tocou sem as mãos, deixando seu pedal de wah-wah *curvar e quebrar o som em linhas melódicas loucamente distorcidas. E tudo no volume máximo, com o baixo e a bateria construindo um* wall of sound *negro ouvido não apenas com os ouvidos, mas pela pressão nos globos oculares."*
– de um artigo do *New York Times* de 23 de fevereiro de 1968,
com o título "O Elvis Negro?"

O EXPERIENCE PASSOU O mês seguinte cumprindo uma agenda em clubes de Nova York, o que deu a Jimi tempo para retomar o contato com seus amigos da *uptown*. Pouca gente no Harlem acompanhava a cena musical inglesa, e Jimi levou consigo uma cópia britânica de *Are You Experienced* para convencer seus amigos de que ele era de fato uma sensação em Londres. "Nós não tínhamos percebido que ele havia se tornado um sucesso", recordou Tunde-ra Aleem. "Achávamos que James Brown fazia sucesso, mas não tínhamos tanta certeza quanto a Jimi porque nunca havíamos ouvido falar dele." As roupas dele pareceram estranhas aos irmãos

Aleem, mas, no momento em que tirou do bolso um punhado de papéis de LSD, eles perceberam que Jimi não era mais o garoto tímido que um dia haviam conhecido. Quando ouviram o álbum, porém, os Aleem duvidaram que Jimi estivesse falando a verdade sobre seu estrelato. "Nós pensamos 'Pobre Jimi, ele não vai conseguir'", recordou Taharqa. Os irmãos Aleem tinham virado personagens importantes na cena musical do Harlem e marcaram um encontro dele com o influente DJ negro Frankie Crocker, pensando que aquela conexão poderia ajudar Jimi a ser tocado nas rádios negras. Crocker odiou o disco, o encontro foi constrangedor para todos, e Jimi saiu arrasado.

Certa noite, Jimi foi com os irmãos Aleem ao Small's Paradise, pensando talvez que poderia voltar a seu antigo território como um conquistador. Em vez disso, descobriu que suas roupas compradas em São Francisco destoavam tanto da forma de vestir dos afro-americanos que ele foi alvo de provocações. A briga só foi evitada porque os Aleem intervieram e pediram desculpas pela gafe de Jimi. "Jimi estava usando um chapéu de bruxa gigante", disse Tunde-ra. "O resto do pessoal usava chapéus pequenos, chamados 'stingy brim' ('borda estreita'). E ele vestia aquelas calças com bocas de sino gigantes; todos os demais estavam com calças justas. O que quer que usássemos, ele tinha mais. Tinha mais cabelo, mais calças, ele tinha mais de tudo. Mas não era popular na comunidade negra."

Jimi foi recebido de forma muito mais positiva no Village, onde muita gente havia escutado cópias importadas de seus *singles* britânicos. Ao visitar o *loft* de Buzzy Linhart, onde as drogas e a música fluíam livres, foi tratado como celebridade. "Tínhamos literalmente uma tonelada de haxixe libanês vermelho que alguém havia trazido em um avião particular", disse Linhart. "Jimi ia me visitar o tempo todo, assim como Dylan, Roger McGuinn, David Crosby e outros." Talvez fosse o desejo de encontrar Dylan – que ele nunca realizou – ou talvez fosse apenas o haxixe, mas Jimi sempre dava uma parada lá, e rolavam várias *jam sessions*. Uma noite, Jimi tomou ácido e tocou por oito horas sem parar, assombrando os outros músicos com sua energia.

Até o Greenwich Village havia mudado ao longo do ano que Jimi passou fora. Os *beatniks* haviam dado lugar aos *hippies*, *heads* (viciados) e aos filhos das flores. O modo de vestir-se, o uso de drogas e a música eram os vínculos que uniam ou separavam a juventude, mais do que a etnia, que se tornou menos relevante dentro da contracultura. Naquele mês, o Experience tocou por duas semanas no Salvation Club, e nos intervalos Jimi começou a visitar regularmente a sede da *Crawdaddy*, uma das primeiras revistas de rock. A ideia de tentar influenciar a imprensa poderia ter motivado alguns músicos, mas Jimi nunca deu a impressão de que seria esse seu objetivo: "Conversávamos sobre música, mas às vezes ele só passava para fumar maconha", recordou Paul Williams, editor da *Crawdaddy*. "Se você era parte da cena psicodélica, era um fora da lei com os demais e parte da mesma comunidade *head*. Naquele momento em particular, Jimi estava mais seguro e mais à vontade com os *hippies* brancos do que no mundo afro-americano." Jimi tornou-se tão fã da *Crawdaddy* que, quando a revista publicou uma foto dele, com uma breve resenha, ele pegou uma pilha de exemplares e distribuiu entre os espectadores de um concerto do The Byrds, perto dali. Ele gritava "Meu nome é Jimi Hendrix. Leiam esta revista! Tem um artigo sobre mim aí". Pouca gente no público reconheceu-o. O incidente demonstrou como Jimi ainda era desconhecido nos Estados Unidos. Em Londres, os fãs corriam atrás dele na rua tentando cortar seu cabelo; nos Estados Unidos, ele distribuía panfletos.

Jimi encontrou-se com Curtis Knight, seu antigo companheiro de banda, naquele mês de agosto, e tocou demos para ele do que viria se tornar o álbum *Axis: Bold as Love*. "Estou realmente chegando a algum lugar agora", ele disse a Knight. Os dois queriam sair para jantar, mas Jimi não tinha dinheiro. Knight sugeriu que Jimi pedisse dinheiro emprestado a Ed Chalpin, o mesmo produtor com quem Jimi havia assinado contrato por um adiantamento de 1 dólar em 1965.

Às duas da manhã, Knight e Hendrix apareceram no apartamento de Chalpin e o acordaram. Os três então saíram para jantar. A bizarrice dessa situação é assombrosa, revelando contradições fundamentais da natureza de Jimi: ele sempre colocava a música acima da indústria da música. Era como se qualquer que fosse o gene que permitia a Jimi viver no momento, dando-lhe portanto criatividade, anulasse sua capacidade de avaliar com cuidado os acordos comerciais. O contrato que Jimi havia firmado com Chalpin retornara para assombrá-lo: quando Jimi se tornou famoso na Inglaterra, Chalpin tentou impedir quaisquer futuras gravações pelo Experience. Chalpin era a outra parte na ação judicial de Jimi, mas este saudou-o como a um velho amigo e parecia não guardar nenhuma mágoa.

Chalpin recordou seu jantar com Jimi e Knight como tendo sido amigável e depois ele emprestou a Jimi uma pequena quantia de dinheiro. E, em uma decisão que parece inacreditável, mas que foi registrada em fita de áudio, Jimi entrou no estúdio no meio da noite e gravou mais seis faixas para Chalpin. Durante a gravação, Jimi alertou Chalpin que seu nome não deveria aparecer em nenhum *release*. "Você não pode, sabe... colocar meu nome em nada", advertiu ele. "Você não pode usar meu nome para nenhuma daquelas coisas." Chalpin recordou que a postura de Jimi era afável, e não uma que pudesse ser associada com um litigante em uma disputa legal. "Ele adorou a forma como eu o gravei em 1965 e voltou em 1967", Chalpin observou. Jimi parecia mais interessado em demonstrar seu domínio sobre o pedal de *wah-wah*. Chalpin gravou a sessão, que acabou lançando com o nome de Jimi, o que agravou ainda mais seus problemas legais. Como se essa sessão já não fosse estranha o bastante, Jimi voltou mais uma vez naquele mês de agosto e fez outra sessão com Chalpin e Knight.

Ainda em agosto, o Experience fez mais algumas apresentações em Nova York e várias outras pelos Estados Unidos, incluindo um show no Hollywood Bowl, onde a banda abriu para o The Mamas and the Papas. Em 21 de agosto, embarcaram em um voo para a Inglaterra, a primeira vez que voltavam para casa em quase três meses. A chegada deles no Reino Unido foi motivo para artigos de fundo em dois grandes jornais, e eles apareceram em vários programas de televisão para promover seu mais recente *single* no Reino Unido, "Burning of the Midnight Lamp". Jimi e Kathy Etchingham tiveram um reencontro caloroso, mas não demorou muito para que voltassem a brigar por causa da culinária dela.

Apenas em 1º de setembro de 1967, o LP *Are You Experienced* foi finalmente lançado nos Estados Unidos pela Reprise Records. O álbum americano deixou de fora "Red House", "Can You See Me" e "Remember", mas incluiu os *singles* que tinham sido omitidos do álbum britânico: "Hey Joe", "Purple Haze" e "The Wind Cries Mary". Para confundir as coisas, a grafia dos títulos de duas músicas havia sido mudada ("Foxy Lady" tornou-se "Foxey Lady" e "Are You Experienced?" agora tinha um ponto de interrogação, da mesma forma que o título do álbum). A maior parte das resenhas nos Estados Unidos foi positiva, sobretudo as da imprensa alternativa, mas algumas delas evidenciavam quão revolucionário era o estilo de Jimi. Quando Chas Chandler leu uma resenha horrível no *New York Times,* ele viu confirmada sua percepção de que Jimi teria de ir para a Inglaterra para acontecer: "O disco em si é um show de pesadelo, com desejo e sofrimento", dizia a resenha. O jornal gostou ainda menos da capa do álbum e sugeriu que "reforçava o tema de degeneração, com os três olhando com desdém por baixo de suas cabeleiras bufantes, parecendo hermafroditas surreais". Jimi havia sido chamado de muitas coisas absurdas na imprensa inglesa, mas foi necessário o *New York Times* para chamá-lo de hermafrodita. Alguns meses mais tarde, o jornal escreveu uma matéria elogiosa – pois então, Jimi era popular demais para ser descartado.

Nos Estados Unidos, sobretudo com o que agora se chamava "a geração mais jovem", pouco dano poderia ser causado a um músico de rock por articulistas indignados de jornais importantes. Muito mais importante era a rádio FM, e *Are You Experienced* tornou-se um dos primeiros clássicos do *dial* dessa frequência. Em contrapartida, na Inglaterra e na Europa, Jimi era um astro e tinha maiores probabilidades de aparecer na televisão e ter os *singles* sendo tocados em estações de rádio comerciais. O álbum americano também foi favorecido pela fotografia olho de peixe que o *New York Times* havia dito que fazia Jimi parecer um homem/mulher. Havia poucos astros do rock tão fotogênicos quanto Jimi – que ficava atraente em praticamente qualquer foto –, mas aquela fotografia em particular, feita por Karl Ferris, foi uma das melhores imagens psicodélicas da década. Tirada de baixo para cima, da perspectiva da virilha de Jimi, seu ângulo dava à banda uma aparência de *Alice no País das Maravilhas* e sugeria que, dentro do álbum, um mundo alucinógeno estava à espera. A combinação da capa com a música revolucionária contida em seu interior impulsionou o álbum, que se tornou um dos mais rapidamente vendidos na história da gravadora, ultrapassando em vendas o maior artista da Reprise, Frank Sinatra. Na adolescência, em Seattle, Jimi havia venerado cantores românticos como Dean Martin e Sinatra. Vender mais do que Sinatra era um feito que ele jamais teria imaginado ser possível.

Não muito depois de ter voltado para a Inglaterra, Hendrix e Kathy Etchingham mudaram-se para um apartamento na Rua Upper Berkeley. Ainda moravam com Chas e a namorada, e Chas pegou o melhor quarto no novo apartamento. Apesar do *status* de astro de Jimi, Chas ainda era o chefe dele, e o relacionamento de ambos era complicado: Chas atuava como diretor artístico, mentor, amigo, patrão e às vezes até guarda-costas. Durante um incidente em um *pub*, ele esmurrou um bêbado que ameaçou Jimi. "Eles conversavam sobre ficção científica e jogavam War juntos", recordou Eddie Kramer. "Havia tanta confiança que, quando Jimi entrava no estúdio, ele tinha a confiança de que Chas iria ajudá-lo a realizar seu sonho." Mesmo com tanta proximidade, Chandler e Jimi brigavam no estúdio, algo típico entre um empresário e um artista temperamental. "Jimi estava exercendo seu poder", recordou o gerente de turnê Neville Chesters. "Àquela altura, ele sabia o que queria, e como queria que soasse. Chas gostava que as músicas fossem enxutas e curtas; Jimi queria que as músicas se prolongassem." Em seu primeiro ano com Chandler, Jimi havia deixado que o empresário tomasse a maior parte das decisões – ele apenas se deixava levar –, mas, tendo atingido o sucesso, já não queria deixar tudo na mão dele.

A organização da banda exibia certa semelhança com uma família disfuncional. Michael Jeffrey cuidava da maior parte dos arranjos comerciais, assumindo um papel paterno, e isso irritava Chandler, que era sempre tratado como o sócio minoritário. O escritório deles havia começado a pagar muitas despesas pessoais dos membros da banda e de suas namoradas e, embora o dinheiro estivesse entrando de forma constante, as contas deles ainda eram superiores à renda. "Eu tinha de pagar o aluguel dos apartamentos deles", recordou a gerente de escritório Trixie Sullivan. "E eles iam a todo canto de táxi ou de limusine e punham na conta da companhia." O principal papel de Jeffrey era lidar com os credores que os perseguiam, tarefa que raramente era confiada a Chandler. Para voltar a encher os cofres, a banda começou uma curta turnê pela Europa, em setembro de 1967. Eram grandes astros na Suécia e venderam 16 mil ingressos apenas em Estocolmo.

No Reino Unido, "Burning of the Midnight Lamp" tornou-se o primeiro *single* de Jimi que não conseguiu emplacar nas 10 mais, mas os sucessos anteriores da banda ainda estavam sendo tocados nas rádios. A BBC gravou a banda tocando ao vivo em 6 de outubro e, em uma alegre *jam* após a gravação, Stevie Wonder tocou bateria com Jimi e Noel. O mês de outubro transcorreu com as sessões de gravação de *Axis* e um punhado de concertos pelo Reino Unido, a maioria no Norte. Embora fossem astros em Londres, alguns dos shows em cidades afastadas tinham pouco público. Em um deles, Jimi brincou com a plateia, "obrigado a vocês dois".

No fim de outubro, *Axis: Bold as Love* estava concluído. Para esse disco, a administração havia decidido que as capas seriam idênticas nos Estados Unidos e no Reino Unido. Quando o assessor de imprensa Tony Garland trouxe uma versão preliminar que exibia uma aparência quase religiosa, Hendrix não gostou da arte de inspiração hindu. "Você entendeu errado", disse. "Não sou esse tipo de índio." Mas ele acabou gostando da capa artística, cuja produção havia custado à Track Records mais de 5 mil dólares; ao menos, ela combinava com a natureza delirante da música que estava dentro.

Muitas bandas experimentam uma baixa com seu segundo disco, mas, no caso de Jimi, *Axis* foi um álbum mais maduro, que refletia um som novo e coesivo. Em 1966, o cantor Kim Fowley havia perguntado a Jimi qual seria o seu estilo e a resposta de Jimi poderia ter sido a descrição de *Axis* em uma linha: "Rock'n'roll ficção científica", ele disse. O álbum começava com "EXP", em que Jimi fingia ser Paul Caruso, seu amigo do Village, falando sobre OVNIs no rádio. Mesmo quando as músicas não tinham como tema a ficção científica, elas soavam extraterrestres e oníricas. No estúdio, Jimi fez experimentos com as muitas caixas de efeitos de Mayer, com *panning* e com *stereo phasing*. "Não havia nada que não fizéssemos, ou que não quiséssemos tentar fazer para ele", recordou Eddie Kramer. "A regra era que não havia regras."

Quando *Axis* foi gravado, Jimi sentia-se mais à vontade no estúdio, embora ainda achasse difícil cantar. Cada música em geral começava com a banda gravando os canais instrumentais; os vocais eram acrescentados mais tarde. Quando chegava a hora de Jimi gravar os canais de voz, ele insistia que as muitas *groupies* e puxa-sacos que não faziam nada no estúdio saíssem dali. Mesmo assim, ele nem sempre ficava satisfeito com sua própria voz: no final de "Spanish Castle Magic", sua música sobre o lendário clube do Noroeste, ele murmurou "Não consigo cantar uma música sequer". Mas, quando se tratava das partes da guitarra – como o delicado trabalho exigido na magnífica "Little Wing" –, ele era intrépido.

Chandler e Jeffrey originalmente haviam pensado em batizar a banda como "Jimi Hendrix and his Experience" ["Jimi Hendrix e sua Experiência"], mas acharam que seria confuso demais, embora tal nome fosse uma descrição melhor de como a banda operou no estúdio durante a gravação de *Axis*. Jimi queixava-se aos outros integrantes da banda que queria mais participação deles, mas, quando Redding e Mitchell davam ideias, com frequência eram recusadas. Contudo, Jimi permitiu que "She's So Fine" de Noel fosse incluída no álbum. Essa música também plantou a semente de uma futura discórdia, quando Jimi decidiu que não seria lançada como *single*, o que magoou Noel. Este também reclamou que, antes da sessão de gravação, Jimi lhe mostrava as partes do baixo que queria, e às vezes o cortava na mixagem e gravava ele mesmo o baixo. Essa atitude devia-se sobretudo ao perfeccionismo de Jimi – se fosse bom baterista, ele poderia ter feito o mesmo com Mitch.

Depois de concluída a mixagem final de *Axis*, porém antes do lançamento do álbum, Jimi voltou ao estúdio, gravando uma demo supercrua chamada "Angel". A música refletia sua escrita cada vez mais autorreferente, tendência que começara com "Spanish Castle Magic" e "Castles Made of Sand". Jimi nunca falou diretamente sobre o tema de "Angel", mas a música abordava uma figura feminina que vinha "do céu" para dar amparo. Um verso diz "Asas de prata recortadas contra o nascer do sol de uma criança".[1] Quanto ao tema, "Angel" era bem parecida com "Little Wing", que também contava a história de uma figura feminina que andava nas nuvens e velava pelo personagem central da música. Quando um jornalista pediu a Jimi que explicasse "Little Wing", ele disse que a música havia sido escrita em Monterey: "Imaginei que pego tudo o que vejo a meu redor e coloco talvez na forma de uma garota [...] e chamo de 'Little Wing' ('asa pequena') e então ela simplesmente voa e se vai". Os comentários de Jimi mascaravam aquele que com toda certeza era o real tema das duas baladas autobiográficas: mais tarde ele contou a seu irmão Leon que ambas as músicas eram sobre a mãe deles, Lucille.

Axis: Bold as Love foi lançado no Reino Unido em 1º de dezembro de 1967 (nos Estados Unidos, o álbum sairia um mês depois). As resenhas britânicas eram efusivas. "Um disco de sucesso, sem nenhuma dúvida", escreveu o *Record Mirror*. "É demais", empolgou-se o *Melody Maker*, em uma resenha que mais parecia o aval a uma nova religião: "Encante seus ouvidos, confunda sua cabeça, enlouqueça, faça o que quiser, mas por favor curta Hendrix como você nunca fez antes". A explicação do álbum pelo próprio Jimi era igualmente divina: "Nós tentamos levar a maioria das faixas direto para outra dimensão, então você tem esse efeito celestial, como se elas estivessem descendo dos céus".

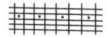

O EXPERIENCE ESTAVA NO meio de outra turnê pela Inglaterra quando *Axis* foi lançado, e houve pouco tempo para saborear o sucesso. Nesta turnê em particular, eles tocaram com o Pink Floyd, o Move e o Nice. Ela teve início no Royal Albert Hall, em Londres, em um show anunciado como "O Casamento Alquímico", por conta da natureza extravagante das bandas envolvidas e por seu som regado a drogas psicodélicas. Jimi apelidou Syd Barrett, integrante perenemente mal-humorado do Pink Floyd, de "sorridente Syd Barret". Hugh Nolan, no

---

[1] *Silver wings silhouetted against a child's sunrise*, em inglês. (N. da T.)

jornal *Disc*, escreveu sobre Jimi que sua "apresentação histericamente empolgante proporciona o que deve ser o final mais absoluto, repleto de emoção, que qualquer show pop poderia esperar – excetuando, talvez, os Beatles". No ritmo sempre brutal das turnês do Experience, que costumavam incluir duas apresentações por noite, nesta viagem foram feitos 32 shows em 22 dias.

Jimi fez 25 anos em plena turnê, e a equipe comemorou com um bolo de aniversário. Quando ele retornou a Londres, Etchingham lhe deu de presente uma cachorrinha *basset hound*. Jimi batizou-a de Ethel Floon, mas em geral a chamava de "Rainha de Orelhas". Jimi mencionara muitas vezes Prince, o cachorro que tivera quando criança, e foi num esforço de recapturar essas memórias afetivas que Etchingham comprou a cachorrinha. Mas Prince havia sido um cão independente, e Ethel mostrou-se impossível de treinar. Jimi e Kathy às vezes levavam-na para passear no Hyde Park, uma visão que com certeza fazia as pessoas pararem para olhar, mas por fim o animal ficou gordo demais para o apartamento deles. Etchingham encontrou uma casa de campo para ela, e Ethel foi enviada para lá.

Quando 1967 chegou ao fim, a fadiga e a exaustão se instalaram depois de um ano enlouquecido de turnês. Em uma entrevista de fim de ano para o *Melody Maker*, Jimi insinuou pela primeira vez que a ascensão meteórica ao estrelato estava cobrando seu preço. "Eu gostaria de fazer uma pausa de seis meses e ir a uma escola de música", disse. "Estou cansado de tentar criar coisas e descobrir que não consigo. Quero escrever histórias mitológicas transformadas em música baseada em um lance planetário." Ele também deu a entender que, embora pretendesse manter um núcleo formado por Mitch e Noel, ele planejava complementar a banda com outros músicos. Em uma tentativa de lidar com a exaustão, a banda aumentara o consumo de estimulantes e depressores, usando-os quase diariamente para poderem dormir ou para permanecerem acordados. Noel Redding escreveu, em seu livro de memórias, que as drogas acabaram virando um jogo de "Eu posso tomar mais que você". A tolerância de Jimi era maior do que a de qualquer outro na banda ou na equipe, e, se Noel tomava dois comprimidos, Jimi tomava quatro. A reputação da banda como usuários de drogas começou a atrair traficantes e *groupies* que traziam aos camarins um catálogo de todas as drogas imagináveis. Noel recordou quando lhe ofereceram uma carreira de cocaína que na verdade era heroína; ele a cheirou e passou mal.

    A exaustão da banda ficou clara em janeiro, quando teve início uma turnê pela Escandinávia. Logo em seu primeiro dia na Suécia, e antes mesmo do primeiro show, Jimi embebedou-se e destruiu o quarto de hotel em que estava. Redding detalhou o episódio em suas memórias: "Estávamos todos podres de tão bêbados. Jimi tinha andado na companhia de um jornalista homossexual sueco. Talvez o cara tivesse colocado ideias na cabeça dele, e ele sugeriu que fizéssemos sexo a quatro". Redding disse que a ideia era absurda, mas o jornalista sueco continuou insistindo. Nada de cunho sexual sequer ocorreu, e em vez disso Jimi destruiu seu quarto de hotel, sendo preso por isso. Foi solto com o pagamento de uma multa, mas as custas judiciais representaram um terço do que a banda ganhou na turnê. O incidente foi um contratempo financeiro, mas o maior preço pago foi a humilhação que Jimi sofreu nas manchetes – em 1968, destruir um quarto de hotel ainda era uma vergonha para um astro da música.

    Jimi e Noel dormiram com centenas de moças durante as turnês, e muitas vezes competiam para levar as *groupies* para a cama, um constante ponto de atrito entre eles. Em seu livro de memórias, *Are You Experienced?*, Noel Redding descreveu as turnês como uma "overdose de sexo". O relato de Redding sobre Jimi e a proposta do jornalista sueco não constitui o único episódio que insinua uma bissexualidade de Jimi – as mesmas qualidades que o tornavam sexualmente interessante para as mulheres também atraíam cantadas masculinas ocasionais. Houve ao menos duas ocasiões nas quais a proposta partiu de Jimi, embora ambos os incidentes envolvessem uma quantidade significativa de drogas. Dallas Taylor, baterista doCrosby, Stills, Nash and Young, recebeu certa noite um telefonema de sua namorada, pedindo-lhe que fosse à casa dela. Ao chegar, ele encontrou a namorada na cama com Jimi – ambos nus e muito chapados. "Foi muito triste", recordou Taylor. Em vez de parecer chocado, Jimi convidou Taylor para juntar-se a eles em um *ménage à trois*; Taylor declinou do convite e foi embora. Arthur Lee também contou um episódio em que Jimi tentou envolvê-lo no sexo a três. Se tais histórias indicam de fato uma bissexualidade, ou se foram apenas parte de uma obsessão induzida pelas drogas, é impossível determinar.

O que era de fato estranho, em termos sexuais, quanto à devassidão do Experience durante as turnês era a informalidade com que transavam com as *groupies* – não era incomum que o sexo ocorresse nos bastidores, à vista dos demais, e com frequência havia troca de parceiros. "Todos partilhavam as garotas entre si", observou a gerente de escritório Trixie Sullivan. "A garota primeiro dormia com o *roadie*, e então ia subindo." Jimi sempre falou do "amor livre" como se fosse um pilar de sua filosofia de vida, mas essa liberdade tinha um preço. "A grande piada era que você tinha que mandar o bando inteiro ao médico porque alguma *groupie* havia passado gonorreia para todos", acrescentou Sullivan. Mesmo no mundo pré-Aids, tal promiscuidade podia gerar complicações: alguma doença sexualmente transmissível; amantes ciumentos em fúria; e gravidez. Esta última era a perspectiva mais assustadora para Jimi, mas não o suficiente para fazê-lo usar um contraceptivo.

Durante a viagem à Suécia, uma das amantes de Jimi foi a universitária Eva Sundquist. Ele a conhecera em uma estação de trem, numa turnê anterior, e deu em cima dela de forma incansável, chegando a chamá-la pelo nome durante o show e informar em que hotel estava, para o caso de ela querer aparecer. "Ele me mandava com antecedência o roteiro de suas turnês", contou Sundquist ao *Daily Mail*. "Eu morava com minha família, e meu pai desaprovava o relacionamento. Jimi não podia vir à minha casa, e assim eu costumava ir aos hotéis onde ele se hospedava. Ele sempre foi um cavalheiro perfeito, muito atencioso e gentil." De acordo com Sundquist, em janeiro de 1968, ela perdeu a virgindade com Jimi, durante a mesma turnê em que ele foi preso por destruir seu quarto de hotel.

No FIM DE JANEIRO, o Experience partiu para sua primeira turnê em larga escala pelos Estados Unidos. *Are You Experienced* já havia vendido mais de 1 milhão de cópias por lá, o que o tornava um tremendo sucesso, embora as resenhas americanas para *Axis* fossem apenas mornas. A *Rolling Stone* disse que Jimi soava "como um monte de lixo", suas músicas eram "basicamente um tédio" e o criticou pela forma como cantava. Outras resenhas foram mais efusivas, mas havia um tema recorrente em muitas das matérias: os críticos eram rápidos em chamar Jimi de "um dos maiores guitarristas do rock", mas sua qualidade artística como um todo, ou sua habilidade como compositor, eram atributos mencionados sempre mais para o final em qualquer resenha, ou sequer apareciam. Quisesse ou não, a imagem pública de Jimi Hendrix já se havia consolidado como um deus da guitarra, e nada poderia mudar isso.

O assessor de imprensa Michael Goldstein foi orientado a criar "um evento" que alavancasse a turnê pelos Estados Unidos. Como o Soft Machine e o The Animals também eram clientes de Jeffrey/Chandler, ambos os grupos foram incluídos em uma coletiva de imprensa, que Goldstein chamou de "Os Britânicos Estão Vindo". O plano era fazê-los pousar de helicóptero no alto do edifício da Pan Am e dar uma coletiva de imprensa lá. A ideia fracassou porque as condições do tempo impediram o helicóptero de voar e os grupos precisaram chegar de ônibus. Entretanto, uma dúzia de revistas e estações de rádio entrevistaram Jimi.

Uma das entrevistas foi concedida a Michael Rosenbaum, da *Crawdaddy*, que abriu espaço para Jimi expor inúmeras de suas crenças. Na maioria das entrevistas, sobretudo na imprensa musical, Jimi empregava um padrão de fala das ruas, usando "*groovy*" ("bacana"), "você sabe" e "*cool*" ("legal") cada vez que abria a boca. O linguajar fazia-o parecer moderno, mas também tinha a vantagem de fazer com que parecesse mais misterioso. Ele repetiu a história inventada de que as Filhas da Revolução Americana haviam forçado sua expulsão da turnê dos Monkees e disse "Essa garotada adora a gente". Indagado sobre a música "Bold As Love", Jimi contou como certas cores combinavam com certas emoções e que ele buscava tocar tais cores. Disse que havia apenas três músicas em *Axis* das quais gostava ("Bold As Love", "Little Wing" e "Little Miss Lover"), e ameaçou: "Nosso próximo LP vai ser exatamente do jeito que queremos ou então...". Não eram comentários adequados para um artista que promovia seu novo disco, e a assessoria de imprensa entrou em ação para controlar suas declarações de improviso.

A turnê em si começou em São Francisco, com shows no Fillmore e no Winterland. Michael Lydon, sob o título O ELVIS NEGRO? escreveu no *New York Times* uma resenha entusiástica do show. Em São Francisco, a programação trazia o nome de Jimi antes de Albert King. Hendrix conhecera King em Nashville, com Johnny Jones, e deve ter sido estranho ver o músico mais velho abrir seu show. Embora mais tarde King recordasse a reunião como tendo sido calorosa, ele não era o tipo de *bluesman* que cedia o palco para qualquer um. "Naquela noite, eu lhe dei uma aula sobre o blues", contou depois King à *Musician*. "[Jimi] tinha uma fileira de botões no chão, e um monte de amplificadores um em cima do outro. E ele apertava um botão e fazia alguma fumaça [...]. Mas quando você quer ser pé no chão de verdade e tocar o blues, bom, eu poderia ter tocado as músicas dele com facilidade, mas ele não poderia tocar as minhas." King deve ter perdido parte da apresentação de Jimi, que agora incluía uma música lenta que ele chamava de "Catfish Blues", uma atualização de "Mannish Boy", de Muddy Waters.

Pouca gente nos shows de São Francisco teria concordado com a afirmação de Albert King. Bill Graham, em seu livro de memórias *Bill Graham Presents*, chamou Jimi de "uma combinação entre o malandro mor e o técnico mor, com tremenda habilidade emocional". Graham também considerava Jimi único por sua capacidade de atração que cruzava as fronteiras raciais. Ele escreveu: "Depois de Otis Redding, [Jimi] foi o primeiro negro na história deste país que fez a massa de mulheres na plateia ignorar sua etnia e desejar seu corpo [...]. Depois de Otis, ele foi o primeiro símbolo sexual negro nos Estados Unidos branco". A verdade do comentário de Graham refletia-se no crescente número de mulheres que eram fãs de Jimi, muitas delas atraídas não só por sua perícia com a guitarra, mas também por seu carisma sexual.

Depois de São Francisco, o Experience fez várias apresentações no estado da Califórnia, terminando com um show em Santa Barbara, a 11 de fevereiro. Na maior parte da turnê, os ingressos haviam se esgotado, e Jimi provara que poderia ter nos Estados Unidos popularidade equivalente à que tinha na Grã--Bretanha. No entanto, pouco após o show em Santa Barbara, Noel notou que Jimi estava nervoso e tenso. Ele entendeu o motivo ao examinar o itinerário da turnê e ver que a próxima parada era Seattle, Washington.

CAPÍTULO 18

O Terremoto Espacial de uma Música Nova

Seattle, Washington
Fevereiro de 1968 - maio de 1968

> *"Hendrix, como o The Fugs, é um tremor válido no terremoto espacial da música nova. Ignorar seu discurso selvagem é colocar-nos à mercê de algum novo significado que possa estar à espreita no centro de uma chama primitiva."*
> — Tom Robbins, no jornal *Helix*

À ÉPOCA DE SUA primeira grande turnê pelos Estados Unidos, no início de 1968, qualquer tipo de vida normal para Jimi Hendrix já havia muito fora substituído pela vida de um músico itinerante. Só nessa turnê, o Experience tocaria em 49 cidades em 51 dias, passando na estrada a maior parte do tempo em que não estava se apresentando. O gerente de turnê Neville Chesters calculou ter dirigido 29 mil quilômetros durante a turnê, que foi só a primeira das três que a banda fez naquele ano. As turnês muitas vezes tinham itinerários bizarros, forçando a banda a fazer uma longa viagem para uma apresentação e depois fazer o caminho de volta para o compromisso seguinte. Eles ainda continuavam a sofrer uma crise de caixa, e Michael Jeffrey achava que não podiam recusar nenhuma chance, ainda que um show marcado de última hora exigisse da banda viajar a noite toda. Para o show de Seattle em 1968, o Experience pegou um avião de Santa Barbara para Seattle, e um voo de volta para Los Angeles na manhã seguinte. A banda às vezes viajava de avião, mas a maior parte dos trajetos era feita de carro, e eles com frequência tinham que passar muitas horas no banco de trás de uma perua alugada.

Nenhum show em toda a turnê deixou Jimi mais nervoso do que a apresentação de 12 de fevereiro na Seattle Center Arena. Ele não pisava em sua cidade natal fazia sete anos, e as circunstâncias de sua última visita não poderiam ter sido mais diferentes: em 1961, ele estava de folga do exército e usava uniforme. Muita coisa havia acontecido em sua vida desde então, e muitas mudanças ocorreram em sua família. Com o novo casamento do pai, Jimi tinha uma madrasta nova e cinco novos "irmãos", filhos dela. Seu irmão Leon era um garoto quando Jimi saiu de casa; ele agora tinha 20 anos, e era um jovem atraente, no caminho de se tornar adulto. Leon havia virado uma espécie de traficantezinho de rua e ladrãozinho barato, "trabalhando" em um salão de bilhar no centro, talvez o mesmo destino que Jimi teria caso tivesse permanecido em Seattle. Se tudo isso não fosse suficiente, o show de Seattle – embora marcado de último minuto, e divulgado com apenas uma semana de antecedência – estava com a lotação esgotada.

Uma semana antes do concerto, o organizador Pat O'Day telefonou a Jimi e perguntou se havia algo em especial que ele quisesse fazer em Seattle. Jimi disse que gostaria de dar um show gratuito para os alunos da Garfield High School. O'Day respondeu que tentaria organizar isso. Jimi entendeu, a partir da conversa, que receberia a chave cerimonial da cidade, embora O'Day não se lembre de ter falado sobre isso. Contudo, ao dar uma entrevista naquela semana para o *Sunday Mirror*, Jimi fez referência à honraria que acreditava estar para receber, dizendo ter ficado surpreso com a mudança drástica de sua sorte em Seattle: "As únicas chaves que eu esperava ver naquela cidade eram as da cadeia", comentou.

Ele havia saído de Seattle em 1960 sob a ameaça de cinco anos de cadeia por ter sido pego em um carro roubado. Agora voltava como herói, para tocar em um show com ingressos esgotados.

Quando seu avião pousou, na tarde do concerto, Jimi foi a última pessoa a descer. Leon, assim como o resto da família, não o via fazia anos, e ficou surpreso com a aparência do irmão mais velho: "Ele estava usando um chapéu gigante e uma camisa de veludo vermelho. Tinha um cabelão e parecia muito louco!". Leon, em contraste, usava um chapéu *stingy-brim* e calças retas. Jimi surpreendeu-se com a aparência de Al – seu pai havia envelhecido muito, e pela primeira vez na vida havia raspado o bigode. Também foi a única vez que Jimi viu o pai usar uma gravata. Antes da chegada em Seattle, ele dissera em uma entrevista recear que o pai o pegasse e cortasse seu cabelo. Em vez disso, Al apertou a mão de Jimi, colocou a outra mão nas costas dele e disse "Bem-vindo a sua casa, filho". Foi um encontro caloroso, e o novo casamento parecia ter suavizado Al. Jimi conheceu sua nova madrasta, June, e gostou dela.

Enquanto o resto da banda foi para o hotel, Jimi foi levado à casa de Al, onde amigos e vizinhos o rodearam. Alguns dos que estavam ali reunidos começaram a beber o *bourbon* de Al, mas, antes de fazer o mesmo, Jimi pediu a permissão do pai, um sinal do respeito que, aos 25 anos, ainda tinha por ele. Tia Delores e Dorothy Harding apareceram, e Jimi começou a contar histórias da movimentada "Swinging London". "Ele parecia tão adulto", Delores recordou. "Ele era como um *hippie*!" Jimi perguntou a Leon sobre seus amigos de bairro e descobriu que muitos – incluindo Terry Johnson e Jimmy Williams – estavam servindo no Vietnã. Os afro-americanos constituíam uma porcentagem desproporcional dos soldados no Vietnã, e nunca estava muito longe dos pensamentos de Jimi que ele poderia ter sido enviado para lá se não tivesse dado baixa.

Quando chegou a hora de preparar-se para o concerto daquela noite, Jimi pediu a Ernestine Benson que enrolasse seu cabelo. "O problema com minha vida agora é que tenho de tomar um comprimido para dormir e um comprimido para me apresentar", disse a ela. Esse tipo de confissão, que ilustrava o lado negativo da fama, era raro para Jimi, mas, com alguém como Ernestine, ele não podia mentir. Quando reclamou das turnês, ela receou que ele começasse a chorar. Ela ajudou a enrolar o cabelo dele, mas também o aconselhou: "Você precisa tirar um tempo para descansar". Embora Jimi fosse adulto agora, Ernestine ficou com a impressão de que não estava muito diferente do garoto negligenciado de quem ela cuidara – ele parecia tão perdido quanto antes.

No show daquela noite, toda a família de Jimi foi acomodada na primeira fileira. Linda Jinka, uma das filhas da madrasta de Jimi, ergueu um cartaz que dizia "Bem-vindo ao lar, Jimi, amor, suas irmãs". Embora os lugares tivessem sido escolhidos para homenagear a família, ficavam bem em frente aos alto-falantes, e Al assistiu a parte do show ensurdecedor com os dedos nos ouvidos. Quanto à apresentação, a banda tocou um *set* padrão de nove músicas, tendo maior reação do público com "Foxy Lady" e "Purple Haze". Jimi citou os nomes das escolas de ensino médio da área e foi mais aplaudido quando mencionou a Garfield. Tom Robbins resenhou o show para o *Helix* e chamou Jimi de "um Oscar Wilde negro com pinta de caubói vestido como *drag queen* egípcia" com uma voz parecida com "geleia de framboesa – espessa e doce". Contudo, Robbins considerou que a presença de palco de Jimi merecia ser aplaudida. "Apesar da superficialidade de boa parte de seu som, Hendrix tem uma *performance* muito empolgante. O que lhe falta em conteúdo, ele compensa em estilo. Ele é, de fato, um mestre como estilista; um exponente extravagante da grande arte negra no palco. Ele é Adam Clayton Powell numa *trip* psicodélica regada a altas doses de DMT (Dimetiltriptamina), e muito bem, obrigado." A maioria da plateia era menos exigente: Jimi era apenas um garoto conterrâneo que havia alcançado a fama e teria sido aplaudido mesmo que apenas entrasse no palco.

Uma festa foi oferecida depois do show no elegante Hotel Olympic. Sendo o hotel mais chique da cidade, era muito diferente dos pulgueiros de Seattle com um fogareiro de uma boca, nos quais Jimi havia morado quando criança. Jimi pediu filé ao serviço de quarto e insistiu para que a família fizesse o mesmo, por sua conta – deve ter sido a primeira vez na vida que Jimi pagou uma refeição para o pai, e só por isso já lhe deu grande satisfação pessoal. Jimi deu a Leon 50 dólares, e disse a Al que, se precisasse de qualquer coisa, falasse com ele. Por volta da meia-noite, o empresário de Jimi recordou-o de que tinha um compromisso marcado na Garfield High School às oito da manhã, dali a poucas horas. Ignorando a sugestão de ir dormir cedo, Jimi voltou à casa de Al a uma da manhã e jogou Monopólio. Durante toda a noite, Jimi e Leon tomaram felizes o *bourbon* de Al. Jimi estava desapontado por Leon ser um contraventor e disse ao irmão que se endireitasse, mas seus conselhos teriam pouco efeito: Jimi sabia que a infância de Leon havia sido tão difícil quanto a sua e que o irmão não tivera a salvação pela guitarra. Embora Leon exibisse habilidade artística, ser o irmão caçula de Jimi Hendrix tinha suas desvantagens, e ele era comparado o tempo todo com seu irmão mais velho e mais talentoso.

Às sete e meia, o jornalista Patrick MacDonald chegou à casa de Al para levar Jimi à reunião na Garfield – haviam pedido a ele para se assegurar de que Jimi seria pontual. Quando chegaram à Garfield, o organizador Pat O'Day foi ao encontro deles em uma limusine, que Jimi esperava estar trazendo Noel e Mitch. O carro estava vazio; O'Day não havia conseguido acordar a banda ou os *roadies* e também não encontrara um instrumento para Jimi. O'Day ficou surpreso por Jimi estar usando as mesmas roupas do concerto da noite anterior; ele não havia tomado banho nem dormido; e estava de ressaca. "Jimi não estava em condições de tocar, ou sequer de falar", observou o diretor da Garfield, Frank Fidler, que conhecia Jimi desde a adolescência. A ideia de que Jimi se apresentasse foi abandonada; O'Day sugeriu que ele apenas falasse e respondesse a perguntas dos estudantes.

A reunião ocorreu no ginásio da Garfield, único local que poderia comportar os 1.200 alunos da escola. O'Day fez uma breve apresentação, contando a todos que Jimi havia sido um Garfield Bulldog, mas que alcançara a fama internacional. "Os garotos já haviam começado com provocações", recordou Peter Riches, que fotografou o evento. "Muitos obviamente não faziam ideia de quem Jimi era." Em uma estranha reviravolta das circunstâncias, alguns dos provocadores eram alunos afro-americanos que não conheciam as músicas de Jimi, pois elas não eram tocadas nas rádios negras, nem mesmo em Seattle; alguns acharam que seu jeito de se vestir era inadequado. "À época, a Garfield era muito politizada, e o movimento Black Power estava no auge", recordou Vickie Heater, estudante da escola. "A visita daquele músico *hippie* estranho incomodou os jovens."

Durante entrevistas com jornalistas e em programas de televisão, Jimi sabia ser cativante e falar de improviso. Mas na Garfield – de ressaca e mais nervoso do que já estivera na vida – a coragem lhe faltou. Sem saber o que dizer, Jimi murmurou, "Estive aqui, ali e por todo canto, e está tudo indo bem". Ele então fez uma longa pausa antes de afirmar que havia escrito "Purple Haze" para a Garfield – as cores da escola eram roxa e branca. E com isso a curta fala de Jimi se encerrou. A plateia começou a assobiar e provocar.

O'Day tomou o microfone e encorajou-os a fazerem perguntas. Um garoto ergueu a mão e perguntou "Quanto tempo faz que você saiu da Garfield?". Jimi havia saído fazia exatamente sete anos e meio, mas a pergunta fez com que travasse. Ele baixou a cabeça e murmurou "Ah, faz uns dois mil anos". Outro aluno perguntou "Como você escreve uma música?". Jimi ficou em silêncio por um instante e de novo olhou para o chão. "Neste momento, vou me despedir de vocês, e sair pela porta, e entrar em minha limusine, e ir para o aeroporto. E quando eu sair pela porta, esta reunião vai terminar e o sinal vai tocar. E quando eu ouvir aquele sinal tocando, vou escrever uma música. Muito obrigado." Com isso, ele se foi. A reunião havia durado menos de 5 minutos.

Alguns alunos vaiaram, e o diretor mandou todo mundo de volta às salas de aula. O'Day e Patrick MacDonald foram atrás de Jimi, mas não conseguiam encontrá-lo. Primeiro procuraram na limusine e depois no ginásio, sem sucesso. Então MacDonald começou a vasculhar as salas dos treinadores e vislumbrou um vulto solitário encolhido em uma delas. MacDonald perguntou se estava tudo bem. "Sim", respondeu Jimi. "Eu não consigo encarar uma plateia sem minha guitarra. Eu não me sinto bem." Eles foram até o carro. Quando estavam chegando, MacDonald pediu que Jimi autografasse seu *kit* de imprensa. Antes de assinar, Jimi começou a ler a biografia. "Eu não havia visto isso", ele disse, e pela primeira vez no dia ele se animou. O *kit* de imprensa tirava três anos de sua idade, distorcia boa parte da história de sua juventude e continha muita coisa que era ficção. "Isto é hilariante", Jimi disse, rindo. Ele entrou na limusine e, com a porta ainda aberta, pediu desculpas por seu comportamento na reunião. "Foi muito estranho o modo como a coisa deu tão errado", O'Day recordou. "Tudo tinha sido ideia dele. Ele havia desejado tanto voltar à escola onde tinha estudado. Devia ter sido um momento de boas-vindas. Quando chegou lá, ele se apavorou." Talvez, como tantos outros que tiveram uma vida escolar difícil e compareçam à reunião de dez anos com a esperança de se reinventar, Jimi quisesse finalmente ter voltado à Garfield High como um herói. Em vez disso, saiu da escola como o fizera sete anos e meio antes, tendo na boca o gosto amargo da decepção e da vergonha.

AS 24 HORAS ENLOUQUECIDAS de Jimi em Seattle deixaram-no física e emocionalmente exausto, mas ele não teve tempo para descansar. A banda daria 13 shows nos 14 dias seguintes. Em 25 de fevereiro, chegaram a Chicago para dois shows com lotação esgotada na Civic Opera House: uma rara matinê às três da tarde e um show às sete da noite. Depois de terminarem a matinê, a banda pegou uma limusine de volta ao hotel. Quando percorriam a Avenida Michigan, um carro emparelhou com eles, e uma jovem pôs o corpo para fora da janela e apontou para o que estava escrito em sua maleta. Dizia: "Plaster Casters de Chicago" ("Moldadoras em Gesso de Chicago"). Jimi fez sinal para que o carro os seguisse.

Quanto chegaram ao Hilton Chicago, os três membros da banda desceram da limusine e ficaram na calçada. Com era, em geral, o caso, o Experience não tinha guarda-costas. Três moças correram até eles, empolgadas. "Somos as Plaster Casters de Chicago", uma delas anunciou, "e queremos moldar em gesso o Hampton Wick de vocês". Cynthia "Plaster Caster" Albritton, de 20 anos e líder do grupo, havia se saído com a descrição "Hampton Wick" porque achava que falar *cockney*[1] faria com que seu sotaque de Chicago parecesse mais cosmopolita.

---

[1] A fala *cockney*, usada em uma região londrina específica, inclui uma gíria em que as palavras são substituídas por rimas. A expressão "Hampton Wick" (nome de uma localidade da grande Londres) aqui é usada no lugar de "dick" ("pinto"). (N. da T.)

A resposta de Jimi: "Ah, sim. Ouvi falar de vocês. Vamos lá para cima". O circuito *groupie* nos Estados Unidos era muito unido, e uma mulher de Los Angeles havia contado a Jimi que Cynthia estava fazendo moldes de gesso da genitália de astros do rock. Embora já tivesse até camisetas, Cynthia era ainda estreante e não havia feito o molde de nenhum astro. Jimi concordou em ser o primeiro; Noel ofereceu-se para ser o segundo; e Mitch, em um raro momento de lucidez, educadamente declinou.

As garotas seguiram Jimi até o quarto dele. Cynthia foi para o banheiro, para dar início ao delicado processo de misturar o gesso odontológico usado nos moldes, enquanto as duas outras mulheres começaram a trabalhar em Jimi. Uma delas tomava notas em uma prancheta, como uma cientista e, embora nunca tivesse sequer visto um pênis antes, mal conseguiu conter sua surpresa diante das proporções do membro de Jimi. "Não estávamos preparadas para aquele tamanho", Cynthia escreveu depois em suas notas. Enquanto Cynthia preparava o gesso, outra garota começou a estimular Jimi oralmente. Assim que ele ficou ereto, elas colocaram um cilindro cheio de gesso ao redor de seu pênis e instruíram-no a ficar quieto – e ereto – durante 1 minuto inteiro, enquanto o gesso secava. As notas de Cynthia informam: "Ele tinha o maior equipamento que eu já havia visto! Tivemos que enfiá-lo até o fundo do recipiente". Todo o processo, como Noel Redding mais tarde diria de sua própria moldagem, era "mais clínico do que erótico". O quarto ficou em silêncio durante toda a moldagem. "Não foi lá muito sensual, na verdade", Cynthia recordou. "Jimi foi um dos primeiros moldes que fizemos, e não lubrificamos o suficiente seus pelos pubianos. Um monte deles ficaram presos no gesso, e só tinha um jeito de removê-los, que era puxando um a um." Remover os pelos levou quase 10 minutos. Jimi já não era mais um modelo cooperativo e começou a usar o molde agora endurecido para estimular-se. "Ele empurrava e apertava o molde, fodendo com força, pois sendo um molde era o tamanho perfeito para ele", disse Cynthia. Enquanto Jimi se apertava contra o molde, em um movimento que parecia muito com a forma como ele tratava a guitarra no palco, o gerente de turnê Gerry Stickells abriu a porta do quarto. Foi muito revelador sobre a natureza caótica das turnês do

Experience – e sobre o estilo de vida de Jimi – que, ao ver Jimi fodendo um tubo cheio de gesso dental, enquanto uma jovem tomava notas em uma prancheta, Stickells sequer ergueu as sobrancelhas. "Só, hã, me diga quando tiver acabado" foi tudo o que disse antes de ir embora.

As Casters em seguida foram ao quarto de Noel, mas o molde dele não ficou tão bom. Noel escreveu em seu livro de memórias, "Meu molde ficou incomum – uma versão saca-rolhas". Noel colocou a culpa pelo molde ruim na qualidade do gesso e no fato de Stickells ter aberto a porta na hora errada. A certa altura, Jimi perguntou o que Cynthia pretendia fazer com os moldes. "Respondi que queria fazer uma exposição com eles, e ele disse que por ele tudo bem", contou ela. Quando mais tarde ela exibiu os moldes em uma galeria de arte, um jornal chamou o molde de Hendrix de "o Pênis de Milo".

Jimi pode ter sido o Pênis de Milo, mas era também um homem muito cansado no meio de uma longa turnê. Na festa que aconteceu depois do concerto, a maioria dos integrantes da banda e da equipe ficou com *groupies* – Noel e Cynthia foram embora juntos –, mas o que o Pênis de Milo mais desejava era descansar e ficou sentado em um canto sozinho. Enquanto os demais membros da banda se divertiam, Jimi adormeceu em uma cadeira, com o chapéu pousado pacificamente sobre o rosto.

Três semanas depois, em Ottawa, Jimi teve um encontro de bastidor muito mais romântico do que o episódio com as Plaster Casters. Ele chegou à cidade e descobriu que Joni Mitchell, que havia conhecido no Village, estava tocando na mesma rua onde ele estava. No começo da turnê de 1968, Jimi começou a manter um diário. Seu registro para 19 de março dizia:

Cheguei a Ottawa, hotel bonito, gente estranha. Belo jantar. Falei com Joni Mitchell ao telefone. Acho que vou gravá-la esta noite com meu excelente gravador (batida na madeira). Não consigo encontrar maconha. Tudo é de plástico. Bela vista. Som maravilhoso no primeiro show, bom no segundo. Fui até o pequeno clube para ver Joni. Garota fantástica, com palavras celestiais. Vamos todos comemorar. Ah, milhões de garotas. Ouvimos fitas e fumamos no hotel.

Jimi fez dois shows em Ottawa, no Capitol Theatre, com 2.300 lugares. Em uma estranha reviravolta que demonstrava como sua popularidade havia crescido em um único ano, os Monkees deveriam ter aberto o show, embora tivessem preferido cancelar a apresentar-se. No palco em Ottawa, Jimi faz aquela que se tornaria sua referência clássica à Guerra do Vietnã: "Em vez de tudo aquilo que está acontecendo lá, por que simplesmente não vem todo mundo embora e, em vez de trazerem nas costas metralhadoras M16, granadas de mão e tanques de guerra, por que não voltam com guitarras cheias de *feedback* nas costas? É muito melhor do que armas".

No dia seguinte, Joni foi de novo o destaque no registro de seu diário:

Saímos hoje de Ottawa. Dei um beijo de despedida em Joni, dormi um pouco no carro, paramos em uma lanchonete de estrada, e estou falando de uma *de verdade*, como nos filmes [...]. Nada aconteceu em Rochester esta noite. Fomos a um restaurante de degustação muito, muito ruim. Valentões nos seguiram. Deviam estar assustados, não conseguiam entender o que éramos. Eu com meu chapéu indígena e bigode mexicano, Mitch com sua jaqueta de contos de fadas e Noel com seu chapéu com faixa de leopardo e óculos e cabelo e sotaque. Boa-noite a todos.

Não muito depois desse registro, a mesmice da vida na estrada assumiu o controle e acabou com os fluidos criativos de Jimi. Os registros em seu diário daí em diante eram em geral "S.O.S.", significando "same old shit" ("a mesma merda de sempre"). Um dia que poderia ter se destacado foi uma visita a Cleveland em março. A banda chegou na noite anterior ao concerto, e Joe Esterhaus, que mais tarde viria a ser conhecido por seus roteiros de cinema, convenceu Hendrix a fazer uma *jam* em um clube local, para dar cor a um artigo na revista

Time. Leonard Nimoy, famoso por seu papel de Spock em "Jornada nas Estrelas", também estava presente e divertiu-se com Jimi, resultando em uma estranha sessão de fotos. Jimi mostrou a Nimoy os *buttons* que tinha em seu chapéu, que incluíam "Faça amor, não faça a guerra", "Paz a qualquer preço", "LBJ é um mala" (referindo-se ao presidente americano Lyndon B. Johnson), "Chapado" e um que ele havia comprado naquela mesma noite, "Vamos contar um pouco de vantagem". Naquela noite Jimi ficou com uma *groupie* de Cleveland. "Depois de algum tempo, você se lembra das cidades onde esteve pelas garotas", contou ele a um repórter mais ou menos nessa época. "Vamos a uma nova cidade e não dá tempo de fazer nada, exceto ficar com uma garota, então não tem como não lembrar delas, exceto que faz algum tempo comecei a confundir as garotas e as cidades." O assessor de imprensa Michael Goldstein havia acompanhado Jimi na turnê só para tentar evitar esse tipo de declarações, mas não teve jeito. Jimi raramente ouvia os conselhos de seus mentores, e mantê-lo longe de encrencas passou a ser uma tarefa de período integral.

No dia seguinte, o Experience apareceu em um programa de rádio e depois deu o primeiro de dois shows marcados para o Public Music Hall de Cleveland. Imediatamente depois do primeiro show, Jimi saiu do local e tomou um táxi até uma loja de automóveis. O vendedor da Blaushild's Chevrolet não poderia ter ficado mais surpreso ao vê-lo; a única celebridade que já havia atendido era a atriz e cantora Dinah Shore, cuja foto tinha na parede da loja. Jimi fez um *test drive* com um Corvette Stingray 1968 zero quilômetro, então tirou do bolso o pagamento pelo show da noite, contou 8 mil dólares e comprou o carro. Ele não tinha carta de motorista – na verdade, e enxergava tão mal que nunca teria passado em um exame de vista. Também não tinha uma garagem, ou uma residência a não ser seu apartamento em Londres. Tendo comprado um carro em Cleveland enquanto morava na Inglaterra, ele ficou temporariamente num impasse sobre onde colocar o veículo. Ele convenceu um vendedor a levar o carro até a cidade de Nova York, onde seu agente poderia guardá-lo. Jimi então pegou um táxi de volta à sala de concertos e deu o segundo show. Passada uma hora da apresentação, enquanto ele se preparava para colocar fogo na guitarra, o show foi interrompido por uma ameaça de bomba. Nenhum explosivo foi encontrado, e Jimi retornou ao palco depois do intervalo e anunciou "Ninguém além de Jimi pode colocar fogo na casa" e continuou a tocar até o fim da sua *setlist*. Longe de considerar extraordinário aquele dia em sua vida, Jimi considerou tão normais essas 24 horas que, em seu diário, escreveu uma vez mais "a mesma merda de sempre". Os 8 mil dólares que ele gastou no carro eram uma quantia considerável em 1968, sobretudo para quem havia crescido em meio a tanta pobreza, mas, uma vez que começou a ganhar dinheiro, Jimi passou a gastá-lo com rapidez. Mesmo com seu sucesso, ele vivia – como fizera quando não tinha dinheiro – imaginando que cada dia poderia ser o último. Para um homem que havia crescido na escassez, ele se acostumou bem depressa a uma vida de excessos.

Mas, mesmo em seus momentos mais loucos, Jimi não chegou perto dos excessos de Jim Morrison, com quem ele teve duas desavenças naquele mês. A primeira foi em um clube da cidade de Nova York, onde Jimi estava tocando com os Chambers Brothers. Morrison estava na plateia e estava tão bêbado que pegou o microfone e gritou um monte de obscenidades e ofensas. Durante a desastrosa *jam session* – que mais tarde foi lançada como um *bootleg* – Morrison rastejou até Jimi e gritou "Quero chupar seu pau". Morrison disse isso alto o bastante para que outras pessoas presentes ouvissem, inclusive Janis Joplin. Revoltada com toda aquela confusão, Janis colocou um ponto final na comemoração, arrebentando uma garrafa de *whisky* na cabeça de Morrison, o que levou a sua expulsão do lugar. Um mês depois, no concerto do Experience em Montreal, Morrison apareceu de novo e conseguiu abrir caminho até a primeira fileira do público. Os seguranças ficavam empurrando-o para trás, de modo que ele gritou, "Ei Jimi! Me deixa subir e cantar, cara, e vamos fazer essa merda aí juntos". Hendrix respondeu não, obrigado. Morrison então berrou, "Você sabe quem eu sou? Sou Jim Morrison, do The Doors". A resposta de Hendrix: "É, eu sei quem você é. E eu sou Jimi Hendrix".

Em 5 de abril de 1968 foi uma das poucas noites realmente excepcionais daquela turnê maluca. Havia dois shows marcados no Newark Symphony Hall, sala de concertos com 3 mil lugares. Quando a banda chegou à cidade, vinda de

Nova York, a limusine que os transportava passou por um tanque de guerra na rua e eles se perguntaram se havia estourado alguma guerra. De certa forma havia: o dr. Martin Luther King Jr. havia sido assassinado um dia antes, mas Jimi não ficou sabendo do ocorrido até chegar a Newark, onde estavam previstos protestos. Quando o motorista branco da limusine ouviu as notícias, ele se recusou a dirigir a menos que Jimi se sentasse no banco da frente com ele.

Na sala de concertos, a polícia ordenou que Jimi tocasse o primeiro dos dois shows e cancelasse o segundo. Apenas 400 pessoas haviam chegado na hora de começar a apresentação. Jimi lhes disse, "Esta música é para um amigo meu", e ele se lançou em um longo e triste blues instrumental. Foi a maneira de Jimi homenagear a perda do dr. King, e sua *performance* foi tão pungente que muitos na plateia chegaram às lágrimas. Enquanto a banda tocava, ouviram-se tiros do lado de fora do edifício. Depois de uma hora de improviso, Jimi colocou a guitarra no chão e deixou o palco. Não houve aplausos – a plateia sabia que havia sido um réquiem. As homenagens de Jimi não haviam terminado, porém; de volta à cidade de Nova York, naquela mesma noite, ele fez uma *jam* com Buddy Guy no Generation Club. Na semana seguinte, sem qualquer propaganda, Jimi enviou 5 mil dólares para um fundo memorial em homenagem ao dr. King. A mensagem de união racial e não violência do dr. King havia ressoado fundo em Jimi, que preferia evitar o confronto direto em qualquer campo da vida. "Quando o poder do amor sobrepujar o amor ao poder, o mundo conhecerá a paz", disse Jimi uma vez.

Sinais de consciência social começaram a aparecer em músicas que Jimi estava escrevendo naquela primavera, a maioria das quais ele pretendia incluir em seu terceiro álbum, *Electric Ladyland*. Em "House Burning Down", ele havia instado as pessoas a "aprender em vez de queimar", um sentimento que ecoava o dr. King. Essa música e várias outras foram trabalhadas nas sessões de gravação na Record Plant em abril e começo de maio. Mesmo nos dias em que faziam oito horas inteiras de gravação, Jimi ia para clubes locais onde fazia *jam sessions*. O Generation Club, na Rua 8 Oeste, era um de seus locais preferidos, da mesma forma que o clube Scene. Na época, Jimi estava morando no Warwick Hotel e usava seu quarto como um estúdio informal, para gravar demos das músicas. Depois de dar uma festa particularmente louca para o guitarrista Mike Bloomfield – à qual compareceu Truman Capote, entre outros –, Jimi foi expulso do hotel e mudou-se para o Drake, na Rua 56.

Embora os discos de Jimi ainda estivessem vendendo bem, a banda torrava o dinheiro tão depressa quanto o ganhava, e havia uma pressão cada vez maior para que terminassem outro álbum. No Reino Unido, a Track Records havia lançado *Smash Hits*, em 19 de abril, uma compilação de maiores sucessos. Isso aliviou por algum tempo a pressão, mas a maior preocupação ainda era o próximo álbum de estúdio, que avançava muito devagar. Jimi havia começado a insistir em múltiplos *takes* para cada música. Insatisfeito com os dois álbuns anteriores, por não terem capturado seu trabalho como ele queria, Jimi já não estava mais disposto a dar ouvidos a Chas Chandler ou ao resto da banda. "Jimi havia tentado assumir o controle", Noel Redding recordou. "Eu frequentemente abandonava as sessões e admito que eu teria esmurrado Jimi." Um dos registros do diário de Noel feito no ano seguinte resumiria o estresse pelo qual a banda passava: "A pressão do público para que criássemos algo cada vez mais brilhante, enquanto basicamente continuássemos os mesmos, era esmagadora". Chandler também ficou perturbado com o número de puxa-sacos que Jimi convidava para irem ao estúdio. As sessões davam a sensação de uma festa constante, num grande contraste com a forma como os dois primeiros álbuns foram feitos. A seriedade com o trabalho, que conduzira a banda através de seus primeiros discos, foi abandonada em favor de uma atitude mais relaxada e das *jams* frequentes durante as gravações. Frustrado, Chandler afastou-se de sua função como produtor naquela primavera.

Noel abandonou uma sessão no começo de maio e por isso perdeu a gravação de "Voodoo Child". Assim como aconteceu muitas vezes no período, essa sessão surgiu a partir de uma *jam* iniciada mais cedo no clube Scene. Quando o clube fechou, todo o grupo de Jimi foi para o Record Plant. "Jimi convidou *todo mundo* para ir ao estúdio", recordou Jack Casady. "Havia pelo menos 20 pessoas, e a maior parte delas nem tinha o que fazer ali." Por volta das sete e meia da manhã, a gravação formal do dia começou com Jimi na guitarra; Mitch Mitchell na bateria; Steve Winwood, do Traffic, no órgão; e Jack Casady, do Jefferson Airplane, no baixo. Foram feitos apenas três *takes*, embora fossem *takes* longos: a versão lançada durava 15 minutos, a mais longa gravação oficial em estúdio de Hendrix. Depois de alguns *takes*, Casady precisou ir embora porque tinha outra apresentação, mas a passagem de som final de "Voodoo Child" terminou sendo a *matriz*. A sessão, como outras naquele ano, tinha sido muito diferente das produções rigidamente controladas que Chas mantivera para o primeiro álbum, mas a espontaneidade combinava com a musa em evolução de Jimi. "Voodoo Child" acabaria sendo uma de suas músicas mais perenes.

Em meados de 1968, toda a vida de Jimi girava ao redor da música. Se não estava no estúdio, estava em uma *jam session*. Se não estava em uma *jam*, tinha um concerto a fazer. Ele estava perdido sem a guitarra ou sem um palco. Quando o concerto final da turnê americana da banda, que seria no Festival Pop de Miami, foi cancelado devido à chuva, Jimi começou uma *jam* no bar do hotel que incluiu Frank Zappa, Arthur Brown e John Lee Hooker. "Foi provavelmente a melhor música que eu já ouvi na vida", recordou Trixie Sullivan. Enquanto estava em Miami, Jimi precisou sair pela janela de um banheiro para fugir do hotel, pois a banda não tinha dinheiro o bastante em espécie para pagar a conta – apesar de estar ganhando meio milhão de dólares naquela turnê. A primeira turnê do Experience pelos Estados Unidos foi concluída com o mesmo tipo de maluquice que marcou praticamente todos seus shows. Jimi não escreveu nada no diário sobre o dia do Festival Pop de Miami, mas dá para imaginar que, se o tivesse feito, como em tantos outros dias daquela primavera maluca, teria sido só mais uma dose da "mesma merda de sempre".

CAPÍTULO 19

O Primeiro a Chegar à Lua

~~~~

Nova York, Nova York
Julho de 1968 - dezembro de 1968

"Hendrix é incrível, e espero que seja o primeiro a chegar à Lua. Se continuar do jeito que está indo, será."
– da resenha de *Electric Ladyland* na *Rolling Stone*

EM MEADOS DE 1968, a máquina que dois anos antes havia criado o Jimi Hendrix Experience estava se desmantelando. Frustrado pelo progresso lento em estúdio, Chas Chandler pediu demissão da função de produtor de Jimi. Também deixou de ser coempresário dele, embora as circunstâncias de sua saída ainda estejam em debate: Chas sempre afirmou que simplesmente se demitiu, mas, segundo a gerente de escritório Trixie Sullivan, foi dada a Jimi a escolha entre Chas ou Michael Jeffrey. "Foi escolha de Jimi ficar com Mike", Trixie disse. "Chas nunca o perdoou por isso." Jeffrey comprou a parte de Chandler por 300 mil dólares. Apesar da raiva inicial, a mudança teve um impacto positivo sobre a saúde de Chandler – as dificuldades de trabalhar com Jimi eram tão grandes que Chandler havia começado a perder tufos de cabelo, devido a uma doença relacionada ao estresse, chamada alopecia. Contudo, a perda foi significativa para Jimi, pois Chandler havia sido o verdadeiro cérebro que criara o Jimi Hendrix Experience. "Chas foi uma das poucas pessoas que falava com Jimi de forma clara", observou Kathy Etchingham. "Quando Jimi o perdeu, ele ficou cercado apenas por capachos." Jeffrey preferia não se envolver na maioria das decisões criativas, desde que Jimi estivesse a fim de viajar em turnê e gravar. Chandler, por outro lado, era um dos poucos que diria a Jimi quando uma ideia era ruim.

Mais tarde, Chas acusaria Jeffrey de ter começado a consumir ácido junto com Jimi para ficar bem com seu cliente. Jimi estava de fato usando mais ácido; ele achava que a droga o ajudava a compor e lhe permitia uma breve fuga de ser Jimi Hendrix. "O ácido realmente o libertava", recordou Deering Howe, amigo de Jimi. "Fazia com que ele estivesse acima de ser rock'n'roll, acima de ser negro, acima das pressões da fama. Ele o levava a um lugar onde estava livre de tudo isso." Contudo, sempre que os jornalistas lhe perguntavam sobre ácido, Jimi era muito cuidadoso em não parecer estar confirmando tal observação. "Se eu fosse usar LSD, então [eu o usaria] apenas para meu lazer pessoal, por diversão, ou apenas porque me agrada, [não] por causas psicológicas", ele disse em 1967. Era mais comum que Jimi se desviasse de perguntas sobre seu uso de drogas. "A música é um tipo seguro de viagem", ele sugeriria com frequência.

Separar-se de Chandler queria dizer que Jimi teria que se mudar; além do aspecto artístico, estavam ambos morando no mesmo apartamento. Etchingham alugou um novo imóvel, na Rua Brook, 23, no bairro de Mayfair, Londres. O novo apartamento ocupava dois andares de uma casa georgiana, com um café no térreo. A casa ao lado havia sido, no passado, a residência de Georg Friedrich Händel, e mais tarde Jimi diria que isso foi inspirador para ele como compositor. Por Jimi ser uma celebridade, foi necessário o pagamento adiantado de seis meses de aluguel, mas nesse local ele poderia fazer todo o barulho que quisesse.

Outro aluguel estava nos planos de Jimi naquele verão, pois ele e Michael Jeffrey haviam entrado em um acordo para ocupar o agora fechado Generation Club, na Rua 8 Oeste, número 52, na cidade de Nova York. Esse havia sido um dos locais favoritos de Jimi para suas *jams* e, embora a princípio sua ideia fosse reabri-lo, no fim, eles decidiram montar um estúdio. Parte do motivo para essa decisão foram as contas astronômicas de estúdio que as longas sessões para *Electric Ladyland* estavam gerando – eles poderiam ter comprado um estúdio pelo valor que estavam gastando em aluguéis apenas para aquele álbum.

Em meados de 1968, Jimi e Jeffrey estavam passando cada vez mais tempo nos Estados Unidos, onde a banda podia gerar uma renda maior em suas turnês. "Eu sou americano", Jimi contou ao *Melody Maker*. "Gosto da Grã-Bretanha, mas não encontrei meu lar em lugar algum." Mitch Mitchell foi mais sucinto quando disse à mesma revista, "Vamos ser sinceros, é nos Estados Unidos que está a grana". Só nesse país existiam os grandes estádios onde a banda agora tocava.

Numa indicação significativa da grande mudança em suas operações, Jeffrey montou um escritório em Nova York, fechando a sede de Londres depois que, por falta de pagamento, todo o mobiliário foi confiscado em função das dívidas. "Quando voltei a Londres para pegar nossas coisas, tudo tinha sumido, até os telefones", Trixie Sullivan recordou. "Havia apenas uma grande pilha de papel no meio da sala." Embora o Experience estivesse recebendo pagamentos cada vez maiores, as despesas também escalaram, e toda a operação parecia à beira do colapso. Noel Redding, entre outros, dizia regularmente achar que Jeffrey estava roubando deles. "O problema era que nós nunca sequer soubemos quanto dinheiro tínhamos. E do modo como todos eles viviam, incluindo Mike e Jimi, era 'vamos gastar tudo agora'." Quando Jimi ficava sabendo que a renda esperada para um concerto em particular era de 10 mil dólares, com frequência ele gastava essa quantia em joias ou roupas, sem levar em conta as despesas de montar o show, ou os 10% que iam para a companhia *offshore* de Jeffrey, Yameta, como taxa administrativa. Só os gastos com limusines representavam milhares de dólares por mês. "Jimi podia gastar 10 mil dólares em uma butique com uma garota que havia acabado de conhecer e depois nunca mais voltar a vê-la", Trixie acrescentou. A conta da banda no Speakeasy, em Londres, onde faziam a maior parte das refeições, passava de 4 mil dólares por mês. Os processos em andamento envolvendo Ed Chalpin e referentes a seu contrato original com a PPX também estavam custando a Jimi milhares de dólares.

Tanto Hendrix quanto Jeffrey podiam ser generosos até demais, e Jimi muitas vezes dava dinheiro aos outros. Em 1968, ele começou a pagar o aluguel de Fayne Pridgeon, como forma de retribuir-lhe por tê-lo sustentado quando ele não tinha um tostão. Depois de sua primeira visita a Seattle, Jimi havia enviado 10 mil dólares a seu pai, para que ele comprasse um carro novo e uma camionete.

Jimi também apoiava inúmeras causas, algumas delas de forma privada. Quando Abbie Hoffman e os Yippies estavam buscando patrocínio para um esquema de disseminação anônima de maconha, Jimi doou 10 mil dólares para a iniciativa. A ideia era enviar maconha pelo correio a pessoas escolhidas por acaso na lista telefônica da cidade de Nova York. Os baseados iriam acompanhados de uma carta, comunicando que o destinatário era agora um criminoso e informando quantas pessoas estavam presas por porte de maconha. Embora o plano original dos Yippies de enviar pelo correio 14 mil baseados tivesse sido frustrado pelo trabalho que dava datilografar os envelopes e enrolar os cigarros, eles chegaram a mandar vários milhares, e o evento foi parar nos noticiários da televisão. O patrocínio de Jimi só seria revelado anos depois.

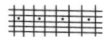

No FIM DE JULHO, o Experience começou sua segunda turnê pelos Estados Unidos em Baton Rouge, Louisiana. Era o primeiro show deles no Sul Profundo, e Redding e Mitchell ficaram surpresos ao ver que Jimi estava tenso. Ele disse que ficava apreensivo sempre que ia a algum estado onde a segregação ainda era norma. A banda perdeu um voo e teve de ir de carro a Shreveport, o que aumentou a ansiedade de Jimi. Quando pararam para almoçar, Jimi disse aos colegas de banda que não poderia entrar no restaurante que haviam escolhido. "Eu não acreditei que aquilo fosse possível, até mesmo na Louisiana", Noel recordou. Redding convenceu Jimi a acompanhá-los. Jimi era o único afro-americano no restaurante, e, embora fossem servidos, atraíram muitos olhares e foram embora depressa. Poucos dias antes, haviam encontrado o lendário roqueiro Jerry Lee Lewis em um aeroporto – Lewis não havia reconhecido Hendrix.

Pat O'Day, de Seattle, estava agora promovendo a maioria dos concertos de Jimi e recordou que, em muitos shows no Sul, as tensões raciais eram elevadas. Em um deles, Jimi entrou pela porta dos bastidores de braço dado com uma loira, e um policial, convocado para proteger o astro, apontou sua arma para ele. O policial berrou "Um crioulo não tem direito de colocar as mãos assim nessa garota". O'Day imaginou se seu cliente famoso encontraria seu fim em um tiroteio com motivação racista. Um dos companheiros de O'Day entrou entre Jimi e a arma, mas outros dois policiais chegaram e também sacaram as armas. Por fim, os policiais baixaram seus revólveres, mas eles e toda a equipe de segurança abandonaram o serviço naquela noite, em protesto. "Eles saíram do show por não admitirem que um homem negro estivesse com uma garota branca", disse O'Day. Mais tarde, O'Day ficou furioso, mas Jimi permaneceu calmo. "Cinquenta anos atrás, eu não poderia sequer ter entrado neste auditório", Jimi lhe disse. "E daqui a cinquenta anos, ninguém vai se importar." No diário pessoal de Jimi, ele foi igualmente filosófico. No dia do incidente, ele escreveu: "Poderíamos mudar os Estados Unidos, não de branco para preto, mas de velho para novo [...]. Consegue imaginar a polícia sulista protegendo a mim?". O registro do diário terminava com uma nota sobre sua companheira de cama daquela noite, que com certeza teria irritado a polícia: "Voltei para o hotel, fiquei chapado e fiz amor com uma loirona sulista".

A turnê chegou a Seattle naquele mês de setembro, e a segunda visita de Jimi a sua cidade natal foi mais fácil que a primeira, mas ainda assim foi agitada. Ele passou boa parte da breve estada divertindo-se com Leon, o que enfureceu Al, que queria exibir seu filho famoso. "Voltamos para casa muito tarde", Leon recordou, "e estava cheia de gente aguardando Jimi aparecer. Meu pai estava esperando na porta, com o cinto na mão. Ele disse, 'Vocês vão já para o quarto. Vão levar uma surra por isso'." Jimi e Leon olharam incrédulos para Al, imaginando se iam mesmo ser surrados na frente de todos aqueles vizinhos. Jimi tinha 25 anos e Leon tinha 20. Vários vizinhos intervieram e Al deixou o cinto de lado, mas permaneceu irritado pelo resto da noite.

Jimi viajou de carro com a família para seu show seguinte, em Vancouver, Canadá, em vez de ir com a banda. No carro novo que Jimi havia comprado para Al, foram Jimi, Leon, Al, a nova esposa de Al, June, e Janie, filha de June, de 7 anos, que Al havia adotado naquele ano. Quando pararam para almoçar em um Denny's perto de Mount Vernon, Washington, ficaram sentados no restaurante por um tempo longo demais, sem serem servidos – Jimi deve ter pensado que estava de volta à Louisiana. Os outros clientes olhavam para eles; eram os únicos não brancos no lugar. "Ficamos sentados lá um tempão", recordou Leon. "Por fim, uma garotinha veio e pediu um autógrafo a Jimi. Os pais estavam tentando impedi-la, mas ela começou a gritar, 'É Jimi Hendrix'. Ela correu até a mesa, e Jimi lhe deu um autógrafo." Só depois que outros clientes reconheceram Jimi é que a família foi servida. Até mesmo em seu próprio estado natal, apenas a fama de Jimi podia garantir-lhe tratamento igual aos que os brancos recebiam o tempo todo.

Em Vancouver, Jimi teve o prazer de tocar para sua avó Nora, a quem dedicou "Foxy Lady". Nora mais tarde comentou o concerto para um repórter da televisão: "O jeito como ele tocava aquela guitarra, ah, meu Deus! Não sei como ele consegue aguentar tanto barulho". Jimi também se encontrou com seus primos Diane e Bobby e sua tia Pearl. A tia o criara durante um ano quando ele era criança, e ele se queixou para ela sobre seu cronograma frenético, como faria a uma mãe. "Jimi já estava infeliz então", a prima Diane Hendrix recordou. "Ele ficou chorando para mamãe. Queria largar aquilo. Ele não queria voltar à estrada." No entanto, Jimi disse a Pearl que ele não tinha escolha: os empresários, a equipe e a banda, todos contavam com ele para terem emprego, e agora havia 30 pessoas em sua folha de pagamento. A mesma queixa seria repetida com frequência pelos próximos dois anos, embora Jimi parecesse incapaz – talvez por conta de sua infância pobre – de recusar uma turnê ou de dizer não ao trabalho.

Dois dias depois, o Experience estava em Spokane, Washington, onde um crítico do *Spokane Daily Chronicle* escreveu: "Hendrix rouba o show [...]. Ele é fisicamente tão belo, e é um músico tão hábil, que é impossível desgrudar os olhos dele". Depois do concerto, um *roadie* convidou Betsy Morgan, de 18 anos, para uma festa no Hotel Davenport. Durante o concerto, Morgan havia sentado tão longe do palco que no início sequer reconheceu Mitch e Noel, que agora eram os anfitriões da festa. "Em pessoa, eles pareciam duendes, porque eram baixinhos, com nariz longo", ela recordou. Jimi a abordou e ela tampouco o reconheceu. Quando ele finalmente se apresentou, ela corou de vergonha. Ele lhe perguntou se queria ir ao quarto dele para ouvir o novo álbum da banda, *Electric Ladyland,* que disse ser sobre garotas como ela.

No elevador, tentou beijá-la. Morgan, que estudava em uma escola católica, virou o rosto para o chão e desviou dele.

– Você notou o carpete xadrez que usaram aqui? – ela disse.

– O fato de eu ser negro tem algo a ver com isso? – perguntou ele referindo-se à recusa dela.

– Claro que não – respondeu ela –, mas acabei de conhecer você.

Com isso, o clima mudou, e o humor de Jimi melhorou. Ele poderia facilmente ter se livrado de Morgan e depois encontrar outra garota que quisesse ir para a cama, mas ele gostou dela. Quando as portas do elevador se abriram, ele estendeu o braço para segurar a porta para ela, como se Morgan fosse uma princesa, e disse-lhe: "Nosso andar, madame".

Em seu quarto, Jimi abriu o guarda-roupa e, por quase uma hora, ele e Morgan provaram roupas, brincando de se arrumarem enquanto ouviam o novo álbum dele. Pareciam duas amigas em uma liquidação da Saks Quinta Avenida enquanto experimentavam diferentes combinações de peças, o tempo todo rindo como adolescentes. "Ele tinha uma echarpe de plumas e ficava desfilando pelo quarto como uma estrela de filmes antigos", Morgan recordou. Havia roupas de veludo e ternos azul-piscina vivo. Depois eles se acomodaram em um sofá e começaram a falar de seu passado e de suas histórias de vida. Conversaram sobre a escola dela, a moda do momento e acontecimentos locais. "Ele queria saber se eu tinha hora para ir embora, tipo um toque de recolher ou algo assim", Morgan disse. "Queria saber tudo sobre como era estudar em uma escola católica só para garotas." Alguns conquistadores poderiam ter usado isso como uma forma de desviar a conversa para o sexo, mas Jimi continuou agindo como um cavalheiro. "Ele se comportou melhor do que os garotos da escola preparatória Gongaza com quem eu saía", Morgan observou.

Embora tivesse vivido uma vida cheia de histórias, Jimi achava cansativo falar de si mesmo e gostava de ouvir os problemas alheios. Um de seus dons pessoais era a habilidade de deixar as pessoas à vontade e fazê-las sentirem-se importantes. Ele ouviu enquanto Morgan contou sua experiência no Festival de Rock de Sky River, o primeiro festival de grande porte do Noroeste. "Contei a ele que tinha perdido meus sapatos, falei sobre a lama, como perdi minha carona e sobre aquele monte de gente chapada", ela disse. Embora na festa daquela noite a maconha tivesse sido fumada abertamente, Morgan não viu Hendrix tomar um único gole de álcool nem usar qualquer droga. Ele tomou apenas café, segurando a xícara como um cavalheiro inglês.

Em Sky River, Morgan havia conhecido alguém que lhe dissera ter ido à escola com Jimi, e de fato Jimi conhecia o cara. A noite avançava e Jimi nunca disse que precisava dormir e, embora parecesse cansado, não saiu do sofá. Ela lhe perguntou se o verso em "Purple Haze" era "Desculpe-me enquanto beijo este cara",[1] e ele deu uma gargalhada. Ela mais tarde o recordaria como parecendo "solitário" e como um homem com uma "profunda tristeza", a despeito de sua leveza aparente.

Às nove da manhã, Jimi teria de ir embora. Haviam passado oito horas conversando, e ele viajaria para Portland dali a minutos. Ele a acompanhou até o saguão e lhe deu 20 dólares para o táxi. A despedida foi desconfortável: ela sabia que seus amigos não acreditariam que havia estado com ele, e por isso pediu um autógrafo. Ele foi gentil e escreveu: "Para Betsy, que noite maravilhosa passamos juntos". Ele colocou *Xs* e *Os* de adolescentes por baixo. Quando ela entrou no táxi e leu a nota, deu-se conta de que nunca haviam sequer se beijado.

UMA SEMANA DEPOIS, a turnê chegou a Los Angeles para um show com ingressos esgotados no Hollywood Bowl, de 18 mil lugares. O fosso da orquestra em

---

[1] No original, em inglês, "Excuse me while I kiss this guy". O verso correto é "Excuse me while I kiss the sky" ("Desculpe-me enquanto beijo o céu"). (N. da T.)

frente ao palco foi cheio de água, e o público logo o transformou em uma piscina, dando ao show um ar de triunfante caos. Jimi dedicou a música ao baterista Buddy Miles, que havia se tornado seu amigo próximo, mas acabou vendo os seguranças baterem em Buddy quando ele tentou subir no palco. A *setlist* de 11 músicas incluía o hino americano "The Star Spangled Banner", que Jimi havia começado a tocar meses antes, nesse mesmo ano, refazendo-a como um longo solo de guitarra. Muitos críticos consideraram isso uma afronta. Nat Freedland, no jornal *Free Press*, chamou a música de "um tratamento de choque longo e dissonante – mas que simplesmente não é uma música *freak* tipo uma melodia de arrepiar; temos que reconhecer".

Aproveitando uma breve pausa nas viagens, Jimi alugou uma mansão em Benedict Canyon, Los Angeles, que havia sido usada por outras bandas em turnê, incluindo os Rolling Stones. Embora tenha ficado lá por apenas um mês, foi a casa mais luxuosa em que Jimi morou. O ator Buddy Ebsen, que então fazia sucesso com a comédia "Família Buscapé", morava na casa ao lado e, ao ver Jimi mudar-se para aquela vizinhança abastada, deve ter imaginado estar assistindo a uma versão em vida real de sua série de televisão. Embora a banda tivesse alguns shows marcados para aquele mês e fizesse algumas gravações, essas quatro semanas em Los Angeles constituíam a primeira folga que Jimi tirava em dois anos. Ele mandou trazer seu Corvette de Nova York, mas, por enxergar tão mal, destruiu o carro no dia em que chegou; mais tarde comprou outro. Em seus dias livres, Jimi fazia o mesmo que fizera em Nova York e Londres – dormia até tarde e saía todas as noites para tocar nos clubes no Sunset Boulevard. No Whisky A Go Go, ele conheceu uma garçonete chamada Carmen Borrero, que havia sido coelhinha da Playboy. A estonteante loira porto-riquenha logo se tornaria sua companhia favorita.

A comitiva de Jimi em Los Angeles também passou a incluir seu irmão Leon. Este havia recentemente entrado para o exército, mas ausentou-se sem permissão para ir ficar com seu irmão famoso. Leon descobriu que ser o atraente irmão mais novo de Jimi tinha suas vantagens. Nos bastidores de um show, ele encontrou "uma pilha de cocaína, Johnny Walker, erva e tudo quanto era merda bem ali", recordou. Depois de outro show, Jimi levou Leon a uma festa na casa de Eric Burdon, à qual compareceram dúzias de modelos da Playboy. Jimi disse a Carmen Borrero: "Este é meu irmão caçula; é um tremendo de um tonto, tenha paciência e lhe dê tudo o que quiser".

Leon tinha apenas 20 anos, mas era um trambiqueiro experiente e achava que Jimi estava sendo enganado por seus empresários, uma opinião que ele externava com frequência. Os conselhos profissionais dele incomodaram Jimi – talvez porque tivessem um sabor de verdade. Uma infração bem mais séria foi cometida quando Leon pegou a limusine de Jimi para dar uma longa volta. "Jimi tinha três limusines, e era nelas que guardava suas drogas", Carmen recordou. "Jimi ficou furioso quando seu automóvel e suas drogas se foram."

Leon tirava pleno proveito do fato de haver mais *groupies* do que irmãos Hendrix. "Todas as modelos de Los Angeles estavam atrás de Jimi", Leon disse. "E elas não podiam chegar até ele, então vinham para o irmãozinho. E depois diziam: 'Diga para seu irmão que foi a melhor xoxota que você já comeu, e fale de mim'". Leon acabou sendo afastado da órbita de Jimi, quando a etapa seguinte da turnê começou e seus empresários lhe passaram uma agenda errada, mas o grupo de *groupies* continuou sendo um problema logístico para Jimi. "Elas apareciam a qualquer hora da noite", observou Carmen. "Dormiam na frente da porta dele." Jimi dormia com algumas – mesmo enquanto namorava com Carmen e ainda professava seu amor por Kathy Etchingham, que continuava em Londres –, mas mesmo seu lendário apetite sexual não era tão grande quanto o exército de mulheres que queriam levá-lo para a cama.

A cena musical de Los Angeles estava inundada de drogas no final dos anos 1960, e a fama de Jimi atraía traficantes do mesmo modo que atraía *groupies*. Cocaína, Seconal, barbitúricos diversos e heroína tornaram-se parte da paisagem e, em especial, quando utilizadas junto com o álcool, eram ingredientes incendiários para Jimi. Quando ele misturava drogas com álcool, entrava em uma espécie de loucura, como aconteceu depois que a casa em Benedict Canyon foi roubada e levaram suas guitarras, roupas e um caderno de letras. Paul Caruso, velho amigo de Jimi do Village, estava em Los Angeles na época, e, numa fúria causada por ácido e álcool, Jimi acusou-o de ser o culpado pelo roubo. "Ele achou que havia sido eu porque eu era o *hippie* que não tinha grana nenhuma", Caruso contou. Ele disse a Jimi que não tinha qualquer envolvimento com o roubo, mas Jimi estava irredutível. "Quando foi a última vez que você sentiu algo, de verdade?", Jimi perguntou, e então esmurrou Caruso no estômago. "Ele bateu tão forte que perdi completamente o fôlego", Caruso recordou. "Comecei a correr ladeira abaixo, e ele jogava pedras e paus em mim." Caruso correu até o Whisky A Go Go, que ficava perto dali, foi até Noel e disse que Jimi havia enlouquecido. "Arrebente a cara dele", foi a sugestão de Noel. "Ele está pedindo." Noel achava que a crescente paranoia de Jimi, decorrente das drogas, merecia punição e não compaixão.

Um evento ainda mais dramático aconteceu dias mais tarde entre Jimi e Carmen Borrero. Mesmo sendo abertamente infiel, Jimi tinha ciúmes da amizade dela com outros homens, em especial com Eric Burdon. "Jimi estava bebendo e ele não podia beber", ela recordou. Achando que Carmen estava envolvida com Burdon, Jimi jogou nela uma garrafa vazia de *vodka*, acertando-a acima do olho. "Precisaram me levar às pressas para o hospital e tiveram medo de que eu perdesse o olho", contou ela. Eric Burdon ficou chocado por ver Jimi, normalmente tão plácido, tornar-se tão violento. "Foi o início de uma semente de tragédia porque ele começou a atacar outras pessoas", Burdon recordou. "Mais tarde ele pediu desculpas e me contou um pouco sobre como havia crescido em meio à violência. Era um círculo de violência." Jimi raramente culpava a infância por suas dificuldades; era mais comum que culpasse as drogas.

As drogas, porém, nunca tiveram sobre Jimi os efeitos negativos que o álcool acarretava. Quando bebia, ele chegava a destruir quartos de hotel, como havia feito na Suécia pouco antes, naquele mesmo ano de 1968. "Ele detonava tudo de verdade", recordou seu amigo Herbie Worthington. "Você não esperaria que alguém que tinha tanto amor pudesse ser tão violento." Apesar da quantidade de drogas que Jimi consumia, o álcool produzia um efeito mais devastador em sua personalidade, do mesmo modo como havia desempenhado um papel importante no lado sombrio de seu pai e de sua mãe. "Ele simplesmente não podia beber", observou Worthington. "Ele se tornava um grande filho da puta."

EM 2 DE SETEMBRO de 1968, às quatro e meia da madrugada, em um quarto de hotel em Denver, Jimi escreveu suas instruções finais sobre como deveria ser elaborada a capa de *Electric Ladyland*. Ele queria usar fotos feitas por Linda Eastman (que mais tarde se casaria com Paul McCartney), e havia rascunhado notas para o encarte, que intitulou "Carta ao Quarto Cheio de Espelhos". A expressão "Quarto Cheio de Espelhos" havia se tornado uma de suas formas favoritas de descrever sua experiência insana como superastro: assim como um espelho de parque de diversões, sua fama havia se distorcido tanto que se tornara uma espécie de prisão. Naquele mesmo ano, Jimi já havia escrito e gravado uma versão de "Room Full of Mirrors", e mais tarde gravaria ao menos mais uma, pois esse era um conceito que ele achava fascinante, ao qual sempre retornava. As cinco páginas de notas que ele escreveu em folhas de papel roubadas de hotel eram um discurso desconexo sobre vários tópicos, incluindo algumas reflexões sobre si mesmo. "Não faz muito tempo, mas parece que foi anos atrás, que senti a saudação cálida do sol", começava o texto. Ele falou de Ethel, sua *basset hound*; de um guarda de fronteira; de um cavalo de veludo; e de um "arco-íris líquido". Escreveu também instruções detalhadas sobre o LP para a gráfica. "Temos suficientes problemas pessoais e não precisamos nos preocupar com este *layout* simples, mas eficiente", alertou ele.

Apesar das notas detalhadas de Jimi, a gravadora ignorou a maioria de seus pedidos. A Reprise lançou às pressas o álbum duplo em 17 de setembro nos Estados Unidos e ele subiu quase imediatamente para a primeira posição nas paradas da *Billboard*, feito raro para um LP duplo. Impelido pelo magnífico *cover* feito por Jimi para o sucesso de Bob Dylan, "All Along the Watchtower", que também se tornou o *single* mais vendido do Experience nos Estados Unidos, o álbum permaneceu no topo das paradas pela maior parte do resto do ano. "All

Along the Watchtower" tornou-se presença constante nas rádios e muitos críticos consideraram-na um dos únicos *covers* de Dylan que superaram a própria versão deste. A sugestão de que teria superado seu ídolo deve ter sido um dos reconhecimentos mais doces que Jimi recebeu.

No Reino Unido, o lançamento do álbum foi dificultado por uma capa absurda. Uma sessão de fotos com 21 mulheres foi marcada; a ideia original era de que as mulheres rodeassem Jimi como se ele fosse um deus. Jimi já havia explicado em entrevistas que o título *Electric Ladyland* fazia referência ao apelido que ele dava às *groupies*. "Tem gente que as chama de *groupies*, mas eu prefiro o termo 'Electric Ladies' ('Damas Elétricas')", explicou ele. Contudo, Jimi mudou de ideia quanto à sessão de fotos e não compareceu. Perguntou-se, então, às mulheres se tirariam as roupas caso recebessem mais. A capa resultante com as mulheres nuas – que Jimi disse ter odiado – criou uma controvérsia que chamou a atenção para o lançamento do álbum. Infelizmente, era tão ousada que muitas lojas se recusaram a comercializar o disco ou insistiram para que fosse colocado em um saco de papel pardo. O álbum chegou apenas à 5ª posição no Reino Unido, muito provavelmente prejudicado pelos problemas de distribuição causados pela capa.

Electric Ladyland foi um álbum tão difícil que custou a Jimi seu produtor, Chas Chandler. Embora mais tarde o disco viesse a ser considerado, de forma geral, como a melhor obra de estúdio produzida por Jimi, as resenhas da época não foram unânimes, com muitos críticos questionando a duração do álbum duplo de 16 faixas. Frank Kofsky, da revista *Jazz & Pop*, questionou se seria "absolutamente essencial que nos entreguem um longo e às vezes monótono álbum duplo". Jimi achava o oposto e disse em entrevistas que teria preferido um LP triplo. "Na verdade, colocamos nele mais ou menos a metade do que tínhamos a dizer", explicou.

A maioria dos críticos não pôde evitar chamar *Electric Ladyland* de "álbum conceitual", ou sugerir, contraditoriamente, que não tinha um senso de coesão forte o bastante. "Hendrix é um bom músico e seus conceitos de ficção científica superam o ruído", escreveu Tony Glover na resenha da *Rolling Stone*. "Não existe de fato um conceito (não há viagens aqui tipo *Sgt. Pepper*) – em vez disso há uma unidade, um fluxo de energia." Glover prosseguiu, chamando o álbum de "um longo olhar por dentro da cabeça de Hendrix [...] Hendrix: *superspade*[2] psicodélico? Ou apenas um excelente músico/produtor? Depende se você quer acreditar na imagem ou em seus ouvidos".

Não foi só na *Rolling Stone* que a etnia de Jimi se tornou parte da análise crítica – ele foi chamado de "*superspade*" em inúmeras revistas à época. O título do *East Village Other* para a resenha de *Electric Ladyland* foi "Hendrix: o Cassius Clay do pop?", enquanto o crítico Richard Goldstein chamou Jimi de Pai Tomás, por ter atraído um público majoritariamente branco. Sequer a revista *Ebony* conseguiu escapar dos estereótipos ao descrever Jimi. "Ele parece uma mistura entre Bob Dylan e o Homem Selvagem de Bornéu", afirmava seu artigo, reprisando a metáfora usada logo no início pela imprensa britânica.

No fim de 1968, Jimi descobriu que qualquer movimento que fizesse – ou não fizesse – tinha ramificações que eram raciais, sociais e políticas. Em fins de novembro de 1968 – poucos dias depois de fazer 26 anos –, ele estava andando em Greenwich Village com os gêmeos Aleem quando um homem que vendia o jornal Pantera Negra os viu. "Jimi Hendrix! Jimi Hendrix! Com certeza você pode gastar 1 dólar com o jornal Pantera Negra!", gritou o vendedor. "Com certeza, cara", murmurou Jimi enquanto colocava uma nota no pote que o homem segurava e seguia em frente. O vendedor então ergueu a nota de dólar bem alto e começou a berrar para que toda a vizinhança pudesse ouvir: "JIMI HENDRIX QUER UM JORNAL PANTERA NEGRA!". O homem confrontou os irmãos Aleem, colocando o pote na frente da cara deles e indagando, "Jimi *Hendrix* compra o jornal Pantera Negra e vocês não?". Os irmãos Aleem haviam morado a vida toda no Harlem, onde Panteras Negras, Muçulmanos Negros e outros grupos disputavam o território em 1968. "Tínhamos ligações

---

[2] Termo usado para designar afro-americanos de especial excelência em determinada área, sobretudo nos esportes e no entretenimento. Tem origem na percepção de que, para receber reconhecimento e respeito, uma pessoa negra deve ter desempenho extraordinário, muito superior ao que seria exigido de pessoas brancas. (N. da T.)

com os traficantes e não íamos ser intimidados pelos Panteras", Taharqa recordou. Enquanto o vendedor insistia em sacudir o pote com dinheiro, os gêmeos o empurraram para o lado e continuaram andando. "Era Jimi Hendrix quem queria o jornal Pantera Negra", disse Tunde-ra. "Não *nós*."

À medida que a celebridade de Jimi aumentava, também aumentava o número de pessoas que tentavam usá-lo como porta-voz para suas próprias causas. Em Londres, no ano anterior, Michael Abdul Malik, um anarquista negro que usava o nome Michael X, exigiu encontrar-se com Jimi. Kathy Etchingham recordou que Jimi estava com medo de ir encontrá-lo, mas temia ainda mais dizer não, uma vez que X era também um criminoso bem conhecido (mais tarde ele seria condenado por assassinato e executado). Jimi aceitou encontrar-se com ele, mas levou Etchingham junto. Em vez de falar de política, X passou o tempo todo repreendendo Jimi por ter uma namorada branca. Jimi foi embora do apartamento o mais depressa que pôde. No caminho de volta para casa, Etchingham recorda-se de que Jimi deteve-se na rua e por um longo momento todo seu corpo tremia de fúria e de medo. Ele era "Jimi Hendrix", um dos maiores *pop stars* do mundo, mas também era, cada vez mais, um alvo.

CAPÍTULO 20

Música Elétrica de Igreja

※

Londres, Inglaterra
Janeiro de 1969 – maio de 1969

> "Tocamos nossa música 'Música Elétrica de Igreja', porque é como uma religião para nós."
> — JIMI HENDRIX para Hugh Curry, da CBC

O INÍCIO DE 1969 foi o começo do fim do Jimi Hendrix Experience. Em diversas entrevistas, Jimi manifestou seu desejo de tocar com outros músicos. "Muito em breve, provavelmente neste ano, estaremos desmembrando o grupo para shows específicos", contou ao *Melody Maker*. Ele deu a entender que a separação seria temporária, e que ele adicionaria outros músicos conforme necessário, da mesma forma como *Electric Ladyland* havia sido gravado. Mas a relação entre Jimi e seus dois companheiros de banda havia mudado tanto que os jornais britânicos já descreviam Noel Redding como "ex-Experience", embora ele ainda estivesse no grupo. O trio antes viajava junto para todos os lugares, mesmo durante seu tempo livre, mas agora nos dias de folga eles seguiam caminhos separados. "Depois que Chas Chandler se foi, as coisas começaram a desandar", disse Noel. "Estávamos tão deslumbrados pelo dinheiro e pelo *glamour* de sermos os assim chamados *pop stars* que esquecemos que éramos pessoas." Noel e Jimi agora tratavam um ao outro com franca hostilidade, enquanto Mitch tentava permanecer fora da linha de fogo. Quando a turnê de 1968 pelos Estados Unidos terminou, Mitch e Noel imediatamente se foram para o Reino Unido, para as festas de fim de ano, enquanto Jimi ficou em Nova York e continuou a fazer *jams* todas as noites em clubes. Ele chegou ao Reino Unido em 2 de janeiro – era a primeira vez em quase seis meses que ele voltava a seu próprio apartamento e a Kathy Etchingham.

Jimi deu inúmeras entrevistas à imprensa em janeiro, todas conduzidas no apartamento da Rua Brook. Sem Chas como empresário, ele decidiu parar de fingir que era solteiro e apresentar Etchingham publicamente como sua namorada. Essa revelação pode ter sido provocada por boatos que correram em fins de 1968, de que ele já seria casado. Quando a *Disc and Music Echo* havia perguntado sobre esses relatos, Chas negou-os e expressou choque: "Se ele tivesse planejado se casar, todo mundo saberia, porque eu iria tirar proveito disso para fazer promoção". E, como se quisesse manter a imagem *sexy* de Jimi, Chandler havia acrescentado: "Ele tem centenas de namoradas". Para Chandler, qualquer espaço na imprensa que fizesse Jimi parecer controverso, e disponível, era bom. Jimi decidiu pôr um ponto final e apresentou Kathy ao *Daily Mirror* como "minha namorada, minha namorada do passado e provavelmente minha futura namorada. Minha mãe e minha irmã e todas as coisas. Minha Yoko Ono de Chester". Etchingham sentiu algum grau de vingança no reconhecimento público, por parte de Jimi, de um relacionamento que já durava dois anos, mas teria se sentido ainda melhor se Jimi tivesse parado de traí-la.

Em 4 de janeiro de 1969, o Experience apareceu no programa de televisão ao vivo da BBC "Happening for Lulu". A exposição na televisão havia sido essencial para o lançamento da banda, dois anos antes, mas em 1969, Jimi tinha pouca paciência com a artificialidade dessa mídia. O Experience deveria tocar duas músicas e Jimi terminaria o show com um dueto com a anfitriã Lulu. Em vez de seguir aquele *script*, depois de uma execução de "Voodoo Child", e enquanto Lulu falava, Jimi tocava um interminável *feedback* de pura microfonia. Desanimada, Lulu terminou sua introdução: "Eles vão apresentar para vocês, agora, a música que os lançou neste país, 'Hey Joe', e vou adorar ouvi-los cantá-la". Eles tocaram uns 2 minutos de "Hey Joe" antes que Jimi interrompesse: "Nós gostaríamos de parar de tocar esta porcaria e dedicar uma música ao Cream, não importa o tipo de grupo no qual eles possam estar. Dedicamos a Eric Clapton, Ginger Baker e Jack Bruce". Com isso, a banda começou a tocar "Sunshine of Your Love". Enquanto o Experience tocava uma longa versão da música em homenagem à recente separação do Cream, fora das câmeras o diretor de cena fazia sinais a Jimi para que parasse. A resposta de Hendrix, que só o diretor pôde ver, foi um gesto com o dedo médio. O Experience continuou tocando, e no fim usou todo o tempo restante do show ao vivo. Quando finalmente terminaram, o produtor estava furioso. "Vocês nunca mais vão aparecer na BBC de novo", ameaçou ele. Embora o evento tenha parecido espontâneo, Jimi contou a Etchingham que havia planejado tudo. "Não vou cantar com Lulu", ele contou a Kathy. "Seria ridículo para mim."

Três dias depois, Jimi recebeu Hugh Curry, do Canadian Broadcasting Channel, em seu apartamento para uma longa entrevista para a televisão. Essa foi uma das muitas entrevistas dadas naquele mês, durante as quais Jimi começou a apresentar o conceito de música "Electric Church" ("Igreja Elétrica") ou "Sky Church" ("Igreja do Céu"). "[Chamamos] nossa música de 'Electric Church Music' ('Música Elétrica de Igreja'), porque é como uma religião para nós", contou ele a Curry. Quando Curry sugeriu que "Electric Church Music" poderia ter sido um título melhor do que *Electric Ladyland,* Jimi sorriu. "Bom, algumas damas", ele disse, "são como uma igreja para nós, também". Etchingham estava vendo atrás da câmera quando ele disse isso; ela havia aprendido fazia tempo que qualquer tentativa de domesticar Jimi Hendrix falharia.

NA SEMANA SEGUINTE, O Experience começou outra turnê pela Europa, que teve início em Göteborg, Suécia. Chas Chandler estava visitando a cidade e assistiu ao show. Mais tarde, ele disse que Jimi havia lhe pedido que voltasse a ser seu empresário, mas ele recusou. A opinião de Chandler sobre a apresentação era que a banda que ele no passado dirigira havia mudado para pior. Já não tocavam como uma unidade, disse, chamando o show de um "concerto desastroso".

Em Estocolmo, na noite seguinte, no primeiro de dois shows, Jimi dedicou a noite a Eva Sundquist, sua *groupie* favorita na Suécia. "Ela é uma deusa vinda de Asgard", disse. Depois do show, Jimi passou a noite com ela no Hotel Carlton. Uma semana antes, Jimi havia professado à imprensa seu amor por Etchingham; na Suécia, ele foi ousado o bastante para, de cima do palco e diante de todo o público, convidar Eva para ir a seu quarto. A noite teria implicações duradouras – nesse encontro, Eva Sundquist engravidou.

Quanto ao show em si, Jimi disse: "Esta noite vamos tocar só velhos sucessos. Faz umas seis semanas que não tocamos juntos, então vamos fazer uma *jam* esta noite e ver o que acontece. Espero que vocês não se importem; vamos só brincar e ver o que acontece". Como um aparte para Redding e Mitchell, mas audível para muita gente na plateia, ele acrescentou: "Vocês não saberiam a diferença, de qualquer modo". Esta afronta a seu público teria sido impensável um ano antes. Em 1969, Jimi estava reclamando a todos que quisessem ouvir que seu público não o compreendia e os fãs só queriam ouvir os sucessos. "Ele disse que estava cansado de tocar os sucessos e queria evoluir", disse Etchingham. "Mas ele ainda tocava sempre os sucessos." Essa contradição – de maldizer seu público, mas ainda assim planejar o show para agradar a todos – vinha do medo de Jimi de perder a base de fãs que tanto lhe custara conquistar: mesmo que seu público tivesse crescido com rapidez, ele falava com frequência sobre suas dificuldades iniciais e parecia não conseguir fugir do medo de que os tempos difíceis retornassem. Naquela noite, a banda tocou "Hey Joe", seu maior sucesso na Europa.

O show em Estocolmo rendeu ao Experience a primeira resenha ruim na Suécia. "Hendrix estava indiferente e cansado", escreveu o crítico Ludvig Rasmusson. "Parecia ter vontade de fugir de tudo. A alegria de tocar desapareceu. Ele tocava a guitarra de forma descuidada [...]. Todo o resto se foi – alegria, envolvimento, audácia e poesia." Rasmusson reservou palavras ainda mais duras para Noel e Mitch, a quem ele chamou de pouco inspiradores. "É estranho que [Jimi] tenha tolerado esses dois músicos sem imaginação por tanto tempo." A crítica à banda era injusta; Mitch e Noel eram músicos talentosos, mas eles dependiam da energia de Jimi para levar adiante o show ou para afundá-lo. Noel mais tarde atribuiu o show ruim à dificuldade em encontrar drogas na Suécia. "Em desespero", escreveu ele em seu livro de memórias: "Eu saí no intervalo entre dois shows e com muita perseverança consegui uma bolinha". A banda partiu o comprimido de metanfetamina e o cheirou. Se antes a música havia sido a força coesiva dentro da banda, a turnê interminável transformara-os em zumbis da estrada, e a fuga temporária proporcionada pelas drogas tornou-se seu vínculo mais forte. O diário de Noel, que antes havia sido um registro detalhado das realizações musicais do grupo, logo parecia um guia farmacêutico de referência. Quanto ao diário de Jimi, ele foi abandonado.

Alguns dias depois, no bar em um hotel em Düsseldorf, Alemanha, Jimi conheceu Monika Dannemann, uma professora de patinação no gelo, alta, loira e de família rica; ela havia assistido ao show da noite anterior e fora até o hotel na esperança de encontrar Jimi. Ele passou a tarde conversando com ela. A versão dela, anos depois, era de que teria ficado com ele nos dias seguintes.

Depois da curta turnê continental, Jimi tinha concertos em 18 e 24 de fevereiro no Royal Albert Hall, em Londres. Os shows eram importantes o suficiente para que o Experience ensaiasse, um evento que agora era raro. A banda estava nervosa quanto a esses concertos porque seriam filmados. Uma dupla de cinegrafistas americanos, Jerry Goldstein e Steve Gold, havia feito uma parceria com Jeffrey para produzir um documentário sobre o Experience.

Embora os ensaios tivessem corrido bem, o mesmo não aconteceu com o primeiro concerto, como resultado de Jimi ter cheirado cocaína demais. "Ele estava tão chapado que não parava em pé sobre suas pernas", recordou Trixie Sullivan. "Tive que empurrá-lo para o palco." Pior ainda, Jimi havia começado a aplicar nos shows do Experience o mesmo estilo de improviso livre de suas *jam sessions* nos clubes. O show foi uma decepção, mas naquela noite Jimi fez, como sempre, uma *jam* improvisada em seu apartamento que tinha toda a inspiração que faltara ao concerto: ele tocou "Hound Dog", música que Elvis tornou famosa, ao violão, sentado em sua cama, enquanto Steve Gold o filmava. Jimi praticava "Hound Dog" desde que era um garoto que tocava guitarra com a vassoura, e a versão dele tinha calidez, humor e energia, características que faltaram no palco do Royal Albert Hall.

Uma semana mais tarde, o segundo show no Royal Albert Hall foi melhor, e Jimi pareceu ter voltado à velha forma. O Experience raramente tocava um bis, mas naquela noite eles retornaram e tocaram "Purple Haze", "Wild Thing" e "The Star Spangled Banner". O concerto terminou com um quase tumulto, quando os fãs tentaram subir no palco; foi um final apropriado para aquele que seria o último show de Jimi na Grã-Bretanha por 18 meses.

Depois da última apresentação no Albert Hall, Jimi tinha três semanas em Londres antes de partir para os Estados Unidos, para as sessões de estúdio e outra turnê. Em um de seus dias livres, ele fez uma gravação caseira incomum, em seu apartamento na Rua Brook: uma versão falada de 3 minutos de "Room Full of Mirrors". Na gravação, Jimi lança-se em um monólogo interior sobre demônios, deuses e garotinhos perdidos: "Chame seus entes queridos, é melhor chamar um pouco mais alto porque você estará perdido muito em breve. Estará perdido dentro de si mesmo, passando do estágio dimensional, estará perdido no vácuo. Volto-me para o mundo; o que tem o mundo a me oferecer exceto tapinhas nas costas?". Uma das linhas, gritada, parecia Jimi quando estava possuído: "Diga a esse idiota para sair de dentro de mim e me tirar deste maldito quarto espelhado!". A música no passado oferecera a Jimi uma forma de imaginar uma vida diferente das circunstâncias difíceis de sua infância. Embora seu dom musical tivesse de fato lhe trazido sucesso, não se revelara a panaceia que ele havia esperado. Como na versão falada de "Room Full of Mirrors" que gravara, a carreira era algo de que Jimi agora queria escapar – ela não era mais o sonho de conto de fadas que perseguira por tantos anos.

Quando não estava explorando sua psique, Jimi estava dando entrevistas à imprensa, embora raramente discutisse qualquer coisa íntima nessas conversas. Ele concedeu duas dúzias de entrevistas nos primeiros dois meses de 1969. Agora que já não tinham mais um escritório em Londres, Jimi dava as entrevistas em seu apartamento, propiciando aos jornalistas um tipo de acesso que poucos artistas de sua envergadura permitiam. Quando um articulista brincou que era muito mais fácil contatar Jimi do que Paul McCartney, Jimi respondeu: "Eu não sou Paul McCartney". "Ele estava sempre aberto, talvez aberto demais", observou Kathy Etchingham. "Se alguém batia à porta, Jimi seria a primeira pessoa a abri-la, e uma multidão entrava." Tanta gente tinha o número de telefone deles que Etchingham mandou instalar uma segunda linha. Quando esse número passou a circular de forma ampla, Kathy passou a deixar o fone fora do gancho. "Recebíamos telefonemas a manhã toda e a noite toda", recordou ela.

Muitos dos chamados eram de *groupies* esperançosas e alguns eram de jornalistas. Às vezes, ambos eram a mesma coisa. Uma articulista disse que queria ser fotografada de roupas íntimas com Jimi – ele a expulsou. Às vezes, porém, era Jimi quem tentava seduzir. Quando uma articulista do *International Times*, Jane Mendelssohn, chegou para uma entrevista, Jimi atendeu à porta nu. Ao entrarem no apartamento, ele se deitou na cama, na qual havia maconha, haxixe, comprimidos e várias garrafas de álcool. Ele ofereceu a ela nitrato de amila. Nu e chapado, Jimi ficou deitado na cama durante a entrevista de três horas e, como Mendelssohn ainda tivesse mais perguntas, ele a convidou para voltar no dia seguinte, talvez na esperança de finalmente poder seduzi-la. As únicas perguntas que ele se negou a responder foram sobre sua família.

Quando Mendelssohn perguntou a Jimi sobre uma entrevista na qual ele sugeria que era hora de algo diferente das "músicas bonitinhas" dos Beatles, ele fez um discurso sobre a imprensa britânica, o que também indicava que a mídia havia sido cúmplice na criação de sua *persona* "homem selvagem". "Em que jornal estava isso?", Jimi perguntou. "*Sunday Mirror*. Bom, de qualquer modo, a maioria desses jornais é bem ferrada. Eles vêm aqui e fazem as entrevistas, a gente deixa os caras ligados, sabe, damos vinho e tudo o mais, e eles vão embora e estão tão chapados que não sabem o que estão escrevendo." Ele então fez uma alusão a sua própria biografia: "Se eu não fosse guitarrista, provavelmente estaria na cadeia". À pergunta sobre o que motivava suas músicas, ele respondeu: "Bom, juro por Deus que no primeiro LP eu não sabia sobre o que estava escrevendo. A maioria das músicas, como 'Purple Haze' e 'Wind Cries Mary', tinha umas dez páginas de extensão, mas aí a gente tem que se restringir a um limite de tempo, então precisei cortá-las, e, depois de ter cortado as músicas, eu não sabia se seriam entendidas ou não. Talvez alguns dos significados tenham se perdido com os cortes, que não faço mais". Ele reclamou de sua agenda: "Não tenho tido tempo livre para mim desde que estou nesta cena [...]. A maioria das pessoas gostaria de se aposentar e simplesmente desaparecer da cena, coisa que eu adoraria fazer, mas ainda tem coisas que eu gostaria de dizer. Gostaria que não fosse tão importante para mim. Gostaria de poder desligar a mente". As mesmas características que fizeram de Jimi um astro – ambição e talento – tornaram impossível para ele abandonar sua carreira e ter uma vida fora dos palcos.

Na maioria das entrevistas, Jimi era indagado sobre os movimentos políticos e sociais do momento: drogas, Black Power e Guerra do Vietnã. Jimi em geral evitava tais perguntas, embora tenha dito a Mendelssohn: "Há certas pessoas nesta terra que têm o poder de fazer diferentes coisas, por exemplo, o Movimento Black Power, e eles o usam de forma errada [...]. Os protestos já deram. São as soluções que todo mundo quer agora, não apenas protestos". Em uma entrevista dada naquele mês, Jimi comparou as tropas dos Estados Unidos no Vietnã com o Dia D: "Vocês mandaram os americanos irem embora quando eles desembarcaram na Normandia? Aquilo também foi pura interferência. Não, mas na época isso tinha a ver com a sua própria pele. Os americanos estão lutando no Vietnã por todo o mundo livre. Assim que saírem, eles vão ficar à mercê dos comunistas. Aliás, o perigo amarelo [China] não deve ser subestimado. É claro que a guerra é horrível, mas no momento é ainda a única garantia para manter a paz". A atitude de Jimi quanto à guerra mudaria ao longo do ano seguinte, mas, em um momento em que os críticos atribuíam um viés contrário à guerra a suas músicas, suas crenças pessoais eram de uma belicosidade surpreendente. Buck Munger trabalhava para os amplificadores Sunn e conseguiu obter para Jimi um contrato em que ele recebia equipamento gratuito como forma de patrocínio. Mas, quando eles se encontraram, em vez de falarem de amplificadores, foi sobre o Vietnã que Jimi conversou com o ex-Marine Munger. "Ele queria que eu lhe informasse quais unidades estavam sofrendo baixas", Munger recordou. À época, Jimi sentia que a ameaça comunista era real e que aquela guerra era necessária – uma postura que havia sido incutida nele durante o serviço militar.

O apartamento da Rua Brook ficava perto da embaixada americana em Londres, e Eric Burdon recordou estar sentado no telhado de Jimi certo dia, enquanto uma enorme manifestação contra a Guerra do Vietnã ocorria nas ruas lá embaixo. Burdon perguntou o que Jimi achava dos manifestantes. "A reação dele foi uma surpresa e tanto para mim", Burdon recordou. "Ele disse que ainda era um soldado, e ainda treinado para pensar como um. Ele estava irritado com os protestos." À medida que a demonstração ficava mais barulhenta, Jimi foi ficando visivelmente furioso. Ele disse: "Quando os Vermelhos saírem da China e invadirem o Vietnã do Norte, e o Vietnã do Sul, e em seguida partirem para cima do Japão, e assim por diante, será que então vocês vão entender por que os Estados Unidos estão combatendo esses caras?". O que Jimi jamais contou a ninguém – nem a Etchingham, nem mesmo a seus amigos mais próximos – era que, se não tivesse fingido ser homossexual diante de um psicólogo do exército, ele podia ter sido um daqueles soldados que lutavam no Vietnã.

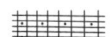

EM 13 DE MARÇO, Jimi e a banda partiram de Londres para um mês de sessões em estúdio em Nova York antes do começo da uma turnê pelos Estados Unidos em abril. Jimi havia decidido que Kathy Etchingham se encontraria com ele uma semana mais tarde e o acompanharia na turnê – era a primeira vez que ele levava a namorada em uma turnê. Contudo, antes da chegada de Kathy, Devon Wilson manobrou para consolidar sua posição como a *groupie* favorita de Jimi. O relacionamento entre Jimi e Devon era incomum: embora às vezes dormissem juntos, a ligação entre eles mais parecia com a ligação entre dois grandes rivais ou dois irmãos. Devon o tempo todo informava a Jimi sobre os outros astros que ela levara para a cama – o que às vezes incluía mulheres, pois Devon era bissexual – e Jimi contava vantagem sobre as outras *groupies* com que estivera. Devon dizia a todo mundo que era namorada de Jimi – e, vendo a forma como ela dava ordens às pessoas nos concertos deles, havia quem achasse que era verdade. Mas ela também servia como assistente para ele, em especial quando ele precisava de alguém para buscar drogas, que logo se tornaram mais importantes do que o sexo no relacionamento deles. Em 1969, Devon estava cada vez mais dependente de cheirar cocaína e heroína; mais e mais Jimi se juntava a ela nesses vícios. "Eles eram muito parecidos", recordou o amigo de Jimi Herbie Worthington, que costumava observá-los. "Ela era uma tremenda *groupie*, mas era também muito inteligente, e muito leal a Jimi. E se você quer controlar alguém, não há melhor forma do que ficar chapado com a pessoa." Devon havia ido para a Inglaterra atrás de Jimi em ao menos duas ocasiões. Etchingham sentia menos ciúmes de Devon do que de qualquer outra mulher, a começar pelo fato de que via Jimi tratando Devon mais como empregada do que como amante. "Ela costumava sentar-se aos pés de nossa cama e trazer chá", Kathy disse. "Ela era apenas alguém que ficava por ali, e obviamente estava apaixonada por ele. Ela era do tipo que tocaria a campainha de sua casa e continuaria tocando até que você atendesse."

Quando Etchingham chegou aos Estados Unidos e tocou a campainha da suíte de Jimi no Pierre Hotel, Devon teve juízo suficiente para sumir de lá. Como Kathy escreveria em seu livro de memórias, *Through Gypsy Eyes,* Jimi parecia uma pessoa diferente em Nova York: "[Ele era] seguido por um séquito enorme, como o líder colorido de algum show de um circo bizarro [...]. Parecia nunca haver menos de 20 pessoas". Para Etchingham, as mulheres eram "obviamente prostitutas, e os homens todos pareciam ser cafetões e traficantes, com óculos escuros da moda e colherinhas penduradas no pescoço". Quando ela perguntou a Jimi quem eram todos eles, ele respondeu: "Meus amigos".

Mais tarde, na suíte elegante de Jimi, Etchingham encontrou um desses "amigos", um traficante de drogas. "Ele parecia o Columbo", Kathy recordou. "Ele usava uma capa impermeável e mancava; contou-nos que uma vez havia sido baleado na perna. Tinha uns 50 anos, que para nós, na casa dos 20 anos, parecia velho." Mais sinistra do que a aparência do homem era uma sacola de lona que ele levava: ela continha pacotes de cocaína e um revólver calibre .45. Kathy nunca havia visto um revólver antes. À vista da arma, e do que seu Jimi havia se tornado, ela decidiu voltar para a Inglaterra de imediato. O gesto marcaria o fim de seu romance com Jimi, que tivera início no dia da chegada dele à Inglaterra. "Eu sabia que não havia perspectivas a longo prazo com Jimi", ela disse. "Não havia chance de que eu pudesse domá-lo. Eu queria uma família decente." Jimi havia passado boa parte de sua juventude preocupando-se em sobreviver um dia após o outro; exceto por algumas famílias de acolhimento que havia visitado, ele raramente vira uma família funcional com ambos os pais, e seus próprios mãe e pai dificilmente serviriam como modelos de comportamento. Relações de longa duração exigiam dedicação e intimidade, duas caraterísticas com as quais Jimi tinha pouca experiência. "Jimi também queria uma família", Kathy observou. "Ele só não sabia como consegui-la."

A TURNÊ DE PRIMAVERA do Experience pelos Estados Unidos levaria a banda a dar 29 shows ao longo de 10 semanas, para um público total de 350 mil fãs, com uma renda de mais de 1,3 milhão de dólares. Como já havia se tornado típico de suas turnês, a maior parte do tempo de Jimi era ocupada pelas viagens, atividades com a imprensa ou de divulgação, ou tentando encaixar alguma sessão em estúdio em um dia livre. No segundo show da turnê, Jimi já reclamava de exaustão e, nas entrevistas, estava muito mais irritado do que estivera na Grã-Bretanha. Ele cortou o cabelo e descobriu que a maioria dos jornalistas tentavam atribuir algum significado maior ao gesto.

Muitos concertos da turnê foram prejudicados pela violência do público ou por fãs que invadiam os shows sem pagar. A política racial também entrava em jogo quando apoiadores do movimento Black Power apareciam nos bastidores e criticavam Jimi por usar músicos brancos e um promotor branco. "Eles o chamavam de Pai Tomás", recordou o promotor Pat O'Day. "Eu relembrava a Jimi que nós trabalhávamos para ele, não o contrário." Jimi tentava pensar nas pessoas como não tendo etnia – foi o que havia aprendido, ao crescer em um bairro de Seattle racialmente diverso –, mas percebeu que, sob os holofotes públicos, nunca poderia escapar do fato de que era negro e a maioria de seus fãs era branca. Foi uma das várias razões pelas quais o FBI começou a investigar Jimi naquele ano; a capacidade que sua música tinha de cruzar o profundo abismo que separava as etnias nos Estados Unidos fazia com que o governo o temesse.

Em um show em Oakland, a 29 de abril, foi de seu passado pessoal que Jimi não conseguiu escapar. Depois do concerto, ele recebeu nos bastidores um bilhete de Diana Carpenter, sua namorada dos tempos de Nova York, da época em que ele lutava para ter o que comer e ela trabalhava nas ruas como prostituta. Jimi mandou dizer a ela que seguisse a limusine dele até o aeroporto. Lá, no terminal, enquanto ele esperava por um voo, ambos conversaram pela primeira vez em três anos. O que poderia ter sido um reencontro caloroso desandou quando Diana entregou a Jimi um instantâneo. "Esta é sua filha, Tamika", anunciou ela. "Ela tem 2 anos de idade." Jimi pegou a foto nas mãos. "Ela tem meus olhos", comentou. Pela hora seguinte, Jimi ficou com a cabeça deitada no colo de Carpenter e falou sobre como estava cansado das turnês e da vida que levava. Ele não perguntou muito sobre a filha, e em vez disso falou sobre sua própria exaustão. No entanto, Jimi levou consigo a foto de Tamika ao embarcar no avião.

Uma semana mais tarde, a banda estava no Meio Oeste, tocando na Cobo Arena, em Detroit. Na manhã seguinte, deixaram o Hotel Pontchartrain e tomaram um voo para Toronto. Enquanto passava pela alfândega canadense, às nove e meia da manhã, a bagagem de Jimi foi revistada. O policial encontrou a pequena fotografia de Tamika Carpenter junto com um cartão-postal, um frasco de xampu cremoso de abacate e um creme rinse de abacate, algumas pastilhas de vitamina C e um livro intitulado *You Can Change Your Life Through Psychic Power* [Você Pode Mudar sua Vida Por Meio do Poder Psíquico]. Mas, por baixo desses itens, de acordo com a Real Polícia Montada Canadense, que fazia a revista, estava um pequeno frasco de vidro. Dentro dele havia seis pacotinhos de celofane com um pó branco e um pequeno resíduo escuro de resina. Um laboratório móvel de teste de drogas foi chamado e, a uma e meia da tarde, Jimi foi preso por posse de heroína e haxixe.

CAPÍTULO 21

Felicidade e Sucesso

~~~~~

Toronto, Canadá
Maio de 1969 – agosto de 1969

*"O concerto de Hendrix rendeu cerca de 35 mil dólares da SUA grana!
Foram 19 mil para o artista. Ok, quem é o vilão aqui?
É isso aí, galera, nossos HERÓIS estão explorando a gente!
Hendrix e outros foram cooptados pelo padrão americano de felicidade e sucesso."*
– do jornal *underground Door*

SEM DÚVIDA, O ASPECTO mais extraordinário da apreensão das drogas de que Jimi Hendrix foi alvo em Toronto, no dia 3 de maio de 1969, foi a pequena repercussão que gerou na imprensa. Embora Jimi fosse possivelmente o maior astro do rock nos Estados Unidos àquela altura, sua prisão foi noticiada apenas em alguns jornais de Toronto. O primeiro grande veículo dos Estados Unidos a dar a notícia foi a *Rolling Stone*, quatro semanas depois, e a matéria era previsivelmente simpática a Jimi, chegando a implicar que o flagrante havia sido armado. "Eu impedi que a história fosse divulgada", disse Michael Goldstein, gerente de relações públicas de Jimi. Goldstein subornou um editor da

Associated Press com uma caixa de bebida para manter o escândalo fora dos jornais. A maior preocupação de Jimi era que a prisão levasse ao cancelamento da lucrativa turnê; graças a Goldstein, as notícias não circularam até que a turnê estivesse quase no fim.

Quanto às drogas, Jimi negou categoricamente que fossem dele. Quando os homens da Polícia Montada tiraram o frasco de sua sacola de viagem, Jimi sacudiu a cabeça sem conseguir acreditar. O Experience havia sido alertado antes de chegar a Toronto de que poderia haver uma revista, e todo mundo, exceto Jimi, havia examinado com muito cuidado sua bagagem. Para evitar esse tipo de incidente, Mitch Mitchell passou pela alfândega com um terno sem bolsos. Em 1969, muitos famosos astros do rock, incluindo integrantes dos Stones e dos Beatles, já haviam sido alvo de apreensões de algum tipo de droga. As circunstâncias do episódio envolvendo Jimi levantaram questões sobre ter havido um arranjo prévio, pois em geral eram os agentes da alfândega que realizavam tais prisões. "Não é costumeiro que a Polícia Montada esteja no aeroporto para a apreensão de drogas, como aconteceu no caso de Hendrix", relatou a *Rolling Stone*. Jimi mais tarde alegaria no tribunal que as drogas haviam sido colocadas em sua sacola por algum fã em Los Angeles, e que na hora ele não havia notado. Em privado, ele colocou a culpa em uma *groupie* insatisfeita que, disse ele, havia plantado as drogas e avisado a polícia canadense. Quando as notícias da apreensão finalmente saíram, Jimi sugeriu que a prisão era emblemática de uma batalha maior entre a juventude e a autoridade: "Tudo isso é o *establishment* contra-atacando", disse ele aos repórteres. "Em algum momento, eles irão engolir a si mesmos. Mas eu não quero que engulam demasiados jovens à medida que avançam. Pode escrever, sei do que estou falando."

Jimi foi solto a tempo para o concerto da noite em Toronto, e a banda subiu ao palco sem qualquer menção ao incidente, embora fossem escoltados até lá pelos policiais. Durante o show, Jimi mudou a letra de "Red House" e cantou, "Soon as I get out of jail / I wanna see her" ["Assim que eu sair da cadeia / Eu quero vê-la"]. Ele foi indiciado dois dias depois e teve permissão para continuar a turnê após o depósito de uma fiança de 10 mil dólares. Seu julgamento foi marcado para 19 de junho. Durante a espera, Jimi viveu com o medo muito real de ser condenado – ele poderia pegar até dez anos de prisão.

A banda voltou de imediato à estrada, fazendo shows na Costa Leste e tentando encaixar sessões de gravação na Record Plant nos dias livres. Eles arrastaram 18 mil fãs para um show com lotação esgotada no Madison Square Garden, embora também fosse possível ouvir Jimi de graça quase todas as noites em algum clube de Nova York. Nesse mês, uma das *jams* reuniu Jimi, Stephen Stills e Johnny Winter. "Ele queria tocar as músicas com as quais ele cresceu: Freddie King, Earl King e Muddy Waters", Winter recordou. "Quando eu tocava com Jimi, eu deixava que ele tocasse a guitarra solo." A *jam* estendeu-se até as três da manhã, quando Jimi sugeriu que fossem para a Record Plant. Naquela noite, ele gravou a música de *Slim Guitar*, "The Things I Used to Do", usando Winter na *slide* guitar.

Embora Jimi fosse agora o músico de rock mais bem pago do mundo – ele ganhara 14 mil dólares por minuto em seu concerto no Madison Square Garden –, essa popularidade vinha com uma crítica crescente por parte dos anarquistas, que exigiam que ele tocasse de graça. As remunerações mais elevadas também aumentavam as expectativas da plateia e dos críticos. Depois que Jimi reclamou do palco giratório do Madison Square Garden, a resenha do *Village Voice* repreendeu-o: "Deveria ele reclamar, com toda a grana que ganhou lá? Um artista com as opções de Hendrix é responsável por seu público e pelo local onde toca". Pouco mais adiante na turnê, o *San Diego Door* criticou os preços dos ingressos de Jimi a 5,50 dólares: "O concerto de Hendrix rendeu cerca de 35 mil dólares da SUA grana! Foram 19 mil para o artista. Ok, quem é o vilão aqui? É isso aí, galera, nossos HERÓIS estão explorando a gente!".

Três semanas depois da apreensão de drogas em Toronto, Jimi tomou um avião de Nova York a Seattle para um concerto no Coliseum. Como sempre, ele estava nervoso com a visita a sua cidade natal, sobretudo pela questão não resolvida de sua prisão. Ele levou Carmen Borrero consigo, talvez pensando que uma namorada iria funcionar como um amortecedor entre ele e seus parentes curiosos. Jimi foi instalado em um hotel no Distrito da Universidade, e a equipe recebeu instruções específicas para manter em segredo seu itinerário de modo que ele pudesse controlar quanto tempo iria passar com os familiares.

Como havia feito antes, Jimi dedicou o show a sua família e à Garfield High School. Quando o show estava terminando, uma trovoada soou lá fora, uma tempestade desabou, e parecia que os deuses estavam anunciando que o show tinha terminado. Nos bastidores, Jimi passou o tempo distraindo sua família, embora devido ao mau tempo muitos tivessem ido embora logo. Por fim, Jimi ficou sozinho com Carmen e apenas alguns fãs. Nessa época, a segurança durante concertos era relaxada, e fãs aleatórios podiam entrar no camarim se conseguissem driblar um policial. Jimi disse a Carmen que queria mostrar a ela suas raízes em Seattle. "Você tem carro?", perguntou a um fã surpreso que estava ali perto, segurando uma capa de álbum para ser autografada. O adolescente estava chocado demais para responder, mas fez que sim com a cabeça.

Uma hora depois do fim do show, Jimi foi até o carro do garoto, debaixo de chuva. Carmen achou que aquilo não era seguro e discutiu com Jimi. "Eu disse a ele, não sabemos nada sobre esse rapaz", contou ela. "Nós ainda estávamos viajando com o ácido, e não sei se Jimi estava pensando com clareza." As preocupações de Carmen se acentuaram quando descobriram que o carro do garoto era um Fusca com as molas saindo dos bancos. O rapaz pediu desculpa pelo estado do carro e disse que estava planejando vendê-lo no dia seguinte por 60 dólares. Jimi, que estava acostumado às limusines, sentou-se no banco de trás com Carmen e o adolescente dirigiu. Através de buracos de ferrugem no piso, Jimi e Carmen poderiam colocar os pés no asfalto da rua. Enquanto o garoto saía cautelosamente com o carro, Jimi citou vários locais de Seattle.

Ao longo das duas horas seguintes, o adolescente seguiu as indicações de Jimi e levou-o de casa em casa, enquanto Jimi retraçava a história de sua juventude. Ele apontou as casas malcuidadas nas quais havia vivido, os clubes onde havia tocado, os gramados que havia ajudado o pai a cortar. Pararam em uma hamburgueria *drive-in* na Rua Madison; do outro lado da rua, ficava o estacionamento onde Jimi havia dado seu último concerto local com os Tomcats antes de ir para o exército, sete anos antes. Aquele era o mesmo restaurante aonde Jimi sempre quis levar sua namorada de escola, mas nunca teve 10 centavos para pagar um hambúrguer. Também não tinha nesse dia, pois raramente tinha dinheiro consigo; seu fã adolescente teve de comprar um hambúrguer para ele.

A chuva parou enquanto eles comiam hambúrguer com fritas no banco de trás do pequeno Volkswagen. Ninguém na lanchonete reconheceu Jimi – como seu único acompanhante era o motorista adolescente deslumbrado, o contexto talvez fosse bizarro demais para alguém sequer imaginar. Depois de comer, foram até o estacionamento da Garfield High School, onde Jimi apontou para as janelas e disse a Carmen quais matérias eram dadas em cada sala. A escola exercia uma atração que fazia com que ele retornasse ao local com uma regularidade que contrastava com a irregularidade de sua frequência como aluno. Desde que ele ficara famoso, Garfield havia assumido um misterioso fascínio que fazia com que Jimi dedicasse todos seus shows em Seattle à escola da qual fora expulso. Por fim, o circuito pelos lares de Jimi recomeçou. Embora Carmen já tivesse ouvido muitas histórias sobre a infância dele, ficou surpresa com o grande número de casas, apartamentos, hotéis e pensões onde ele tinha morado. "Em cada quadra, havia algum lugar onde tinha vivido", ela recordou. "Ele tinha histórias para contar sobre cada um."

Eles percorreram o trecho da Rua Jackson que havia sido o distrito de entretenimento na época em que a comunidade negra da região era mais fechada; muitas das lojas e clubes já não existiam. Desde a infância de Jimi, a população afro-americana de Seattle havia crescido muito, tornando-se mais politizada – os negros não estavam mais dispostos a aceitar moradias precárias, discriminação trabalhista e acesso desigual à educação. Um dia antes do concerto de Jimi, uma enorme manifestação da União dos Estudantes Negros do Colégio Comunitário Central havia parado Seattle e tinha sido o assunto da cidade. Os Panteras Negras de Seattle constituíam uma das filiais mais ativas do país, e também uma das primeiras a aceitarem membros de outras minorias. Mike Tagawa, que frequentara a Garfield com Jimi, entrou para o movimento em 1968: "Eu disse:

'Eu não sou negro'. Eles disseram: 'Você também não é branco'". Em 1968, Panteras armados haviam ocupado uma escola de ensino médio em Seattle ao tomarem conhecimento de relatos de racismo no estabelecimento. Seattle também abrigava diversos grupos extremistas anarquistas e, em 1969, explodiram na cidade 69 bombas, que puseram a cidade no primeiro lugar do *ranking* de incidentes a bomba *per capita* no país.

Às três da manhã, a Rua Jackson estava tranquila enquanto o Volkswagen a percorria. Jimi apontou para edifícios fechados com tábuas, que no passado haviam recebido lendas da música como Ray Charles, Quincy Jones e Bumps Blackwell. Em uma esquina em particular, onde ainda se erguia um velho hotel, Jimi apontou e disse: "Era ali que minha mãe morava". Carmen ficou chocada por um instante: ela havia ouvido Jimi falar muitas vezes sobre Lucille – ele até havia dito que, se tivessem filhos, ele queria uma menina que se chamasse Lucille –, mas Carmen não havia se dado conta de que Lucille vivera em muitos dos mesmos lugares que Jimi. "Ele idealizava muito a mãe", ela disse. "Eu havia esquecido que ela havia sido uma pessoa de verdade." Em uma visita anterior à cidade, Jimi contou a seu amigo Pernell Alexander que queria visitar o túmulo da mãe, que estava situado em Renton, ao Sul de Seattle. Ele não fizera isso na época, e agora deu essa ideia a Carmen e ao adolescente que estava ao volante. Seria uma viagem de 30 minutos, e o garoto estava cansado, assim como Carmen. "Pegaríamos o avião daí a poucas horas para um show de Jimi em San Diego naquela noite", Carmen recordou. Até Jimi deixou escapar um bocejo e, com isso, instruiu o adolescente a levá-los para Norte, rumo ao hotel dele e para longe das lápides e fantasmas de seu passado. Enquanto rodavam, as ruas estavam repletas de poças d'água e as luzes dos postes refletiam-se no asfalto molhado, guiando-os para casa.

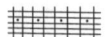

NAQUELE MESMO MÊS, JIMI causara comoção na Grã-Bretanha com uma entrevista ao *N.M.E.* na qual disse que talvez quisesse tirar um ano de folga. Ao falar com a imprensa em Los Angeles, durante uma pausa na turnê, ele contou uma história diferente, sugerindo à *Rolling Stone* que logo estaria viajando com uma banda diferente; quando anunciou isto, ainda não havia falado nada com os integrantes do Experience. Jimi também disse à revista que estava compondo músicas com os gêmeos Aleem – que haviam montado uma banda com o nome de Ghetto Fighters – para um álbum que planejava produzir com eles. Em outra entrevista, disse que no futuro poderia ir no rumo de "coisas sinfônicas. Assim a meninada pode respeitar as velhas músicas, as tradicionais, sabe, tipo clássicos. Gosto de misturá-las com o que hoje chamam de rock".

Em 19 de junho, Jimi viajou para Toronto, onde se apresentou no tribunal para uma audiência preliminar. Foi a primeira vez que ele usou um terno desde que tocou com Curtis Knight and the Squires. Na audiência, foi estabelecido que seu caso iria a julgamento completo em 8 de dezembro. Ele voltou para Los Angeles, onde, em 22 de junho, o Experience tocaria no Festival Pop de Newport, uma apresentação que lhes renderia 100 mil dólares, o maior pagamento que já haviam recebido por uma única noite.

Apesar de bem pago, o show foi considerado morno. Mais tarde, Noel disse que o mau humor de Jimi devia-se ao transtorno causado pelas audiências judiciais. Com remorsos quanto a sua *performance*, Jimi voltou no dia seguinte, sem ser anunciado e, sem pagamento adicional, fez uma *jam* com Buddy Miles e Eric Burdon.

O mesmo padrão de *jams* dinâmicas e shows sem inspiração continuou na semana seguinte, quando Jimi foi para o Colorado pouco antes do Festival Pop de Denver. Em uma noite livre nessa cidade, ele ligou para os músicos Herbie e Billy Rich, e perguntou se tinham algo para fazer; eles iam tocar em uma festa de casamento e não tinham tempo para se encontrarem com Jimi. Mais tarde, na festa, realizada em um parque público, os Rich foram surpreendidos com a chegada de uma limusine. Em vez dos noivos, quem saiu do carro foi Jimi. Ele se juntou a eles no palco e, como o parque era público, uma multidão enorme se formou. "Ele tocou apenas uns 15 minutos antes que a coisa ficasse fora de controle", Billy Rich recordou. "Todo mundo que estava no parque acabou vindo para o casamento para ver Jimi tocar."

No dia seguinte, antes do show no Mile High Stadium, Jimi usou ácido com seu amigo Herbie Worthington. "Eu tinha um papel de Owsley roxo", Worthington recordou. "Ele disse: 'Vamos dividir'. E eu disse: 'Não. Eu sei quanto você usa, e se vai ficar alto, vai ter que usar todo'." "Jimi insistiu que deviam dividir o papel e, depois de fazê-lo, foram para o concerto. Antes que o show começasse, um jornalista localizou Noel Redding e, tendo ouvido falar que Noel estava fora do grupo, foi até ele e perguntou: "Por que você está aqui? Achei que tinha saído da banda". Era a primeira vez que Noel ouvia falar daquilo. Os boatos eram resultado das reclamações de Jimi na frente dos jornalistas.

Se houve um ponto baixo na história do The Jimi Hendrix Experience, ele aconteceu em Denver – no que também viria a ser o último show do Experience. Do lado de fora do estádio, os fãs haviam se revoltado, exigindo que o festival fosse gratuito. Quando o show começou, Jimi parecia alheio, talvez como resultado do ácido, ou talvez de alguma outra coisa que tivesse tomado, pois apresentar-se depois de tomar ácido em geral o deixava com um astral bom, e não com o mau humor que demonstrou naquela noite. Em vez de agradar a plateia, Jimi hostilizou-a, alterando a letra de "Voodoo Child" para "Gonna make a lot of money and buy this town / Gonna buy this town and put it all in my shoe" ["Vou ganhar muita grana e comprar esta cidade / Vou comprar esta cidade e colocá-la toda em meu sapato"]. Em um dado momento durante a apresentação, ele anunciou: "Este é o último show em que vamos tocar juntos". Incitado por essa declaração e pelos choques contínuos com a polícia, o tumulto explodiu entre as 17 mil pessoas que estavam no estádio e muitas delas tentaram subir no palco. Quando a polícia começou a lançar cilindros de gás lacrimogêneo na plateia, Jimi brincou: "Estamos vendo o gás lacrimogêneo aí – é o sinal da Terceira Guerra Mundial". Mas, quando o gás começou a chegar no palco e envolveu a banda, os três membros do Experience largaram os instrumentos e fugiram. O último momento deles no palco como banda parecia algo saído de um filme de terror, enquanto fugiam a toda velocidade da multidão que avançava e da nuvem de gás.

O gerente de turnê Gerry Stickells conseguiu um caminhão-baú e empurrou todo o grupo e Herbie Worthington na parte de trás, fechou as portas e trancou-as. Stickells então tentou atravessar a multidão com o caminhão. O gás lacrimogênio espalhou-se por todo o estádio e, para fugir dele, os fãs subiram no caminhão. O peso dos fãs começou a quebrar os suportes do teto. A banda estava sentada lá dentro, no escuro, mas eles podiam ouvir as pessoas no teto. "Estavam batendo nas portas e no teto, e dava para ver os lados do veículo começando a encurvar-se", Herbie Worthington recordou. Jimi estava em silêncio. O único que falava era Noel, que tinha decidido que, se sobrevivesse àquele momento, pegaria um avião para a Inglaterra e nunca mais voltaria. No entanto, mesmo em seu estado de terror, ele fez piada. "Essa é a minha perna, amigo, e eu não conheço você tão bem assim", disse ele a Worthington, que estava sentado a seu lado. O Experience estivera junto por três atribulados anos, e o senso de humor de Noel sempre foi um elemento que havia ajudado a manterem-se próximos durante tempos difíceis. Agora Noel brincava que tudo ia acabar com as mortes deles na traseira de um caminhão-baú e eles nunca teriam chance de gastar sua grana nem curtir a fama. Embora demorassem uma hora para percorrer 100 metros, Jimi, Noel e Mitch sobreviveram ao Festival Pop de Denver. Eles nunca mais tocariam juntos como um trio, porém.

Noel pegou um avião para a Inglaterra no dia seguinte, enquanto Jimi viajou para Nova York e registrou-se no Hotel Navarro. Um dia depois, Jimi soube que seu amigo Brian Jones, dos Rolling Stones, tinha se afogado em sua casa em Sussex. Jones tinha apenas 27 anos de idade.

EM 10 DE JULHO, estava programada a participação de Jimi como convidado no "Tonight Show", de Johnny Carson. Assim que Noel se foi, Jimi tentou localizar Billy Cox, seu antigo companheiro de exército, para oferecer-lhe o lugar de baixista. Billy havia se mudado, porém, tornando difícil localizá-lo. "Eu morava perto de um técnico de televisão", Cox recordou. "Jimi ligou para o cara e disse que lhe pagaria se me encontrasse." Uma vez localizado e levado para Nova York, Cox começou a ensaiar com Mitch Mitchell. Jimi disse que a perda de Noel Redding não era um contratempo tão grande, mas os registros indicariam o

contrário: nos seis meses seguintes, Jimi tocaria em um único festival, uma feira de rua gratuita e dois concertos de verdade em teatros, de longe o período mais tranquilo de sua vida profissional. Ele ainda tocava *jams* ocasionalmente em clubes, mas mesmo estas ocasiões tornaram-se mais raras.

Jimi usou o novo trio no "Tonight Show". Johnny Carson ficou doente naquela noite e Flip Wilson foi chamado para ser o apresentador. A *Rolling Stone* chamou a participação de "um desastre", citando que Jimi ria e mascava chiclete demais, tornando difícil entender o que ele dizia; Jimi mascava obsessivamente chiclete Blackjack de alcaçuz, em especial quando estava nervoso. A revista foi ainda mais dura com Wilson, que, segundo eles, "tentou usar a mesma linguagem descolada de Hendrix, enquanto acariciava uma enorme melancia que tinha sobre sua mesa". Depois da breve conversa com Wilson, Jimi fez sua primeira apresentação pública com a seção rítmica formada por Cox e Mitchell. Eles tocaram "Lover Man", que Jimi dedicou a Brian Jones. O som de Cox e Mitchell esteve bom, mas por infelicidade o amplificador de Jimi queimou, o que prejudicou o programa ao vivo.

No verão de 1969, Jimi havia transferido de Londres para Nova York a maior parte de sua vida. Sem Kathy Etchingham por perto, Carmen Borrero e Devon Wilson tornaram-se suas namoradas favoritas. Em Londres, seu círculo de amigos havia incluído sobretudo músicos, como Mitch, Noel e Chas. Em Nova York, suas amizades expandiram-se, passando a incluir contatos de fora do mundo da música e fora de sua banda. Jimi conheceu Deering Howe, em 1968, quando o iate de Howe foi alugado pela banda para um cruzeiro de um dia, e Deering tornou-se depois disso um dos amigos mais próximos e confidente de Jimi. A família de Howe era dona de diversos hotéis em Manhattan, e ele era um fã de música, mas sem envolvimento direto no ramo musical. "Acho que parte da atração era que eu vinha de família rica e não havia nada que eu quisesse dele", Deering recordou. "Não tínhamos quase nada em comum, exceto o amor pela música."

Além de Deering, Jimi conheceu e fez amizade com as duas proprietárias de uma butique da qual era cliente. Colette Mimram e Stella Douglas tinham mais cultura que Jimi e isso o atraía, assim como o senso de moda delas. "Ele era simplesmente um cavalheiro encantador", Colette recordou. "Acho que ele se aproximou de nós porque estávamos fora de seu mundo. No mundo em que vivia, todos estavam atrás dele querendo algo, ninguém tinha outro emprego que não estivesse relacionado a Jimi, e ele achava que todos queriam ganhar alguma coisa." Com Colette, Stella e Deering, Jimi desenvolveu as primeiras amizades adultas fora da indústria da música. "Nós o expúnhamos a um certo refinamento que ele nunca havia conhecido antes", Colette notou. Deering até ensinou Jimi como pedir vinho e uma refeição em um restaurante fino, algo que Jimi nunca havia feito.

Naquele verão, Colette, Stella, Jimi e Deering jantaram juntos com frequência, formando uma espécie de tertúlia. "Era quase como alguma coisa saída dos anos 1920", Deering recordou. "Éramos um grupo de pessoas que se reuniam para comer juntas e conversar." Os jantares frequentes eram descontraídos e para Jimi serviam como uma pausa no estresse de sua carreira. Havia uma regra de que negócios nunca seriam discutidos. Com seus amigos, Jimi falava de arte, filosofia, religião e política. Ele achava fascinante o grupo, em parte por sentir-se como um aprendiz cultural quando estava com eles, o oposto de sua experiência como músico, em que ele era o formador de tendências.

O interesse de Jimi por outras áreas além da música criou uma preocupação imediata para Michael Jeffrey, que precisava desesperadamente que ele terminasse um novo álbum. Num esforço de acelerar esse processo, naquele verão Jeffrey alugou uma casa de campo para Jimi. O próprio Jeffrey tinha uma casa nos arredores de Woodstock, e o imóvel alugado estava a 16 quilômetros de distância dela, perto de Shokan. A casa de Shokan era uma mansão de pedra, com oito quartos, em um terreno de 4 mil metros quadrados, e contava com estábulos, cavalos e uma piscina. O aluguel era de 3 mil dólares por mês, mas Jeffrey achava que, se um novo álbum resultasse daquela estada, seria dinheiro bem gasto. Jeffrey até contratou gente para cozinhar e arrumar a casa, para que todas as necessidades de Jimi fossem atendidas.

Na casa de Shokan, Jimi começou a reconfigurar seu próximo movimento musical. Ele decidiu usar a saída de Noel como uma desculpa para montar a grande banda que sempre havia desejado. Primeiro contratou Larry Lee, o guitarrista de Nashville com quem tocara anos antes, para tocar guitarra rítmica. Em seguida, acrescentou dois percussionistas, Jerry Velez e Juma Sultan. Ele os conhecera em clubes de Nova York, e Sultan já morava em uma fazenda perto de Woodstock. Lee, Sultan, Velez e Billy Cox se mudaram para a casa em Shokan e deram início ao processo de formação da banda. A coesão deles estava comprometida pelo fato de ainda não terem um baterista – não estava claro se Mitch Mitchell, que voltara à Inglaterra, assumiria aquele papel. A confusão no novo grupo foi amplificada quando Jimi foi à cidade de Nova York para passar o dia e não voltou. Quando um dos músicos ligou para Jeffrey, descobriram que havia viajado para o Marrocos.

Ele a princípio tinha ido a Nova York para despedir-se de Deering Howe, que estava viajando para a África, onde se encontraria com Colette Mimram e Stella Douglas. Deering insistiu para que Jimi se juntasse a eles, argumentando que não havia razão para ganhar dinheiro se a pessoa não podia gastá-lo. Numa rara transgressão à sua tendência de obedecer a seu empresário, Jimi concordou. Ele ligou para Michael Jeffrey, que ficou furioso, mas não tinha como detê-lo, e telefonou para a polícia de Toronto, que deveria aprovar qualquer viagem para fora dos Estados Unidos. Com as acusações de porte de droga ainda pesando sobre si, Jimi precisava desesperadamente de um descanso, e a Real Polícia Montada do Canadá foi gentil e aprovou a viagem.

Jimi passou nove dias no Norte da África, e é muito provável que tenham sido os mais felizes de toda sua vida. "Foram as melhores, talvez as únicas, férias que ele já tivera", recordou Deering. Jimi e Deering aterrissaram no Marrocos, onde se encontraram com Stella e Colette, que não sabiam que Jimi iria e ficaram encantadas ao vê-lo. Eles alugaram um velho Chrysler e usaram-no para viajar pelo deserto e visitar locais famosos. Passaram a viagem comprando tapetes e roupas, comendo, conversando e descansando. "Jimi divertiu-se demais", Deering recordou. "Foi incrível observá-lo, como homem negro, vivenciando a África. Ele adorou a cultura e o povo, e riu mais do que eu jamais o vira rir." Na África, Jimi encontrou um lugar onde não importava sua etnia e, igualmente relevante, tampouco sua fama. Jimi era o maior astro do mundo naquele ano, mas na África ninguém sabia quem ele era. A viagem foi uma espécie de pausa em sua fama, pois ele pôde deixar de lado a *persona* astro do rock e curtir a vida. "As férias pareceram nutri-lo", Colette disse. "Elas o recarregaram." Jimi foi reconhecido poucas vezes; em uma ocasião, dois atores de Nova York o reconheceram e fizeram amizade com ele. Uma noite ele leu a poesia de um dos homens, aliviado por ser outra pessoa quem estava proporcionando o entretenimento. "Falávamos sobre teatro, arte, África, mas nunca música", disse Deering.

Em 6 de agosto, Jimi pegou um voo de volta, enquanto os amigos ainda prosseguiam suas longas férias. No entanto, seu próprio recesso ainda não terminara por completo. Durante a escala no aeroporto de Paris, ele encontrou Brigitte Bardot. Jimi mais tarde contou a Deering que, na mesma hora, ele decidiu perder o voo, em um esforço para levar a famosa atriz para a cama: ele conseguiu e, durante dois dias, teve um romance secreto com Bardot, enquanto seus empresários procuravam em vão por ele. Foi uma ideia louca – perder o voo para tentar seduzir uma famosa atriz francesa –, mas ilustrava o tipo de *joie de vivre* que caracterizava a vida de Jimi. O que de fato foi insano, porém, era ele ter de praticamente desaparecer para escapar às demandas dos empresários e de sua carreira. Ele havia batalhado tanto para alcançar a fama, nas ruas de Nova York e percorrendo o Circuito Chitlin', e, depois de tê-la encontrado, tudo o que desejava era o anonimato.

Quando Jimi finalmente retornou aos Estados Unidos, a viagem pareceu tê-lo revitalizado em termos musicais. Ele voltou querendo tocar violão acústico em vez de guitarra elétrica e estava inspirado pela música que ouvira no Marrocos. Em *jam sessions* na casa em Shokan, ele explorou esse território, fazendo várias gravações nas quais apenas ele e Juma Sultan tocavam. "As gravações tinham só o violão dele e minha percussão", Sultan recordou. "Foi fenomenal – um som meio como Wes Montgomery ou Segovia, mas com uma influência marroquina."

Embora a África tenha ampliado a visão musical de Jimi, um incidente ocorrido na viagem impactou-o mais que qualquer outra coisa, e logo passou a dar-lhe pesadelos. Colette Mimram tinha parentes no Marrocos, incluindo um avô que era um líder tribal. O avô havia voltado a casar-se recentemente, e a nova esposa era uma renomada vidente que trabalhava para o rei do Marrocos. Quando a velha senhora conheceu Jimi – mas sem saber da história ou da carreira dele –, ela anunciou que ele tinha uma "testa" que indicava gênio artístico. Jimi e seus amigos acharam muito curioso quando ela começou a passar os dedos pela cabeça dele, lendo as linhas de sua face. A mulher falava francês, de modo que suas palavras precisavam ser traduzidas para Jimi, e faziam-no rir. Pouco depois, a mulher disse a Colette, em francês, o que pareceu ser um alerta lúgubre: "Você não será amiga desse homem daqui a um ano, por causa de outras mulheres". A profecia surpreendeu Colette, mas, nos anos despreocupados da década de 1960, não era necessária uma grande mente psíquica para fazer tal previsão. O que aconteceu mais tarde, naquela mesma noite, porém, perturbou Colette e apavorou Jimi.

A mulher havia sugerido ler as cartas de tarô para Jimi, e ele concordou. Ele e os amigos reuniram-se ao redor de uma mesa e a mulher manuseou um baralho de tarô. A primeira carta que tirou foi a Estrela. Isso trouxe sorrisos a todos, exceto para a vidente, que não sabia que Jimi era famoso. Ela disse a ele que a carta significava "bênção" e que ele logo estaria na presença de um grande número de pessoas. A carta seguinte que saiu do baralho provocou em Jimi uma resposta muito diferente: era a carta da Morte. A velha mulher de imediato começou a dizer a Colette que a carta não significava que Jimi morreria em breve – que ela também poderia significar renascimento. Mas, durante os poucos instantes necessários para que Colette fizesse a tradução, Jimi ficou transfixado olhando a carta. "Eu vou morrer!", ele gritou. Os amigos de imediato se juntaram ao redor dele e lhe disseram que o tarô tinha muitas interpretações diferentes, e que ele não devia considerar cartas aleatórias tiradas por uma velha como um presságio.

Algumas pessoas poderiam ter sido capazes de dar de ombros e ignorar a carta, mas Jimi – que, em 1966, havia sonhado que se tornaria um astro e viu esse sonho se realizar – não conseguiu esquecê-la. Pelos próximos meses, ele continuou ecoando a previsão de que estava condenado. "Às vezes ele dizia: 'Vou morrer em três meses', e às vezes dizia que ia viver apenas mais 'seis meses'", Colette recordou. "Mas ele ficava repetindo que iria morrer antes de completar 30 anos." Em uma ocasião em que Jimi proferiu essa previsão, Colette lhe disse:

– Não fale assim, Jimi, é negativo demais.

– Não é negativo – ele repetiu. É assim que é. Sinto muito. Não estou pronto para ir.

Estivesse pronto ou não, uma vez de volta aos Estados Unidos, tais visões fatalistas tiveram que ser postas de lado, ao menos por algum tempo, pois Jimi precisava ensaiar com sua nova banda. Menos de duas semanas depois do retorno aos Estados Unidos, ele deveria tocar em um festival no estado de Nova York, não muito longe da casa em Shokan. Jimi já havia tocado em uma dúzia de festivais semelhantes nos três últimos anos, e não era esperado que este fosse tão grande quanto vários dos quais participara – mas, de novo, a adivinha marroquina havia previsto que ele estaria em uma grande multidão. O festival seria realizado em Bethel, Nova York, e o cartaz original anunciava-o como "Uma exposição aquariana", mas ele ficaria para sempre conhecido como Woodstock, e Jimi Hendrix – recém-saído dos braços de Brigitte Bardot e do mundo assombroso dos videntes – seria a atração principal.

CAPÍTULO 22

Jimi Hendrix e o Gypsy, Sun, and Rainbows, ou o Lendário Band of Gypsys

※

Bethel, Nova York
Agosto de 1969 – novembro de 1969

> *"Decidimos mudar tudo radicalmente e chamar a banda de 'Gypsy, Sun, and Rainbows'. Resumindo, não passamos de uma 'Band of Gypsys'."*
> – da introdução de Jimi em Woodstock

A FEIRA DE MÚSICA e Artes de Woodstock, marcada de 15 a 18 de agosto, originalmente deveria ocorrer em Wallkill, Nova York. Quando os moradores locais reclamaram, o concerto foi transferido em cima da hora para a fazenda de Max Yasgur, na vizinha Bethel. Cerca de 60 mil ingressos antecipados haviam sido vendidos, e a organização previa 100 mil pessoas no máximo. Quando os organizadores consultaram o empresário Michael Jeffrey sobre a participação de Jimi, eles acertaram um cachê de 32 mil dólares, esperando que o festival tivesse um tamanho modesto. Jimi era o mais bem pago artista no evento, mas esse valor era muito inferior ao que ele já recebera por outros shows. Jeffrey tinha uma casa em Woodstock e, sabendo que o local estava duas horas a Norte de Nova York, também não esperava que muitos fãs fizessem a viagem até lá.

Quando Jimi voltou da África, começou a ensaiar a sério. Ele fez audições para um novo baterista, mas acabou preferindo chamar Mitch Mitchell de volta. Quando Mitch chegou de Londres, descobriu que o grupo coeso do Experience era coisa do passado. "A banda estava triste, uma bagunça", escreveria ele mais tarde em *The Hendrix Experience*. Mitch disse que era a única banda com a qual havia tocado que não melhorava com a prática. Juma Sultan e outros do grupo contestaram a avaliação de Mitchell e alegaram que Mitch não estava acostumado com os ritmos latinos que eles usavam. De qualquer modo, como banda completa, o grupo teve apenas uma semana para ensaiar antes de Woodstock – a inexperiência do grupo iria transparecer na apresentação.

Na sexta-feira, quando o festival começou, as coisas já estavam acontecendo em Bethel. Em vez dos esperados 60 mil espectadores com ingressos, por volta de 800 mil pessoas foram até lá. Destas, ao menos 200 mil ficaram presas no congestionamento que deram meia-volta e foram para casa. Embora o local do festival estivesse situado a apenas 160 quilômetros da cidade de Nova York, a viagem demorou dez horas naquele dia, e o tráfego estava parado nos últimos 30 quilômetros. Muitos dos espectadores simplesmente abandonaram seus carros e caminharam. Na hora em que Richie Havens fez a abertura oficial do festival, na noite de sexta-feira, 186 mil ingressos haviam sido vendidos, mas pelo menos o dobro de pessoas tinha entrado depois que as cercas foram derrubadas e os organizadores foram forçados a declará-lo um "festival gratuito". Jimi e sua banda ainda estavam em casa quando viram na televisão matérias sobre o New York Thruway ser fechado. "Ninguém sabia, ninguém suspeitava, ninguém fazia a menor ideia", recordou Billy Cox. "Achávamos que era só uma apresentação reunindo um monte de bons músicos."

No sábado, a manchete do *Daily News*, de Nova York, bradava TRÂNSITO TENSO EM FESTIVAL *HIPPIE*. Àquela altura, estimava-se haver no local 450 mil pessoas, fazendo uso de apenas 600 banheiros químicos. A polícia transportava de helicóptero pessoal de emergência para alimentação e atendimento médico. Ao longo do fim de semana, ocorreriam três mortes e dois nascimentos, e mais de 400 pessoas procuraram atendimento médico por conta das *bad trips* de ácido. Os organizadores já estavam distribuindo panfletos intitulados SOBREVIVA, contendo dicas práticas de como evitar o "ácido azul-claro" e "não corra nu no sol quente". Os vitoriosos que conseguiram chegar perto do palco assistiram a algumas apresentações musicais sensacionais no sábado: Santana, Grateful Dead, Janis Joplin, Jefferson Airplane e Sly and the Family Stone. O The Who entrou às 3 da manhã, e o ponto alto de sua apresentação, e talvez de todo o festival, foi Pete Townshend acertando Abbie Hoffman, o ativista fundador dos Yippies, com uma guitarra para expulsá-lo do palco.

Estava previsto que Jimi fechasse o festival de três dias às 11 da noite do domingo. Uma das vantagens da casa em Shokan era que Jimi estava perto, mas ainda assim os organizadores providenciaram para que ele tomasse um helicóptero em um aeroporto próximo. Quando ele chegou no aeroporto com a banda, estava chovendo e não havia decolagens. Eles ficaram presos lá com outras bandas, incluindo Crosby, Stills, Nash and Young. Gerry Stickells por fim passou a mão em uma camionete e transportou-os pelos últimos quilômetros que faltavam. Neil Young depois contaria ao *N.M.E.* que a cena no aeroporto foi mais memorável que o concerto. "Roubar uma picape com Hendrix é um dos pontos altos de minha vida", disse.

Quando a banda chegou ao local, foi informada de que o show estava três horas atrasado – na verdade, àquela altura o atraso era de nove horas. Os organizadores ofereceram a Jimi a oportunidade de tocar à meia-noite, quando a multidão estaria bem animada, mas Jeffrey insistiu que ele devia fechar o show. Jimi e a banda passaram a maior parte da noite em uma casinha distante poucas centenas de metros do palco e aí fumaram maconha e tocaram instrumentos acústicos, esperando serem chamados. A banda que tocou antes de Hendrix foi Sha Na Na, uma introdução pouco auspiciosa. Antes de entrarem, Jimi discutiu com os organizadores do festival: ele queria tocar duas músicas acústicas, mas os organizadores vetaram a ideia.

Quando finalmente foi feita a introdução de Jimi – "Senhoras e senhores, The Jimi Hendrix Experience" –, eram oito e meia da manhã de segunda-feira. A maioria do público tinha ido embora durante a noite, e apenas 40 mil pessoas estavam presentes para o show. A plateia esparsa pouco importava, pois a equipe de filmagem continuava lá, e a luz do dia fez a participação de Jimi parecer bem melhor no filme *Woodstock*, que seria visto – assim como acontecera com o filme de D. A. Pennebaker sobre o Festival Internacional de Música Pop de Monterey – por milhões mais de espectadores do que o festival.

Jimi entrou no palco usando uma faixa vermelha na cabeça e uma jaqueta branca com contas e franjas, que havia comprado na butique de suas amigas Colette e Stella. Ele carregava sua Strat branca e, insatisfeito com a introdução feita, passou os minutos seguintes corrigindo-a. "É, bom, olha, a gente queria deixar algo claro", ele disse. "Nós nos cansamos do 'Experience' e a cada tanto a gente ficava maluco demais e então decidimos mudar tudo radicalmente e chamar a banda de 'Gypsy, Sun, and Rainbows'." Ele então apresentou sua banda de cinco integrantes. Enquanto Jimi falava, uma pessoa na plateia gritou, "Jimi, você está doidão?".

Jimi ignorou o comentário e continuou. "Ok, deem um minuto e meio para afinarmos. Fizemos só dois ensaios, de modo que [vamos] tocar apenas uns lances de um jeito bem descolado, mas, quer dizer, é o primeiro raio do novo sol nascente, de qualquer modo, e por isso a gente pode muito bem começar a partir da Terra, que é o ritmo, certo? Deu para sacar? Quando vocês têm sua garota, sua mulher, isso faz a melodia, certo? Eu tenho a minha, muito obrigado." E, contando até três, Jimi começou "Message to Love", a primeira música das 16 de uma apresentação que se estenderia por duas horas e seria o mais longo show da carreira de Jimi.

A *performance* de Jimi em Woodstock foi fluida, espontânea e pareceu não ter sido ensaiada; antes de subir ao palco, ele havia rabiscado de improviso uma *setlist* com oito músicas, metade do que tocaram. Trechos do show foram majestosos, como "Voodoo Child", que teve um tratamento magistral, e alguns trechos foram amadorísticos, como uma música que Jimi introduziu como "Jammin' at the House", um instrumental que a banda ainda não tinha trabalhado. "Nenhuma de nossas músicas ficou consistente de verdade", Mitch Mitchell escreveu mais tarde em sua autobiografia. "Elas simplesmente viravam longas *jams*." Algumas dessas *jams*, porém, foram espetaculares, como foi o caso de um *cover* da música de Curtis Mayfield, "Gypsy Woman", cantada por Larry Lee com um delicado solo de guitarra de Jimi. Muita gente na plateia ficou desapontada por Jimi não estar cantando, e muitas músicas, como "Mastermind", composta por Larry Lee, eram completamente desconhecidas da plateia. A apresentação foi prejudicada, ainda, pelos sérios problemas de afinação que Jimi, e sobretudo Larry Lee, enfrentaram. Em um dado momento do show, Jimi brincou: "Vamos só tocar baixinho e desafinado".

À medida que o show avançava, mais gente da plateia começou a ir embora, fato que Jimi se sentiu compelido a comentar. "Vocês podem ir embora se quiserem", ele disse. "Estamos só fazendo uma *jam*, só isso. Ok? Vocês podem ir embora ou podem bater palmas." E com isso Jimi começou a introdução de "The Star Spangled Banner". Fazia um ano que a música era parte de seu repertório e tinha sido tocada em pelo menos três dúzias de ocasiões, mas para as cerca de 40 mil pessoas que restaram no festival – e aquelas que mais tarde viram o filme sobre Woodstock – ela definiu o concerto de três dias. "Eu estava trabalhando na 'tenda da *bad trip*', como enfermeira, quando ele começou a tocá-la", recordou Roz Payne. "Tudo pareceu parar. Antes disso, se alguém tivesse tocado 'The Star Spangled Banner', teríamos vaiado; depois daquilo, virou *nossa* música." Al Aronowitz, crítico de pop do *New York Post*, foi ainda mais entusiástico: "Foi o momento mais eletrizante de Woodstock, e provavelmente o maior momento dos anos 1960. Finalmente foi possível entender o que aquela música significava, que você pode amar seu país, mas odiar o governo".

Fazia tempo que essa música era uma vitrine na qual Jimi exibia seu uso criativo do *feedback*, com a guitarra imitando os sons de explosões de foguetes e sirenes de ambulância. A versão de Jimi foi um raro exemplo de *performance* musical que impunha ao ouvinte o desafio de, no futuro, conseguir ouvir aquela música de qualquer outra forma. Empregando *feedback* e *sustain*, Jimi pegou uma das músicas mais conhecidas nos Estados Unidos e tomou-a para si. Para ele foi um exercício musical, não um manifesto. Se tinha qualquer intenção de fazer uma declaração política com "The Star Spangled Banner", ele não disse nada a seus colegas de banda, aos amigos ou mesmo, mais tarde, aos repórteres, que passaram a persegui-lo com perguntas que insinuavam tal motivação. Em uma coletiva de imprensa, três semanas mais tarde, ele disse, a respeito da música: "Somos todos americanos... foi tipo 'Vai, Estados Unidos!'... Nós tocamos da forma como está o clima atual dos Estados Unidos. O ar está levemente estático, sabe". Se Jimi quis tocar a música como um hino contra a Guerra do Vietnã, como os entendidos se apressaram em sugerir, ele nunca declarou isso. Na verdade, pouco antes, no mesmo show, Jimi havia dedicado "Izabella" aos soldados do exército. Em última análise, porém, a postura pró-exército de Jimi ou suas próprias crenças políticas pouco importaram – a música tornou-se parte do *Zeitgeist*, o espírito dos tempos dos anos 1960, capturada para sempre em filme como um grito de protesto contra o *establishment*.

Depois de "The Star Spangled Banner", Jimi tocou "Purple Haze", que teve uma resposta mais visível da multidão naquela manhã. Ele terminou com "Villanova Junction" e foi chamado de volta para um bis. Ele escolheu "Hey Joe", a mesma música que, apenas três anos antes, havia tocado para um punhado de adolescentes em um clube de porão no Greenwich Village. Quando ele terminou, a Feira de Música e Artes de Woodstock terminou oficialmente. Jimi saiu do palco e caiu no chão de exaustão; ele havia ficado acordado durante três dias.

Pouco depois de Woodstock, Jimi escreveu um poema sobre o evento, que dizia: "500 mil halos brilharam mais que a lama e a história. Nós nos banhamos nas lágrimas de alegria de Deus e bebemos delas. E ao menos uma vez, e para todos, a verdade não era mais um mistério".

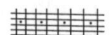

DEPOIS DE WOODSTOCK, JIMI levou sua nova banda para o Hit Factory, em Nova York e gravou meia dúzia de músicas, incluindo "Machine Gun", que se tornaria uma das canções mais famosas. Também ensaiou a banda para um show que, decididamente, para ele era mais importante do que qualquer outro naquele ano – uma feira gratuita de rua no Harlem. Seria seu primeiro show na *uptown* desde a época em que tocou no Small's Paradise, e ele estava mais ansioso quanto a essa apresentação – para um público afro-americano – do que estivera quanto a Woodstock. Seria um show beneficente em prol da United Block Association (UBA), mas a ideia do concerto nasceu da suposição dos irmãos Aleem de que um show no Harlem poderia finalmente colocar Jimi nas rádios negras. Originalmente, os Aleem esperavam que o show fosse realizado no histórico Apollo, mas o teatro – onde Jimi, na época um pé-rapado, vencera um show amador em 1964 – rejeitou a ideia. "Eles não o queriam", Tunde-ra Aleem recordou. "Tinham medo de que viesse muita gente branca."

Em geral, a perspectiva de Jimi sobre a etnia estava fundamentada no multiculturalismo que ele havia aprendido na Leschi Elementary, em Seattle. "Ele acreditava que a cor era o que estava por fora, não por dentro", Colette Mimram observou. Ainda assim, o fato de não ter um público grande na comunidade negra preocupava Jimi. "Ele sentia que seu público era branco, mas queria o público negro, onde ele sentia não ser bem aceito", Colette acrescentou. Ele era reconhecido no Harlem, porém: quando Colette e Jimi assistiram ao concerto de Al Green no Apollo, Jimi saiu mais cedo por estar sendo reconhecido por muitos afro-americanos que estavam na plateia.

Em 1969, Jimi descobriu que, gostasse ou não, sendo o mais popular artista afro-americano do mundo, havia inúmeros grupos que queriam colar-se a ele por motivos raciais; alguns sugeriam que ele devia algo à comunidade negra, uma ideia que Jimi rejeitava por completo. Os Panteras Negras haviam feito amplas tentativas de envolvê-lo e, embora os apoiasse de modo discreto, não queria ser porta-voz de um grupo que ele achava advogar pela violência. Ele foi indagado sobre os Panteras em praticamente todas as entrevistas que deu naquele ano e em geral contornava a pergunta. Se pressionado, ele admitia: "Eu naturalmente me sinto parte do que eles estão fazendo, em certos aspectos, sabe. Mas todo mundo tem sua própria maneira de dizer as coisas. Na medida em que validam os outros, eles também se validam, sabe; nas tentativas deles de conseguir liberdade pessoal. É só isso". Jimi tinha a habilidade de responder uma pergunta com uma resposta tão ampla que sequer seria uma resposta. Essa fluidez reforçava sua natureza espectral, e mesmo aqueles que eram próximos a ele sentiam nunca ter certeza de fato sobre o que ele pensava. Ele também mudava de opinião com frequência, outra razão pela qual diferentes grupos achavam que ele apoiava suas causas individuais. Na política, como em sua vida pessoal, Jimi tinha dificuldade em dizer não ou em saber portar-se em casos de confronto direto – os outros tentavam usar isso em proveito próprio.

Uma das facções que quis colar na dele naquele verão foi um grupo de gângsteres do Harlem que tentou forçá-lo a tocar para eles. Jimi descobriu o golpe quando viu cartazes espalhados por todo o Harlem, anunciando um concerto com que ele não havia concordado dar. Caminhando com os irmãos Aleem pela Rua 125, ele viu alguém colocando os cartazes e por um momento pareceu que ia bater no cara. Como se estivesse esperando a deixa, um dos organizadores, um gângster, apareceu com dois capangas. Eles sacaram as armas, apontando-as para Jimi, com o dedo no gatilho. "Eles iam *atirar* em Jimi, ali mesmo", disse Taharqa. A situação só se resolveu quando os Aleem mencionaram suas próprias conexões com chefões do Harlem, e com isso os gângsteres recuaram. Esse incidente foi parte do incentivo para o concerto beneficente da UBA: os Aleem argumentaram que, se Jimi não planejasse um concerto no Harlem por vontade própria, seria forçado a fazê-lo.

Michael Jeffrey foi contra a ideia de fazer o show da UBA e sentiu-se ameaçado pela crescente influência dos Aleem. "Jimi foi tapeado para dar aquele show", observou o assessor de imprensa Michael Goldstein. "Foi um momento em que qualquer trambiqueiro negro que conseguisse chegar até ele dizia: 'Você não pode andar por aí com brancos'." Jeffrey talvez fosse contra a ideia por motivos estritamente financeiros, porém Jimi não receberia cachê para apresentar-se no show gratuito, e a única forma de arrecadar dinheiro para a causa seria se Jeffrey procurasse patrocínio. A Warner Bros. Records acabou fazendo uma grande doação.

Jimi deu uma coletiva de imprensa em um restaurante do Harlem dois dias antes do show. Usando uma túnica preta que havia comprado na África, parecia esplendoroso ao falar com uma dúzia de repórteres. Em sua primeira aparição desde Woodstock, a maioria das perguntas era sobre o festival e sobre "The Star Spangled Banner". Jimi disse ter ficado impressionado com a natureza não violenta de Woodstock e que esperava que o show da UBA trouxesse aquele mesmo senso de unidade ao Harlem, onde "estavam cansados de entrar em gangues de rua, cansados de entrar em grupos militantes, cansados de ouvir o blá-blá-blá do Presidente [...] eles querem encontrar outro caminho". Quando perguntado se o show da UBA era um "Woodstock negro", ele respondeu: "Gostaríamos de ter mais festivais no Harlem em que a gente toque por três dias [...]. Muitos jovens do gueto, ou como queira chamar, não têm dinheiro para atravessar o país e assistir a esses festivais".

Na tarde do show, Jimi foi com Mitch para o local em seu Stingray, estacionou-o na rua e, antes mesmo que ele descesse do carro, sua guitarra foi roubada por um adolescente. Por sorte, no mundinho pequeno que o Harlem era naquela época, os irmãos Aleems descobriram quem havia pegado o instrumento e fizeram a pessoa devolvê-lo.

O festival da UBA foi um evento de dia inteiro que ocorreu na Rua 139, e a apresentação de Jimi estava marcada para a noite. Cinco mil pessoas haviam comparecido para assistir ao evento, que também incluía a banda de Sam & Dave, Big Maybelle, Chuck-A-Luck, Maxine Brown e J. D. Bryant, todos tocando em um palco minúsculo, voltado para a Avenida Lenox. Antes do show, Jimi falou com um repórter do *New York Times*: "Às vezes, quando venho aqui, as pessoas dizem: 'Ele toca rock branco para gente branca. O que está fazendo aqui?'. Bom, eu quero mostrar a todos que a música é universal – que não existe rock branco ou rock negro". Apesar de sua equanimidade, a tensão era grande.

"Muitas pessoas negras do bairro nem sabiam quem era Jimi", disse Tunde-ra Aleem, "mas havia tantos brancos na rua que elas ficaram curiosas".

Os problemas começaram antes mesmo que Jimi subisse no palco. Ele estava com Carmen Borrero assistindo às outras bandas quando várias pessoas o xingaram por ter uma namorada porto-riquenha. "Eles viram Jimi com o que para eles era uma 'puta branca' e começaram a jogar coisas em mim", Borrero recordou. A blusa dela foi rasgada na briga que se seguiu.

Somente à meia-noite Jimi subiu no palco, e muita gente já havia ido embora. Jimi tocou depois de Big Maybelle, uma cantora de R&B que pesava 115 quilos. A plateia vaiou quando Maybelle recusou-se a dar um bis e continuou a vaiar quando o primeiro músico a entrar no palco depois dela foi Mitch Mitchell. "As pessoas ficaram irritadas porque Mitch era um cara branco no Harlem", Taharqa Aleem disse. Jimi entrou no palco usando calças brancas, e até a cor da roupa dele gerou vaias da plateia. Quando Jimi começou a afinar a guitarra, alguém jogou uma garrafa, que se arrebentou contra um amplificador. Seguiram-se alguns ovos, que se quebraram contra o palco. Muita gente começou a ir embora; quando Jimi começou, havia menos de 500 pessoas. Menos de três semanas antes, Jimi havia sido a principal atração do maior concerto da década nos Estados Unidos, e objeto de adoração; no Harlem, tocando de graça em um palco de um metro e meio, ele estava muito perto de ser ofuscado por Big Maybelle – ou acertado por uma garrafa. "Ele teve que agir muito rápido, ou podia ter havido um tumulto", Taharqa observou.

Ele começou com "Fire" e prosseguiu com "Foxy Lady". Na hora em que ele chegou a "Red House", seu sabor de blues amaciou o público exigente. Ele tocou então "The Star Spangled Banner", a mesma versão apresentada em Woodstock, mas, longe do batalhão de repórteres e filmadoras, essa música foi ofuscada por "Voodoo Child", que ele introduziu como "o hino nacional do *Harlem*". Quando Jimi terminou sua apresentação, restavam menos de 200 pessoas, mas ele sobrevivera a uma das plateias mais difíceis que já havia enfrentado. Juma Sultan, o percussionista da banda, fez o melhor resumo do ocorrido ao chamar o show de "um empate". Depois do concerto, Jimi foi caminhando com Carmen até seu carro e encontrou uma multa de estacionamento proibido debaixo do limpador de para-brisas.

Cinco dias depois do concerto beneficente da UBA, a formação que Jimi chamava de Gypsy, Sun, and Rainbows deu seu último show. Uma apresentação no Salvation deveria ser um evento para a imprensa, mas Jimi entrou tão tarde que a maioria dos jornalistas já havia ido embora. Quando a banda começou, problemas com o sistema de som impediram Jimi de cantar. "Um show que ele talvez nem estivesse a fim de fazer tornou-se um desastre", relatou a revista *Rock*. Duas semanas mais tarde, Jimi desfez a banda, embora tenha continuado a tocar com Billy Cox.

O Salvation também foi o cenário de um dos incidentes mais estranhos da vida de Jimi: ele foi sequestrado certa noite, depois de uma *jam session* no clube. Ele saiu com um desconhecido para comprar cocaína, mas, em vez disso, foi feito refém em um apartamento em Manhattan. Os sequestradores exigiam que Michael Jeffrey entregasse o contrato de Jimi em troca de sua libertação. Em vez de concordar com as exigências de resgate, Jeffrey contratou seus próprios capangas para ir atrás dos sequestradores. Misteriosamente, os homens de Jeffrey encontraram Jimi dois dias depois na casa de Shokan, ileso.

O incidente foi tão estranho que Noel Redding suspeitou que Jeffrey tivesse tramado o sequestro para desencorajar Hendrix de procurar outros empresários; para outras pessoas, como a gerente de escritório Trixie Sullivan, o sequestro havia sido autêntico. "Havia muitas pequenas máfias em Nova York que desejavam entrar à força no mercado musical", ela disse. "Eles pegaram Jimi, e Mike teve que ir falar com um cara, alguém metido com a máfia, e foi levado por sujeitos armados com metralhadoras, e houve uma negociação. Lembro-me de que Mike me contou que havia homens armados nas árvores." Sullivan disse que Jeffrey às vezes andava armado, devido a possíveis ameaças desse tipo. Jeffrey convenceu os sequestradores que era melhor soltar Jimi do que arriscar a fúria de seus próprios contatos no mundo do crime. Juma Sultan, que naquele verão tinha morado com Jimi na casa em Shokan, contou que poucas semanas antes do sequestro, Jeffrey foi até a casa com um motorista para tratar de negócios com Jimi: enquanto Jeffrey e Jimi conversavam, o motorista sacou um .38 e começou a atirar em uma árvore no jardim da frente. Sultan estava convencido de que a visita de Jeffrey tinha por objetivo demonstrar a Jimi quem mandava ali, a mesma teoria que estava por trás da opinião de Noel de que seria Jeffrey o responsável pelo sequestro.

Quando Sheila Weller, da *Rolling Stone* fez uma matéria sobre Jimi naquele mês de setembro, não houve menção ao sequestro ou a armas. No artigo intitulado NÃO QUERO MAIS SER UM PALHAÇO, Jimi foi retratado como humilde, educado até demais e encantador. Ele vasculhou diante de Weller sua extensa coleção de discos, que incluía de Marlene Dietrich a Wes Montgomery ao álbum do Blind Faith. Foi bastante efusivo ao falar de Bob Dylan, explicando, "Eu adoro Dylan. Eu o encontrei uma única vez, uns três anos atrás, no Kettle of Fish, na Rua MacDougal. Isso aconteceu antes que eu viajasse para a Inglaterra. Acho que nós dois estávamos bem bêbados na hora, e ele nem deve se lembrar de mim". Enquanto respondia às perguntas de Weller, Jimi acompanhava com sua guitarra um disco de Dylan.

Se a recordação de Jimi é verdadeira, ela contradiz Deering Howe, que um dia naquele outono estava caminhando com Jimi na Rua Oito, em Nova York, quando viram alguém do outro lado da rua. "Ei, é Dylan", Jimi exclamou, empolgado. "Nunca me encontrei com ele antes; vamos lá falar com ele." Jimi saiu correndo no meio do tráfego, gritando "Ei, Bob". Deering foi atrás dele, embora se sentisse desconfortável quanto ao entusiasmo de Jimi. "Acho que Dylan ficou meio preocupado no começo, ao ouvir alguém gritando seu nome e correndo pela rua na direção dele", Deering recordou. Mas depois de reconhecer, Dylan relaxou. A apresentação de Hendrix foi engraçada de tão modesta. "Bob, hã, sou cantor, sabe, meu nome é, hã, Jimi Hendrix, e..." Dylan disse que sabia quem ele era, e que adorava seus *covers* de "All Along the Watchtower" e "Like a Rolling Stone". "Não sei se alguém já tocou melhor minhas músicas", Dylan disse. Ele saiu apressado, mas Jimi ficou sorrindo. "Jimi estava no sétimo céu", Deering contou, "só pelo fato de Bob Dylan saber quem ele era. Ficou muito claro para mim que os dois nunca haviam se encontrado."

Esse encontro casual na rua seria a única interação confirmada de ambos em pessoa, mas a admiração mútua prosseguiu de forma privada. Michael Goldstein, que fazia assessoria de imprensa para os dois artistas, recebeu um telefonema de Albert Grossman, empresário de Dylan, solicitando uma reunião. Grossman entregou uma fita de rolo contendo músicas inéditas de Dylan, das quais ele esperava que Jimi pudesse fazer *covers*. "Bob gosta muito de como Jimi toca as músicas dele, e aqui estão várias novas", explicou Grossman. Jimi acabou gravando três das músicas como demos, o que enfureceu Michael Jeffrey, que não queria que ele fizesse *covers* em vez de composições que rendiam *royalties*.

Se Jimi continuava sentindo admiração por Dylan, Mick Jagger tinha nele o efeito oposto. Deering Howe também tinha grande amizade com Jagger, e seu apartamento de cobertura era o cenário de *jam sessions* que ocorriam tarde da noite, reunindo Jimi e Mick. Devon Wilson havia conseguido adicionar Jagger a sua lista de conquistas como *groupie*, o que levou a várias cenas desconfortáveis. "Houve ocasiões em que, às quatro da manhã, todos apareciam em meu apartamento", Deering recordou. "Devon adorava ficar de braço dado com Mick na frente de Jimi. A maior parte da tensão era provocada por Devon; ela ficava feliz em piorar as coisas." Jimi escreveu a música "Dolly Dagger" depois de ver Devon seduzindo Jagger. Um verso da música, "she drinks her blood from a jagged edge" ["ela toma seu sangue a partir de uma borda irregular"], era uma referência direta a um incidente em que Mick havia furado o dedo e Devon, em vez de trazer-lhe um Band-Aid, disse que chuparia o ferimento para limpá-lo. Se Jagger teve sucesso em conquistar Devon, Hendrix venceu os duelos musicais no apartamento de Deering. "Eles faziam *jams* particulares em minha cobertura", Deering disse. "Quando você via Jimi tocando o blues no violão [...] ele nunca tocou melhor." Jagger ficava sem palavras.

Jimi fez 27 anos naquele 27 de novembro e passou seu aniversário assistindo aos Stones no Madison Square Garden. Antes do show, ele bateu um papo com Keith Richards nos bastidores e perguntou-lhe se tinha notícias de Linda

Keith – ambos riram da antiga rivalidade que tinham por conta dela. Jimi pegou uma guitarra emprestada e começou a tocar. Um cinegrafista estava registrando a cena para um documentário e – como se quisesse tirar de Jimi o foco da atenção – Jagger passou repetidas vezes na frente das lentes. Quando o concerto em si começou, Jimi sentou-se no palco atrás do amplificador de Richards, visível para o público e para a banda. Muita gente pode ter pensado que seria convidado para uma *jam* com os Stones no dia de seu aniversário, mas Jagger não o fez. Mick estava calejado de ver Jimi tocando no apartamento de Deering Howe, onde em muitas ocasiões o talento dele silenciara todos os presentes. Como alguém que sempre quis ser a "luz mais brilhante" onde quer que estivesse, Jagger não tinha vontade nenhuma de ser ofuscado em seu próprio show.

CAPÍTULO 23

O Rei no Jardim

Nova York, Nova York
Dezembro de 1969 – abril de 1970

"Havia tantas mulheres atrás dele, era como se ele fosse um rei no jardim."
— Buzzy Linhart, músico, sobre o *sex appeal* de Jimi

No outono de 1969, Jimi alugou um apartamento no número 59 da Rua 12 Oeste, no Greenwich Village. Foi o primeiro e único lugar só seu em Nova York, e ele se apressou em decorá-lo, com a ajuda da amiga Colette Mimram. Cobriu as paredes com colchas e tapetes de oração e pendurou uma tapeçaria sobre sua cama de dossel. Na sala, ele dispôs três sofás baixos e espalhou almofadas pelo resto do cômodo. "O lugar parecia um bazar marroquino", recordou Colette. "Dava para imaginar um narguilé colocado no meio da sala. Havia tecidos africanos por todo o teto."

O apartamento parecia exótico, mas Jimi empenhou-se em tornar sua própria aparência o mais séria possível, preparando-se para seu julgamento por posse de heroína. Ele cortou o cabelo e escolheu um blazer azul e calças cinzentas. E no domingo, 7 de dezembro, tomou um avião para Toronto.

O julgamento começou às dez da manhã da segunda-feira, com um júri de 12 pessoas e um juiz de peruca branca presidindo a corte, conforme a tradição britânica. O promotor público primeiro chamou os policiais que tinham encontrado as drogas e a seguir os técnicos de laboratório que haviam determinado que o pó branco era heroína. O caso parecia resolvido, e a acusação concluiu sua apresentação depois de três horas de depoimentos.

Os advogados de Jimi não podiam contestar a existência das drogas e basearam a defesa na premissa de que Jimi não estava ciente do conteúdo de sua sacola; argumentaram que os fãs costumavam dar presentes à banda, incluindo drogas. Jimi foi o primeiro a depor em sua própria defesa, quando indagado sobre seu histórico, ele repetiu a história de que havia deixado o serviço militar depois de fraturar o tornozelo, mas também afirmou que tinha "feito alguns exercícios nas Filipinas e na Alemanha", o que era claramente mentira. Ele descreveu sua música como "blues eletrônico".

Em seguida, Jimi fez uma longa descrição de quanta gente estava envolvida em suas turnês, e de como estas eram caóticas. Descreveu os diversos itens que ganhara de fãs ao longo dos anos, incluindo ursinhos, lenços e biscoitos de haxixe. Ele também declarou que os fãs haviam lhe mandado LSD de presente pelo correio. Ele foi minuciosamente interrogado quanto a seu próprio histórico com drogas: admitiu ter usado cocaína "duas vezes", tomado LSD "cinco vezes" e fumado maconha e haxixe recentemente, mas afirmou nunca ter usado heroína ou anfetaminas. Disse ter diminuído o uso de drogas ao longo do último ano e estar fumando menos maconha: "Acho que superei isso", disse ele. Um ponto fundamental para o caso foi seu relato de que, no último dia em Los Angeles, havia se queixado de dor de cabeça e uma "garota de blusa amarela" lhe entregou um frasco, que ele pensou ser Bromo-Seltzer. Ele o guardou em sua sacola e esqueceu por completo. Ele não fazia ideia de que fosse heroína.

Ao ser interrogado, Jimi admitiu ter visto duas pessoas usando heroína, mas que era esse todo o seu envolvimento com a droga. O promotor público achou ridícula tal defesa e perguntou: "Você está sendo acusado de um crime sério, e sua alegação é de que não sabe como isso chegou lá, ou quem o colocou?". "Sim", Jimi respondeu.

A testemunha seguinte foi a repórter da UPI Sharon Lawrence. Ela declarou que estava no quarto de hotel quando Jimi queixou-se de não se sentir bem e lembrou-se de uma fã ter passado algo a ele. O promotor público de novo manifestou sua descrença quanto a isso, mas Lawrence disse que ela observava pequenos detalhes. Então Chas Chandler deu seu depoimento, encantando o júri com seu sotaque de Newcastle e observando que a banda era inundada com presentes dos fãs. Ele também disse que tinha sido comum receber drogas de presente quando ele tocava no The Animals: "A regra geral era nunca comer bolos que chegavam ao camarim", afirmou. Com isso, o caso foi para o júri, que deliberou pelas oito horas mais longas da vida de Jimi. Eles retornaram com um veredito de inocente. Jimi disse que era "o melhor presente de Natal que eu poderia ganhar". Ele voltou para Nova York e a primeira coisa que fez foi ficar totalmente chapado com haxixe.

Dois meses depois do julgamento, a *Rolling Stone* perguntou a Jimi sobre o comentário que fizera em Toronto sobre ter parado com a maconha. Ele mal conseguiu interromper o riso tempo suficiente para responder: "Pelo menos parei o crescimento dela". O repórter repetiu a pergunta. "Eu não sei", respondeu Jimi, com uma gargalhada, "Eu estou... *acabado* demais neste momento". O gracejo era típico de seu humor seco, mas aquela tirada em particular era engraçada demais até para ele manter a cara séria – ele caiu na risada.

O veredito fora um alívio, mas Jimi tinha muitos outros problemas com que se preocupar. O estúdio que ele e Michael Jeffrey estavam construindo, que iria se chamar Electric Lady Studios, estava demorando muito mais do que o planejado, com custo bem maior que o orçado – o gasto dos dois já chegara a 369 mil dólares e eles tinham sido forçados a pegar mais 300 mil emprestados da Warner Bros. para concluí-lo. Para piorar a situação financeira, Ed Chalpin por fim havia feito um acordo com Jimi e suas gravadoras americanas quanto ao contrato com a PPX; no exterior, o caso ainda não estava resolvido. O acordo nos Estados Unidos dava a Chalpin uma porcentagem dos três álbuns de estúdio que Jimi tinha até aquele momento, mais todo o lucro do próximo álbum, qualquer que fosse, e que Chalpin havia negociado para ser lançado pela Capitol Records. Sabendo que o próximo LP beneficiaria Chalpin, e não seus próprios cofres, Jimi decidiu, no começo de dezembro, fazer um disco com apresentações ao vivo, gravado em quatro shows de fim de ano programados no Fillmore East.

Ele então começou a formar sua próxima banda. Ele pensou em vários músicos e cogitou incluir Jack Casady, do Jefferson Airplane, Steve Winwood, do Traffic, e formar uma espécie de "supergrupo". Mas essa composição teria sido complicada e foi abandonada. Jimi também estava interessado em tocar com Buddy Miles, com quem havia feito amizade durante o ano anterior, e decidiu formar um trio com Buddy e Billy Cox. "Jimi queria uma banda negra e um baterista negro", Buddy recordou. "Ele queria juntar-se às raízes, voltar ao que de fato amava, que era basicamente *soul*, R&B e blues." Buddy era um baterista talentoso que também cantava, algo que Jimi buscava em um companheiro de banda havia algum tempo. Jimi decidiu chamar o grupo de Band of Gypsys. O nome veio de um comentário de Mitch Mitchell sobre o grupo que costumava rodear Jimi nos bastidores ("É como um bando de ciganos [em inglês, *gypsies*]"), mas ironicamente Mitch não fazia parte do grupo, a primeira vez em três anos que Jimi não o teria como baterista. O nome também pode ter sido influenciado por histórias que Jimi ouviu da mãe, que na infância, por sua pele clara, com frequência, era confundida com uma cigana; a escolha de uma grafia errada (*gypsys* no lugar de *gipsies*) era um típico toque de Jimi. O grupo passou dez dias ensaiando no fim de dezembro e, a partir dessas sessões, criou várias músicas novas.

Uma delas era "Earth Blues", que trazia os vocais de apoio de Ronnie Spector, das Ronettes. Spector havia visitado o apartamento de Jimi naquele mês de dezembro e encontrou-o na cama com cinco mulheres. "Elas ficavam por ali, brigando para ver quem ia acender o cigarro dele ou trazer-lhe uma bebida", ela recordou. "Era como se ele fosse um *sheik*. Ele ficava lá deitado como um rei." Tendo agora um endereço permanente, Jimi se viu cercado por um enxame de garotas, mesmo tendo como namoradas fixas tanto Devon Wilson quanto

Carmen Borrero. Seu prédio de apartamentos tinha um porteiro que o chamava quando suas namoradas apareciam sem ser anunciadas. Jimi era rico, talentoso e atraente, e muitas delas queriam ter uma relação de verdade com ele, mas mais frequentemente ele atraía *groupies*, ao menos em parte graças à reputação de seu molde em gesso. Para elas, ele era apenas uma conquista sexual, assim como elas eram para ele, embora os números já não tivessem significado para Jimi. "Havia tantas mulheres atrás dele, era como se ele fosse um rei no jardim", recordou Buzzy Linhart. "Ele estava sendo tratado como um objeto, porém. Não havia nada de romântico naquilo." Levando em conta as tantas perdas que havia sofrido na infância, seria também possível que ele tivesse medo de ficar muito próximo de alguém, e ser de novo abandonado. Relações sexuais rápidas e quase anônimas não exigiam investimento emocional, e o risco de ser magoado era baixo.

Ronnie Spector só tinha interesse em uma relação profissional com Jimi, embora ele flertasse abertamente com ela, mesmo quando rodeado de outras mulheres. No estúdio, Ronnie descobriu que Jimi era mais perfeccionista do que Phil Spector, insistindo em dúzias de takes, mesmo quando ela achava que já tinham acertado uma música. Terminada a sessão de gravação, Ronnie deu a Jimi e a seu séquito costumeiro de garotas uma carona até em casa. Na manhã seguinte, ela atendeu a campainha e encontrou Jimi apoiado no batente da porta, com um sorriso tímido no rosto. Estava sozinho. A desculpa de Jimi para aparecer na casa de Ronnie era ter deixado a máster no carro dela; ela desconfiou que sua verdadeira intenção era levá-la para a cama. Casada à época, ela sorriu, agradeceu-lhe a sessão de gravação, encontrou a fita e mandou-o embora. "Ele era tipo um Hugh Hefner negro", disse Spector. Poucas mulheres poderiam resistir à dissimulada técnica sedutora de Jimi, mas Spector não era nenhuma garota ingênua.

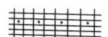

Carmen Borrero foi a escolha de Jimi como companhia no Natal de 1969, passado no apartamento de cobertura de Deering Howe, no alto do Hotel Navarro. Era um cenário saído das páginas da *Town & Country*: o apartamento de dez quartos tinha duas salas de estar, janelas gigantes que davam para o

Central Park e uma enorme árvore de Natal que emoldurava a vista fabulosa. Quando Jimi e Carmen chegaram, começava a cair uma leve nevasca. Jimi vestia uma jaqueta de pele de lagarto e festivas calças de veludo vermelho. Fizeram uma bela refeição e tomaram Dom Pérignon em taças de cristal. Jimi comentou que era o melhor Natal que jamais tivera – foi um contraste e tanto com os Natais que passou na pobreza, quando jovem.

Jimi deu de presente a Carmen um par de brincos de brilhante e um anel também de brilhante. O anel seria um anel de noivado, mas Borrero disse que eles nunca falaram a sério sobre casarem-se. "Aquele casamento teria sido de três pessoas: Jimi, Devon e eu." Devon Wilson ainda era o maior obstáculo a qualquer mulher que quisesse um relacionamento com Jimi. "Àquela altura, já fazia um bom tempo que Devon era viciada", disse Carmen. Por meio de Devon, Jimi começou a cheirar heroína: "Ele começou a usar aquilo pelo nariz", Borrero disse. A verdadeira história de Jimi com as drogas, claro, era bem diferente da que ele contara no tribunal em Toronto. "Ele gostava de drogas criativas, mas não suportava heroína", Colette recordou. "Ele a experimentou, mas não era o que queria usar."

O álcool, porém, sempre foi a droga mais perigosa para Jimi e alimentou outro incidente violento entre ele e Carmen. Depois de tomar *whisky*, ele teve outro ataque de fúria. "Ele ia me jogar pela janela", ela disse. Em vez disso, pela segunda vez em seu relacionamento, Jimi acertou-a com uma garrafa, o que a fez ser levada para o pronto-socorro. "Tive que pedir à namorada de Miles Davis para vir e me levar. Eu não queria que Jimi fosse preso", disse Carmen.

Embora o relacionamento de ambos fosse turbulento, houve momentos engraçados. Uma vez, estando muito chapada, Carmen usou um pente afro para arrumar o cabelo de Jimi. Por acidente, o baseado que ela fumava pôs fogo no cabelo dele. Jimi berrou e começou a correr pelo quarto, antes de enfiar o cabelo debaixo de uma torneira. Quando o fogo apagou, tufos de cabelo começaram a cair. Borrero teve que cortar o cabelo dele para igualar. "Ele tinha obsessão com o cabelo", ela disse. "Ele adorava seus cachinhos."

Foi no cabelereiro que Jimi conheceu o lendário músico de jazz Miles Davis. Jimi era penteado por James Finney e tornou-se um dos primeiros clientes vitrine dele. "Finney introduziu o '*blowout*' por meio de Jimi", Taharqa Aleem recordou. "Antes disso, havia sido 'o afro', e antes 'o *conk*'." Miles gostou do cabelo de Jimi e também começou a frequentar o salão de Finney. Os dois músicos às vezes também saíam juntos, com suas respectivas namoradas. Certa noite, os dois casais foram ao Small's Paradise, no Harlem. Com a companhia de Miles, Jimi finalmente teve a recepção que sempre desejara na casa. "Eles nos colocaram em uma mesa de canto", Carmen recordou, "e até puseram uma cortininha à nossa volta para que pudéssemos fumar um baseado. Mandaram-nos vinho e tocaram músicas de Jimi no sistema de som."

Carmen descreveu a relação entre Miles e Jimi como semelhante à de pai e filho, mas também estava claro que um admirava o trabalho do outro. Os Aleem uma vez perguntaram a Miles o que ele ouvia na música de Jimi. "É aquela maldita 'Machine Gun' [metralhadora] filha da puta", Miles disse, referindo-se à música que Jimi gravara com o Band of Gypsys. Taharqa comentou que ele ouvia estilos semelhantes na música do próprio Miles. "Não é o que você ouve", Miles respondeu. "É aquilo que você *traz* do subjetivo para o objetivo. Não tem a ver com o que você ouve." Inspirado em sua amizade com Miles, Jimi começou a comprar álbuns de jazz, embora seu gosto musical fosse tão eclético que ele nunca se limitava a um único gênero por vez. Ele costumava entrar na Colony Records tarde da noite e comprar caixas inteiras de álbuns dos grandes nomes do rock, do jazz e clássicos.

Jimi havia manifestado o desejo de gravar com Miles, e foi planejada uma sessão conjunta. A abordagem normal de Jimi era fazer a *jam* primeiro e preocupar-se com contratos, gravadoras e pagamentos depois. Davis, porém, estava frustrado por ganhar tão pouco no jazz e tinha ciúmes do quanto Jimi ganhava. Um dia antes da sessão, ele ligou para o empresário de Jimi e exigiu pagamento adiantado. Disse a Mike Jeffrey que queria 50 mil dólares de adiantamento. Tony Williams, que Jimi planejava usar como baterista, também exigiu uma quantia elevada. Jeffrey recusou as exigências absurdas e a sessão nunca se realizou. Antes do desentendimento por dinheiro, porém, Jimi tinha tanta certeza de que a sessão ocorreria que tentou conseguir um baixista *superstar*. Sua primeira escolha foi Paul McCartney. Ele chegou a mandar um telegrama a McCartney convidando-o para tocar com o grupo, mas essa ideia, como muitas que Jimi teve, nunca se concretizou.

Houve, porém, ao menos uma reunião entre Jimi e Miles, testemunhada pelo cantor Terry Reid. Reid havia passado o dia com Jimi no apartamento dele; em certo momento, Jimi foi para o quarto, mas primeiro disse a Reid que estava esperando um amigo e pediu-lhe que o deixasse entrar. A campainha tocou e Reid olhou pelo olho mágico: "Era como um filme de ficção científica porque ali estava aquela pessoa roxa, com aqueles óculos escuros envolvendo a cabeça, e ele estava parado a uns 2 centímetros do olho mágico", Reid recordou. "Ele estava tão perto que tudo o que aparecia no visor era a cabeça dele. Tive que olhar duas vezes porque não havia outro ser humano com aquela aparência em todo o maldito planeta." Era Miles.

Reid abriu a porta e cumprimentou Miles com um sorriso caloroso; em troca, recebeu uma cara de desconfiança. "Eu sabia que ele detestava gente branca", Reid recordou, "e assim fiz de tudo para recebê-lo bem, com meu charme britânico". Miles vestia um sobretudo de couro preto. "Entre", convidou Reid com um gesto para que entrasse.

Miles não se mexeu.

– Jimi está? – ele grunhiu.

– Sim – Reid disse.

– Jimi está no outro quarto e disse para você entrar – Miles ainda não se moveu.

– Está tudo bem – respondeu Reid. – Meu nome é Terry, sou um *amigo*.

Miles *ainda* não se moveu. Em vez de entrar, ele agarrou a maçaneta da porta e fechou-se do lado de fora. "Aquilo era totalmente maluco", Reid recordou. "Olhei pelo olho mágico de novo, e ele estava parado no corredor." Reid abriu a porta de novo e convidou Miles a entrar.

Miles permaneceu imóvel.

– Eu quero que o *porra* do Jimi Hendrix abra a *porra* da porta de Jimi Hendrix – ele disse.

Reid foi buscar Jimi, que estava no outro quarto afinando sua guitarra.

– Miles Davis está na porta – Reid disse.

– Você o fez entrar? – Jimi perguntou.

– Eu tentei, mas ele fechou a porta na minha cara. Ele não vai entrar a menos que você atenda à porta.

– É, ele é assim – disse Jimi, rindo. Aparentemente, Miles já havia feito essa brincadeira em outras ocasiões. Jimi foi e abriu a porta. Miles não disse uma palavra, e ele e Hendrix foram para o quarto. Reid, que havia ficado na sala, não sabia se estavam consumindo alguma droga – sempre uma possibilidade – ou alguma outra coisa. Mas sua paciência foi recompensada quando ele ouviu sair por baixo da porta os sons do trompete de Miles, abafado pela surdina e acompanhado pela guitarra de Hendrix sem amplificação. "Era belo de verdade", recordou Reid. "Era uma execução de bom gosto, sem exibicionismo ou exageros. No contexto do jazz, Jimi ainda estava testando os limites, e todos aqueles caras do jazz respeitavam-no como não respeitavam ninguém mais do rock."

MILES DAVIS ASSISTIU A um dos quatro shows de Ano-Novo do Band of Gypsys no Fillmore East. Com o coro *gospel* Voices of East Harlem fazendo a abertura, as apresentações constituíram uma mudança de estilo para Jimi: ele tocou várias músicas novas com uma base de blues, refletindo seu desejo de afastar-se do rock. Foi também a primeira vez que Jimi tocou em uma banda toda negra desde Curtis Knight and the Squires. Eles apresentaram material de Jimi, mas também algo de Buddy, incluindo o sucesso "Them Changes", que Buddy cantou. As resenhas do show foram mistas. O *New York Times* considerou a primeira noite "medíocre". Mike Jahn escreveu: "[Jimi] parece mais preocupado em criar um ambiente de som intenso e fúria pessoal do que em executar uma determinada composição". Chris Albertson, da *Downbeat* foi mais gentil: "Hendrix está descobrindo onde deveria estar e pode muito bem emergir como o maior dos novos guitarristas do blues". Mas o que provavelmente causou a maior impressão em Jimi foi algo que ele não via fazia já algum tempo: muita gente da plateia com lotação esgotada foi embora no meio do show.

Depois da primeira apresentação, no dia de Ano-Novo, até Bill Graham sentiu-se obrigado a fazer uma avaliação negativa quando Jimi foi a seu escritório e pediu uma opinião. Jimi ficou furioso e xingou Graham, mas depois perguntou se ele ficaria para o segundo show. Graham disse que sim, e o show foi muito melhor. "Exceto por Otis Redding nunca vai haver nada como aquele [segundo] show", escreveu ele em *Bill Graham Presents*. "O cara talvez tenha dado três passos para um lado ou para o outro durante toda a apresentação. Ele apenas tocou. E ele apenas cantou. Ele movia o corpo, mas sempre no ritmo da música. Ele era Fred Astaire, não Harpo Marx. Havia graça ali, mas *sem* frescuras." Na metade da apresentação, Jimi foi até os bastidores e provocou Graham: "Está bom o suficiente para você, *Jack*?". Graham disse que estava ótimo. Jimi voltou ao palco e começou "Wild Thing", com todos os artifícios que Graham havia criticado. "Os truques todos", Graham escreveu. "O *fogo. Jogar a guitarra. Chutar. Encoxar. Esfregar-se.* Mas aquilo que havia entregado a eles antes, aquilo sim era de verdade."

Depois que o segundo show terminou, às três da manhã, Jimi deu uma curta entrevista a Al Aronowitz, do *New York Post*. Quando indagado quanto ao motivo para a nova banda, Jimi disse: "Eu quero trazer tudo de volta para a Terra. Quero voltar para o blues, porque é o que eu sou". Ele disse que planejava que Buddy cantasse a maior parte das músicas. "Eu prefiro só tocar", ele disse. "Na Inglaterra, me fizeram cantar, mas Buddy tem a voz certa e ele vai cantar daqui em diante." Buddy de fato tinha uma excelente voz de blues, mas os fãs queriam ouvir Jimi, não o baterista.

Quatro semanas depois, o Band of Gypsys fez sua apresentação seguinte, que também foi a última. Eles participaram do "Festival de Inverno pela Paz", evento beneficente com 12 atrações, realizado no Madison Square Garden. A decisão de apresentar-se nesse concerto foi o protesto mais declarado que Jimi chegou a fazer contra a Guerra do Vietnã, embora o evento não tenha saído como planejado. No que se tornaria um problema recorrente para ele, o show atrasou demais, e os Gypsys só subiram ao palco às três da manhã, quando Jimi não estava em condição de tocar. Depois de uma tentativa desastrosa com "Who Knows", uma jovem gritou pedindo "Foxy Lady". "A 'Foxy Lady' está sentada ali", gritou Jimi em resposta, em uma variação de suas falas de palco costumeiras, "com a calcinha amarela, manchada e suja, com sangue". No meio da segunda música, ele parou de tocar e disse ao microfone: "Isso é o que acontece quando a Terra trepa com o Espaço. Nunca se esqueçam disso". Então, ele se sentou no palco diante de seus amplificadores, em silêncio. Plateia alguma já havia visto Jimi emudecido, e isso foi perturbador tanto para os fãs quanto para os outros músicos que estavam presentes. "Foi assustador", recordou Johnny Winter. "Ele precisou ser conduzido para fora do palco." Buddy Miles disse que o motivo pelo qual Jimi passou mal foi que o empresário Michael Jeffrey lhe dera LSD demais, sabotando o concerto para acabar com a banda. "Ele deu a Jimi Hendrix dois tabletes de Owsley Purple", disse Buddy. "Eu testemunhei isso, e minha irmã também." Outros contaram uma história diferente: Johnny Winter recordou que Jimi já estava chapado quando chegou ao local, e o próprio Jimi contou a amigos que tinha sido Devon Wilson quem havia batizado a bebida dele. Houve vários incidentes naquele ano em que Devon dopou Jimi sem que ele soubesse; na estranha relação que mantinham, o controle era uma força ainda mais poderosa do que os narcóticos.

Poucos dias depois, Jeffrey despediu Buddy, e o Band of Gypsys deixou de existir. "Buddy foi forçado a sair e acho que queriam que eu saísse também", Billy Cox observou. Menos dado às hostilidades do que Buddy, Billy deixou a cidade e voltou para Nashville.

No começo de fevereiro, Jeffrey anunciou que o Experience original voltaria a se reunir, e Noel e Mitch foram levados para os Estados Unidos para entrevistas com Jimi. Mas, logo depois que as matérias foram publicadas e os ingressos começaram a ser vendidos para uma grande "turnê de retorno do Experience", Jimi decidiu que não queria Noel na banda. Ele ligou para Billy Cox e pediu-lhe que voltasse à banda. Com seu comportamento típico de evitar confrontos, Jimi não comunicou a Noel que ele estava fora do grupo, deixando isso a cargo de Jeffrey. A título de consolação, Jimi tocou em um álbum solo no qual Noel estava trabalhando, mas foi um pequeno sacrifício – depois daquela sessão, os dois nunca mais voltariam a tocar juntos.

A TURNÊ DA PRIMAVERA de 1970 começou em 25 de abril no The Forum, em Los Angeles. O show, como muitos naquele ano, foi anunciado como "The Experience", embora as letras miúdas no anúncio dos jornais elencassem Billy Cox e Mitch Mitchell como a banda. Cox disse que Jimi chegou a pensar em continuar com o nome Band of Gypsys. "Daí a pouco estávamos chamando de 'The Jimi Hendrix Experience com Billy Cox, um cara novo'", recordou Cox. De sua parte, Mitch Mitchell estava muito feliz por voltar a tocar com Jimi.

Qualquer que fosse o nome, a turnê rendeu a Jimi algumas das melhores resenhas de sua carreira. "Hendrix é uma usina de sexo e som", escreveu Robert Hilburn no *Los Angeles Times*, sobre o show de abertura. Jimi tocou alguns sucessos antigos, mas mais da metade das músicas eram inéditas. Duas delas – "Machine Gun" e "Message to Love" – eram do álbum ao vivo *Band of Gypsys*, que havia saído no dia anterior. "O material mais novo gerou menos entusiasmo", observou Hilburn, padrão que se repetiria ao longo da turnê. Jimi também reduziu seus truques de guitarra, o que desapontou parte do público, mas fez com que ele se sentisse mais energizado quanto a sua própria execução. Embora alguns críticos sentissem a falta de Noel, Mitch estava tocando melhor do que nunca, e seu estilo de influência jazzística adequava-se bem ao novo material. "Mitch era um tremendo baterista", disse Bob Levine, da administração de Jimi. "Com a habilidade que tinha para improvisar, era o baterista perfeito para Jimi."

Embora Buddy Miles tivesse sido cortado do Band of Gypsys, ainda assim foi convidado para fazer a abertura de diversos concertos e manteve a amizade com Jimi. Mas ainda mais notável era a terceira banda da programação em Los Angeles: Ballin' Jack, escolhida a dedo por Jimi. O grupo incluía Luther Rabb e Ronnie Hammon, ambos de Seattle. Luther tinha feito parte da primeira banda de Jimi, os Velvetones. Jimi mencionara com frequência que queria seus antigos colegas consigo em turnês, embora essas quatro datas em que o Ballin' Jack tocou tenham sido a primeira e única vez em que realizou seu desejo. Ele foi generoso com os velhos amigos. Eles foram bem pagos e deram seu show completo, não uma versão curta. "Jimi podia dar literalmente a própria camisa do corpo", Hammon recordou. "Certa noite, ele estava saindo do palco e eu disse: 'Bonita camisa'. Ele a tirou e entregou para mim." Ele deu a Luther um casaco colorido que comprara em Londres porque achou que ficava melhor em Luther do que em si próprio.

Luther, que conhecia Jimi dos tempos de escola, estava preocupado com o que considerava um problema de Jimi com as drogas, apenas um ano depois da apreensão de heroína em Toronto. "Ele tinha passado dos limites", Luther recordou. "Jimi sabia que aquilo estava lhe fazendo mal. Ele fazia um esforço, mas de algum modo, através dos seus empresários ou de alguém mais, as pessoas estavam sempre fazendo chegar drogas até ele." Fossem estimulantes, depressores, cocaína ou heroína, parecia sempre haver drogas no camarim de Jimi. Luther era uma das poucas pessoas próximas a ele que foi direto ao ponto – a maioria tinha receio demais. "Ele disse que pararia, só para me calar", Luther disse. Em vez disso, não muito depois do confronto entre eles, o Ballin' Jack foi levado para um hotel diferente daquele em que Jimi estava.

Apesar desses problemas, a turnê com seus amigos de Seattle trouxe a Jimi uma leveza que ele raramente sentia quando estava na estrada, e o camarim do Ballin' Jack tornou-se seu santuário. Antes de um show, ele fumava maconha e, quando estava para subir ao palco, bafejava no rosto de Ronnie Hammon, perguntando: "Tem cheiro de xereca de loba?". Se Hammon lhe dizia que ele estava com mau hálito, Jimi mascava um chiclete. "Ele mascava muito chiclete", disse Hammon.

No entanto, talvez o maior alívio que Jimi encontrava em seus velhos amigos fosse musical. À medida que a turnê avançava, ele se sentiu compelido a tocar mais sucessos seus. Jimi uma vez contou a Luther que usava no palco roupas extravagantes porque queria que o público voltasse a seu show na próxima vez que passasse pela cidade, mesmo que fosse só para ver como estava vestido. "Ele odiava cantar aqueles sucessos, mas achava que devia fazê-lo", disse Luther. "Ele ainda tinha um 'número', muito do qual tinha suas raízes no 'Show' e ele sentia que precisava fazer coisas como tocar atrás das costas porque era por isso que as pessoas vinham vê-lo." Para ajudar a encarar o "Show", Jimi ia ao camarim do Ballin' Jack, onde tocavam "It's Alright", "Further On Up the Road" e outros clássicos. "Ele chamava aquele show privado em que tocava conosco de 'O especial de Seattle'", disse Luther. "As pessoas na plateia não chegavam a ouvi-lo, mas era a melhor coisa que ele tocava na noite toda."

Com apenas uma semana de turnê, Jimi já estava tendo dificuldade com toda a pressão, e em Madison, Wisconsin, ele subiu bêbado ao palco. Com voz arrastada, sugeriu que a Guerra do Vietnã podia ser o fim dos Estados Unidos: "Quando vocês perceberem, cada um de nós vai ser completamente varrido por causa de alguma merda que os velhos dizem". Mais do que uma declaração de suas posições políticas – que mudavam de acordo com a pessoa com quem falava – aquilo era reflexo de uma paranoia crescente. No palco, ele brincou que precisava de um baseado e explicou que "Room Full of Mirrors" falava de "quando você fica tão alto que tudo o que consegue ver é a si mesmo, seus reflexos aqui e ali". Em duas introduções naquela noite, ele mencionou Cristo. Juma Sultan, da banda de Woodstock, recordou que, em 1969, Jimi estava lendo a Bíblia cada vez mais: "Ele a mantinha aberta em casa e a lia com atenção, provavelmente pela primeira vez na vida". Drogas, religião e mulheres eram apenas algumas das muitas coisas às quais Jimi se agarrava, buscando por uma base de sustentação em uma vida que estava cada vez mais fora de controle.

Em Madison, Jimi havia consumido em excesso alguma outra coisa além de álcool e sua fala de palco assumiu um tom de desespero. Antes de "Ezy Ryder", ele disse que a música fora inspirada no filme, mas seu discurso confuso também falava da mortalidade, que havia se tornado um tema cada vez mais frequente para ele depois da sua viagem ao Marrocos e da leitura das cartas de tarô: "Eu estava tentando nos ajudar, mas a coisa deu errado no fim, entendem o que quero dizer? E esse foi apenas um terço de nossa vida, sabe, e temos que expandir, e então seguimos em frente para algo melhor, certo? Com certeza. Se você não acha isso, pode muito bem morrer agora. Ah, Senhor, estou morrendo".

CAPÍTULO 24

O Garoto Mágico

~~~❖~~~

Berkeley, Califórnia
Maio de 1970 - julho de 1970

"Esta é uma história [...] sobre um cara [...] ele cai na estrada para ser um filho do vodu e volta para ser um garoto mágico."
– introdução de Jimi para "Hear My Train A Comin"

EM 30 DE MAIO de 1970, a banda chegou a Berkeley, Califórnia, para dois shows no Community Theater. A última vez que Jimi havia passado uma temporada mais longa em Berkeley foi aos 3 anos de idade, quando morou com a sra. Champ; foi também nessa cidade que ele se encontrou com o pai pela primeira vez. Se ele sentia alguma saudade, não disse nada, e a Berkeley de 1970 era um lugar muito diferente daquele onde estivera quando bebê. O *campus* da Universidade da Califórnia era palco de frequentes protestos, e o governador Ronald Reagan havia chamado 2 mil homens da Guarda Nacional para enfrentar 30 mil estudantes; os tumultos resultantes deixaram 128 feridos e um morto. A resposta infame de Reagan, ao saber dos protestos, foi "Se é para haver um banho de sangue, vamos logo com isso". Outro banho de sangue havia ocorrido no autódromo da vizinha Altamont, alguns meses antes, durante um concerto dos Rolling Stones, quando os Hell's Angels assassinaram um homem. Jimi disse ao jornalista Keith Altham que Altamont lhe deu a sensação de que "os Estados Unidos inteiros estão apodrecendo". Com o aumento da tensão racial, da violência e da divisão causada pela Guerra do Vietnã, Jimi disse aos amigos que estava pensando em voltar para Londres.

Os concertos de Jimi em Berkeley também foram assolados por incidentes horríveis. A maioria de seus shows na turnê de 1970 foi marcada por confrontos com manifestantes, que exigiam que a entrada fosse gratuita ou, como em Berkeley, que tentavam invadir o local após serem impedidos de entrar. Michael Jeffrey havia contratado uma equipe de filmagem para documentar os concertos de Berkeley, e eles registraram cenas de manifestantes tentando entrar pelo telhado do teatro e jogando pedras nos espectadores. Os cinegrafistas também capturaram uma cena mais cômica rua abaixo, onde outro grupo boicotava um cinema que exibia o documentário *Woodstock,* alegando que 3,50 dólares era caro demais para um ingresso de cinema e que "toda música devia ser gratuita".

Chegando em uma longa limusine, com Devon Wilson e Colette Mimram, Jimi não viu nada disso enquanto entrava pela porta dos fundos. Ele havia cancelado shows na semana anterior por causa de uma gripe e, em Berkeley, ele estava pálido, com olhos vidrados. Mas, se o astro não parecia estar bem, suas duas apresentações foram extraordinárias, e o filme sobre essa noite traz algumas das melhores cenas de concertos de Hendrix. Foi um show memorável, mesmo antes de começar: durante a passagem de som, Jimi tocou uma versão de "Blue Suede Shoes", de Carl Perkins, com 7 minutos de duração, dando aos assentos vazios uma poderosa leitura de uma música que ele havia transformado em um legítimo blues.

No primeiro show, Jimi transformou outro clássico, "Johnny B. Goode", de Chuck Berry, em uma versão mais rápida, quase um *proto-heavy* metal. Em suas habituais concessões para agradar à plateia, Jimi tocou parte do solo com os dentes. Nenhum truque teatral foi necessário em "Hear My Train A Comin'", que ele introduziu como sendo "sobre um cara que sai pela cidade, e a garota dele, ela não quer que ele fique por aí. E um monte de gente do outro lado dos trilhos fica o pondo para baixo. E ninguém quer encarar, mas o cara tem *algo*, só que todo mundo está contra ele, porque o cara talvez seja só um pouquinho diferente. Então ele cai na estrada para ser um filho do vodu e volta para ser um garoto mágico. Agora ele está esperando em uma estação de trem, esperando um trem chegar". A introdução foi, em essência, um relato da vida de Jimi.

Um dos dons únicos de Jimi Hendrix como guitarrista era a habilidade de tocar como solista e ao mesmo tempo responder com a parte em geral executada por um guitarrista rítmico secundário, ou "guitarra base". Usando o pedal de *wah-wah*, e os efeitos de um pedal *fuzzface*, muito *feedback*, e *sustain*, ele era capaz de criar a ilusão de guitarras adicionais onde não havia nenhuma; ele também usava o polegar para tocar *riffs* que pareciam ecos. Dessa forma, ele exibia todas essas habilidades em "Hear My Train A Comin'", criando uma chamada e resposta entre seus próprios *riffs* e os que eram executados por Cox e Mitchell. Como em todos seus longos improvisos, a versão que ele tocou naquela noite foi única, e apenas instrumentistas de grande perícia intuitiva como Cox e Mitchell poderiam tê-lo seguido pela rota tortuosa da música, que só terminou 12 longos minutos após o seu início. Era o tipo de hino enérgico, empolgante, que a maioria dos artistas usaria para fechar um show – para Jimi, era apenas a terceira música de uma *setlist* de 12.

O segundo show da noite foi ainda melhor. Entre as 11 músicas tocadas, duas eram novas, "Straight Ahead" e "Hey Baby (Land of the New Rising Sun)", mas foram incluídas também versões incendiárias de sucessos como "Voodoo Child" e "Hey Joe". Antes de "Machine Gun", Jimi fez uma introdução detalhada: "Eu gostaria de dedicar isto a todos os soldados que lutam em Berkeley, vocês sabem de que soldados estou falando. E aos soldados que estão lutando no Vietnã, também". Antes de tocar "The Star Spangled Banner", ele disse "Isto é para todos juntos, o hino americano da forma como ele realmente está por aí". Ele chamou "Voodoo Child" de "*nosso* hino" e dedicou-a ao Parque do Povo[1] e,

---

[1] Parque vizinho à Universidade de Berkeley, onde, em 1969, uma manifestação estudantil foi reprimida com violência pela polícia. Dezenas de estudantes foram feridos a bala e um rapaz que não participava do protesto morreu alvejado pelos policiais. (N. da T.)

sobretudo, aos Panteras Negras. Perto dali, Oakland era a sede nacional dos Panteras, e a dedicatória de Jimi foi a mais forte declaração pública de apoio à organização que jamais fez.

Carlos Santana viu os shows de Berkeley e achou que eram proezas artísticas no nível de John Coltrane: "Pouquíssima gente toca com rapidez e profundidade", Santana recordou. "A maioria toca com rapidez e de forma rasa. Mas Coltrane tocava com rapidez e profundidade, como fazia Charlie Parker e como fez Jimi." Nos bastidores, Santana conversou com Jimi, mas a conversa deles foi muito pouco íntima, devido à presença de um punhado de *groupies*. "Ele estava cercado por aquelas moças", Santana disse. "Eu costumava chamá-las de 'monitoras', porque iam para a cama com todos e contavam tudo sobre todo mundo."

O segundo show em Berkeley foi também notável pelos trajes de Jimi, uma libélula azul com um tecido que pendia de seus braços, parecendo asas. Havia sido criado por Emily "Rainbow" Touraine, que tinha começado a produzir para ele roupas de palco muito trabalhadas. "Ele e eu vestíamos mais ou menos o mesmo tamanho", ela recordou. "Ele tinha 70 centímetros de cintura e assim podia usar minhas roupas." Na época, só Elvis Presley estava usando roupas tão extravagantes no palco, mas, enquanto os macacões de Elvis estavam cobertos de lantejoulas e eram criados para esconder seu volume, os macacões de Jimi eram como de um elfo, com elementos africanos e nativos americanos. Seu visual em 1970 era tão diferente da imagem que tinha em 1967 que parecia uma completa recriação de sua pessoa: agora ele sempre usava calças de veludo justas ou um simples *jeans* azul; seu chapéu de bruxa havia dado lugar a uma faixa no cabelo; e a jaqueta militar antiga havia sido substituída por camisas tipo quimono e lenços de cores vivas ao pescoço.

Emily Touraine era primariamente pintora e sua casa em Los Angeles era o estúdio de trabalho de uma artista. Jimi, de vez em quando, ficava na casa dela para escapar do crescente caos que o perseguia. "Havia um zoológico ao redor dele", ela observou. Quando a visitava, Jimi com frequência usava materiais dela para criar sua própria arte, fazendo dúzias de desenhos e pinturas. "Ele era muito, muito bom", ela disse. Jimi contou a Touraine que, se não tivesse feito sucesso com a música, teria tentado tornar-se um artista comercial.

Os shows em Berkeley foram um exemplo do que a banda chamava "*flyouts*", concertos de fim de semana que exigiam que eles pegassem um avião em cima da hora. Jimi passou a maior parte da primavera e do verão de 1970 em estúdio, no que havia se tornado um esforço interminável para concluir um novo álbum. Já em dezembro de 1969, ele dissera a repórteres que tinha músicas suficientes para mais dois álbuns, embora ele não conseguisse decidir quais lançar e quando. No verão seguinte, ele tinha material suficiente para quatro álbuns, mas ainda não estava pronto para soltar nada e, dada sua natureza obsessiva, ele passava dias inteiros trabalhando em um *overdub*. "Era uma forma cara de trabalhar", observou o engenheiro Eddie Kramer, "mas, considerando tudo o que estava acontecendo, parecia o único modo". Poucas das sessões de Jimi começavam com algum plano preestabelecido, e ele fazia uso de instrumentistas que havia conhecido em algum clube naquela mesma noite. Em uma ocasião, ele convidou um motorista de táxi para uma sessão, depois que o homem mencionou que tocava congas.

As coisas ficaram ligeiramente mais fáceis quando seu estúdio, Electric Lady, estava quase pronto. Uma vez que Jimi e Michael Jeffrey eram donos do local, os custos eram baixos. "Ele estava muito orgulhoso daquele estúdio", Eddie Kramer recordou. "Ser um homem negro de sua importância, ganhando muito dinheiro, e ter seu próprio estúdio na cidade de Nova York era para ele o auge do sucesso. Ele havia sofrido muitas dificuldades, mas ali ele estava por cima." Houve um tempo em que Jimi estava disposto a assinar um contrato abrindo mão de seus direitos apenas para poder entrar em um estúdio; agora ele possuía as melhores instalações na cidade de Nova York. O estúdio tornou-se seu segundo lar, mas também foi um fator que contribuiu para seu perfeccionismo. Na sessão realizada em 1º de julho, ele gravou 19 *takes* diferentes de "Dolly Dagger" antes de conseguir uma máster. "Ele adorava aquele estúdio e passava noites seguidas lá", recordou Deering Howe. "Mas ele ficava preso em uma música e podia ficar três dias só em cima de algo de oito compassos."

Em meados de junho, Jimi havia começado a peneirar de forma preliminar as dezenas de músicas para seu próximo álbum. Ele pensou em vários títulos, incluindo *First Rays of the New Rising Sun,* mas nunca decidiu qual seria o título definitivo ou a lista final de faixas. Ele e Jeffrey estavam em desacordo quanto à extensão que o lançamento teria; Jeffrey dizia que um álbum simples venderia melhor que um duplo, enquanto Jimi sugeria que fosse um triplo intitulado *People, Hell, and Angels.* O mais próximo que Jimi chegou de um álbum pronto foi uma lista que escreveu em junho chamada "Músicas para LP, *Strate Ahead",* que incluía "Room Full of Mirrors", "Ezy Ryder", "Angel", "Cherokee Mist", "Dolly Dagger" e 20 outras.

Naquele verão, a turnê-que-parecia-não-ter-fim levou Jimi a Dallas, Houston, Boston e algumas outras paradas. O único show que não exigiu um voo bate e volta foi o de 17 de julho em Randalls Island, na cidade de Nova York, como parte do Festival Pop de Nova York. Vários grupos radicais – incluindo os Yippies, os Young Lords, the Black Panthers, White Panthers – exigiam que toda a renda fosse destinada a eles ou criariam um tumulto. Os organizadores fizeram uma doação a esses grupos, mas, mesmo assim, milhares de manifestantes entraram sem pagar. Jimi não subiu no palco antes das quatro da manhã e, enquanto tocava, o sistema de som público captou transmissões de rádio o tempo todo. As falhas deixaram Jimi mal-humorado, e ele foi grosseiro com o público várias vezes. Quando dedicou "Voodoo Child" a Devon, Colette, Deering e alguns outros, o público vaiou. "Vão se foder", Jimi respondeu. "Eles são meus amigos."

O concerto na Randalls Island foi a última vez que Jimi subiu ao palco na cidade de Nova York. Ele havia passado fome em Nova York, havia lutado para ser aceito na *uptown,* e por fim foi descoberto no Village. Com o tempo, ele havia se tornado um dos músicos de maior sucesso, de todos os tempos, a ser identificado com a cidade. O concerto não constituiu, de forma alguma, uma despedida apropriada e, quando a música final chegou ao fim, a interferência da emissora de rádio abafou a guitarra de Jimi. Suas últimas palavras para uma plateia de Nova York foram de raiva: "Fodam-se, e boa noite".

DEZ DIAS DEPOIS, JIMI mais uma vez voou para o Oeste, para fazer um show em Seattle. A turnê original excluía o Noroeste, mas Jeffrey marcou um show de última hora, com o qual Jimi concordou, calculando que isso ajudaria a pagar suas contas astronômicas. Jimi era um *superstar* no mundo todo, mas seus maiores mercados ainda eram Nova York, Los Angeles, Londres, Europa e Seattle, sua cidade natal. O show iria se realizar no Sick's Stadium, um estádio de beisebol de 26 mil lugares em Rainier Valley, que havia sido a sede dos Seattle Pilots antes que Bud Selig levasse o time para Milwaukee, na primavera de 1970. Seria a primeira e única vez que Jimi iria se apresentar, como um astro, em sua antiga vizinhança. Quando mais jovem, ele havia passado em frente ao Sick's Stadium incontáveis vezes, talvez fantasiando que um dia seria a atração ali dentro – e agora ele era.

Jimi pegou o avião para Seattle na manhã de domingo, 26 de julho. Embora o concerto tivesse o início marcado para as duas e meia da tarde, ele só iria para o estádio no fim da tarde, pois haveria duas apresentações de abertura e intervalos extremamente longos entre os atos. Ele tinha a esperança de dormir algumas horas durante a tarde, mas isso se mostrou impossível quando sua família toda apareceu para vê-lo. "Ele esteve ocupado desde o primeiro minuto", recordou o organizador Dan Fiala. Jimi no princípio havia pedido que a família não fosse informada da hora de sua chegada. "Eles ficavam ligando para nosso escritório dez vezes por dia dizendo que iriam buscá-lo no aeroporto", observou Fiala. "Enquanto isso, o pessoal de Jimi ficava nos dizendo: 'Temos que isolá-lo, porque eles o estão deixando maluco'." Jimi parecia ficar arrasado cada vez que visitava Seattle: embora gostasse de ver a família, as visitas apenas reforçavam como era diferente o mundo em que ele agora vivia. Em Seattle, ele era "Buster Hendrix", que ainda se submetia ao pai; em qualquer outro lugar, ele era um homem que alcançara a fama, um *superstar*.

Fiala havia trabalhado em outros shows do Experience, mas nunca tinha visto Jimi tão exausto como parecia naquele dia. Jimi queixou-se de ter passado a noite acordado. "Todo mundo achava que ele estava drogado", Fiala observou, "mas ele estava acabado de verdade; estava até com aparência abatida. Ele trabalhava demais, ficando em estúdio quando não estava viajando, e isso o afetava muito." Jimi repetiu para várias pessoas que se sentia exausto, e elas o incentivaram a tirar algum tempo para descansar. Ele tinha um voo marcado para o Havaí no dia seguinte ao show de Seattle, não para férias, mas para tocar em um concerto e rodar um filme. Poucos dias antes, Jimi dissera a um repórter de San Diego: "Eu era como um escravo, cara. Era só trabalho. No começo era divertido, e agora é hora de voltar a me divertir. Estou me aposentando. Vai ser o prazer *primeiro*. Chega de trabalho". Um dia depois dessa entrevista, ele estava de volta à turnê.

Jimi passou a maior parte da tarde na casa de Al, recebendo a visita de muitos vizinhos e conhecidos que apareciam. Ele tomou algumas doses, o que azedou seu humor e, em certo momento, começou a discutir com Al, o que deixou ambos muito irritados. Jimi também sentia uma certa tristeza por não poder ver seu irmão Leon: na época, Leon estava na cadeia por furto, fato que perturbou Jimi profundamente. Mais tarde, seu humor melhorou um pouco quando soube que seu primo Eddy Hall – o filho mais novo de tia Delores – estava tocando guitarra. Delores apareceu com o rapaz, então com 15 anos, e a forma como ele tocava impressionou Jimi. "Jimi perguntou a minha mãe se poderia me levar em suas turnês", Eddy recordou. Delores recusou a oferta; embora amasse Jimi demais, ela receava que pudesse ser uma má influência para o filho.

Em um dado momento daquela tarde, houve uma inesperada recordação da história turbulenta da família Hendrix, quando uma jovem de 18 anos que morava na mesma rua veio pedir um autógrafo de Jimi: ela disse que era irmã dele. Jimi foi falar com ela e descobriu que era Pamela Hendrix, que havia sido adotada por uma família que vivia não muito longe de Al. Fazia 17 anos que Jimi não via Pamela. Ele lhe deu um autógrafo e um abraço. Talvez a visita da irmã perdida o tivesse lançado em um estado reflexivo, porque, não muito depois disso, ele ligou para sua velha "tia" Dorothy Harding e convidou toda a família dela para o show, providenciando que uma limusine fosse buscá-los. Uma das Harding estava com pneumonia e não poderia comparecer, e Jimi ligou várias vezes naquele dia, para saber como ela estava.

Também naquele dia, Jimi encontrou tempo suficiente para ligar para um telefone que ele ainda sabia de cor: o número de sua namorada de escola, Betty Jean Morgan. "Fazia anos que eu não tinha notícias dele", Betty Jean recordou. Fazia, na verdade, oito anos; a última conversa de Jimi com Betty Jean havia acontecido quando ele saiu do exército, em 1962, e terminou o noivado com ela. Desde então, Betty Jean havia se casado, mas tinha se separado do marido e agora morava de novo com os pais. Um amigo informou Jimi que ela estava solteira. Quanto ao motivo do telefonema, ele nunca deixou claro. Betty Jean não era uma *hipster* e, embora soubesse que Jimi era um astro, não havia acompanhado a carreira dele. Ele tinha sido uma das atrações principais em Woodstock, havia tocado no Royal Albert Hall e até conhecido os Beatles; ela havia se casado assim que se formou na escola e nunca tinha saído de Seattle. Eles não tinham quase nada em comum, exceto uma história passada: caminhadas para casa depois das aulas, mãos dadas no alpendre, beijos atrás de uma árvore. Ela era a garota que ele amava tanto a ponto de batizar sua primeira guitarra em sua homenagem, pintando no instrumento o nome dela – agora ele mal sabia o que lhe dizer. Ela perguntou se ele havia mantido contato com os amigos de escola. Ele contou que Pernell Alexander estava por aí, mas que Jimmy Williams e Terry Johnson estavam no Vietnã. Ela disse que esperava que retornassem em segurança, um sentimento que ele ecoou. E depois disso ficaram sem ter o que dizer. "Foi uma conversa breve", ela recordou. Jimi terminou o telefonema dizendo a ela que, na próxima visita, ele compraria o hambúrguer que lhe prometera anos antes, quando não tinha dinheiro.

Depois disso, ele foi para o Sick's Stadium, enquanto uma tempestade fora de época ameaçava causar o cancelamento do concerto. Quando Jimi subiu ao palco, às 19h15, a chuva amainou por instantes. Alguns dos equipamentos não estavam aterrados, o que preocupava os organizadores, que temiam que seu astro fosse eletrocutado, mas Jimi insistiu em prosseguir de qualquer modo. Ele começou o show com o que havia se tornado sua introdução padrão ao longo dos dois últimos anos, mas as palavras tinham uma emoção extra ali em sua cidade natal: "Quero que vocês se esqueçam do ontem e do amanhã e apenas construam nosso próprio mundinho aqui". Dirigindo-se à multidão encharcada, ele disse: "Vocês não estão soando muito felizes, vocês não estão parecendo muito felizes, mas vamos ver se podemos alegrar alguns rostos aqui". Com isso, a banda começou a tocar "Fire".

Assim que a música terminou, um travesseiro foi lançado no palco. Quando Janis Joplin havia tocado no Sick's Stadium, três semanas antes, esse mesmo travesseiro tinha sido jogado no palco; Joplin autografou-o e o jogou de volta. Jimi não sabia disso, mas a ideia de qualquer objeto ser atirado no palco o incomodava. "Ah, por favor, não joguem nada aqui", ele disse. "Por favor, não façam isso, porque de qualquer modo estou com vontade de acertar a cabeça de alguém." Foi uma inusitada admissão de seu mau humor e ficou pior: "Vá se foder, quem quer que tenha jogado esse travesseiro". Ele chutou o travesseiro para fora do palco e ergueu o dedo do meio para uma plateia que incluía muitos de seus amigos e familiares. Ele reconheceu que tinha tomado alguns *whiskies*. Durante "Message to Love", ele deixou o palco sem explicação, forçando Mitch a improvisar um solo de bateria em uma música na qual ele nunca havia recebido uma pausa instrumental tão prolongada. Jimi voltou 2 minutos depois e o show prosseguiu.

A chuva recomeçou e, durante "Purple Haze", Jimi mudou a letra: "Desculpe enquanto eu fodo com o céu",[2] cantou. Depois de tocar "Red House", música inspirada em Betty Jean Morgan, ele disse: "A chuva faz com que eu me sinta assim". Ele encerrou o show com "Foxy Lady", uma das duas únicas vezes em 1970 que ele usou esse sucesso para o encerramento de um show. E então, assim como Elvis Presley – que Jimi havia visto apresentar-se naquele mesmo estádio, em 1957 –, ele saiu sem um bis.

---

[2] Em inglês, "Scuse me while I fuck the sky", em vez do original "Excuse me while I kiss the sky" ("Desculpe-me enquanto beijo o céu"). (N. da T.)

Depois do concerto, Jimi foi para a casa do pai, onde recebeu a multidão de amigos e vizinhos que foram até lá, e tentou esquecer o que considerou ter sido um show horrível. Ele havia dado quatro concertos em Seattle como astro, e nenhum deles estivera à altura de suas expectativas, que provavelmente teriam sido impossíveis de alcançar. Ele queria, mais do que tudo, mostrar à sua cidade natal o quão bom havia se tornado, mas esse objetivo para sempre lhe escapava, ou pelo menos ele se queixava disso.

Jimi parecia ainda mais exausto que o normal depois do concerto, mas conseguiu encontrar tempo para uma longa conversa com Freddie Mae Gautier. Ela era outro elo com o passado – sua mãe havia cuidado de Jimi quando ele era um bebê. Ela descreveu Jimi como pensativo e triste durante a visita dela e disse que era "como se ele estivesse sob um feitiço". Gautier conhecia Jimi de toda a vida dele e conhecia todos os personagens importantes do passado dele. Naquela noite, ele queria ouvir sobre sua infância. Apesar do desentendimento com o pai naquele dia, Jimi falou dele com afeto, dizendo que havia conseguido entender a vida difícil que Al havia enfrentado. "O pai havia lutado muito para criar ele e Leon", Gautier recordaria mais tarde, "e às vezes passava a noite inteira trabalhando. Ao ficar mais velho, Jimi soube do quanto o pai havia aberto mão por conta dele e de Leon."

Por volta da meia-noite, Jimi saiu para percorrer a cidade com três jovens: sua prima Dee Hall (filha de Delores), Alice Harding (filha de Dorothy) e Marsha Jinka (uma de suas novas "irmãs"). Jimi havia crescido tendo Dee e Alice por perto; elas haviam se transformado em belas mulheres, e ele estava feliz por estar na companhia delas. Dee não o havia visto tocar antes e, embora fosse mais fã de jazz do que de rock, o show daquela noite a impressionara. Ela perguntou a Jimi se havia explorado muito o jazz e ele respondeu que estava mexendo com ele, criando ajustes criticos em seu som a partir de frases de músicos de jazz. "Ele disse que estava pronto para fazer algumas grandes mudanças em sua vida e que sua música também mudaria", Dee recordou. Além de sua amizade com Miles Davis, Jimi havia discutido com o arranjador Gil Evans a parceria em um álbum. Ainda não haviam gravado nada, mas ele tinha uma reunião marcada com Evans para o fim de setembro; era um dos muitos projetos que Jimi estava discutindo para aquele outono. Ele também havia escrito um roteiro e tinha dito a amigos que queria voltar para a escola para aprender a compor música. Nada disso surpreendeu Dee Hall – todos que o conheciam em Seattle sabiam que Jimi sempre havia sido um sonhador.

Em um dado momento naquela noite, Jimi tirou um baita pacote do bolso; ele foi abrindo aquilo e torcendo, e dentro havia vários pontos de LSD. "Ele chamou de Purple Haze", disse Dee. Chapado de ácido, Jimi então levou as mulheres em um circuito que repetia sua última visita a Seattle, quando ele fora em busca de seu passado, passando pela Garfield High School e por todas as casas onde havia morado. Em um dado momento, passaram por um clube onde certa vez Jimi tentara conseguir um emprego; ele disse o nome das pessoas que não o tinham aceitado em suas bandas. Dee conhecia Jimi de toda a vida e nunca o havia visto tão nostálgico, mas também ficou surpresa com a forte determinação que demonstrava diante das partes dolorosas de seu passado. "Eles realmente tratavam você como lixo; eles riam de você", ela lhe disse. A resposta de Jimi surpreendeu-a: "Ah, às vezes, você tem que passar por isso", disse sem qualquer sinal de amargura. Eles pararam na casa comunitária do Yesler Terrace, que foi um dos primeiros lugares onde ele tocou em público. A casa comunitária ficava a apenas duas quadras do Hospital Harborview, e então foram até lá também; Jimi havia nascido naquele local, e sua mãe morrera ali. Dee perguntou a Jimi se havia visto seu irmão Joe. "Há anos não o vejo, mas com certeza gostaria de encontrá-lo", ele disse. Ele chegou a pedir para passarem em frente ao centro de detenção onde havia ficado vários dias depois de ter sido preso em um veículo roubado. Ele saiu do carro e caminhou ao redor do estabelecimento. "Era como se estivesse tentando fazer as pazes com seu passado", Dee recordou.

Rodaram durante horas, indo a todos os cantos de Seattle. "Ele queria ver tudo, todos os lugares", Alice Harding recordou. Para Jimi, seria a segunda noite seguida sem dormir, e as mulheres sugeriram que ele fosse para casa e descansasse, mas ele recusou. Passaram na frente da casa de Betty Jean Morgan, mas não entraram. Eles chegaram a circundar o lago Washington por estradas secundárias, o que levou quase duas horas. Quando chegaram à parte sul do lago, perto de Renton, Jimi insistiu que visitassem o túmulo de sua mãe – ele nunca o havia visto, mas sabia que o cemitério estava em Renton Highlands. "Rodamos por cerca de uma hora, procurando-o", Dee Hall disse. "Estava escuro, e era uma área rural sem iluminação viária." Por mais que procurassem, não encontraram o cemitério, e por fim retornaram a Seattle.

A certa altura, de volta a Seattle, o carro passou por uma casa na Rua Yesler, onde Jimi havia morado com Al e Leon – a casa agora estava vazia e deteriorada. Jimi ficou triste com o estado da casa, onde haviam transcorrido alguns dos poucos momentos despreocupados de sua infância. Caía uma chuva leve, e as mulheres permaneceram no carro enquanto ele ia sozinho até o imóvel que estava às escuras. Na janela do quarto onde no passado dormira – onde por horas sem fim ele havia tocado guitarra de ar em uma vassoura –, ele colocou as mãos ao redor dos olhos, pressionou o rosto contra o vidro e examinou as sombras lá dentro, como se estivesse procurando por algo que havia perdido.

CAPÍTULO 25

Um Selvagem Anjo Azul

Maui, Havaí
Julho de 1970 - agosto de 1970

"[Me] chame de selvagem anjo azul. O selvagem anjo azul."
– Jimi dizendo ao mestre de cerimônias como fazer a apresentação
dele na Ilha de Wight, 30 de agosto de 1970

JIMI HENDRIX VIAJOU DE Seattle para o Havaí e chegou a Maui, em 28 de julho, para as filmagens de *Rainbow Bridge.* O filme era obra do diretor Chuck Wein, cuja ideia inicial era reunir figuras destacadas em vários campos – *surf*, yoga, arte e música – e filmar suas interações. Wein já havia feito três filmes com a Factory, de Andy Warhol, e havia sido namorado de Edie Sedgwick. Se a ideia de reunir surfistas, místicos, videntes e *hippies* com Jimi Hendrix parecia brilhante no papel, o elemento adicional das drogas psicodélicas alterou o paradigma. Quando *Rainbow Bridge* foi lançado, em 1972, a *Rolling Stone* descreveu o filme como um "conjunto de memorabilia surrealista feito de viagens de ácido". Incluindo efeitos especiais com tinta fluorescente e bizarras manipulações de áudio – como fazer um sargento falar com um latido de cão –, foi um dos filmes mais estranhos já feitos.

Ainda assim, as filmagens foram revigorantes para Jimi, que morou em um dormitório por uma semana e fez refeições vegetarianas com a equipe e o elenco. O estilo de vida descontraído de Maui proporcionou-lhe um descanso muito merecido. "Ele adorou demais Maui", recordou Melinda Merryweather, que integrava o elenco e fez amizade com ele. "Parecia realmente feliz por estar lá." Jimi disse a ela que queria aposentar-se e ir para a ilha, para cultivar uvas na encosta do vulcão.

Jimi curtiu a oportunidade de conversar sobre religião e misticismo em um cenário que ele chamou de uma "loja de doces cósmica". "Foi uma limpeza espiritual para Jimi", Chuck Wein observou. Muitos dos atores do filme chamavam Wein de "O Mago", por sua capacidade de discorrer sobre uma infinidade de tópicos. Wein deu a Jimi vários livros, incluindo *O Livro Tibetano dos Mortos*)[1] e *Secret Places of the Lion: Alien Influences on Earth's Destiny* [Locais Secretos do Leão: Influências Alienígenas no Destino da Terra]. Este último era um livro sobre o envolvimento de alienígenas espaciais na cultura humana ao longo de séculos, teoria na qual Jimi acreditava. Jimi também tinha com ele *The Book of Urantia* (O Livro de Urântia), uma bíblia alternativa para adeptos dos OVNIs, que misturava histórias de Jesus com relatos de visitas alienígenas. Jimi levava esse livro consigo para onde fosse – junto com seu exemplar do *songbook* de Bob Dylan – e disse a amigos que havia aprendido muita coisa com ele.

A viagem ao Havaí também foi uma espécie de limpeza física para Jimi. Embora o ácido abundasse em Maui, a potente maconha havaiana fosse farta e a cocaína também estivesse muitas vezes presente, a heroína não estava disponível. Jimi havia se tornado cada vez mais dependente de narcóticos inaláveis e, no Havaí, ele se livrou da dependência da heroína. Nos quatro anos em que fora um astro, as drogas haviam ido de ritual de celebração a uma muleta diária, necessária para suportar as pressões das turnês. Em Maui, quando um membro do elenco

---

[1] São Paulo, Pensamento, 2ª edição, 2020.

sugeriu que mandassem vir Devon Wilson para trazer-lhes drogas, Jimi foi contra. "Devon teria levado heroína, de um modo ou de outro", Chuck Wein observou. Jimi conversou abertamente com Melinda sobre seu relacionamento codependente com Devon e seus esforços para sair dele. "Devon sabia como controlá-lo por meio das viagens com drogas", Melinda disse. "Devon tinha um lance de viúva negra rolando, e era como se ele fosse o néctar que ela queria."

Devon acabou não indo para a ilha, e a euforia inicial de Jimi por estar no Havaí foi temperada por dramáticas mudanças de humor: num minuto ele estava dizendo como amava Maui, e no outro caía em profunda depressão. Ele havia ganhado milhões, mas também havia gastado milhões, e tanto trabalho não lhe dera nenhuma grande fortuna, e esta era apenas uma de suas várias queixas. A ação de Ed Chalpin de certa forma havia sido resolvida, mas corria um processo de paternidade, movido contra ele por Diana Carpenter. No início de 1970, os advogados de Carpenter tinham feito diversas solicitações de amostras sanguíneas, que Jimi resistia a atender. Ele nunca declarara publicamente sua opinião sobre Tamika Carpenter ser ou não sua filha, mas, em uma música nunca lançada, chamada "Red Velvet Room", ele mencionava sua filha "Tami". A música revelava seu afeto pela menina, embora Jimi afirmasse enfaticamente, em público, não ter filhos. Talvez, como muitos em uma época em que "amor livre" se tornara um mantra, ele não estivesse pronto para a responsabilidade que os filhos representavam; para alguém cuja própria infância havia sido truncada, ser pai teria representado um salto emocional grande demais. Também é possível que qualquer discussão sobre filhos nascidos fora do casamento trouxesse memórias dolorosas para aquele homem, criado em uma família em que a paternidade sempre foi um tema complicado e da qual dois filhos e duas filhas haviam sido afastados pela assistência social. O curto verso "How's Tami? ["Como está Tami?"], de "Red Velvet Room", foi o único sinal de reconhecimento que Jimi jamais emitiu quanto à filha. Ele não tomou qualquer iniciativa no sentido de ampará-la ou sequer de conhecê-la.

Em Maui, atormentado por esse e por outros fantasmas, e ainda assombrado pela vidente marroquina, Jimi chegou a ameaçar suicídio. Foi em uma noite em que ele deveria gravar uma cena para o filme, e como seria de se prever havia bebido. Ao diretor Chuck Wein e à atriz Pat Hartley, ele sugeriu: "Que tal se cometermos suicídio, nós três?". Wein não o levou a sério, e daí a 10 minutos o humor de Jimi havia mudado. Alguns dias depois, Jimi surpreendeu Melinda Merryweather ao afirmar que ele logo estaria "deixando" seu corpo. "Não estarei mais aqui", disse a ela. Quando ela perguntou o que ele queria dizer, ele emudeceu. Em outro dia, Wein perguntou a Jimi se logo iria tocar de novo em Seattle. Jimi disse a Wein: "Da próxima vez que eu for a Seattle, será dentro de um caixão".

O desespero por trás desses pensamentos não ficava evidente quando Jimi estava tocando. Em seu terceiro dia no Havaí, ele entrou no Maui Belle, casa noturna em Lahaina, onde um pianista apresentava-se tocando jazz. Perguntaram a Jimi se ele queira tocar; ele queria. Por duas horas, ele e o pianista tocaram clássicos do jazz para um punhado de fregueses atônitos.

Seu concerto "de verdade" veio no dia seguinte, quando Jimi, Billy Cox e Mitch Mitchell deram um show anunciado como "O Experimento Vibratório de Cor/Som Rainbow Bridge", para os cinegrafistas. Wein havia construído um palco minúsculo no meio de um campo, na encosta da cratera. Uma tenda indígena havia sido montada para servir de camarim e geradores portáteis forneciam energia para o sistema de som. O concerto gratuito havia sido divulgado por meio de cartazes na rua principal de Lahaina, e 800 pescadores, surfistas e nativos havaianos apareceram. Wein acomodou a plateia em setores, separados por seus signos astrológicos. Antes da entrada de Jimi no palco, um grupo de Hare Krishnas fez a plateia entoar "Om" por vários minutos.

Jimi começou de bom humor, mas a resposta sossegada do público a princípio o perturbou. Ele tocou uma primeira *setlist* de 10 músicas e então ficou sentado em sua tenda por 45 minutos, fumando maconha e tomando cerveja antes de voltar ao palco. A segunda metade do show foi mais enérgica e ele tocou como alguém que estava novamente apaixonado pela guitarra. O pior momento do dia foi quando um cachorro que havia sido dopado com LSD subiu ao palco e mordeu a perna de Jimi. Por sorte, a mordida mal arranhou a pele.

Dois dias depois, Jimi e a banda voaram para Honolulu, onde fizeram o último show de sua turnê pelos Estados Unidos. Jimi parecia distraído e pouco tinha da naturalidade que havia exibido em Maui. O crítico do *Honolulu Advertiser* chamou-o de "Madman Butterfly"[2] por conta de sua roupa de veludo, que era laranja, rosa-choque, verde intenso e vermelho vivo. No dia seguinte ao show, Mitch e Billy Cox viajaram de volta para casa, enquanto Jimi retornou a Maui.

Jimi passou as duas semanas seguintes como se fossem férias prolongadas. A pausa não estava planejada, e na verdade só foi obtida com um subterfúgio: Jimi cortou o pé na praia, mas fingiu que o ferimento era pior do que era de fato, para prolongar a estada, e isso irritou seu empresário. "Nós colocamos umas vinte vezes a quantidade de bandagens que eram necessárias e tiramos fotos para fazer parecer que o ferimento era sério", Melinda Merryweather recordou. Tal farsa revelava o grau de controle que Michael Jeffrey continuava a exercer sobre seu cliente – Jimi agora fingia problemas de saúde para fugir das exigências das turnês. Alugou uma casinha, onde passou a maior parte dos dias compondo músicas e poemas. Ele compôs uma longa música para Melinda intitulada "Scorpio Woman", sendo escorpião o signo dela.

Melinda observou que, quanto mais se prolongava a estadia de Jimi no Havaí, mais clara se tornava a mente dele. Em meio a essa clareza, ela o via contemplativo e às vezes triste. "Ele falava muito da mãe e das raízes nativas americanas dela", disse Melinda. Os sentimentos de Jimi quanto a Al ainda eram conflituosos por conta da briga recente entre ambos, mas ele disse a Melinda que não tinha raiva do pai. Jimi pareceu a Melinda um homem que estava em uma encruzilhada e ele reafirmava sempre estar pronto para fazer muitas grandes mudanças em seu estilo frenético de vida.

Durante a segunda semana de férias em Maui, Jimi sentou-se em sua casinha e escreveu a Al uma das cartas mais extraordinárias que já havia escrito. Ele havia bebido e provavelmente estava viajando com LSD antes de colocar a caneta no papel; mais para o fim da carta, ele estava rabiscando nas margens e riscando

---

[2] Trocadilho com "Madame Butterfly", nome de um filme de 1932, estrelando Cary Grant e Sylvia Sidney, baseado em uma peça de teatro e em um conto de mesmo nome. (N. da T.)

muito do que tinha escrito. Na carta ele divagava, e por vezes não fazia sentido, mas exibia um lado emocional que raramente revelava. Quando esteve no exército, ele escrevia ao pai quase toda semana – tal correspondência terminou quando ele começou a vida de músico itinerante. A carta enviada de Maui foi notável pelo que revelava sobre o estado mental reflexivo de Jimi e sobre seu relacionamento com a família. Começava assim:

> Pai, meu amor, isto aqui, ou *ao menos a maior parte* disto aqui que trago, é gentalha – mas você sabe e eu sei que é onde eles parecem que querem estar. Mas quem é que pode (em muitos aspectos eu sou gentalha, sabe, aquele que fala todas as BOBAGENS). Só porque você não pode ou não tem a paciência para isso, por que sequer vir para o show? Eu sei que, por mais amor que você sinta por mim e Leon (não necessariamente claro), discutimos em particular (você e eu), a Mãe Rocha está lá. Sempre vivendo neste mundo de Cegueira e de assim chamada REALIDADE. Mas falando do CAMINHO para o céu – Anjos, Espíritos santos etc., Deuses etc., têm um trabalho muito difícil para lançar a palavra em uma caixa de sabão, ou abóbora, ou nuvem, para convencer o mundo sem discussão ou debate, ou etc., do tema que diz respeito a quaisquer anjos que existam na forma de aceitação convencional ou não. Você é o que eu, com muita alegria, aceito como um anjo, um presente de Deus etc.! Esqueça as opiniões e a existência fofoqueira do mundo.

Jimi então admite ter "bebido muito" antes de escrever a carta e pede o perdão de seu pai, ao mesmo tempo suplicando que Al leia "cada palavra da maravilha instantânea, mas perene, que é esta carta". Ele continua, escrevendo sobre anjos, Sammy Davis Jr., Céu, "luz eterna", mas então a carta adquire um tom quase belicoso, quando ele confronta o pai quanto a sua mãe, Lucille:

> Um dia talvez eu chegue a fazer perguntas de grande importância e experiência (de volta ao normal) sobre a história não contada e o estilo de vida

da mãe que me deu à luz – sra. Lucille. Há coisas que eu *preciso* saber sobre ela por minhas próprias razões estritamente particulares.

Jimi termina a carta pedindo desculpas por sua briga com Al em Seattle, sugerindo que foi causada pelos "nervos", e pede que sua prima Dee Dee e sua irmã afetiva Marsha o perdoem pela viagem bêbada e melancólica através de seu passado em Seattle. Ele dá seu número em Nova York, pedindo que a prima Diane lhe telefone e diz "amor eterno" para a irmã afetiva Janie, cujo nome ele escreve como "Jenny".

Em 14 de agosto, dois dias depois de enviar a carta a seu pai, Jimi tomou o avião de volta para Nova York. "Ele não queria ir embora do Havaí", recordou Chuck Wein, "mas chegou um ponto em que tinha que voltar a ser Jimi Hendrix". No aeroporto, Jimi teve uma despedida chorosa com Melinda Merryweather e alguns dos surfistas de Maui. "Vocês são pessoas de sorte", disse-lhes enquanto subia a escada do avião. "Vocês podem ficar aqui."

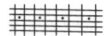

No mesmo dia em que chegou a Nova York, Jimi estava de volta ao Electric Lady Studios, trabalhando em *overdubs*. Ele passou uma semana em estúdio, antes da turnê de festivais europeus que começaria em fins de agosto. Seus amigos de Nova York notaram que ele parecia energizado ao voltar de Maui. Naquela semana, ele se reuniu com os Aleem, para discutir a criação de uma nova editora musical, e com Ken Hagood, um advogado afro-americano, que poderia representá-lo em uma batalha legal com Michael Jeffrey. "Jimi queria tocar sua música do seu jeito e tinha vários conflitos com relação a isso", Hagood recordou. Jimi levou vários de seus contratos quando se reuniu com Hagood, mas descobriu que lhe faltavam documentos importantes. Jimi tinha dúzias de ideias sobre os rumos que desejava dar à sua carreira, incluindo distanciar-se do rock e entrar mais em R&B e jazz, mas ele disse a Hagood que a prioridade era colocar em ordem seus negócios e despedir Jeffrey ou renegociar seu contrato.

Como Chas Chandler antes dele, Michael Jeffrey havia se tornado mais do que apenas o empresário de Jimi – ele detinha o contrato de publicação de Jimi e ambos eram sócios no novo estúdio. Embora Jeffrey tivesse tomado inúmeras decisões às quais Jimi fazia objeção – a começar pela turnê dos Monkees e abrangendo os roteiros difíceis das turnês –, ele merecia crédito por tornar seu cliente o maior astro do mundo. "Havia coisas de que Jimi não gostava", Taharqa Aleem disse, "mas Michael estava tentando negociar. Jimi tinha um gênio difícil e costumava reagir mal. Era também um cliente difícil para Michael." À medida que aumentavam os desentendimentos entre Jimi e Michael, Bob Levine, assistente de Jeffrey, passou a assumir a maior parte das interações com Jimi. "Jimi me disse que nunca deixaria Michael", Levine recordou. "Ele sabia que Michael era um sujeito influente, e muitas vezes pintavam-no como um vilão, mas Jimi sabia que era quem o faria ganhar mais dinheiro." A vida havia se tornado muito complicada para Jimi: ser dono de um estúdio havia sido seu sonho, mas ele descobriu que as dívidas do estúdio lhe davam pouca escolha a não ser continuar com uma carreira na qual se sentia aprisionado.

Um problema maior do que Jeffrey era a relação de Jimi tanto com os fãs quanto com o conjunto da obra que o tornara famoso. Inúmeras vezes ele disse aos amigos que se sentia limitado pelas expectativas do público e acreditava que, se não tocasse "Purple Haze" e "Foxy Lady", sua base de fãs iria evaporar. "Ele não achava que as coisas estavam indo bem em termos de carreira ou financeiros", Deering Howe disse. "Tudo que as plateias queriam ouvir eram as quatro grandes músicas que conheciam, e Jimi queria tocar outras coisas. Artisticamente, era como se estivesse aprisionado no Circuito Chitlin' de novo, forçado a tocar o que os outros mandavam. Ele achava que não conseguiria se libertar daquilo."

Em 26 de agosto, um dia antes de viajar para Londres, para a turnê seguinte, os irmãos Aleem e Jimi encontraram-se perto do Central Park. "Fomos até lá em nosso Cadillac dourado novo em folha e conversei com ele na rua, enquanto ele olhava o carro", Tunde-ra disse. Vestido com uma túnica africana solta, Jimi disse que iria tocar em um Festival na Ilha de Wight. "Ilha de Branco?",³ Taharqa brincou. "Por que você não pode ir tocar numa Ilha de Negros?", Jimi riu da piada dele, e por um instante pareceu aos irmãos Aleem terem de novo diante de si o jovenzinho que haviam conhecido quando ele não tinha um tostão. Os Aleem eram os mais antigos amigos de Jimi em Nova York e haviam-no visto passar fome e alçar voo. Jimi lhes disse que gostaria de dar à nova companhia deles o nome de West Kenya Publishing, porque o Quênia era um pedaço da África onde "você poderia se refugiar e não ser encontrado". Ele brincou que encontraria com eles em Pago Pago se pudesse escapar da turnê. "É lindo, e dá para fugir para lá", disse Jimi de um lugar onde nunca havia estado. Quando os Aleem entraram em seu Cadillac e começaram a se afastar, as palavras de despedida de Jimi foram: "Encontro vocês em Pago Pago". Ele acenou quando o carro se foi.

Naquela noite, Jimi compareceu à festa de inauguração dos Electric Lady Studios. Embora já estivesse trabalhando lá fazia quase nove meses, só agora o local estava sendo aberto para outros artistas. Yoko Ono, Johnny Winter e Mick Fleetwood foram alguns dos presentes na festa repleta de estrelas. Jimi encontrou Noel Redding e lhe disse: "Estamos indo para a Europa; provavelmente vou ver você lá". A festa depressa transformou-se em um caos, quando alguns engraçadinhos começaram uma guerra de comida. Jimi, que ficou irritado ao ver seu estúdio sendo vandalizado, foi embora cedo.

Pouco depois, naquela mesma noite, ele se encontrou com Colette Mimram e Devon Wilson – Colette havia pensado inicialmente em acompanhar Jimi na turnê europeia, mas não havia conseguido renovar seu passaporte. Devon implorou a Jimi que a deixasse ir no lugar de Colette, mas ele rejeitou a ideia. "Jimi queria de fato romper com Devon por causa das drogas", Colette recordou. "Devon tinha muita lábia – ela conseguia tirar leite de pedra – mas era uma viciada, e ele não queria ter nada a ver com isso." O vício de Devon havia até mesmo começado a afetar sua aparência: ela agora tinha as pálpebras caídas, e já não se cuidava. Havia sido uma das mulheres mais belas do rock'n'roll, mas

---

³ Trocadilho entre Wight e *white* ("branco"), que têm a mesma pronúncia em inglês. (N. da T.)

quando o vício na heroína saiu de controle naquele verão, até Jimi – que detestava dizer não a qualquer um – viu-se colocando um ponto final à amizade com ela. Ele lhe disse naquela noite: "Quero que você vá embora", e assim ela se foi. Na manhã seguinte, ele tomou o avião para Londres.

JIMI HENDRIX CHEGOU A Londres em 27 de agosto, três dias antes de sua apresentação na Ilha de Wight. Seria seu primeiro concerto inglês em 18 meses, e o interesse da mídia era extraordinário; nos dois dias seguintes, ele deu quase uma dúzia de entrevistas para a imprensa britânica. Estava hospedado em uma suíte na cobertura do Londonderry Hotel, onde vivia rodeado de gente, com amigos, músicos e jornalistas fazendo fila no corredor, esperando para serem recebidos.

Nas entrevistas, Jimi falou sobre a possibilidade de encerrar sua carreira. "Estou de volta ao ponto onde comecei", ele contou ao *Melody Maker*. "Dei tudo a esta era da música. Meu som ainda é o mesmo, minha música ainda é a mesma, e não consigo pensar em nada de novo a acrescentar." Ele sugeriu que estaria pronto para a banda grande de R&B que desejava desde a chegada a Londres, em 1966. "Uma banda grande, cheia de músicos competentes que eu possa dirigir e para quem possa escrever", ele disse. Quando falou sobre sua banda de então, ele falou no tempo passado. "Foi divertido, foi muito divertido. Foi bom, estimulante, e eu gostei."

Embora falasse principalmente sobre música, Jimi foi, como sempre, interrogado sobre política, drogas e moda. Seu cabelo – que ele deixara crescer – era mencionado na maioria dos artigos. Jimi havia levado seu cabeleireiro, James Finney, na turnê, para garantir que seu afro estivesse bem. Ele disse ao *London Times* que se sentia "como uma vítima da opinião pública [...]. Corto meu cabelo e eles dizem: 'Por que você cortou o cabelo?'". A explicação dele: "Talvez eu deixe meu cabelo crescer porque meu pai costumava cortá-lo e eu ficava como uma galinha depenada".

Kathy Etchingham recordou que Jimi muitas vezes lhe falara sobre o medo que tinha de que, durante suas visitas a Seattle, o pai o agarrasse e lhe cortasse o cabelo. Em Londres, ele talvez tivesse mais medo de encontrar por acaso com Etchingham e seu novo marido; ela havia se casado naquele ano. Kathy e Jimi haviam continuado a amizade, e ele lhe telefonava de vez em quando, mas ela só ficou sabendo da volta dele a Londres quando um amigo ligou para dizer que Jimi havia ficado "louco" e tinha colocado duas garotas para fora de sua suíte. Etchingham foi imediatamente e encontrou as duas garotas quase nuas do lado de fora do quarto, com medo de entrar. Kathy entrou e encontrou Jimi na cama, entre abajures quebrados e garrafas vazias de *whisky*. Ela achou que ele parecia doente, não louco, pois estava pálido e tinha uma febre alta. Era um dia de verão, mas ele havia ligado o aquecimento no máximo. Mais tarde, Etchingham perguntou-se se a enfermidade de Jimi poderia estar relacionada à abstinência de drogas. Ela diminuiu o aquecimento, colocou uma compressa fria na testa dele e ele adormeceu pacificamente.

Em 28 de agosto, no dia seguinte à visita de Etchingham, duas outras mulheres estiveram no hotel e encontraram-no milagrosamente recuperado. Karen Davies conhecia Jimi de Nova York; Kirsten Nefer, uma modelo dinamarquesa de 24 anos, estava se encontrando com ele pela primeira vez. Jimi ficou de imediato apaixonado por Kirsten e passou a tarde conversando com ela. "Ele estava mais ou menos me entrevistando", Kirsten recordou. "Eu repetia que precisava ir embora e ele ficava dizendo: 'Não vá agora'." Eles conversaram por horas, embora a maior parte da conversa fosse Jimi, de seu jeito dissimulado, tentando fazer Kirsten revelar-se. Quando ela brincou que no show que daria na Dinamarca ele poderia visitar a mãe dela, Jimi sugeriu que ela chamasse a mãe naquele exato momento. Kirsten telefonou, e Jimi e a sra. Nefer conversaram por uma hora. Kirsten e ele continuaram conversando até as três da manhã, enquanto Karen adormeceu no sofá. Quando as mulheres finalmente se levantaram para ir embora, Jimi disse que pegaria mal estarem saindo do quarto dele àquela hora, de modo que elas dormiram no aposento adjacente ao quarto dele.

Kirsten acabou indo embora às dez da manhã, mas uma hora depois Jimi apareceu na casa dela, perguntando se podia levá-la para almoçar. Durante o almoço, ele colocou a mão no joelho dela, mas o flerte parou por aí. Ele partiria no dia seguinte para fazer o show na Ilha de Wight e pediu que Kirsten estivesse presente.

No domingo, Jimi aterrissou de helicóptero na Ilha de Wight para tocar à noite. O público de 600 mil pessoas havia excedido todas as expectativas, tornando o evento maior até mesmo que Woodstock. Como era típico de shows enormes como aquele, a logística criara um caos: centenas de pessoas estavam tentando derrubar as cercas, o equipamento funcionava mal e o show estava atrasado. Para piorar as coisas, a calça da elaborada roupa borboleta que Jimi usava no palco – que Germaine Greer mais tarde descreveu como "uma roupa de palhaço menestrel psicodélico" – descosturou na virilha. A mãe de Noel Redding estava nos bastidores e consertou a roupa para ele.

Richie Havens encontrou Jimi nos bastidores e ficou chocado com sua aparência doentia. Havens conhecia Jimi desde seus primeiros tempos em Nova York, mas nunca havia visto o comportamento que ele exibiu naquela noite. "Estou passando maus momentos com meus advogados e meus empresários", reclamou Jimi. "Eles estão me *matando*; tudo está contra mim e não consigo dormir nem comer." Havens lhe deu a indicação de um novo advogado. Ele também disse a Jimi que lhe telefonasse quando voltasse a Londres e que descansasse um pouco. "Parecia que fazia dias que ele não dormia", Havens recordou.

Kirsten Nefer havia conseguido encontrar-se com Jimi no hotel dele e acompanhou-o até um *trailer* no local do festival. Do *trailer* podiam ouvir os confrontos do lado de fora entre a polícia e os manifestantes que exigiam que o concerto passasse a ser gratuito. "Foi horrível", Nefer disse. "Não foi a coisa amorosa e bonita que haviam planejado." Enquanto esperava para ser chamado ao palco, Jimi foi ficando agitado. Ele disse a Nefer que a queria no palco, para encorajá-lo. "Fique onde eu possa vê-la, porque é para você que estou tocando", ele disse.

Eram duas da manhã quando chegou a vez de Jimi. No palco, mas ainda atrás de uma parede de amplificadores, o mestre de cerimônias perguntou como Jimi queria ser apresentado. "[Me] Chame de selvagem anjo azul", Jimi respondeu. "O quê?", perguntou o apresentador. "Selvagem anjo azul", Jimi gritou.

Em vez disso, ele o apresentou como "o homem da guitarra". Na verdade, nenhuma apresentação era necessária na Grã-Bretanha, onde a base de fãs de Jimi era fervorosa; aquela era, claro, a nação que fizera dele um astro. Como um reconhecimento aos leais fãs britânicos, Jimi começou o show com alguns compassos de "God Save the Queen".

O show, porém, foi uma sucessão de frustrações. Enquanto os primeiros concertos de Jimi na Grã-Bretanha – tocando para plateias seletas de músicos, em clubes como o Scotch of St. James e o Bag O' Nails – haviam parecido abençoados, nessa noite ele se apresentou sob o que parecia ser uma maldição. Houve problemas com a guitarra dele, que desafinava o tempo todo, e com o sistema de som, que transmitia as comunicações dos radioamadores no meio da música. Nem as calças de Jimi colaboraram: ele achou que haviam descosturado outra vez e passou bem uns 60 segundos atrás de um amplificador inspecionando-as. O próprio ato de prestar tanta atenção à própria virilha fazia-o parecer mais cômico do que descolado.

Houve pontos altos musicais entre tantos contratempos. "All Along the Watchtower" e "Red House" foram particularmente bem tocadas e bem recebidas, e a interferência irritante do radioamador até pareceu apropriada durante uma versão de 30 minutos de "Machine Gun". Embora aplaudissem mais os velhos sucessos como "Hey Joe" e "Voodoo Child", os fãs ingleses inveterados também apreciaram músicas novas, como "Hey Baby" e "Freedom". Contudo, quando Jimi incluiu o verso "my whole soul is tired and aching" ["toda minha alma está cansada e dolorida"] em "Midnight Lightning", pareceu uma boa síntese de seu estado mental.

Durante "In from the Storm", a última música do show, manifestantes lançaram sinalizadores na cobertura de madeira do palco. O teto estava a uns 10 metros acima de Jimi, e ele nunca correu perigo, mas ninguém sabia disso na hora. Agentes de segurança acorreram ao palco para impedir que as chamas se espalhassem. "O show simplesmente desandou no final", observou Kirsten Nefer. Para aumentar o dano, alguém espalhou o boato de que havia sido o próprio artista quem ateara fogo ao palco, para não ter que tocar o bis. Jimi havia alcançado a fama na Grã-Bretanha e seu truque de colocar fogo na guitarra tinha sido ao menos em parte responsável pela atenção da imprensa no começo. A apresentação na Ilha de Wight seria o último concerto oficial de Jimi em solo britânico. Horas depois que ele deixou o local, o teto do palco do festival ainda fumegava, um pequeno lembrete de uma ascensão meteórica e de uma carreira incendiária.

CAPÍTULO 26

A História da Vida

Estocolmo, Suécia
Agosto de 1970 - setembro de 1970

"A história da vida é mais rápida do que um piscar de olhos."[1]
– verso da última música que Jimi Hendrix escreveu

MENOS DE DEZESSEIS HORAS depois de deixar o palco na Ilha de Wight, Jimi Hendrix já se apresentava em Estocolmo. Ele entrou com um atraso de uma hora e tocou uma hora mais do que o previsto, o que deixou o organizador irritado, uma vez que um parque de diversões vizinho ao local do concerto precisou permanecer fechado durante a apresentação. Foi um show muito melhor que o da Ilha de Wight, mas também terminou de forma lamentável: enquanto Jimi ainda se apresentava, o locutor usou o sistema de alto-falantes para informar que o show estava encerrado – o parque de diversões precisava ser reaberto. Já fazia tempo que Jimi achava que sua vida havia se transformado em um circo; agora ele próprio era uma atração circense.

---

[1] No original, em inglês, "The story of life is quicker than the wink of an eye". (N. da T.)

Nos bastidores, Jimi encontrou Eva Sundquist, que sempre havia sido sua namorada favorita na Suécia. Esse encontro não foi tão carinhoso: depois da última visita dele, Eva havia dado à luz James Daniel Sundquist, filho de Jimi. Ela escrevera várias vezes a Jimi falando sobre o bebê, mas ele não havia respondido. Ela havia deixado o bebê em casa, mas perguntou a Jimi se queria ir conhecer o filho. A pergunta o atordoou por um instante – talvez ele estivesse pensando no processo de paternidade de que estava sendo movido por Diana Carpenter. A cena nos bastidores era um hospício, com jornalistas, *groupies* e fãs todos tentando chamar a atenção de Jimi, e ele foi puxado para longe de Eva sem ter lhe dado uma resposta. Jimi nunca se encontrou com James Daniel Sundquist, seu único filho conhecido.

Os bastidores em Estocolmo haviam sido uma loucura, mas, na parada seguinte da turnê da banda, Billy Cox foi dopado com uma droga psicodélica. Cox supôs que alguém lhe havia dado alguma bebida com uma dose considerável de LSD e ele teve uma reação ruim, que foi agravada pela fadiga da turnê. "O ritmo na Europa era ao mesmo tempo estimulante e exaustivo", Cox recordou. Em geral, Billy era o mais sóbrio integrante da banda, mas dessa vez ele começou a esbravejar de forma incoerente. Em seu estado alucinado, o único que pôde acalmá-lo foi Jimi, que teve que cuidar de Billy diversas vezes ao longo dos dias seguintes.

Como se os problemas de Cox não fossem preocupação suficiente, antes de um show em Århus, Dinamarca, Jimi tomou, no começo da tarde, o que testemunhas descreveram como um grande punhado de comprimidos para dormir. Ele tinha o que parecia ser um forte resfriado e queixara-se de não conseguir dormir havia três dias. O motivo para ter tomado soníferos no meio do dia, poucas horas antes de um show, é inexplicável – ele podia estar tentando compensar os efeitos de outra droga, pois não era incomum que tomasse estimulantes e depressores ao mesmo tempo. Kirsten Nefer chegara de Londres de avião e, chegando ao hotel naquela tarde, encontrou Mitch Mitchell no saguão. "É melhor você subir, porque Jimi está de péssimo humor", Mitch disse. "Ele não está legal." Kirsten ficou chocada com a condição de Jimi. "Ele estava falando de naves espaciais no céu", ela disse. "Estava cambaleando. Não estava falando coisa com coisa." Ao tentar dar uma entrevista a vários repórteres, Jimi insistiu que Kirsten ficasse sentada a seu lado, segurando sua mão. Ela estava constrangida com o estado dele, mas tinha medo de que ele ficasse pior se ela o deixasse.

Kirsten e Jimi tomaram um táxi até o local do concerto, mas ela não estava convencida de que ele poderia tocar, pois estava cambaleando. Ele expulsava todo mundo de seu camarim e, no instante seguinte, mandava voltar. Em certo momento, afirmou para todos ouvirem: "Não posso dar este show". Kirsten disse que havia 4 mil pessoas no auditório, e muitas tinham começado a bater os pés. Jimi por fim entrou no palco, com a ajuda de um *roadie*. Suas primeiras palavras para o público foram: "Vocês estão se sentindo bem? Então bem-vindos ao circo elétrico". Ele começou a dedilhar sua guitarra sem se preocupar em afiná-la. Mitch começou um solo de bateria, na esperança de que Jimi o acompanhasse, mas depois de apenas duas músicas Jimi deixou cair sua guitarra e desabou no palco. O show foi cancelado e o dinheiro dos ingressos foi devolvido. Jimi tocou por menos de 8 minutos, mais ou menos o mesmo tempo que durou sua *jam* de 1966 com Eric Clapton e o Cream. Aqueles 8 minutos, em um pequeno palco londrino, haviam marcado a posição de Jimi como uma estrela em ascensão; agora, no mesmo breve período de tempo, ele havia arruinado sua carreira em um de seus melhores mercados, pelo menos temporariamente.

Kirsten e Jimi tomaram um táxi de volta ao hotel. Ao entrarem no quarto, encontraram à espera a jornalista Anne Bjørndal. Jimi havia passado o dia soltando provérbios estranhos e, em um dado momento, disse: "Estou morto já há muito tempo". De modo insensato, tentou dar entrevista a Bjørndal apesar de sua condição. Ele informou que não gostava mais de LSD "porque é vazio. Preciso de oxigênio". Ele citou *O Ursinho Puff* e disse que adorava ler os contos de fadas de Hans Christian Andersen. Tocar guitarra, ele disse, exigia muito dele: "Eu sacrifico parte de minha alma cada vez que toco". E falou sobre sua mortalidade, ainda assombrado pelas visões da carta da Morte do tarô: "Não sei se vou viver até os 28 anos. Quero dizer, no momento em que sentir que não tenho mais nada a dar em termos musicais, não vou mais estar por aí neste planeta, a menos que eu tenha esposa e filhos; de outra forma, não tenho nada pelo que viver". Jimi estava totalmente chapado naquele momento, mas havia verdade em suas palavras – a vida que havia criado como astro era tão solitária quanto sua infância sofrida. Ao dizer isso, porém, Jimi olhou para Kirsten com um olhar ardente, convidativo. Kirsten então sugeriu à jornalista que fosse embora. Jimi, em uma mudança bizarra, disse que estava com medo de Kirsten e pediu que *ela* fosse embora, mas logo em seguida implorou-lhe para ignorar o pedido e ficar. A jornalista foi embora, confusa, e Kirsten por fim ficou a sós com Jimi, que ainda agia como louco.

Embora tivesse dito a inúmeros jornalistas que precisava desesperadamente dormir, Jimi afirmou a Kirsten que morreria se fechasse os olhos. "Ele tinha medo de que acontecesse algo, por causa de tantas drogas que havia tomado", ela recordou. Em vez de descansar, eles conversaram durante horas. Em certo momento, ele se inclinou para a frente, olhou Kirsten nos olhos, e perguntou: "Quer se casar comigo?". Kirsten conhecia Jimi fazia menos de uma semana e o pedido a surpreendeu. Mais cedo, naquela noite, ele dissera não querer ficar a sós com ela; agora pedia que se casasse com ele e tivesse filhos. Ela protestou, mas ele ainda insistiu. "Estou tão cansado de tocar", disse. "Eles querem que eu faça esse monte de shows. Só quero ir morar no campo. Estou cheio de colocar fogo em minha guitarra." Kirsten tinha certeza de que a proposta de casamento não passava de uma desculpa desesperada para tentar escapar da carreira que o estava matando. Às seis da manhã, Jimi conseguiu adormecer.

Ele despertou ao meio-dia e parecia estar melhor, embora ainda reclamasse de exaustão. No caminho para o aeroporto, Kirsten cantou alguns compassos da música de Donovan, "Wear Your Love Like Heaven". "De quem é essa música?", Jimi perguntou. Ele disse que queria gravá-la. Era a primeira vez que falava de forma positiva sobre música em vários dias, e Kirsten sentiu que estava começando a sair de seu nevoeiro mental.

Ao chegaram a Copenhagen, o hotel de Jimi ficava em frente a uma construção barulhenta. Ele disse que não seria capaz de descansar ali, e assim Kirsten sugeriu que ficassem na casa da mãe dela. Foram para a casa simples da família dela, e sua mãe fez uma sopa para Jimi. Isso o acalmou, e ele foi para o quarto e dormiu por várias horas. Os irmãos e irmãs de Kirsten chegaram na hora em que ele estava acordando, e ele se sentou para comer espaguete com a família. Uma das irmãs de Kirsten estava grávida e o parto estava previsto para fim de novembro; Jimi brincou que o bebê nasceria em 27 de novembro, seu aniversário. Os repórteres, que tinham ficado sabendo de que Jimi estava saindo com uma modelo dinamarquesa, chegaram à casa e interromperam a refeição. Kirsten sugeriu mandá-los embora; Jimi, ao contrário, convidou-os a entrar, dizendo que queria que o mundo todo soubesse sobre seu novo amor.

Naquela noite, na sala de espetáculos, Jimi atrasou-se, pois ficou tocando violão para Kirsten. "Dava para ouvir a multidão berrando por ele", ela recordou, "mas ele estava no camarim tocando para mim". Então, de repente, ele anunciou que não poderia tocar. Kirsten disse-lhe que ele tinha que ir porque a mãe dela estava lá fora esperando para vê-lo. Com esse pedido, Jimi foi para o palco. Num contraste notável com a noite anterior, ele deu um show que deixou os críticos alucinados. "O concerto do ano!", proclamou um jornal. Depois, Mitch veio até Kirsten e perguntou: "O que você fez com ele? Jimi não toca tão bem assim há anos". Ela atribuiu a transformação à sopa de sua mãe. Jimi passou a noite na casa de Nefer e dormiu como uma pedra.

Jimi havia perguntado a Kirsten se ela poderia assistir a seus próximos shows, na Alemanha. Ela estava no meio de uma filmagem, mas na manhã seguinte anunciou, feliz, que tinha conseguido uma folga. No que ela descobriu estar se tornando um padrão, Jimi voltou atrás e disse que no fim das contas não queria que ela fosse. "Não, você não pode ir porque o lugar de uma mulher é em casa", ele disse. Ela mais tarde se perguntou se o comportamento errático dele era resultado das drogas, embora qualquer coisa que tivesse usado na turnê necessariamente deve ter escondido dela de modo muito hábil. Logo depois de manifestar sua visão sobre mulheres e trabalho, ele pediu desculpas, disse não saber o que tinha dado nele, e implorou que ela fosse. Mas Kirsten respondeu que estava farta do afeto inconstante dele e que iria voltar para o filme dela. Eles com frequência haviam conversado sobre o amor em comum que tinham por

Bob Dylan, e, quando ela foi se despedir dele no aeroporto, Jimi citou o compositor: "Most likely you'll go your way" ["Muito provavelmente você vai seguir seu caminho"], ele disse enquanto subia a escada do avião. Na porta, ele se virou e declarou: 'I'll go mine' ["E eu vou seguir o meu"]. Foi uma rara demonstração de melodrama e completamente atípica para ele.

No dia seguinte, em Berlim, Jimi parecia estar mal de novo, mais provavelmente devido a drogas. "Ele toca como se estivesse bêbado", um crítico escreveu. Outro relatou ter ido aos bastidores e ter visto Jimi fungando. "Você está resfriado?", o jornalista perguntou. "Isso é de cheirar, cara", foi a resposta seca de Jimi. O guitarrista Robin Trower visitou os bastidores para dizer que o concerto foi a melhor coisa que ele já tinha visto. A resposta de Jimi: "Hã, obrigado, mas não!". Mesmo em seu estado alterado, ele sabia quando estava tocando bem ou não, e toda a turnê havia sido, com a exceção de um show em Copenhagen, um desastre.

O show seguinte de Jimi foi no "Festival Paz e Amor", na ilha alemã de Fehmarn. Na viagem de trem, em um ato de aparente psicose, Jimi invadiu um carro dormitório que estava trancado. O condutor o descobriu, e Jimi alegou que estava apenas querendo descansar; ele escapou de ser preso apenas quando um funcionário do trem o reconheceu e interveio com a polícia. Jimi deveria tocar em Fehmarn na noite de 5 de setembro, mas o mau tempo fez com que sua apresentação fosse transferida para a tarde do dia 6. O concerto esteve repleto de incidentes violentos entre os penetras que arrombaram os portões, a polícia e o público que estava lá dentro. Um grande contingente de Hell's Angels europeus compareceu, alguns deles armados. O público ficou irritado por causa dos atrasos e, quando Jimi finalmente subiu ao palco, algumas pessoas fizeram um coro de "Vá pra casa". Houve até algumas vaias na plateia. A resposta de Jimi: "Estou pouco me fodendo se vocês vaiam, desde que a vaia esteja afinada". Quando saiu do palco, depois de tocar 13 músicas, ele disse a um repórter: "Não tenho mais vontade de tocar". Enquanto Jimi tocava, os Hell's Angels haviam invadido a tesouraria, fugindo com toda a receita do festival. Jimi perdeu essa parte do espetáculo, pois nem bem deixou o palco tomou um helicóptero e em seguida um avião de volta a Londres. Mas se, uma vez no ar, tivesse olhado para baixo, teria outra vez visto um festival em chamas: momentos depois de sua saída do "Festival Paz e Amor", os Hell's Angels queimaram o palco e não restou nada.

EM LONDRES, A INCERTEZA com relação ao futuro da banda prosseguiu com o agravamento da condição de Billy Cox; qualquer que fosse a droga que havia consumido involuntariamente, ela parecia ter permanecido em seu corpo. O colapso de Billy colocou dúvidas sobre a turnê que a banda faria. Jimi havia se hospedado no Hotel Cumberland, e na terça-feira, 8 de setembro, Kirsten Nefer decidiu engolir o orgulho e ir visitá-lo. Quando chegou ao quarto dele, a porta estava aberta e ela o viu estendido na cama; no início, achou que estivesse morto. Ela verificou o pulso dele e descobriu que estava dormindo. Embora tivesse decidido não acordá-lo, o telefone tocou; era alguém ligando para falar de Billy. Kirsten e Jimi foram buscar Billy e levaram-no para comer frango tandoori em um restaurante indiano na Rua Fulham. "Billy dizia coisas ininteligíveis e fazia sons estranhos", Kirsten recordou. Depois de deixarem Billy com um *roadie*, Kirsten e Jimi foram ao cinema assistir *O Deserto Vermelho*, de Michelangelo Antonioni. O filme melhorou muito o humor de Jimi e, quando saiu do cinema, ele dançou enquanto se equilibrava no meio-fio. "Foi igual a *Dançando na Chuva*", Kirsten recordou. "Ele estava tão feliz que caminhava aos pulinhos." Com a mesma rapidez, porém seu ânimo mudou e ele ficou de mau humor. Disse a Kirsten que queria dois anos de folga. "Eu só quero tocar violão daqui para a frente", anunciou.

Naquela noite, o estado de Billy piorou e um médico foi chamado. Este não conseguiu encontrar nenhuma causa orgânica para a enfermidade e sugeriu que Billy fosse mandado de volta para os Estados Unidos. Mais tarde, Kirsten e Jimi foram brevemente a um clube noturno. Lá, Jimi recusou-se a dançar, alegando que não dançava bem o bastante – isso vindo de um homem cujos movimentos no palco haviam eletrizado toda uma geração. De volta ao hotel, tentaram ter uma noite romântica, mas Billy os interrompia o tempo todo. "Toda vez que estávamos a ponto de ir para a cama, ele estava lá", Kirsten disse.

"Jimi foi muito gentil com ele. Ele dizia: 'Você se lembra de quando estivemos juntos no exército?' Billy ficava dizendo: 'Eu vou *morrer*!'." O médico retornou e aplicou em Billy uma injeção de sedativo. No dia seguinte, o baixista foi colocado em um avião para os Estados Unidos, onde se recuperou.

Jimi tinha um show marcado para 13 de setembro em Roterdã e imediatamente começou a dar telefonemas, em busca de um novo baixista. Chegou a pensar em Noel Redding, mas no fim decidiu cancelar o resto da turnê. Na quinta-feira, 10 de setembro, Jimi foi a uma festa dada por Mike Nesmith, que havia saído dos Monkees e estava lançando uma nova banda. Jimi disse a Nesmith que planejava aproximar-se do R&B, ideia da qual Nesmith tentou dissuadi-lo. Essa era uma das muitas ideias sobre as quais Jimi estava falando naquele mês de setembro; a maioria das pessoas com quem conversou sentiu que ele estava transbordando de ideias e determinado a mudar sua carreira, sem ter certeza, porém, de qual deveria ser seu novo rumo.

No dia seguinte, Jimi concedeu uma longa entrevista, em sua suíte de hotel, para Keith Altham, durante a qual deu alguns indícios contraditórios. Altham havia sido seu apoiador desde o início e foi quem sugeriu que Jimi pusesse fogo na guitarra: foi uma pequena justiça que a última entrevista de Jimi tenha sido concedida a um defensor de longa data de sua música. Eles conversaram durante uma hora, indo de tópico em tópico. Quando indagado se gostaria de ser reconhecido como um compositor, Jimi respondeu: "Eu gostaria de apenas relaxar e, acima de tudo, de escrever músicas, quando não puder mais subir ao palco". Questionado sobre o que mudaria no mundo, ele disse "as cores nas ruas". Perguntado se era um "compositor psicodélico", ele respondeu: "Acho que é mais isso do que qualquer outra coisa. Estou tentando entrar mais em outras coisas, sabe, tipo onde a realidade não é mais do que a forma como cada indivíduo pensa". Ele soava otimista, mas muitas de suas respostas não faziam sentido. Ele tomou vinho enquanto falava e assistiu a uma comédia na televisão durante a entrevista.

Uma das poucas coisas sobre as quais Jimi se mostrou determinado foi que seu próximo álbum incluiria "Valleys of Neptune", "Between Here and Horizon" e "Room Full of Mirrors". Falando desta última música, ele explicou, "Trata-se de um desarranjo mental que pode estar na cabeça de uma pessoa. Isso diz algo sobre o vidro quebrado que costumava ser tudo o que havia em meu cérebro, e assim por diante". Altham terminou a entrevista perguntando se Jimi tinha dinheiro suficiente para o resto da vida. "Não do jeito que eu gostaria de viver", ele respondeu, "porque eu quero acordar de manhã e só rolar de minha cama para dentro de uma piscina, e então nadar até a mesa do café da manhã, subir para respirar e talvez tomar um suco de laranja, ou algo assim. Então cair da cadeira dentro da piscina, nadar até o banheiro e me barbear, sei lá." "Você quer apenas viver com conforto ou viver com luxo?", Altham perguntou. "Isso é luxo?", respondeu Jimi. "Eu estava pensando em uma barraca, talvez, debruçada sobre um riacho de montanha!"

No sábado, 12 de setembro, Jimi passou algum tempo com Kirsten de novo, mas ela ficou desanimada depois de ouvir por acaso uma longa discussão que ele teve ao telefone como Devon Wilson. Devon havia lido uma nota em um jornal sobre Jimi estar envolvido com uma modelo dinamarquesa e avisou que estava indo a Londres para vê-lo. "Devon, larga da porra do meu pé, pelo amor de Deus!", Jimi berrou ao telefone. Ele desligou.

No dia seguinte, os gritos de Jimi foram redirecionados para Kirsten. Ela iria trabalhar em um filme com George Lazenby, intérprete de James Bond em um filme anterior, e Jimi estava convencido de que ela estava dormindo com Lazenby; Jimi exigiu que ela desistisse do filme. Quando ela se recusou, ele reclamou. "Ele me sacudiu até que fiquei cheia de manchas roxas", Kirsten disse. Irritada com os ciúmes dele, sendo que ela suspeitava de que ele havia sido infiel mesmo durante o breve período em que saíram, ela foi embora furiosa. Ela tentou ligar para ele depois, naquela mesma noite, mas ele não estava. Kirsten deixou várias mensagens nos dias seguintes, e até passou no hotel procurando por ele, mas nunca mais voltaria a vê-lo.

<hr>

Kirsten Nefer não foi a única pessoa que esteve à procura de Jimi naquela semana – Michael Jeffrey fez uma viagem rápida a Londres e não conseguiu encontrar seu cliente. Jimi havia entrado em contato com Chas Chandler naquela semana e dissera a seu antigo empresário que queria despedir Jeffrey e ser representado por ele. O advogado de Jimi também o buscava; havia reuniões marcadas para aquela semana em Londres, para tentar resolver as demandas no exterior resultantes dos processos da PPX, de Ed Chalpin. Jimi não compareceu a esses compromissos. Os advogados de Diana Carpenter também procuravam Jimi, na tentativa de forçá-lo a fazer um exame de sangue no processo de paternidade referente a filha dele, Tamika; tampouco eles conseguiram encontrá-lo.

Se Jimi havia se tornado um fantasma para aqueles que o procuravam por motivos legais ou profissionais, para várias das mulheres importantes em sua vida foi fácil localizá-lo. Kathy Etchingham topou com Jimi no Mercado Kensington. "Ele chegou por trás de mim e me agarrou", ela recordou. Jimi estava em busca de antiguidades e acompanhava-o uma mulher loira, que ele não apresentou. Ele disse a Kathy para ir vê-lo no Hotel Cumberland. O relacionamento de Jimi com Kathy havia sido o romance mais longo, e talvez mais íntimo, de sua vida. Ao separarem-se, ela o beijou de leve no rosto.

Naquela semana, Jimi também encontrou Linda Keith no Speakeasy. Linda estava saindo do clube e ele estava entrando, e conversaram por alguns minutos no saguão. A conversa deles foi estranha: a relação de Linda com Jimi em Nova York, em 1966, levara ao fim do romance dela com Keith Richards, mas quatro anos depois ela exibia um anel de noivado e tinha outro noivo. O próprio Jimi estava com uma loira misteriosa. Embora o encontro parecesse acidental, na verdade, Jimi a havia procurado. Eles não tinham permanecido próximos desde o tumultuado período em Nova York – e não haviam conseguido continuar amigos –, mas Linda recentemente estivera nos pensamentos dele. No concerto da Ilha de Wight, ele havia mudado um verso em "Red House" para "because my Linda doesn't live here anymore" ["porque minha Linda não mora mais aqui"]. Ele também havia gravado uma faixa em estúdio dois meses antes, intitulada "Send My Love to Linda", que era uma ode a ela. No Speakeasy, Jimi entregou a Linda um estojo de guitarra, dizendo: "É para você". Dentro, havia uma Stratocaster nova, uma retribuição pelo instrumento que ela lhe conseguira quando ele era Jimmy James, músico de apoio sem uma guitarra para chamar de sua. Jimi nunca havia agradecido de fato a Linda por tudo o que ela fizera pela carreira dele – levando três produtores para vê-lo –, mas a guitarra era uma pequena confissão do passado deles. "Você não me deve nada", disse Linda, tentando devolver a guitarra. Ela lhe disse, inclusive, que seu noivo tinha um carro esportivo minúsculo, e que não tinham como transportar uma guitarra, mas Jimi insistiu. "Eu lhe devo isso", ele disse. Ele deixou com Linda o estojo de guitarra, pegou pela mão sua acompanhante loira e foi embora. Linda foi para casa com a guitarra amarrada no teto do carro de seu noivo. Quando mais tarde ela abriu o estojo, além da guitarra encontrou as cartas que havia escrito a ele durante o verão de 1966. Jimi aparentemente as havia guardado desde então, durante quatro anos; agora como um amante para sempre rejeitado, ele as devolvia como se para lembrá-la da antiga aura de romance.

A mulher loira que tanto Linda quanto Kathy viram com Jimi era Monika Dannemann, de Düsseldorf, uma patinadora artística de 25 anos, que Jimi conhecera em 1969. Na terça-feira, 15 de setembro, depois da discussão com Kirsten Nefer, Jimi havia ficado com Dannemann, que o localizara em seu hotel. De acordo com a versão dada por ela em seu livro, *The Inner World of Jimi Hendrix,* de 1995, pelos dois anos anteriores ela havia mantido um relacionamento estreito e íntimo com Jimi, que ela visitou em Londres em várias ocasiões, e eles haviam "ficado em contato por carta e por telefone". Durante a última semana de agosto de 1970, ele havia "se mudado" para um quarto que ela estava alugando em um hotel de longa permanência. Muito da narrativa de Dannemann foi desacreditada ao longo dos anos – parte dela declarada fraudulenta por um tribunal –, mas não há dúvida de que ela foi amante de Jimi em Londres por vários dias, a partir da terça-feira, 15 de setembro. Naquela noite, o casal apareceu na casa noturna de Ronnie Scott, onde Eric Burdon and War estavam tocando. Jimi havia pensado em fazer uma *jam* com seu velho amigo Burdon, mas foi barrado na porta porque estava cambaleante, e obviamente chapado. "Foi a primeira vez que eu o vi e ele estava sem sua guitarra", Eric Burdon recordou. "Quando o vi sem a guitarra, soube que tinha problemas." Em uma de suas duas autobiografias, Burdon contou que Jimi tinha "a cabeça cheia de alguma coisa – heroína, barbitúricos diversos". O que quer que Jimi tivesse tomado, várias pessoas no clube recordaram que seu grau de embriaguez era constrangedor, como era também vê-lo – o mestre das *jams* – ser afastado de um palco devido a seu estado.

Jimi passou ao menos parte do dia seguinte com Monika. No fim da tarde, eles foram a uma festa, onde Monika apresentou-se a todos que pudessem ouvir como "noiva de Jimi". Embora muito do que Monika contava fosse exagero, é fácil imaginar Jimi afoitamente pedindo que ela se casasse com ele; ele pedira o mesmo a Kirsten Nefer poucos dias antes. Qualquer proposta, porém, dificilmente significaria uma real intenção de casar-se. Nessa mesma noite, Jimi e Monika voltaram ao clube de Ronnie Scott, onde Jimi conseguiu fazer uma *jam* com Eric Burdon. "Ele parecia melhor naquela noite", Burdon recordou. Tocaram "Tobacco Road" e "Mother Earth", e Jimi preferiu voltar a seu velho papel como guitarrista da banda a ser o vocalista. Depois da *jam*, Jimi passou a noite no hotel de Monika.

Na manhã seguinte – quinta-feira, 17 de setembro – Jimi acordou tarde. Por volta de duas da tarde, ele tomou chá no pequeno jardim externo do quarto de Monika. Ela tirou 29 fotografias dele, algumas tocando sua Stratocaster negra, que ele chamava de "beleza negra". Durante a tarde, ele foi a um banco, uma farmácia e um mercado de antiguidades. Comprou camisas e calças. Monika afirmou que ele nunca ficou longe de suas vistas e, no entanto, várias pessoas, incluindo Mitch Mitchell e Gerry Stickells, telefonaram naquele dia para ele em seu hotel, que ficava do outro lado da cidade e ele disse estar sozinho. Mitch disse que Jimi fez planos de encontrá-lo mais tarde, de noite, para tocar com Sly Stone, mas não apareceu na hora marcada. Durante aquela tarde, Jimi e Monika encontraram Devon Wilson, que caminhava pela King's Road. Devon havia pegado um voo de Nova York para Londres; ela ficou surpresa em ver que Kirsten Nefer já havia sido substituída por Monika. Devon convidou-o para uma festa naquela noite, e Jimi respondeu que iria. Monika não disse nada, embora o olhar glacial trocado entre ela e Devon tivesse eliminado qualquer calor que houvesse no ar.

Jimi e Monika voltaram para o hotel dele de carro. No caminho, estavam parados no trânsito quando, no carro ao lado de Monika, um homem baixou o vidro e de brincadeira convidou Jimi para o chá. Jimi disse sim e concordou em seguir o carro, que levava o rapaz e duas jovens. Monika reclamou da ideia, embora aquele fosse exatamente o tipo de espontaneidade com o qual Jimi convivera toda a vida.

O jovem era Phillip Harvey, filho de um lorde inglês. Por volta de cinco e meia da tarde, eles chegaram à luxuosa casa de Harvey. A entrada era um corredor de 10 metros de comprimento, com paredes forradas de espelhos – um verdadeiro quarto cheio de espelhos –, que levava à grande sala de estar. A casa tinha uma decoração luxuosa, em um estilo do Oriente Médio, semelhante ao apartamento de Jimi em Nova York, e ele de imediato sentiu-se à vontade em meio a tanto esplendor. Os cinco sentaram-se sobre almofadas, fumaram haxixe e tomaram chá e vinho. Conversaram sobre suas carreiras e, quando Harvey perguntou a Jimi o que vinha pela frente, ele disse que iria mudar-se para Londres de novo. Por volta das 22 horas, Monika ficou agitada, achando que não estava sendo incluída na conversa. Ela saiu da casa furiosa, dizendo: "Para mim chega". Jimi foi atrás dela. Harvey e as duas mulheres podiam ouvi-la gritando alto na rua. "Seu porco maldito", foi um de seus muitos gritos furiosos. Em um depoimento prestado posteriormente à justiça, Harvey afirmou ter tido a impressão de que Monika estava com ciúmes das outras mulheres. Ele saiu e pediu que não gritassem tanto, com receio de que a polícia aparecesse para acabar com a briga. Jimi e Monika continuaram a discutir por mais 30 minutos, embora a gritaria parecesse ter acalmado. Às 22h40, Jimi voltou para dentro, pediu desculpas pelo comportamento de Monika e foi embora.

Jimi voltou ao hotel de Monika e tomou um banho. Depois, sentou-se e escreveu a letra para uma música chamada "The Story of Life". Uma hora mais tarde, Monika deixou-o em uma festa na casa de Pete Kameron. Ela própria não ficou, provavelmente porque a discussão teria esfriado o clima entre ambos. Pete

Kameron havia ajudado a fundar a Track Records e Jimi queixou-se a ele sobre seus muitos problemas de negócios. Também estavam na festa Devon Wilson, Stella Douglas e Angie Burdon, esposa de Eric então separada dele. Jimi comeu comida chinesa, tomou ao menos um comprimido de anfetamina e, considerando seu uso abusivo de drogas naquele mês, muito provavelmente consumiu diversas outras drogas. Fazia 30 minutos que estava na festa quando Monika tocou o interfone e disse que havia vindo buscá-lo; Stella Douglas disse-lhe para voltar mais tarde. Monika voltou pouco tempo depois. "[Jimi] ficou irritado porque ela não o deixava em paz", escreveu Angie Burdon em uma carta que mais tarde enviaria para Kathy Etchingham. "[Jimi] pediu a Stella para mandá-la embora outra vez, Stella foi mal-educada com ela e a garota pediu para falar com Jimi." Ele falou com Monika e então, de repente, foi embora da festa com ela por volta das três da manhã de sexta-feira.

    Somente Monika testemunhou as horas seguintes de Jimi, e boa parte do relato que faria mais tarde pode ser considerado uma tentativa de valorizar seu papel como suposta noiva de Jimi. Ela afirmou ter feito para ele um sanduíche de atum antes de irem para a cama – Kathy Etchingham declarou que Jimi detestava atum, e várias testemunhas atestaram que não havia comida no apartamento. Monika também afirmou que, por volta das quatro da manhã, depois de tomar vinho, Jimi pediu comprimidos para dormir. Essa parte da história dela parece crível: Jimi tomava soníferos com frequência e, depois de ter usado anfetaminas pouco antes, ele deveria estar ligado. Apesar de imprudente, a mistura de muitas drogas diferentes com álcool era prática comum para Jimi, e várias vezes nas duas semanas anteriores ele havia feito uso de combinações perigosas semelhantes. Monika afirmou não ter dado sonífero algum a Jimi, tendo escrito em seu livro de memórias: "Eu o convenci a aguardar um pouco mais, esperando que ele adormecesse naturalmente". Por volta de seis da manhã, com Jimi ainda acordado, Monika disse que ela mesma havia tomado às escondidas um comprimido para dormir, tendo cochilado um pouco.

    O medicamento controlado de Monika Dannemann era um poderoso sonífero da marca alemã Vesparax. Cada comprimido deveria ser partido ao meio, para ser tomado apenas uma metade – a ingestão de um comprimido inteiro, como Monika admitiu ter feito, teria colocado a pessoa em um sono profundo e prolongado; isso lança dúvidas sobre sua afirmação de que ela própria tomou o medicamento depois das seis da manhã e que acordou algumas horas depois. Um cenário mais provável é que, mais cedo, por volta das quatro da madrugada, ela tenha tomado o comprimido e dormido no decorrer dos eventos seguintes.

Com Monika adormecida, Jimi permaneceu acordado no apartamento. Embora tivesse se queixado de exaustão pelas duas semanas anteriores – na verdade, fazia dois anos que ele insistia estar exausto –, o sono não vinha. Monika disse que seu remédio para dormir estava do lado oposto do quarto com relação à cama; em algum momento daquela manhã, bem cedo, Jimi encontrou o Vesparax. Monika tinha consigo 50 comprimidos; ele tomou nove. É bem possível que tivesse achado que o medicamento era mais fraco que os produtos americanos e, com sua necessidade desesperada de repouso, tomou um punhado de comprimidos. Se tivesse planejado se matar, seria estranho ter deixado mais de 40 comprimidos no armário do banheiro, mais do que suficientes para garantirem uma morte fácil e praticamente imediata.

De qualquer modo, os nove comprimidos que ingeriu constituíam quase vinte vezes a dose recomendada para um homem da estatura e peso de Jimi e teriam feito com que ele logo perdesse a consciência. Em algum momento durante a madrugada, a combinação do Vesparax com o álcool em seu organismo e as outras drogas consumidas naquela noite fizeram com que Jimi colocasse para fora o que tinha no estômago. O que ele vomitou – sobretudo vinho e comida não digerida – foi então aspirado para seus pulmões, fazendo com que ele parasse de respirar. Alguém que não estivesse embriagado teria um reflexo de engasgar e teria tossido, expulsando o material, mas Jimi já estava além de qualquer reação. Se a própria Monika estivesse acordada, e tivesse ouvido que ele estava se afogando, talvez pudesse ter desobstruído suas vias respiratórias. A mistura imprudente de drogas e álcool havia se tornado tão corriqueira para Jimi no ano anterior que Carmen Borrero costumava acordar ao ouvi-lo afogar-se e teve que desobstruir a traqueia dele em várias ocasiões.

Mas não houve nenhum resgate angelical na manhã nublada de 18 de setembro de 1970, e as circunstâncias e escolhas que haviam levado Jimi àquele quarto de hotel, e a seu destino, foram de sua inteira responsabilidade. Embora houvesse uma jovem dormindo a seu lado, ela era de fato uma desconhecida, e Jimi estava, para todos os propósitos, a sós com seu destino. Em algum momento durante as primeiras horas da manhã, mais ou menos na hora em que o resto de Londres estava acordando, ele se foi. Como havia previsto apenas duas semanas antes, em uma entrevista dada na Dinamarca, ele não viveu para ver seu vigésimo oitavo aniversário. Ele tinha 27 anos de idade, e faltavam apenas cinco dias para o aniversário de quatro anos de sua chegada a Londres.

CAPÍTULO 27

Meu Trem Chegando

Londres, Inglaterra
Setembro de 1970 - abril de 2004

*"O expresso levou-os embora, e eles viveram felizes e descolados para sempre,
e, hã, desculpem, acho que ouço meu trem chegando."*
– texto escrito por Jimi para o encarte de um álbum de *Buddy Miles* e lido no funeral de Jimi

MONIKA DANNEMANN CONTOU VÁRIAS versões diferentes do que aconteceu quando ela acordou na sexta-feira, 18 de setembro de 1970, e encontrou Jimi Hendrix morto a seu lado. Uma das versões foi a de que Jimi não estava de fato morto, e apenas parecia estar passando mal; Monika ligou para o serviço de saúde e pediu uma ambulância, disse ela, e Jimi faleceu no caminho para o hospital, como resultado de incompetência da equipe médica. Essa história, junto com diversas variantes, foi refutada por uma investigação da Scotland Yard em 1994. Monika insistiu nesse cenário mesmo depois que todas as investigações apontaram que a história era totalmente inverídica.

O que deve ter acontecido foi que Monika acordou atordoada por conta do sonífero e encontrou um dos mais famosos astros do rock do mundo morto a seu lado. Ela fez o que a maioria das pessoas com 25 anos faria em iguais circunstâncias: entrou em pânico. Ela não conhecia bem nenhum dos amigos de Jimi, mas começou a ligar desesperadamente para as pessoas de quem ela o ouvira falar. Depois de alguns telefonemas, ela conseguiu falar com Eric Burdon. Em vez de dizer que Jimi estava morto, Monika disse a Eric que ele estava "mal e não conseguia acordar".

Burdon mais tarde recordou que ele insistiu para que Monika chamasse uma ambulância, mas não está claro quanto tempo se passou entre a conversa deles e o telefonema para as autoridades; registros oficiais indicam que foi chamada uma ambulância às 11h18. Em algum momento antes da chegada da ambulância, às 11h27, Burdon apareceu no apartamento e, encontrando Jimi já morto, ficou preocupado com a presença de drogas no quarto. Em 1970, a histeria sobre as drogas estava no auge em Londres; poucos astros à época eram tão associados com a cultura das drogas quanto Jimi – se ele fosse encontrado morto com um estoque de drogas no quarto de uma mulher desconhecida, com certeza haveria uma tremenda caça às bruxas entre seus amigos e associados.

Quando começou a remover todas as drogas e a parafernália associada, Burdon encontrou "The Story of Life", que Jimi escrevera na noite anterior. Lendo a letra, ele achou que Jimi havia tirado a própria vida. Embora a música mencionasse Jesus, a vida e a morte, não era diferente de muitas músicas que Jimi havia escrito – temas angelicais eram seu mote mais comum. "At the moment that we die, all we know is God is by our side" ["No momento em que morremos, tudo o que sabemos é que Deus está a nosso lado"], dizia um verso. Muitas das ações posteriores de Burdon naquele dia estariam baseadas em sua suposição incorreta de que Jimi teria se matado, e esse equívoco serviu apenas para envolver em ainda mais mistério a morte de Jimi. "Originalmente, fiz afirmações falsas", Burdon admitiu. "Eu simplesmente não compreendi o que era aquela situação. Interpretei mal a nota: tinha certeza de que era uma nota de suicídio e achei que deveria tentar ajudar a esconder tudo e acabar com aquilo. Jimi havia me falado muito sobre suicídio e morte, e eu sabia que ele estava na pior. Achei que era um bilhete de despedida." Burdon acrescentou que ele também interpretou mal o relacionamento de Jimi com Monika: "Eu não sabia que essa suposta namorada era do tipo maníaca perseguidora estilo *stalker*". Na suposição de que Jimi havia tirado a própria vida, Burdon tirou do quarto todas as drogas, com a ajuda de um *roadie* que ele havia chamado, e então todos foram embora.

Quando a ambulância chegou, a equipe de emergência encontrou Jimi sozinho no quarto; nem Monika nem ninguém mais estava presente. O rosto de Jimi estava coberto de vômito. "Foi horrível", contou o motorista Reg Jones ao jornalista Tony Brown. "A porta estava escancarada, e não havia ninguém, só o corpo na cama." Jones procurou o pulso dele e não encontrou nada. Em um de seus depoimentos, Monika afirmou que ela foi para o hospital na ambulância com a equipe, e que ela e Jimi conversaram durante a viagem; os dois profissionais da ambulância negaram, assim como os dois policiais que chegaram ao local da morte – os quatro depuseram que Jimi estava sozinho e já morto, e que Monika não estava presente. Dois médicos que estavam trabalhando naquele dia no Hospital St. Mary Abbots confirmaram que Jimi já chegara morto à instituição e estimaram que a morte havia ocorrido várias horas antes. O gerente de turnê Gerry Stickells foi ao hospital por volta do meio-dia e identificou o corpo. Às 12h45, em 18 de setembro de 1970, James Marshall Hendrix foi oficialmente declarado morto.

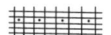

Naquela tarde, o agente de relações públicas de Jimi na Inglaterra, Les Perrin, emitiu uma declaração de que Jimi havia falecido e que um inquérito seria aberto. Um porta-voz do hospital, porém, já tinha informado aos jornais que Jimi havia "morrido de uma overdose", sendo essa a história que apareceu na maioria dos órgãos de imprensa. Jornais de Londres e de Nova York propagavam a narrativa de morte-por-overdose-acidental com manchetes sensacionalistas, embora alguns jornais, ao contrário, celebrassem aquilo que Jimi criara em sua breve carreira. Michael Lydon, escrevendo para o *New York Times,* chamou Jimi de "um músico negro que era um gênio, um guitarrista, cantor e compositor de brilhante força dramática. Ele se expressava com os gestos mais grandiosos que podia imaginar e criar".

Em Seattle, Al Hendrix recebeu um telefonema naquela manhã e, assim como todos que amavam Jimi, ficou atordoado ao ouvir as notícias. Leon Hendrix ainda estava na cadeia; ele foi chamado à diretoria da instituição, informado das tristes notícias e mandado de volta para refletir sobre a morte do irmão sozinho em sua cela. Quando um amigo telefonou a Noel Redding, em seu quarto de hotel em Nova York, ele desligou, achando que era um trote. Mitch Mitchell havia passado a maior parte da noite na *jam* com Sly Stone, o tempo todo esperando que Jimi aparecesse – fazia apenas uma hora que ele estava em casa quando recebeu um telefonema com a terrível notícia. Kirsten Nefer ainda estava deixando mensagens no Hotel Cumberland quando descobriu que ele estava morto.

Na segunda-feira, Eric Burdon apareceu em um programa de televisão, na BBC, durante o qual afirmou: "A morte [de Jimi] foi deliberada. Ele estava feliz ao morrer. Ele morreu feliz e usou a[s] droga[s] para transportar-se da vida para algum outro lugar". Burdon recebeu ameaças de morte depois dessa entrevista – ele avaliou que essa declaração à tevê destruiu para sempre sua carreira na Inglaterra, porque o que disse foi chocante demais para as pessoas. Os empresários de Jimi e a gravadora queriam desencorajar qualquer ideia de suicídio, uma vez que a Warner Bros. Records tinha uma apólice de seguros de 1 milhão de dólares pela morte acidental de Jimi.

O inquérito oficial concluiu que a causa da morte havia sido "inalação de vômito devido à intoxicação por barbitúricos". Vesparax, anfetamina e Seconal foram detectados no sangue de Jimi, junto com álcool. Não havia qualquer marca de agulha em seus braços; qualquer narcótico que tivesse consumido nas duas semanas prévias à morte não fora injetado. Foi surpreendente o legista não ter detectado maconha, apesar da evidência de que Jimi havia fumado quantidades significativas de maconha e haxixe no dia anterior. Do necrotério, o corpo de Jimi foi enviado para a funerária. As roupas encharcadas de vômito e vinho foram destruídas, e o agente funerário vestiu-o com uma camisa de flanela xadrez para enviá-lo para Seattle. Para um homem que, na vida adulta, havia sido um virtuoso da moda, esta deve ter sido a maior de todas as humilhações.

A decisão de enterrar Jimi em Seattle foi de Al Hendrix, apesar de protestos da parte de Eric Burdon e de outros, que disseram que Jimi manifestara com frequência o desejo de ser enterrado em Londres. Nenhum testamento foi encontrado, e Al Hendrix tornou-se o único inventariante do filho e seu único herdeiro. Al estava arrasado de tanta dor, e todas as providências ficaram a cargo da amiga da família Freddie Mae Gautier.

O FUNERAL DE JIMI ocorreu na quinta-feira, 1º de outubro, na Igreja Batista Dunlap, na Avenida Rainier Sul. Tanto Noel Redding quanto Mitch Mitchell estiveram presentes ao serviço fúnebre, e Mitch mais tarde escreveu que o evento foi uma produção em tão grande escala que, quando Gerry Stickells bateu à porta de seu quarto no hotel – para dizer que já era a hora de irem –, Mitch instintivamente perguntou "A que horas é a apresentação?". De fato, fora planejada, para depois do funeral, uma *jam* de superstars para homenagear Jimi.

Mais de duzentas pessoas estiveram presentes, e outras cem, entre fãs enlutados e observadores curiosos, aglomeraram-se do lado de fora da igreja, contidas por barricadas. Vinte e quatro limusines transportaram a família e amigos, e dúzias de policiais retiveram o tráfego para a passagem do cortejo. Michael Jeffrey havia comprado um arranjo floral enorme em forma de violão, que se destacou entre os demais. Jeffrey também esteve no funeral, assim como a maioria da equipe e associados da banda, incluindo Gerry Stickells, Eddie Kramer, Buddy Miles, Alan Douglas, Chuck Wein e o assessor de imprensa Michael Goldstein, que precisou desmentir o tempo todo os boatos de que os Beatles estavam presentes. Muitos músicos de Nova York compareceram, incluindo Johnny Winter, John Hammond Jr. e Tunde-ra e Taharqa Aleem. Miles Davis esteve presente, e mais tarde disse que não havia ido nem ao enterro da própria mãe. Devon Wilson veio de avião de Nova York e Melinda Merryweather veio do Havaí. O prefeito de Seattle, Wes Uhlman, compareceu, o que em si foi uma reviravolta e tanto. Quando deixou Seattle em 1961, aos 18 anos, Jimi foi basicamente expulso da cidade pelo departamento de polícia; agora, o prefeito usava um terno preto para homenagear o mais famoso "filho caído" da cidade.

Para carregar o caixão, Freddie Mae Gautier havia escolhido James Thomas, empresário da banda The Rocking Kings da adolescência de Jimi, e Eddie Rye, Donnie Howell e Billy Burns da antiga vizinhança. "Freddie Mae nos disse para não vestirmos preto", Burns recordou. "Ela disse: 'Vistam-se com suas cores vivas, fortes e orgulhosas'." Em termos de moda, o funeral foi uma salada de estilos, com gente de terno preto lado a lado com pessoas que vestiam macacões roxos ou *jeans* e camiseta.

A família de Jimi compareceu em peso, incluindo Al, a avó Nora, a madrasta June e seus filhos. Leon obteve permissão especial das autoridades prisionais, mas teve de permanecer sob a vigilância de um guarda armado; ele ficou algemado até pouco antes do início da cerimônia, quando o guarda teve compaixão suficiente para tirar temporariamente suas algemas. Tia Delores Hall e Dorothy Harding, que Jimi chamava de "Tia Doortee", compareceram com seus filhos. Fazia pouco mais de dois meses que Alice Harding e Dee Hall tinham varado a noite acordadas com Jimi, enquanto ele visitava cada local onde morara em Seattle. Ambas recordaram de pensar, durante o funeral, se Jimi à época teria suspeitado da iminência de sua morte, tendo em vista seu comportamento nostálgico e os comentários proféticos que fez naquela noite.

Muitos amigos e vizinhos também compareceram, incluindo Arthur e Urville Wheeler, que tinham acolhido Leon em seu lar e ajudado a criar Jimi. Alguns amigos de Londres e de Nova York ficaram confusos ao ouvirem tanta gente referindo-se a Jimi como "Buster". Raramente ele fizera referência a seu apelido de infância.

A cerimônia aconteceu com o caixão aberto, e Jimi estava vestido com o mesmo terno que usara no julgamento por posse de drogas, em Toronto. Seu querido cabeleireiro, James Finney, viera a Seattle de avião para o funeral e, antes da cerimônia trabalhou, de forma reservada, nos preciosos cachos de Jimi. O clima já sombrio se tornou doloroso quando Buddy Miles caiu diante do caixão, chorando, e cinco homens tiveram que carregá-lo dali. "Jimi estava tão pálido no caixão", Al Aronowitz recordou. "Em vida, ele sempre parecia um pirata, um aventureiro." Quase todos os presentes se emocionaram quando Al Hendrix começou a esfregar os nós dos dedos na testa e na cabeça de Jimi, do jeito que fazia quando Jimi era garoto. Al murmurou "meu menino, meu menino", e muita gente na multidão chorou.

O reverendo Harold Blackburn conduziu o serviço, que incluiu três músicas *gospel* interpretadas por Pat Wright: "His Eye is on the Sparrow", "Just a Closer Walk with Me" e "The Angels Keep Watch over Me". Leon leu um curto poema que escreveu, sobre como Jimi e a mãe deles, Lucille, lá do céu agora velavam por todos. A cerimônia também teve um toque angelical, quando Freddie Mae Gautier leu a letra de "Angel", música de Jimi, e as curtas notas que Jimi havia escrito para o encarte de um álbum de Buddy Miles. Parte do conteúdo das notas era: The express had made the bend, he is coming on down the tracks, shaking steady, shaking funk, shaking feeling, shaking life [...] the conductor says as we climb aboard [...] 'We are going to the electric church.' The express took them away and they lived happily, and funkily, ever after and, uh, excuse me, I think I hear my train coming". ["O trem expresso fez a curva, ele vem pelos trilhos, chacoalhando firme, chacoalhando com vigor, chacoalhando sentimento, chacoalhando vida [...] o condutor diz para subirmos a bordo [...] 'Vamos para a igreja elétrica'. O expresso levou-os embora e eles viveram felizes e descolados para sempre, e, há, desculpem, acho que ouço meu trem chegando."] Freddie Mae também leu um poema que um aluno da Garfield havia escrito: "Até logo, querido Jimi. Você respondeu às perguntas que nós nunca ousamos fazer, pintou-as em círculos coloridos e lançou-as para o mundo [...]. Elas nunca caíram ao chão, mas ergueram-se até as nuvens".

A maioria dos presentes compareceu a uma breve cerimônia perto do túmulo, realizada no Greenwood Memorial Cemetery em Renton, Washington, mas alguns logo foram para a Center House de Seattle, onde havia sido planejada uma vigília musical. Jimi uma vez dissera a um repórter "Quando eu morrer, não vou ter um funeral – vou ter uma *jam session*. E, me conhecendo, eu provavelmente seria preso por porte de drogas em meu próprio funeral". A *jam session* ocorreu, mas foi um evento muito pouco festivo e nenhuma apreensão de drogas foi relatada, apesar do grande consumo entre os músicos enlutados. A maioria das músicas tocadas teve a participação de Johnny Winter ou de Buddy Miles, embora Noel e Mitch tenham tocado juntos brevemente. Ambos disseram que algo parecia errado. "Não dá para pensar em fazer uma *jam* sem Jimi", Noel disse.

Na vigília, boa parte da atenção voltou-se para Miles Davis, que, especulava-se, poderia tocar um tributo grandioso. Patrick MacDonald, do *Seattle Times*, sentou-se a uma mesa com Davis durante o velório. Sem ser inquerido, Miles resumiu para ele sua relação com Jimi: "Nós, nós dois trabalhamos juntos". MacDonald observou que Jimi e Miles poderiam ter constituído uma tremenda combinação. "Você podia ter trazido o jazz para o rock, e ele podia ter trazido o rock para o jazz", MacDonald opinou. "Exatamente", Davis respondeu. Davis disse que ele e Jimi tinham planejado um concerto no Carnegie Hall, que nunca aconteceu. Alguém trouxe um trompete para Miles, mas ele se recusou a tocar, dizendo que nem ele poderia acrescentar uma coda[1] à vida musical que Jimi havia construído.

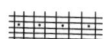

TRÊS DIAS APÓS O funeral de Jimi, Janis Joplin morreu em Hollywood de uma overdose de heroína. Nove meses depois disso, Jim Morrison morreu de parada cardíaca em Paris. Assim como Jimi, Joplin e Morrison tinham apenas 27 anos de idade.

Embora a morte de Jimi tenha colocado um fim na ideia de uma volta do Experience, foi só o começo da batalha pelo espólio de Jimi: integrantes da banda e seus empresários continuaram brigando enquanto os anos passavam. Embora Al Hendrix tivesse herdado os bens do filho, Michael Jeffrey informou-o de que havia pouco dinheiro na conta de Jimi. Al pediu ao advogado Ken

---

[1] Em música, coda é a seção que conclui uma composição musical. (N. da T.)

Hagood que administrasse o que existia. "Quando nos passaram o inventário, havia 20 mil dólares", Hagood recordou. "Tivemos de renegociar muitas das relações da gravadora. Jeffrey tinha tudo trancado e escondido. Isso levou a uma longa negociação de dois ou três anos com Jeffrey, que nós chamamos de 'acordo final'." Esse acordo não foi nem um pouco final, e, quando Jeffrey morreu em um acidente aéreo, em 5 de março de 1973, um acordo com relação ao espólio ficou ainda mais complicado. O desastre de avião que matou o empresário de Jimi, na Espanha, aconteceu depois de uma greve de controladores de voo. Algumas pessoas, incluindo Noel Redding, acreditavam que Jeffrey havia encenado a própria morte e escapado com uma fortuna para alguma ilha deserta. Naqueles tempos, anteriores aos exames de DNA, os restos mortais dele nunca foram identificados, embora parte de sua bagagem tenha sido encontrada.

Com Jeffrey morto, Al Hendrix concordou em deixar que um advogado chamado Leo Branton assumisse o controle do legado. Branton havia trabalhado com Rosa Parks, pioneira dos direitos civis, e também havia lidado com o espólio de Nat King Cole, e tais qualificações foram suficientes para que Al lhe concedesse controle quase total. Branton chamou o produtor Alan Douglas, que assumiu o controle criativo dos lançamentos póstumos de Jimi. Douglas havia trabalhado por um breve período com Jimi; ele ficaria a cargo do legado musical de Jimi pelos treze anos seguintes.

Em fevereiro de 1971, Devon Wilson morreu ao cair de uma janela do Hotel Chelsea, em Nova York. Seu vício em heroína havia piorado depois da morte de Jimi; as circunstâncias de sua própria morte nunca foram determinadas. A queda pode ter sido suicídio, homicídio ou um acidente provocado pelas drogas. Devon conhecia a escuridão de Jimi melhor do que ninguém.

Não muito depois da morte de Michael Jeffrey, Noel Redding concordou em receber 100 mil dólares pelos direitos futuros que teria aos *royalties* referentes ao catálogo do Experience. Mitch Mitchell fez um acordo semelhante em 1973, no valor de 300 mil dólares. À época, nenhum deles tinha a menor ideia de quão lucrativo esse catálogo se tornaria depois, graças à tecnologia dos CDs e DVDs. Nenhum dos outros músicos que tocaram com Jimi, incluindo Buddy Miles e Billy Cox, usufruiu financeiramente das vendas de discos de Jimi ou de seu espólio. Billy Cox havia tocado com Jimi de forma intermitente por quase uma década, e sua amizade dos tempos de exército tinha sido crucial para fortalecer a autoconfiança de Jimi. Billy foi coautor dele em várias músicas, mas nunca recebeu crédito por elas. "No estúdio, acho que só puseram Jimi [nos créditos] e mais tarde iríamos cuidar da documentação", disse ele. Cox foi um dos poucos que não ficou aborrecido anos depois, apesar de não ter conseguido receber aquilo a que teria direito. "Eu provavelmente teria tocado com Jimi por 1 dólar", ele disse. Em 2004, Buddy Miles deu início a uma ação legal para obter os *royalties* que lhe seriam devidos – ele alegou que o Band of Gypsys havia sido uma parceria, e portanto ele deveria receber *royalties* pelas vendas de discos.

Em 1972, Diana Carpenter perdeu uma ação legal para que sua filha Tamika fosse declarada herdeira de Jimi. A corte de Nova York decidiu que, não tendo sida obtida uma amostra de sangue durante a vida de Jimi, a paternidade não poderia ser estabelecida – isso ocorreu, claro, antes que as testagens de DNA tornassem rotineiros os exames póstumos. Em 2002, Carpenter retomou seus esforços para estabelecer a filha como herdeira, mas não teve êxito. Tamika Carpenter hoje vive no Meio Oeste e é mãe de três filhos. Ela nunca conheceu seu pai famoso, mas visitou Al Hendrix ao menos duas vezes.

No início da década de 1970, os advogados que representavam James Sundquist foram bem-sucedidos em fazer com que um tribunal sueco reconhecesse o jovem como herdeiro de Jimi Hendrix – sua semelhança física com Jimi era tão impressionante que seria difícil para as autoridades ignorarem sua pretensão. A decisão sueca não tinha valor nos Estados Unidos, porém, e Sundquist e a mãe deram entrada em pelos menos dois processos diferentes, buscando obter parte da fortuna de Jimi. Quando ficou mais velho, Sundquist deixou seu cabelo crespo crescer em um enorme afro, cujo tamanho teria sem dúvida deixado orgulhoso seu pai. No fim da década de 1990, enfrentando uma ação legal prolongada, Al Hendrix fez um acordo com Sundquist, pagando-lhe 1 milhão de dólares. Sundquist vive em Estocolmo e evita os holofotes.

EM MEADOS DOS ANOS 1970, o advogado Leo Branton e o produtor Alan Douglas, para todos os propósitos, controlavam o espólio de Jimi Hendrix e pagavam a Al Hendrix 50 mil dólares por ano mais valores adicionais ocasionais. Douglas produziu inúmeros álbuns póstumos de Hendrix, incluindo um lançamento no qual regravou canais instrumentais na fita de estúdio original de Jimi e acrescentou músicos de estúdio tocando novos *backgrounds*. Nos anos 1980, as vendas de todo o catálogo de Hendrix cresceram dramaticamente, alavancadas pela tecnologia dos CDs e o interesse renovado por seu trabalho no mundo todo.

Durante a década seguinte, um número extraordinário de mortes ocorreu entre as pessoas que haviam conhecido e amado Jimi. Em setembro de 1991, Miles Davis morreu em Santa Monica, Califórnia. Em dezembro de 1992, Angie Burdon, ex-mulher de Eric Burdon e que havia sido amante de Jimi, estando presente na última festa a que ele foi, em Londres, morreu em uma briga com faca; ela foi viciada em heroína por muitos anos, tendo sido presa várias vezes. Em julho de 1996, Chas Chandler faleceu como consequência de problemas cardíacos. Depois da morte de Jimi, Chandler foi empresário do grupo de rock Slade por vários anos, mas nada do que fez jamais se igualou aos discos que produziu durante os três anos de trabalho com Jimi. Randy Wolfe, que na adolescência tocara na banda de Jimi, os Blue Flames, morreu em 1997 em um acidente enquanto nadava no mar, no Havaí – durante toda sua carreira ele foi conhecido como "Randy California", o apelido que Jimi lhe dera. Em 1999, Curtis Knight morreu de câncer de próstata. Knight escreveu uma das primeiras biografias de Hendrix, *Jimi*, de 1974, na qual advogava ter sido ele próprio o gênio que descobriu Jimi. As várias gravações de qualidade inferior que Knight fez com Jimi foram relançadas centenas de vezes, embora o artista tenha dito que não ganhou nada com elas.

Em um dos mais estranhos capítulos na saga de Jimi Hendrix, Monika Dannemann, a mulher que estava com ele na noite que ele morreu, tirou a própria vida em 5 de abril de 1996. Depois da morte de Jimi, Dannemann passou duas décadas e meia trabalhando como pintora, tendo Jimi como tema principal, e muitos de seus quadros macabros mostravam os dois em um abraço sobrenatural. Ela deu muitas entrevistas ao longo dos anos assumindo a *persona* da "noiva viúva" de Jimi e contou várias versões diferentes da última noite dele, embora tenha sempre mantido com firmeza que ele estava vivo quando a ambulância chegou. Em parte por solicitação de Kathy Etchingham, em 1994, as autoridades britânicas reabriram o caso da morte de Jimi, pois a história de Dannemann suscitava questões demais, incluindo acusações de incompetência às autoridades médicas. A investigação concluiu que Jimi com certeza estava morto quando o pessoal da ambulância chegou, que os médicos e a equipe da emergência fizeram todo o possível para tentar reviver um homem morto, e que boa parte da história de Dannemann era questionável, ou mesmo falsa. No ano seguinte, Dannemann publicou seu livro de memórias, *The Inner World of Jimi Hendrix*, que repetia muitas de suas invenções sobre a morte de Jimi. Não muito depois da publicação do livro, Kathy Etchingham entrou com um processo de difamação contra Dannemann e ganhou a causa. Dannemann prosseguiu com suas alegações, a despeito de uma ordem judicial que a proibia de dar tais declarações, Etchingham levou-a de novo à justiça em abril de 1996. Etchingham venceu e Dannemann foi declarada culpada por desacato, recebeu ordem de parar de repetir falsidades e foi condenada a pagar todas as custas judiciais. Dois dias depois, Dannemann envenenou-se com o monóxido de carbono do escapamento de sua Mercedes. Com a morte de Monika, a única testemunha da morte de Jimi também se foi para o túmulo, sem nunca ter relatado de forma honesta os eventos que precederam o óbito.

Embora tivesse contratado Leo Branton para administrar o espólio, Al Hendrix começou a questionar esse acordo no início dos anos 1990. Em 16 de abril de 1993, Al entrou com um processo contra Branton e Alan Douglas na Corte Federal em Seattle, buscando recuperar o controle do legado de seu filho.

Ele só foi capaz de bancar o custoso litígio graças a um empréstimo de 4,1 milhões de dólares feito pelo bilionário Paul Allen, de Seattle, que ainda garoto havia visto Hendrix tocar e havia se tornado um enorme fã. A longa batalha legal terminou em junho de 1995, com um acordo em que Branton e Douglas abriam mão de quaisquer direitos futuros, embora Al tivesse que pagar a eles 9 milhões, basicamente para comprar de volta o controle daquilo que herdara 25 anos antes. "Estou eufórico", Al disse à época. "Jimi ficaria feliz em saber que ganhamos essa causa e conseguimos tudo de volta."

Em julho de 1995, Al criou a Experience Hendrix, LLC, como empresa familiar e indicou sua filha adotiva Janie Hendrix, para administrá-la. Janie havia se encontrado com Jimi somente em quatro breves ocasiões durante os concertos dele em Seattle, e era apenas uma criança na época, mas Al confiava nela. Al também contratou seu sobrinho Bob Hendrix, ex-executivo da Costco, como vice-presidente – Bob era um dos poucos funcionários da Experience Hendrix, além de Al, a ter relação sanguínea com Jimi. Al manteve o cargo de CEO, mas Janie e Bob cuidavam dos negócios da companhia no dia a dia.

AL HENDRIX CONTINUOU A trabalhar como jardineiro até meados da década de 1980, quando problemas cardíacos limitaram sua capacidade de cortar a grama e de aparar arbustos. Àquela altura, ele era um homem rico, tendo continuado a trabalhar mais por hábito que por necessidade. Ele parecia gostar de seu papel público como pai de Jimi, dando muitas entrevistas a jornalistas e aceitando numerosas homenagens em nome de seu filho famoso. Anos depois da morte de Jimi, ele ainda parecia surpreso por seu filho ter criado algo que significava tanto para tanta gente.

No começo dos anos 1980, Al e sua segunda esposa, Ayako "June" Jinka Hendrix, separaram-se. Eles permaneceram legalmente casados até a morte dela em 1999, aos 79 anos, mas não voltaram a viver como marido e mulher. Em vez disso, Al teve uma série de relacionamentos com mulheres mais jovens, várias das quais, estranhamente, haviam sido amigas ou colegas de Lucille. Uma delas era

Loreen Lockett, a melhor amiga de Lucille na escola. Gail Davis, outra das namoradas de Al, ouviu-o falar tanto na ex-esposa que o acusou de ainda estar apaixonado por Lucille quarenta anos depois da morte dela. "Ele negou, mas da forma que o fez, estava claro que era verdade", Davis disse. Em novembro de 1994, quando tinha 75 anos de idade, Al foi preso sob a acusação de violência doméstica, por ter batido em outra namorada, que tinha 25 anos e estava grávida então. A acusação foi mais tarde retirada; se a criança era de fato de Al, não se sabe.

Leon Hendrix no começo pareceu encontrar um rumo na vida depois da morte do irmão. Ele trabalhou por algum tempo na Boeing como desenhista e mais tarde esteve empregado em um serviço de entregas. Casou-se com Christina Narancic em fevereiro de 1974 e tiveram seis filhos. Um dos filhos do casal nasceu em 27 de novembro, aniversário de Jimi, e Leon o batizou como Jimi Jr., vendo como um bom augúrio a coincidência. No final dos anos 1980, Leon tinha problemas com drogas e álcool, e em 1989 foi condenado por atropelamento e fuga, e assédio por telefone. Ele se separou da esposa em 1989, e passou a ter problemas com *crack* alguns anos depois. Depois de várias tentativas, Leon conseguiu livrar-se do vício no fim dos anos 1990. Em 2000, ele começou a tocar guitarra profissionalmente e formou a Leon Hendrix Band.

Em 1999, Al publicou por conta própria sua autobiografia, *My Son Jimi*. Seu coautor, Jas Obrecht, disse não ter motivo para duvidar dos relatos de Al, com uma exceção: no que se refere à afirmação feita por Al no livro, de que Leon Hendrix não seria seu filho, Obrecht achou que tal história não parecia natural. "Al tocou nesse assunto, certo dia, assim do nada", recordou. "Quase tive a impressão de que ele havia tido uma reunião, ou algo assim, e que era importante para alguém – alguma das partes envolvidas – ter aquilo bem estabelecido."

Em 17 de abril de 2002, Al Hendrix faleceu de parada cardíaca, aos 82 anos. Durante a última década de vida, ele teve problemas de saúde, e sua morte não foi surpresa para quem sabia quão frágil se tornara seu corpo antes musculoso. Ainda assim, Al conseguiu sobreviver a sua ex-esposa Lucille por 44 anos, e também a três de seus filhos: Jimi, Alfred e Pamela Hendrix. Alfred e Pamela morreram já adultos, mas relativamente jovens. A outra filha de Al, Kathy, ainda estava viva em 2005, morando em uma instituição pública para cegos, como durante toda a vida. Embora ainda usasse o sobrenome Hendrix, Kathy não queria qualquer relação com a família que a abandonara quando ela era uma bebê cega de nascença.

PATERNIDADE, LINHAGEM FAMILIAR E consanguinidade tornaram-se um debate muito público para a família Hendrix depois da morte de Al. Seu espólio foi avaliado em 80 milhões de dólares – a maior parte da fortuna provinha dos *copyrights* de Jimi, pois o próprio Al pouco possuía. Ele deixou sua herança para 11 pessoas, com a maior cota indo para Janie Hendrix, a enteada que ele adotara em 1968. Os quatro irmãos e irmãs de Janie, que não tinham relações sanguíneas com Al, também foram incluídos no testamento, cada um deles recebendo cerca de 5%. Ninguém do lado da família de Lucille recebeu nada no testamento de Al. Isso significou, em essência, que a maioria das pessoas ligadas a Jimi Hendrix por consanguinidade não foi e nem seria beneficiada com a venda de seus discos.

A omissão mais óbvia do testamento de Al foi Leon Hendrix, que recebeu apenas um disco de ouro que Janie escolheu. Leon havia sido incluído em todos os testamentos anteriores de Al, com uma cota comparável à de Janie; apenas no testamento final, assinado em 1998, Leon não recebeu nada e Janie ficou com 48% da herança de Hendrix.

Leon não tinha dinheiro próprio para questionar o testamento do pai, mas o incorporador imobiliário Craig Dieffenbach adiantou vários milhões de dólares para contestar a validade do documento. Quatro meses depois da morte de Al, Leon processou Janie Hendrix e o primo Bob Hendrix no Tribunal Superior do Condado de King na tentativa de derrubar o último testamento de Al e restabelecer o anterior, que dava a Leon um quarto da herança. A ação de Leon alegava fraude e "interferência ilícita", afirmando que Janie havia exercido "influência indevida" sobre o pai deles, ao convencê-lo de que Leon não era seu filho biológico. "Acreditamos que aquele não era o testamento de

Al, mas essencialmente o testamento de *Janie*", argumentou o advogado de Leon, Bob Curran.

O caso já era complexo, mas ficou ainda mais confuso quando à ação de Leon juntaram-se sete dos parentes que *eram* beneficiários do testamento de Al – incluindo a própria irmã de Janie, Linda Jinka. Todos argumentavam no tribunal que, a despeito de terem, no papel, fundos fiduciários multimilionários – Al havia estabelecido esses fundos em 1997 –, eles não haviam recebido um único pagamento sequer, e todos culpavam Janie Hendrix, que administrava os fundos. David Osgood, o advogado desses beneficiários, argumentou que o Experience Hendrix era tão mal administrado, e o salário de Janie tão elevado (804.601 dólares somente apenas em 2001), que os fundos poderiam nunca lhes pagar nada.

Janie e Bob Hendrix afirmavam firmemente não terem tido qualquer envolvimento em estabelecer o testamento ou os fundos de Al, e que o fato de ter deserdado Leon foi para eles uma surpresa tão grande quanto para qualquer outra pessoa. Janie e seus advogados disseram que foram os problemas de Leon com drogas, nos anos 1990, que haviam feito Al mudar seu testamento, mais do que qualquer coisa que Janie tivesse dito ou feito. Ela declarou que o testamento final de Al era válido, e que inclusive Al tinha sido gravado em videoteipe assinando-o. Quanto à questão dos fundos, Janie argumentou que as custas legais da ação movida por Leon, em conjunto com as dívidas decorrentes do litígio original com Branton, haviam impedido os investimentos nos vários fundos, mas eles receberiam aportes no futuro.

Ao mesmo tempo que o caso de Leon estava nas moções preliminares, Noel Redding deu início a sua própria ação legal em separado contra o Experience Hendrix. Noel apresentou uma acusação de que havia sido representado de forma inadequada ao abrir mão de seus direitos e que tinha recebido a promessa de uma renegociação de seu acordo depois que Al Hendrix recuperasse seu patrimônio. Comentando sobre o fato de Mitch e ele não terem qualquer participação na renda do Experience, Noel disse em abril de 2002: "Se Jimi tivesse oito braços, ele podia ter feito tudo sem Mitchell e sem mim". Um mês depois, quando se preparava para abrir o processo, ele morreu de repente, aos 57 anos, de doença hepática.

A BATALHA LEGAL ENTRE Leon e Janie Hendrix foi longa, complexa e custosa. Depois de quase dois anos de depoimentos e moções, o julgamento teve início em 28 de junho de 2004, diante do juiz Jeffrey Ramsdell, do Condado de King, e com sala do tribunal lotada. O processo teve muitas voltas e reviravoltas, mas nenhuma surpresa superou o aparecimento, na undécima hora, de Joe Hendrix – o filho que Al entregara para adoção cerca de 50 anos antes – solicitando para ser incluído no processo, como herdeiro do pai. A maior parte da família não via Joe fazia décadas; ele havia passado anos entrando e saindo de instituições de saúde e havia sido criado por uma mãe de acolhimento. Fazia mais de uma década que Joe estava vivendo do auxílio por invalidez. Uma vez, no fim dos anos 1990, ele havia encontrado Al Hendrix em uma loja. Embora fizesse décadas que não se viam, eles se reconheceram de imediato – tendo ambos envelhecido, eram tão parecidos que podiam ter sido irmãos. Al havia abraçado Joe e dito "Meu filho, meu filho". A relação entre eles resumiu-se a isso, embora Joe argumentasse no tribunal que, como filho de Al, tinha tanto direito à herança do pai tanto quanto qualquer outra pessoa.

Joe teve que fazer um teste de DNA, por determinação do juiz Ramsdell; seu DNA foi comparado com uma amostra de sangue fornecida anos antes por Al, quando este suspeitou de que tivesse engravidado uma namorada. O resultado do teste de Joe foi negativo, o que significava que, de acordo com aquela amostra do sangue de Al, Joe não era seu filho, e o juiz Ramsdell negou sua pretensão. Considerando a notável semelhança física entre ambos, muitos no tribunal ficaram chocados com os resultados do DNA. "Há algo errado com aquela amostra de sangue", disse James Pryor, amigo de Joe. "Isso não está certo."

Leon Hendrix também teve de passar por um teste de DNA, de novo usando a amostra de Al. Quando os resultados saíram, os advogados de Janie Hendrix tentaram apresentá-los ao tribunal como parte do caso. O juiz Ramsdell determinou, porém, que os resultados – quaisquer que fossem – não eram pertinentes, uma vez que Leon era legalmente filho de Al pela lei do estado de Washington; ainda, ele era, sem dúvida, irmão de Jimi, pois Lucille tinha dado ambos à luz. O juiz ordenou que os resultados do teste de DNA de Leon fossem lacrados. Em momento algum, porém, nenhuma das partes envolvidas no caso comparou entre si os DNAs de Leon e de Joe – ou com o de Jimi, diga-se de passagem. Leon alegou que Jimi não acreditava que Al fosse seu pai biológico – fosse aquela apenas uma sugestão feita por um Jimi adolescente em um acesso de fúria, fosse alguma verdade secreta recolhida a partir de Lucille, não se pode saber sem mais testes a partir de material dos dois mortos. Exceto pelos resultados do DNA, a única linhagem incontestável é a materna – e é certo que Lucille foi a mãe de Jimi, Leon, Joe, Pamela, Kathy e Alfred Hendrix.

A batalha legal entre Leon e Janie prosseguiu por três meses e incluiu os depoimentos de muitos membros importantes da família. Delores Hall foi a primeira testemunha. Com 84 anos de idade, não foi surpresa que ela necessitasse de um andador para chegar ao banco das testemunhas. Delores declarou que Al lhe dissera diretamente que cuidaria de Leon em testamento. Delores, que tivera um importante papel na criação de Jimi, nunca se beneficiou financeiramente do sucesso de seu sobrinho famoso, e dependia do auxílio da seguridade social para viver. Contudo, não era da alçada do juiz Ramsdell determinar quem Jimi teria amparado – o objetivo do julgamento era assegurar que os desejos de Al Hendrix fossem seguidos. A questão legal primária era se o testamento dele era válido, e se ele havia compreendido que estava deixando Leon de fora. Quanto à questão de se Jimi teria desejado que seu irmão se beneficiasse da herança, todos os que conviveram com ele na infância, sem exceção, tinham a mesma certeza. "Jimi teria querido que Leon fosse incluído e amparado", disse Jimmy Williams, que também depôs no julgamento. "Não há dúvida alguma quanto a isso."

O juiz Ramsdell proferiu sua decisão em 24 de setembro de 2004 – uma semana depois do trigésimo quinto aniversário da morte de Jimi. Uma sala lotada ouviu o veredito no fórum do Condado de King. O que nenhuma testemunha do julgamento havia mencionado era que aquele mesmo edifício tinha sido o local onde Lucille e Al se casaram, onde se divorciaram e onde entregaram quatro de seus filhos para o Estado. Foi também o local onde o juiz Ramsdell, em uma complexa decisão de 35 páginas, manteve o testamento de Al e negou as reivindicações de Leon. Embora o juiz concordasse com algumas das acusações de Leon – que até certo ponto Janie havia exercido influência sobre o pai –, ele considerou que o envolvimento de Leon com as drogas, e seus frequentes pedidos de dinheiro, podem ter dado a Al motivos para deixar Leon fora do testamento, sem a influência de Janie. Ao final do julgamento, Leon ficou sem nada, exceto um disco de ouro que Janie havia escolhido e enormes custas judiciais a pagar. No começo de 2005, Leon entrou com um recurso de apelação contra a decisão do juiz Ramsdell.

Na matéria em separado dos beneficiários incluídos no testamento de Al, o juiz Ramsdell determinou que as questões sobre improbidade financeira eram graves o suficiente para que Janie Hendrix fosse afastada da função de administradora dos fundos e que uma parte independente deveria ser nomeada. Janie também recebeu ordem para pagar as custas advocatícias dos beneficiários para aquela parte do caso.

EMBORA A DISPUTA ENTRE Leon e Janie envolvesse dinheiro e a expectativa de herança, houve ao menos uma questão secundária surgida ao longo do processo que não teve nada a ver com dinheiro – era referente a locais de sepultura. Al havia sido enterrado em um túmulo adjacente ao de Jimi, no cemitério Greenwood Memorial Park. Vário meses depois, às vésperas do sexagésimo aniversário de nascimento de Jimi, os restos mortais dele e do pai foram trasladados para um novo memorial de granito, no valor de 1 milhão de dólares e com 10 metros de altura, localizado cerca de 100 metros ao Norte do local original dos túmulos. Caixões com 30 anos de idade com frequência se desfazem quando transportados; no caso de Jimi, um envoltório protetor de cimento – instalado originalmente para impedir saqueadores – manteve intactos seus restos. A exumação ocorreu durante a noite, quando o cemitério estava fechado ao público. Como os restos foram trasladados no interior do cemitério – e não para fora dele – Janie Hendrix não precisou, tampouco pediu, a aprovação do resto da família. Meses depois, quando Leon ficou sabendo, por meio de um repórter, da exumação do irmão, seus advogados enviaram uma carta de protesto aos advogados de Janie, mas tendo em vista que os corpos já haviam sido trasladados e encerrados na nova estrutura de granito, a questão era irrelevante. Leon contestou o fato de tanto dinheiro ter sido gasto em um mausoléu quando Lucille, mãe dele e de Jimi, ainda estava em uma sepultura de indigente, sem nem menos uma lápide.

Os advogados de Janie escreveram em resposta e disseram que Al Hendrix nunca havia feito qualquer provisão para a lápide de Lucille, e que ele não quisera que Lucille fosse incluída no novo memorial. Essa afirmação parece cair em contradição com ao menos dois elementos de prova: quando Al assinou o contrato com o cemitério para o novo memorial, ele incluiu Lucille entre aqueles que ele desejava que fossem colocados na cripta; Delores Hall também deu seu testemunho de que Al lhe dissera que providenciaria para que Lucille tivesse uma lápide apropriada. "Tanto dinheiro, e ela não tem sequer uma placa", disse Delores. "Que a mãe de Jimi Hendrix não tenha nem mesmo uma lápide é nada menos que um pecado."

O único identificador para o túmulo de Lucille Hendrix continua sendo uma placa colocada pela assistência social, onde está escrito MITCHELL, o nome de seu segundo marido, com quem ela esteve casada por apenas alguns dias. Não há indicação de que o túmulo contém a mãe de Jimi Hendrix, o mesmo homem que jaz enterrado ao lado do pai do outro lado do cemitério, em um mausoléu de 10 metros de altura.

EPÍLOGO

Um Longo Cadillac Preto

~~~⋄~~~

Seattle, Washington
Abril de 2002 - abril de 2005

"Roy ficou rico e famoso por causa de sua guitarra de vassoura. Vinha gente do mundo todo para ouvi-lo tocar. Ele ficou tão rico que andava por aí em um longo Cadillac preto."
– uma das histórias contadas ao jovem Jimi Hendrix por Shirley Harding na hora de dormir

QUANDO AL HENDRIX MORREU em abril de 2002, a cerimônia fúnebre foi conduzida na igreja batista de Mt. Zion, no Distrito Central de Seattle. Na ocasião foi exibida uma apresentação de *slides*, com fotos de Jimi, Al, Leon e demais familiares, na qual Jimi era de longe o foco principal – um dos presentes comentou que parecia mais o funeral de Jimi do que de seu pai. Sheldon Reynolds, ex-guitarrista do Earth, Wind & Fire e marido de Janie, filha adotiva de Al, tocou uma versão pungente de "Angel", música apropriada para a história da família: sua letra havia sido declamada no funeral de Jimi, que a escrevera para descrever o conforto espiritual que sentia, sabendo que do céu sua mãe olhava por ele. O funeral foi particularmente tenso porque Leon e Janie Hendrix já estavam brigando pela herança de Al. Ambos falaram diante da multidão reunida na igreja, embora não falassem um com o outro. Quando Leon se levantou para dirigir-se aos presentes, esforçou-se para manter a compostura. "Tem sido um longo e árduo caminho para a família Hendrix", ele disse. Tais palavras estavam com certeza entre as poucas que ninguém naquela família tão dividida poderia contestar.

Depois da cerimônia, um cortejo de 200 carros, escoltado por policiais em motocicletas, deixou a igreja e dirigiu-se para o Greenwood Memorial Cemetery, que ficava cerca de 25 quilômetros para sul. Embora sem um planejamento prévio específico, o cortejo de Al percorreu mais ou menos o mesmo trajeto que o carro fúnebre de Jimi havia seguido 32 anos antes. A rota atravessou o coração do Distrito Central, a tradicional área habitada pela comunidade afro-americana de Seattle; esta tivera um crescimento tremendo nos sessenta anos desde que Jimi nascera, numa época passada em que todas as famílias se conheciam e Buster Hendrix era um garoto criado na rua, em meio a tudo isso. O cortejo de Al, assim como o de Jimi, seguiu um percurso sinuoso, atravessando o bairro que constituíra todo o universo conhecido de Jimi nos primeiros 18 anos de sua vida.

O percurso de ambos os cortejos passou pelo Washington Hall, o salão de dança onde, em 1941, durante um concerto de Fats Waller, uma bela garota de 16 anos chamada Lucille Jeter conheceu Al Hendrix e gostou do modo como ele dançava. Passou pela casa onde Delores Hall havia morado com sua irmã Lucille, o cunhado Al e o bebezinho que Delores apelidara de Buster. Passou por vários locais dentre as dezenas de apartamentos deteriorados, pensões e hotéis baratos onde a jovem família vivera em seus primeiros anos. Aproximou-se do ainda existente conjunto habitacional Rainier Vista, onde a família Hendrix havia morado em um apartamento de dois quartos, e onde Jimi e Leon haviam visto seu irmão Joe ir embora para sempre. Passou pelo local de um antigo cinema de bairro onde, aos 10 anos de idade, Jimi assistira ao seriado de *Flash Gordon* por 10 centavos nos fins de semana e sonhado com viagens pelo espaço exterior. E, quando o trajeto se aproximou do conjunto habitacional, passou a apenas uma quadra do apartamento de Dorothy Harding onde Jimi costumava adormecer ouvindo as histórias de Roy, Audrey e Bonita, os personagens de contos de fadas que sempre faziam a coisa certa e acabavam alcançando fama e fortuna.

Os veículos passaram na frente da Garfield High School, instituição afamada que um articulista de jornal sugeriu, em 1970, ser um local muito mais adequado do que uma igreja para a cerimônia fúnebre de Jimi. Em frente à Garfield, do outro lado da rua, havia um quiosque de frango frito que quarenta anos antes vendera hambúrgueres, e que era onde, ao bater da meia-noite, quando o local fechava, Jimi pedia os hambúrgueres não vendidos. Os carros fúnebres passaram na frente de dois clubes onde Jimi tocara com suas primeiras bandas, encontrando em sua guitarra um prazer que o transportava para além das circunstâncias, e que revelava uma beleza que ele apenas havia imaginado. E os longos carros negros passaram muito perto do local em que, no passado, situara-se o Sick's Stadium; esse estádio de beisebol sobreviveu tempo suficiente para ver tanto Elvis Presley quanto Jimi Hendrix apresentarem-se em seu palco – o mais famoso branco do rock'n'roll, seguido, apenas quinze anos depois, pelo mais famoso mestre afro-americano da guitarra. E embora o percurso não se aproximasse do centro de Seattle, a área agora tinha seu próprio templo a Hendrix, pois o bilionário Paul Allen – que assistira aos concertos de Jimi em Seattle quando garoto – havia gastado 280 milhões de dólares construindo o Experience Music Project, que foi inaugurado em 2000 e exibia toda uma galeria de objetos ligados a Hendrix.

Por fim, a rota do cortejo fúnebre deixou Seattle, levando-os por uma estrada sinuosa rumo a Renton e ao Greenwood Memorial Park. Quando Jimi morreu, Al havia escolhido esse cemitério porque, com sua renda de jardineiro – e com o espólio de Jimi ainda em desordem em 1970 –, era o que podia pagar, sendo mais barato do que os cemitérios em Seattle. Jimi não foi, porém, o primeiro membro da família a ser sepultado no Greenwood: sua mãe havia sido enterrada aí em 1958, em uma cova de indigentes. O funeral de Jimi aconteceu apenas doze anos depois do enterro de sua mãe – embora muita coisa tivesse acontecido nesse breve intervalo de tempo.

Ao longo desses doze anos, a grama havia crescido sobre a pequena placa instalada pela assistência social para marcar o local de descanso de Lucille, e seu túmulo se perdeu para a história. No funeral de Jimi, alguns familiares mais próximos reuniram-se em um círculo para fazer uma oração mais ou menos onde achavam que Lucille estava enterrada. "Nós ficamos em um trecho gramado perto do portão do cemitério, onde achávamos que ela estava", Leon recordou. Eles erraram por 200 metros, e o túmulo de Lucille situava-se mais a Norte e a Oeste do portão da frente do cemitério, entre a vasta extensão de lápides no centro do gigantesco campo santo.

O local do descanso final de Lucille situava-se, surpreendentemente, a escassos 30 metros a Leste de onde Jimi esteve enterrado entre 1970 e 2002 – seu local de repouso original, quase final. Quando o túmulo de Jimi foi transferido em 2002, o novo local ficava em uma seção ainda não ocupada do cemitério, distante de todos os demais. O túmulo original, porém, era quase vizinho ao de Lucille, um capricho não planejado e incógnito do destino, naquele cemitério de 40 mil metros quadrados. A proximidade da mãe com o filho foi resultado de puro acaso, mas um acaso que Jimi Hendrix, com um sorriso divertido e entendedor, teria considerado predestinado.

Notas Sobre as Fontes

ELABORAR ESTE LIVRO EXIGIU a realização de mais de 325 entrevistas ao longo de quatro anos. Para evitar cinquenta páginas de notas sobre as fontes dizendo "em entrevista feita pelo autor", as anotações a seguir relacionam os entrevistados para cada capítulo, informando, na primeira menção, o ano ou os anos de minhas entrevistas.

PRÓLOGO

Entrevistas feitas pelo autor com Solomon Burke, 2002; Kathy Etchingham, 2001, 2002, 2003, 2004; Tony Garland, 2004; e Noel Redding, 2001, 2002, 2003. Noel Redding foi quem primeiro me contou a história de Liverpool, e outros entrevistados forneceram mais informações sobre esse dia específico.

CAPÍTULO 1: MUITO MELHOR QUE ANTES

Entrevistas feitas pelo autor com Joyce Craven, 2004; Delores Hall Hamm, 2002, 2003, 2004, 2005; Dorothy Harding, 2003, 2004; Al Hendrix, 1987, 1990, 1991; Diane Hendrix, 2002, 2003, 2004, 2005; Leon Hendrix, 2001,

2002, 2003, 2004, 2005; Loreen Lockett, 2003; Betty Jean Morgan, 2002, 2003, 2004; e James Pryor, 2002, 2003, 2004. Para informações adicionais sobre a cena da Rua Jackson de Seattle, eu recomendaria as obras de Esther Hall Mumford, *Calabash: A Guide to the History, Culture, and Art of African Americans in Seattle and King County* (Ananse Press, 1993); de Quintard Taylor, *The Forging of a Black Community: Seattle's Central District from 1870 through the Civil Rights Era* (University of Washington Press, 1994); e de Paul DeBarros, *Jackson Street After Hours: The Roots of Jazz in Seattle* (Sasquatch Books, 1993). Para mais informações sobre os primeiros anos de Jimi Hendrix, veja a autobiografia de Al Hendrix, *My Son Jimi* (AlJas Enterprises, 1999), escrito com Jas Obrecht; e o livro de Mary Willix, *Voices From Home* (Creative Forces Publishing, 1990). É possível solicitar o livro de Willix pelo e-mail creativeforcespub@earthlink.net.

Capítulo 2: Um Bar chamado "Balde de Sangue"

Entrevistas feitas pelo autor com Delores Hall Hamm; Dorothy Harding; Al Hendrix; Diane Hendrix; Joe Hendrix, 2003, 2004; Leon Hendrix; Loreen Lockett; James Pryor; Jimmy Ogilvy, 2004; Bob Summerrise, 2003, 2004; e Tom Vickers, 2004. No texto da carta de Delores Hall para Al Hendrix, página 29, ela por equívoco o chama de "Allen" e corrigi isto em meu texto.

Capítulo 3: Inteligência Acima da Média

Entrevistas feitas pelo autor com Kathy Etchingham; Delores Hall Hamm; Dorothy Harding; Al Hendrix; Diane Hendrix; Joe Hendrix; Leon Hendrix; Loreen Lockett e James Pryor.

Capítulo 4: O Cavaleiro Negro

Entrevistas feitas pelo autor com Pernell Alexander, 2002, 2003, 2004, 2005; Booth Gardner, 2003, 2004; Delores Hall Hamm; Alice Harding, 2003; Dorothy Harding; Ebony Harding, 2003; Melvin Harding, 2003; Pat Harding, 2004; Frank Hatcher, 2004; Al Hendrix; Diane Hendrix; Joe Hendrix; Leon

Hendrix; Terry Johnson, 2004; Loreen Lockett; James Pryor; Arthur Wheeler, 2003; Doug Wheeler, 2003, 2004; Urville Wheeler, 2003; e Jimmy Williams, 2002, 2003, 2004, 2005.

Capítulo 5: Johnny Guitar

Entrevistas feitas pelo autor com Pernell Alexander; Joe Allen, 2004; Cornell Benson, 2004; Ernestine Benson, 2003, 2004; Henry Brown, 2002; Diana Carpenter, 2003, 2004; Sammy Drain, 2002, 2003, 2004; Frank Fidler, 2003; Booth Gardner; Carmen Goudy, 2003, 2004; Delores Hall Hamm; Frank Hanawalt, 2004; Alice Harding; Dorothy Harding; Ebony Harding; Melvin Harding; Frank Hatcher; Diane Hendrix; Leon Hendrix; Terry Johnson; James Pryor; Jimmy Williams; e Mary Willix, 2001, 2002, 2003, 2004, 2005.

Capítulo 6: Um Caara Alto e Descolado

Entrevistas feitas pelo autor com Pernell Alexander; Anthony Atherton, 2004; Cornell Benson; Ernestine Benson; Ernie Catlett, 2004; Sammy Drain; Bill Eisiminger, 2003; Lester Exkano, 2004; Frank Fidler; Carmen Goudy; Delores Hall Hamm; Frank Hanawalt; Alice Harding; Dorothy Harding; Ebony Harding; Melvin Harding; Frank Hatcher; Diane Hendrix; Leon Hendrix; John Horn, 2004; Terry Johnson; Jim Manolides, 2004; Betty Jean Morgan; Jimmy Ogilvy; James Pryor; Luther Rabb, 2003, 2004; Gordon Shoji, 2003; Bob Summerrise; Mike Tagawa, 2003; Jimmy Williams; e Mary Willix.

Capítulo 7: Spanish Castle Magic

Entrevistas feitas pelo autor com Pernell Alexander; Anthony Atherton; Jamie Campbell, 2004; Larry Coryell, 2003; Rich Dangel, 2002; Sammy Drain; Lester Exkano; Carmen Goudy; Delores Hall Hamm; Leon Hendrix; Terry Johnson; Jerry Miller, 2004; Betty Jean Morgan; Pat O'Day, 2002, 2003, 2004, 2005; Jimmy Ogilvy; Buck Ormsby, 2004; Luther Rabb; Denny Rosencrantz, 2004; Jimmy Williams; e Mary Willix. Pat O'Day escreveu seu próprio livro de memórias, *It Was All Just Rock'-n'-Roll II* (Ballard Publishing, 2003).

Capítulo 8: Um Soldado Solitário

Entrevistas feitas pelo autor com Billy Cox, 2003; Dee Hall, 2003, 2004; Delores Hall Hamm; Dorothy Harding; Terry Johnson; e Betty Jean Morgan.

Capítulo 9: Caçador de Cabeças e Duelos de Guitarra

Entrevistas feitas pelo autor com Solomon Burke; Billy Cox; Terry Johnson; Johnny Jones, 2004; Bobby Rush, 2003; James Pryor; e Alphonso Young, 2004.

Capítulo 10: Vivendo em um "Mundo Harlem"

Entrevistas feitas pelo autor com Taharqa Aleem, 2002, 2003, 2004; Tunde-ra Aleem, 2002, 2003, 2004; Rosa Lee Brooks, 2003, 2004; Billy Cox; Steve Cropper, 2003; Terry Johnson; Johnny Jones; Martha Reeves, 2003; Glen Willings, 2003; e Alphonso Young. As citações de Little Richard, páginas 84 e 85, são do livro de Charles White, *The Life and Times of Little Richard: The Quasar of Rock* (Da-Capo, 1994). Para maior aprofundamento quanto às influências do blues sobre Jimi, eu recomendaria o livro de Charles Shaar Murray, *Crosstown Traffic* (Faber and Faber, 1989).

Capítulo 11: Sonhos em Tecnicolor

Entrevistas feitas pelo autor com Taharqa Aleem; Tunde-ra Aleem; David Brigati, 2003; Rosa Lee Brooks; Diana Carpenter; Ed Chalpin, 2003, 2004, 2005; Billy Cox; Joey Dee, 2003; Johnny Jones; Mr. Wiggles, 2004; Bernard Purdie, 2003; Mike Quashie, 2003, 2004; Glen Willings; e Lonnie Youngblood, 2003.

Capítulo 12: LSD e a Psicodelia na Vida de Hendrix

Entrevistas feitas pelo autor com Taharqa Aleem; Tunde-ra Aleem; Diana Carpenter; Paul Caruso, 2002; Ed Chalpin; Billy Cox; Janice Hargrove, 2004; Richie Havens, 2004; Linda Keith, 2004; Mike Quashie; Bill Schweitzer, 2003; Danny Taylor, 2004; e Lonnie Youngblood.

Capítulo 13: O "Dylan Negro"

Entrevistas feitas pelo autor com Taharqa Aleem; Tunde-ra Aleem; Paul Caruso; Ed Chalpin; Bill Donovan, 2004; John Hammond, 2003; Janice Hargrove; Richie Havens; Kiernan Kane, 2004; Linda Keith; Buzzy Linhart, 2004; Ellen McIlwaine, 2004; Andrew Loog Oldham, 2003; Mike Quashie; Danny Taylor; e Lonnie Youngblood.

Capítulo 14: O "Homem Selvagem de Bornéu" em Londres

Entrevistas feitas pelo autor com Keith Altham, 2004; Brian Auger, 2003; Ernestine Benson; Vic Briggs, 2003, 2004; Eric Burdon, 2003; Kathy Etchingham; Kim Fowley, 2003; Tony Garland; Terry Johnson; Linda Keith; Andrew Loog Oldham; Noel Redding; Mike Ross, 2002; e Trixie Sullivan, 2004. Como leitura adicional sobre Londres nos anos 1960, eu recomendaria os livros de Shawn Levy, *Ready, Steady, Go!* (Doubleday, 2002); de Harriet Vyner, *Groovy Bob* (Faber and Faber, 1999); e de Andrew Loog Oldham, *Stoned* (St. Martin's, 2002). Há diversos livros de memórias escritos por associados próximos de Hendrix, incluindo as obras de Kathy Etchingham, *Through Gypsy Eyes* (Victor Gollancz, 1998); de Noel Redding e Carol Appleby, *Are You Experienced?* (Fourth Estate, 1991); e de Mitch Mitchell e John Platt, *Inside the Experience* (Pyramid Books, 1990). Para mais informações sobre as turnês de concertos do Experience, veja a excelente série de livros de Ben Valkhoff, *Eyewitness* (Up From the Skies, 1997) ou consulte números antigos da revista *Univibes* (www.Univibes.com).

Capítulo 15: Sentimento Livre

Entrevistas feitas pelo autor com Lou Adler, 2002; Keith Altham; Brian Auger; Vic Briggs; Eric Burdon; Neville Chesters, 2004; Stanislas De Rola, 2004; Kathy Etchingham; Marianne Faithfull, 2002; Tony Garland; Linda Keith; Roger Mayer, 2002; Andrew Loog Oldham; Noel Redding; Terry Reid, 2004; Mike Ross; Trixie Sullivan; e Pete Townshend, 2004.

Capítulo 16: De Rumor a Lenda

Entrevistas feitas pelo autor com Lou Adler; Keith Altham; Brian Auger; Paul Body, 2003; Vic Briggs; Eric Burdon; Jack Casady, 2003; Neville Chesters; Steve Cropper; Stanislas De Rola; Pamela Des Barres, 2004; Kathy Etchingham; Tony Garland; Michael Goldstein, 2004; Richie Havens; Jorma Kaukonen, 2003; Howard Kaylan, 2003; Lee Kiefer, 2004; Al Kooper, 2002; Eddie Kramer, 2002, 2003; Roger Mayer; Buddy Miles, 2003; Jerry Miller; Andrew Loog Oldham; D.A. Pennebaker, 2002; Noel Redding; Terry Reid; Trixie Sullivan; Peter Tork, 2003; e Pete Townshend.

Capítulo 17: Black Noise

Entrevistas feitas pelo autor com Taharqa Aleem; Tunde-ra Aleem; Eric Burdon; Paul Caruso; Ed Chalpin; Neville Chesters; Kathy Etchingham; Tony Garland; Michael Goldstein; Lee Kiefer; Al Kooper; Eddie Kramer; Buzzy Linhart; Roger Mayer; Noel Redding; Trixie Sullivan; Dallas Taylor, 2004; e Paul Williams, 2004.

Capítulo 18: O Terremoto Espacial de uma Música Nova

Entrevistas feitas pelo autor com Cynthia Albritton, 2003; Ernestine Benson; Eric Burdon; Jack Casady; Lester Chambers, 2003; Neville Chesters; Kathy Etchingham; Tony Garland; Michael Goldstein; Jess Hansen, 2002, 2003, 2004; Vickie Heater, 2002; Leon Hendrix; Jorma Kaukonen; Eddie Kramer; Buzzy Linhart; Patrick MacDonald, 2002; Roger Mayer; Pat O'Day; Noel Redding; Peter Riches, 2003; Trixie Sullivan; e Paul Williams.

Capítulo 19: O Primeiro a Chegar à Lua

Entrevistas feitas pelo autor com Taharqa Aleem; Tunde-ra Aleem; Terry Bassett, 2003; Carmen Borrero, 2003, 2004; Eric Burdon; Paul Caruso; Kathy Etchingham; Tony Garland; Michael Goldstein; Boyd Grafmyre, 2004; Diane Hendrix; Leon Hendrix; Deering Howe, 2004; Eddie Kramer; Buzzy Linhart;

Roger Mayer; Betsy Morgan, 2003; Pat O'Day; Roz Payne, 2004; Noel Redding; Trixie Sullivan; e Herbie Worthington, 2004

Capítulo 20: Música Elétrica de Igreja

Entrevistas feitas pelo autor com Taharqa Aleem; Tunde-ra Aleem; Carmen Borrero; Eric Burdon; Diana Carpenter; Paul Caruso; Kathy Etchingham; Tony Garland; Michael Goldstein; Leon Hendrix; Deering Howe; Eddie Kramer; Buck Munger, 2004; Pat O'Day; Noel Redding; e Trixie Sullivan.

Capítulo 21: Felicidade e Sucesso

Entrevistas feitas pelo autor com Taharqa Aleem; Tunde-ra Aleem; Carmen Borrero; Eric Burdon; Kathy Etchingham; Michael Goldstein; Deering Howe; Colette Mimram, 2004, 2005; Pat O'Day; Noel Redding; Billy Rich, 2003; Trixie Sullivan; Juma Sultan, 2004; Johnny Winter, 2003; e Herbie Worthington.

Capítulo 22: Jimi Hendrix e o Gypsy, Sun, and Rainbows, ou o Lendário Band of Gypsys

Entrevistas feitas pelo autor com Taharqa Aleem; Tunde-ra Aleem; Al Aronowitz, 2003, 2004; Carmen Borrero; Eric Burdon; Billy Cox; Michael Goldstein; Richie Havens; Deering Howe; Eddie Kramer; Colette Mimram; Pat O'Day; Roz Payne; Noel Redding; Billy Rich; Hank Ryan, 2004; Trixie Sullivan; Juma Sultan; Dallas Taylor; e Pete Townshend.

Capítulo 23: O Rei no Jardim

Entrevistas feitas pelo autor com Taharqa Aleem; Tunde-ra Aleem; Al Aronowitz; Carmen Borrero; Eric Burdon; Billy Cox; Michael Goldstein; Ronnie Hammon, 2004; Deering Howe; Eddie Kramer; Buddy Miles; Colette Mimram; Pat O'Day; Luther Rabb; Noel Redding; Terry Reid; Ronnie Spector, 2004; Trixie Sullivan; Juma Sultan; e Johnny Winter. O livro de Bill Graham é *Bill Graham Presents* (Doubleday, 1992), escrito por Graham e Robert Greenfield.

Capítulo 24: O Garoto Mágico

Entrevistas feitas pelo autor com Danny Fiala, 2002; Dee Hall; Delores Hall Hamm; Eddy Hall, 2004; Alice Harding; Dorothy Harding; Pat Harding; Deering Howe; Linda Jinka, 2003; Eddie Kramer; Betty Jean Morgan; Colette Mimram; Pat O'Day; Carlos Santana, 2002; Trixie Sullivan; Emily Touraine, 2004; e Juma Sultan.

Capítulo 25: Um Selvagem Anjo Azul

Entrevistas feitas pelo autor com Taharqa Aleem; Tunde-ra Aleem; Carmen Borrero; Diana Carpenter; Billy Cox; Kathy Etchingham; Ken Hagood, 2003, 2004; Richie Havens; Deering Howe; Eddie Kramer; Bob Levine, 2003, 2004; Melinda Merryweather, 2002, 2003, 2004; Colette Mimram; Kirsten Nefer, 2003; Pat O'Day; Les Potts, 2005; Noel Redding; Trixie Sullivan; Chuck Wein, 2004; Dindy Wilson, 2003; e Johnny Winter. O livro de Tony Brown, *Hendrix: The Final Days* (Rogan House, 1997), é uma fonte excelente para mais detalhes sobre a última semana de Jimi.

Capítulo 26: A História da Vida

Entrevistas feitas pelo autor com Keith Altham; Eric Burdon; Billy Cox; Kathy Etchingham; Deering Howe; Linda Keith; Bob Levine; Colette Mimram; Kirsten Nefer; Noel Redding e Trixie Sullivan.

Capítulo 27: Meu Trem Chegando

Entrevistas feitas pelo autor com Taharqa Aleem; Tunde-ra Aleem; Keith Altham; Al Aronowitz; Eric Burdon; Billy Burns, 2003; Diana Carpenter; Billy Cox; Bob Curran, 2002, 2003, 2004; Gail Davis, 2003; Craig Dieffenbach, 2002, 2003, 2004; Kathy Etchingham; Ken Hagood; Dee Hall; Delores Hall Hamm; John Hammond; Diane Hendrix; Joe Hendrix; Leon Hendrix; Deering Howe; Linda Jinka; Eddie Kramer; Bob Levine; Loreen Lockett; Lance Losey, 2002, 2003, 2004; Patrick MacDonald; Melinda Merryweather; Colette Mimram; Kirsten Nefer; Jas Obrecht, 2003, 2004; David Osgood, 2002, 2003, 2004; Noel Redding; Eddie Rye, 2003; Trixie Sullivan; Chuck Wein; Jimmy Williams e Johnny Winter.

Agradecimentos

Escrever *Uma Sala Cheia de Espelhos* só foi possível graças à ajuda de várias centenas de amigos, parentes e associados de Jimi Hendrix que se puseram à disposição para conceder numerosas entrevistas e que confiaram em mim para contar-me esta história – os nomes dessas pessoas estão citados no texto e nas notas sobre as fontes. Além disso, houve dezenas de pessoas que forneceram entrevistas, documentos, gravações, fotografias, assistência durante as pesquisas, um quarto de hóspedes e às vezes apenas conselhos, e muitas delas não tiveram os nomes mencionados no texto. Elas incluem, em ordem alfabética por sobrenome: Fred Accuardi, Gail Accuardi, Melissa Albin, Andy Aledort, Julian Alexander, Ken Anderson, Paula Balzer, Jim Barber, Joseph Barber, Jen Bergman, Harry Blaisure, Franklin Bruno, Peter Callaghan, Kanashibushan Carver, Bettie Cross, Cathy Cross, Herb Cross, Steve DeJarnett, Dave DePartee, David DeSantis, Don DeSantis, Craig Dieffenbach, Patrick Donovan, Melissa Duane, David Dubois, Sean Egan, Joe Ehrbar, Kim Emmons, o Experience Music Project, Lisa Farnham, Jason Fine, Erik Flannigan, Elmo Freidlander, Jim Fricke, Chris Fry, Gillian G. Gaar, Donna Gaines, Jeff Gelb, Danny Glatman, Kevin Goff, Fred

Goodman, Nancy Guppy, Joe Hadlock, Manny Hadlock, Elaine Hayes, Kiera Hepford, Pete Howard, Louie Husted, Josh Jacobson, Larry Jacobson, Ted Johnson, Remi Kabaka, Susan Karlsen, Corey Kilgannon, Jeff Kitts, Ed Kosinski, Harvey Kubernick, Brenda Lane, Gretchen Lauber, Shawn Levy, O. Yale Lewis, Alan Light, Patrick MacDonald, Geoff MacPherson, Maureen Mahon, Yazid Manou, Tracy Marander, Cindy May, Catherine Mayhew, Bob Mehr, Mike Mettler, Bob Miller, Curtis Minato, Damian Mulinix, Bill Murphy, Theo Nassar, Marshall Nelson, Eddie Noble, David Osgood, Doug Palmer, Peter Philbin, Chris Phillips, Marietta Phillips, Chloe Porter, Perry Porter, Ann Powers, Dominic Priore, Christine Ragasa, Dale Riveland, Patrick Robinson, Steven Roby, Evelyn Roehl, Jasmin Rogg, Phil Rose, James Rotondi, Robert Santelli, escolas públicas de Seattle, Deborah Semer, Gary Serkin, Christina Shinkle, Clint Shinkle, Eric Shinkle, Martha Shinkle, Neal Shinkle, Lisa Shively, Pete Sikov, Matt Smith, Megan Snyder-Camp, Sarah Sternau, Gene Stout, Denise Sullivan, Cid Summers, Alison Thorne, Eleanor Toews, Brad Tolinski, Jaan Uhelszki, Cara Valentine, Tom Vickers, Abby Vinyard, Steve Vosburgh, Bill Vourvoulias, Bruce Wagman, Michele Wallace, Alice Wheeler, Tappy Wright, Jason Yoder e Bob Zimmerman. Desejo também agradecer Polly Friedlander e a Fundação Literária Willard R. Espy (www.espyfoundation.org), cujo apoio permitiu que uma porção significativa deste livro fosse escrita em meio à beleza natural de Oysterville, Washington.

 Existe, ao redor do mundo, uma comunidade ativa de fãs de Jimi Hendrix, e muito deles me auxiliaram em meus esforços, incluindo Ray Rae Goldman, cujo compromisso com a família Hendrix ao longo dos anos e a habilidade em rastrear os personagens desta história são inigualáveis; Jess Hansen, um dos fãs de Seattle originais que, ainda criança, apertou a mão de Jimi nos bastidores; Keith Dion, o guitarrista que tocou na última banda de Noel Redding; Neal Skok, com o porão mágico; e Jas Obrecht, que gentilmente compartilhou material de sua própria pesquisa. Noel Redding e Kathy Etchingham tiveram particular importância pelo apoio que logo no início deram a este livro – a morte de Noel trouxe imensa tristeza a muita gente, incluindo este autor. Leon Hendrix,

Delores Hall Hamm e diversos outros membros das famílias Hendrix e Jeter ajudaram-me com fotos, dicas e contatos. Muitos amigos e colegas de escola de Jimi em Seattle também prestaram enorme ajuda, em particular Jimmy Williams – que demonstrou cinco décadas de lealdade a seu amigo Jimi Hendrix – e Mary Willix, grande amiga minha e eterna e fervorosa buldogue da Garfield.

Meu e-mail de contato para qualquer fonte com informações adicionais, para atualizações futuras, é charlesrcross@aol.com. Qualquer adição a este manuscrito será postada em www.charlesrcross.com, onde consta também uma agenda de palestras e leituras, e mais informações sobre meus outros livros.

Minha agente literária Sarah Lazin foi uma defensora indispensável deste projeto, assim como foram o editor da Hyperion, Peternelle Van Arsdale; as editoras da Hodder, Rowena Webb e Helen Coyle, e o pessoal de apoio tanto da Hyperion quanto da Hodder. Muitas pessoas leram meu manuscrito ainda inacabado, e por isso devo um agradecimento especial a Peter Blecha, Carla De--Santis, Joe Guppy, John Keister, Carl Miller, Matt Smith e meu filho Ashland Cross, que mesmo com tão pouca idade tem uma clara percepção do poder que "All Along the Watchtower", de Hendrix, tem para fazer sacudir, balançar e rolar tanto um pai ao volante quanto um garotinho no banco de trás. "Mais alto, papai", ele diz. "Mais alto."

– Charles R. Cross
Abril 2005

Índice Remissivo

ácido, *ver* LSD
Adler, Lou, 227, 235
África, 318-21, 331, 374-75
Afro-americanos, 27, 30, 31, 189; Circuito Chitlin', 21, 137-39, 147, 179, 180, 224, 319, 374; em Seattle, 28, 31-4, 40, 50-1, 108-09, 111-12, 304, 311-12, 329, 401-02; em Vancouver, 38, 39-40; fazer-se "passar", 34; no Sul dos Estados Unidos, 122, 124-25, 131-32, 141, 160, 162; política racial e ativismo, 131-32, 234-35, 265-66, 290-91, 300, 304, 311-12, 329-30, 331, 332, 355-56
Albertson, Chris, 346
Albritton, Cynthia "Plaster Caster", 186-87; Cynthia Albritton, 267-69
Aleem, Taharqa, 155, 192, 290, 313, 343, 373, 374-75, 401; casamento de Pridgeon com, 162; Davis e, 343; no Harlem, 144, 162-63, 171, 184; show da UBA e, 329, 330, 331, 333; sucesso de Jimi e, 245-46; tráfico de drogas por, 146
Aleem, Tunde-ra, 145, 146, 155, 161, 179, 185, 192-93, 291, 313, 374, 401; Davis e, 343; no Harlem, 143; show da UBA e, 329, 330, 331; sucesso de Jimi e, 245-46; tráfico de drogas por, 146
Alemanha, 209, 385-86
Alexander, Pernell, 66, 68, 81, 90, 91, 96, 100, 312, 361; nos Velvetones, 97, 98
All Along the Watchtower" (Dylan), 288, 334, 379

Allen, Paul, 409, 419
Altamont, 353-54
Altham, Keith, 209, 223, 224, 354, 388-89
Angel", 252-53, 403, 417
Animals, The 185, 187, 191, 197, 200, 201, 205, 220, 257, 339
Are You Experienced, 174, 223, 226-27, 229, 231, 245, 256 lançamento nos EUA, 248-49
Are You Experienced? (Redding), 255, 268
Aronowitz, Al, 327, 346, 403
Atherton, Anthony, 98, 99, 112
Auger, Brian, 202, 203, 208
Axis: Bold as Love, 230, 247, 251-53, 257

Bag O' Nails, 213, 214, 219, 221-22, 230, 379
Baker, Ginger, 203, 295
Ballard, Hank, 109
Ballin' Jack, 349, 350
Band of Gypsys, 340, 343, 345-49, 406
Band of Gypsys, 348
Bardot, Brigitte, 319
Barrett, Syd, 253
Batchelor, Harry, 130
Baxter, Jeff "Skunk", 178
Beatles, 21, 147, 199-200, 214, 223, 231, 254, 299, 308, 401; *Sgt. Pepper's Lonely Hearts Club Band,* 231, 232, 233
Beck, Jeff, 192, 203, 204, 220, 230
Belt, Raymond, 138
Benson, Cornell, 77, 78, 89
Benson, Ernestine, 77-8, 79, 89, 92, 162, 207, 263
Berkeley, Califórnia, 353, 354-57
Berry, Chuck, 90, 92, 94, 102, 354

Big Brother and the Holding Company, 236, 241
Bill Graham Presents (Graham), 258, 346
Billboard, 288
Birdland, 97-8, 113
Bjørndal, Anne, 383
Blackburn, Harold, 403
Blackwell, Bumps, 149
Blonde on Blonde (Dylan), 173, 174, 175, 190
Bloomfield, Mike, 181-82, 187, 274
Blue Flames, The 178-80, 181-92
Body, Paul, 238
Bold As Love", 257
Booker T. & the MG's, 148
Borrero, Carmen, 285, 286, 287, 309, 316, 340-41, 342, 395; no concerto beneficente da UBA, 331, 333; retorno de Jimi a Seattle e, 310-12
Branton, Leo, 405, 407, 408-09, 412
Brigati, David, 160-61
Briggs, Vic, 199, 202-03, 208
Brooks, Rosa Lee, 151-52, 153
Brown, Arthur, 275
Brown, James, 160, 225, 245
Brown, Tony, 399
Bruce, Jack, 203-04, 222, 232, 295
Bucket of Blood, 37, 42
Burdon, Angie, 394, 407
Burdon, Eric, 197, 200, 212, 213, 234, 286, 287, 301, 313, 391-92 ; morte de Jimi e, 398-99, 400; no Festival Internacional de Música Pop de Monterey, 235, 237, 240
Burke, Solomon, 58, 139, 180
Burns, Billy, 402
Byrds, The 247

434

Café Au Go Go, 187-88, 189-90, 193, 234, 243
Café Wha?, 176-80, 181, 182, 184, 185, 187, 190
Calabash (Mumford), 33
Califórnia, 259 212 Berkeley, 353, 354-57; Festival Internacional de Música Pop de Monterey, 25, 227, 229, 231, 235-41, 326; Los Angeles, 241-42, 284-85, 348, 359; São Francisco, 234, 241, 246, 258-59
California, Randy, 178-79, 192, 407
Campbell, Glen, 151
Capitol Records, 340
Carpenter, Diana, 163-67, 176, 304; processo de paternidade de, 369, 382, 390, 406
Carpenter, Tamika, 165, 176, 304-05, 369, 390, 406
Caruso, Paul, 175, 177, 251, 286-87
Casady, Jack, 236, 274-75, 340
"Castles Made of Sand", 83-4, 252-53
Catfish Blues", 258
Celestine, 47, 50
Chalpin, Ed, 157,158-59, 186, 247-48, 279, 339-40, 369, 390
Champ, sra. 47, 50
Champ, Sra., 47, 49, 50, 353
Chandler, Bryan "Chas", 390; demissão de, 274, 277-78, 289, 293, 294; depoimento no julgamento por posse de drogas, 339; encontro de Jimi com, 185-87; Etchingham e, 221-22, 278, 294; Jimi agenciado e produzido por, 186-87, 190-91, 192, 196, 197, 200-06, 208, 210, 216, 218, 221-24, 226, 227, 229, 242, 243, 249-50, 252, 257, 294, 374, 390; morte de, 407; sessões de gravação de *Electric Ladyland* e, 273-74, 277, 289
Charles, Ray, 29, 92
Cheetah Club, 170-71, 176
Chesters, Neville, 225, 220, 261
Chicago, 267
Chong, Tommy, 136
Christgau, Robert, 240
Christina Narancic (Hendrix) (cunhada), 410
Ciganos, 34, 340
Circuito Chitlin', 21, 137-39, 147, 179, 180, 224, 319, 374
Clapton, Eric, 20, 192, 203-04, 214, 219, 220-21, 225, 232, 240, 295, 383
Cleveland, Ohio, 270-71
Coltrane, John, 133, 356
Commandeers, The 176
Cooke, Sam, 146-47
Coryell, Larry, 106
Cox, Billy, 121-22, 124, 127, 132-33, 138, 140, 192, 315-18, 333, 355, 370; coautoria de músicas, 405-06; em Woodstock, 324; incidente com drogas, 382, 387-88; no Band of Gypsys, 340, 347-48; nos Kasuals, 124, 127, 129-30, 138, 140-41
Crawdaddy, 247, 257
Cream, 203, 222, 295, 383
Crocker, Frankie, 246
Cropper, Steve, 147-49, 155, 236
Crosby, David, 246
cultura jovem, 234-35, 246-47
Curran, Bob, 412
Curry, Hugh, 293, 295

Daily Mail, 256
Daily Mirror, 294
Daltrey, Roger, 237
Dangel, Rich, 107 7
Dannemann, Monika, 297, 391-96; morte de Jimi e, 394-96, 397-99, 408; suicídio de, 408
Davies, Karen, 377
Davis, Gail, 410
Davis, Miles, 342-45, 363, 401, 404; morte de, 407
Davis, Spencer, 232
De Rola, Stanislas, 223-24
Dee, Joey, 159-60
Des Barres, Pamela, 241-42
Dieffenbach, Craig, 411
Dinamarca, 382-86
Disc and Music Echo, 294
Disc, 254
Doggett, Bill, 90, 97
"Dolly Dagger", 335, 357-58
Donovan, 219, 384
Donovan, Bill, 188-89, 190
Doors, The 234, 272
Douglas, Alan, 401, 405, 407, 408-09
Douglas, Stella, 316-17, 318, 326, 394
Downbeat, 346
Drain, Sammy, 76, 107
Dupree, Cornell, 163
Dylan, Bob, 157, 174-76, 179, 180, 187, 190, 191, 201, 225, 238, 246, 386
"All Along the Watchtower", 288-89, 334, 379; *Blonde on Blonde*, 173, 174, 175, 190; encontro de Jimi com, 334-35

"Earth Blues", 340
East Village Other, 290
Eastman (McCartney), Linda, 288
Ebony, 290
Ebsen, Buddy, 285
Eddy, Duane, 95, 97, 102
Electric Lady Studios, 278-79, 339, 357-58, 373, 374-75
Electric Ladyland, 273-74, 277, 279, 283, 288-90, 293, 295
(Elliot), Mama Cass, 237, 238, 239, 241
Entwistle, John, 219
Epstein, Brian, 219, 231, 232, 233
Esquire, 240
Esterhaus, Joe, 270
Etchingham, Kathy, 23, 207, 211, 214-18, 221, 226, 227, 241, 248-50, 286, 291, 294-96, 301, 376-77, 390, 394; cão comprado por, 254; Chandler e, 221, 278, 294; Dannemann e, 408; encontro de Jimi com, 196-98; fim do romance com Jimi, 302-03, 316; reconhecimento público por Jimi, 294, 296; sobre a aparência de Jimi, 22, 23, 206; sobre Jimi ser acessível, 299; Wilson e, 301, 302-03
Evans, Gil, 363
Exkano, Lester, 91-2, 101, 102, 108
"EXP", 251
Experience Hendrix, LLC, 409, 412
Experience Music Project, 419
Experimento Vibratório de Cor/Som Rainbow Bridge, O 370
Express, 225-26
Ezy Ryder", 351, 358

Fabulous Wailers, The 89, 94, 105, 106, 236
Faithfull, Marianne, 221
Fame, Georgie, 204, 219
Farmer, Philip Jose, 219
FBI, 304
Ferris, Karl, 249
Festival da Ilha de Wight, 367, 374-75, 376, 378-80, 381, 390
Festival de Inverno pela Paz, 346-47
Festival Pop de Denver, 313
Festival Pop de Monterey, 25, 227, 229, 231, 235-41, 326
Festival Pop de Newport, 313
Festival Pop de Nova York, 358
Fiala, Dan, 359-60
Fidler, Frank, 78, 265
"51st Anniversary", 219
Fillmore East, 340, 345-46
Fillmore, 241, 258
Filme sobre Jimi Hendrix, Um, 137
Finney, James, 343, 376, 402
"Fire", 224, 332, 362
Fowley, Kim, 251
"Foxy Lady", 179, 217, 238, 264, 282, 347, 362, 374
França, 204, 205, 207-08, 209
Free Press, 285
Freedland, Nat, 285

Gallery, 144
Garcia, Jerry, 236
Gardner, Booth, 70, 76
Garfield High School, 310, 311, 364, 403, 419; Jimi frequentando a, 95, 99-100, 102-03, 109, 310-11; volta de Jimi a, 262, 264, 265-67

Garland, Tony, 195, 204, 212, 226, 251
Gautier, Freddie Mae, 45-6, 363; morte [de Jimi e, 401, 402, 403
Gertrude (Jeter), 34
Glover, Tony, 289
Gold, Steve, 297
Goldstein, Jerry, 297
Goldstein, Michael, 241, 257, 271, 307-08, 330, 335, 401
Goldstein, Richard, 290
Goudy, Carmen, 80-1, 86, 89, 91, 93-6, 113
Grã-Bretanha, *ver* Inglaterra
Grace (Hatcher), 65-6, 68, 92
Graham, Bill, 237, 241, 258, 346
Grateful Dead, 236-37, 238, 325
Green, Al, 329
Green, Robert, 97
Greenwood Memorial Park, 11-2, 14-5, 403, 415, 418, 419-20
Greer, Germaine, 230-31, 378
Grossman, Albert, 191, 335
Guerra do Vietnã, 123, 235, 263, 270; Jimi e, 300-01, 328, 347, 350, 354, 355, 361
Guy, Buddy, 204, 273
Gypsy, Sun, and Rainbows, 324-28, 330-33

Hagood, Ken, 373, 404-05
Halbert, John, 125-26
Hall, Dee, 119, 363-65, 373, 402
Hall, Delores, 34, 40-3, 44-7, 49-56, 59-61, 68, 76, 82, 83-4, 102, 360, 418 herança de Al Hendrix e, 414, 416; morte de Jimi e, 402; nascimento de Jimi e, 27, 28; morte de Lucille

Hendrix e, 83-5, 86, 87; retorno de Jimi a Seattle e, 263; serviço militar de Jimi e, 117, 119, 123
Hall, Eddy, 360-61
Hallyday, Johnny, 204, 207, 208
Hammon, Ronnie, 349, 350
Hammond, John, Jr., 187, 188, 193, 401
Hammond, John, 187-88
Hanawalt, Frank, 103
Harding, Alice, 363, 364, 402
Harding, Dorothy, 15, 37, 43-7, 53, 55, 56, 60, 68, 71-2, 117, 119, 418; morte de Jimi e, 402; morte de Lucille Hendrix e, 84, 85-6; retorno de Jimi a Seattle e, 263, 360-61
Harding, Ebony, 71, 72, 86
Harding, Melvin, 65, 71
Harding, Shirley, 72, 417
Hargrove, Janice, 177-78
Harrison, George, 222, 232
Hartley, Pat, 370
Harvey, Phillip, 393
Hatcher, Frank, 65-6, 68, 92-3
Havaí, 367-73
Havens, Richie, 176, 181, 182, 234, 324, 378
"Hear My Train A Comin'", 353, 354-55
Heater, Vickie, 266
Heath, Junior, 101
Helix, 261, 264
Hendrix Experience, The (Mitchell), 324, 326
Hendrix, Alfred (irmão), 63, 76, 410, 414
Hendrix, Ayako "June" Jinka (madrasta), 207, 263, 282, 402, 409
Hendrix, Bertran Philander Ross (avô), 37-8

Hendrix, Bob (primo), 282, 409, 411, 412
Hendrix, Diane (prima), 77, 282, 373
Hendrix, Frank (tio), 38-9, 77, 78
Hendrix, James Allen ("Al") (pai), 13-4, 16-7, 38-41, 43, 49-61, 63-71, 76-8, 89, 100, 102, 110-11, 119-20, 125-26, 136, 224-25, 371; apresentação de Jimi em Vancouver e, 282; autobiografia de, 45, 46, 50, 54, 55, 56, 57, 65, 85, 111, 207, 410; brutalidade de, 64, 98-9, 110; Carpenter e, 406; casamento com Lucille, 28-9, 41-2, 44-5, 49, 51, 53, 55, 57-8, 414-15; ciúmes de, 40, 52, 54; compra de carro por Jimi para, 280, 282; consumo de álcool por, 52, 54, 55, 63, 64, 65, 77, 93, 286-87; correspondência de Jimi com, 115-18, 119-20, 140, 151-52, 156, 162, 174-75, 192, 206, 209-10, 372-73 ; defeito de nascença de, 38, 56; desistência dos direitos parentais por, 60-1, 76, 369-70, 413, 414; divórcio de Lucille e, 60, 63-4, 77, 414; encontro com Lucille, 34-5, 40-1, 418; funeral de, 417-20; herança de Jimi e, 404-05, 407, 408-09, 411; herança de, 411-12, 413, 414-15; Jimi canhoto e, 13, 82; Little Richard e, 149-50; morte de Jimi e, 399, 400, 401, 402; morte de Lucille e, 84-6; morte de, 410, 411, 417; mudança de Jimi para a Inglaterra e, 207; namoradas de, 409-10; nascimento de Jimi e, 27, 28, 44-5, 56; nascimento de, 38; novo casamento de, 207, 262, 263, 409; primeiras guitarras de Jimi

e, 92, 98, 99, 101-02; primeiro encontro com Jimi, 28-9, 50, 353; prisão de Jimi e, 111-12; questões de paternidade e, 30, 44, 57, 58, 59, 63, 76, 369, 410, 411, 413-14; retorno de Jimi a Seattle e, 263, 264, 281, 359, 363; saída de Seattle, 39-40; serviço militar de, 28-9, 41-2, 45, 46, 47, 49, 51; serviços de jardinagem de, 77, 82, 100, 109-10, 409; Sundquist e, 406-07; túmulo de, 415-16

Hendrix, Janie (Jinka) (meia-irmã), 282, 373, 409, 411-16, 417-18

Hendrix, Jimi: álcool e, 23-4, 216-17, 222, 286, 287, 299, 342, 349-50, 351, 362, 369-73, 394-96, 400; ancestralidade étnica de, 30, 38-9; apreensão de drogas de, 304-05, 307-08, 309-10, 313-14, 318-19, 337-39, 349-50; cães de, 253-54, 288; causas apoiadas por, 280; Corvettes comprados por, 271, 285; diário de, 269, 270, 271-72, 281, 297; efeitos eletrônicos usados por, 106, 179-80, 203, 219-20, 230, 251-52, 327, 355; filhos de, 165, 176, 296-97, 304-05, 369, 381-82, 390, 406-07; funeral de, 401-04, 417, 418, 419; generosidade de, 280, 349; "guitarra" de vassoura de, 66-7, 78, 298; herança de, 404-07, 408, 419, 355; histórico familiar de, 30-5, 37-8; infância de, 15, 44-73, 166, 264, 303-03, 310-12, 364, 365, 369, 418;morte de, 394-96, 397-400, 404, 408; namoradas e casos de, 127, 130-31, 144-45, 150-53, 155, 160-66, 176, 183, 221-22, 241-42, 270-71, 287-88, 294, 304-05, 340-41, 350-51, 376-77; nascimento de, 27-8, 44-5, 56; primeiras apresentações, 96, 97- 9, 101-02, 105-09, 112-13, 121, 123-24, 126-27, 129-41, 143-53, 155, 156-66, 170-71, 174, 177, 187, 211-12, 419; primeiro nome de, 14-5, 37, 44, 52, 178; prisões de, 110-12, 113, 262, 304-05, 307-08, 309, 313-14, 318-19, 337-39, 364; roupas e penteados de, 20, 22-3, 24-5, 99, 130, 145, 151-52, 175, 177, 179-80, 181, 182, 189, 205-06, 212-13, 215, 224-25, 234, 235, 236-38, 245, 246, 249-50, 262-63, 303-04, 342-43, 350, 356, 371, 376-77, 378, 379, 400-01, 402; serviço militar de, 22, 112-13, 115-27, 215, 262, 263, 301, 338; uso de drogas, 132, 141, 171, 172, 216-17, 237-38, 245, 246, 247, 254-55, 263, 278, 286-87, 297, 299-300, 302, 309-10, 314, 315, 338, 339, 342, 346-51, 364, 368, 369-70, 371, 382, 384, 385, 391-92, 394-96, 398, 400; *ver também* Borrero, Carmen; Dannemann, Monika; Etchingham, Kathy; Goudy, Carmen; Morgan, Betty Jean; Nefer, Kirsten; Sundquist, Eva; Wilson, Devon

Hendrix, Joseph Allen (irmão), 59, 61, 413, 414; desistência dos pais, 60-1, 76, 413, 418; nascimento de, 57; problemas médicos de, 57-8, 59, 60-1

Hendrix, Leon (irmão), 14, 16, 57, 59, 60-1, 63-9, 82, 83-4, 92, 100, 110, 111, 119-20, 225, 253, 264-65, 363, 372, 410, 414-15, 420; acolhimento familiar de, 68-9, 82, 89, 91, 119-20, 402-03; batalha legal com Janie Hendrix, 411-16, 417-18; carreira musical de, 410; casamento de, 410; contravenções de, 262, 264-65, 285-86; funeral do pai e, 417, 418; guitarra roubada de Jimi e, 99; Little Richard e, 79-80; morte da mãe e, 84-6, 87; morte de Jimi e, 399-400, 402-03; nascimento de, 56-7; retorno de Jimi a Seattle e, 262-63, 281-82, 360; shows de Jimi e, 263-64, 281-82, 285-86; túmulo da mãe e, 15-6

Hendrix, Leon (tio), 38-9, 52

Hendrix, Lucille Jeter (mãe), *ver* Mitchell, Lucille Hendrix

Hendrix, Nora (Moore) (avó), 38, 50, 51, 53, 57, 59, 60, 85, 136; concerto de Jimi e, 282; culinária sulista de, 136-37; morte de Jimi e, 402

Hendrix, Pamela (irmã), 59, 76, 360, 410, 414

"Hey Joe" (Rose), 185, 379; *cover* por Jimi, 186, 208, 209, 216, 217, 248-49, 295, 296, 328, 355

Hilburn, Robert, 348

Hoffman, Abbie, 280, 325

Hoffman, Albert, 169, 172-73

Holden (família), 92

Hollies, The 220

Holmes, Carl, 176

Honolulu Advertiser, 371

Hooker, John Lee, 275

Horn, John, 98

Howard, Frank, 133

Howe, Deering, 278, 316, 318, 319, 334-35, 335, 336, 341, 358-59, 374

Howell, Donnie, 402

Humperdinck, Engelbert, 224, 225

Inglaterra, 186-87, 190-93, 215-16, 217, 222-26, 227, 229, 248, 249-51, 253, 259, 279, 294, 379; Festival da Ilha de Wight, 367, 374-75, 376, 378-80, 381, 390; Liverpool, 19-25, 225; Londres, 206-07, 209, 211-17, 219-24, 231-33, 234, 245, 247, 251, 253, 278, 279, 297-98, 316, 354, 359, 389-90, 392

Inner World of Jimi Hendrix, The (Dannemann), 391, 408

International Times, 299

Isley Brothers, 147-48, 155, 186, 189

Jagger, Mick, 200, 219, 220-21, 335-36

Jahn, Mike, 345

Jazz & Pop, 289

Jeffrey, Michael, 216, 280, 389-90; *covers* de Dylan e, 334-35; Davis e, 343; estúdio construído por Jimi e, *ver* Electric Lady Studios, concerto beneficente da UBA e, 329-30; Festival de Inverno e, 346-47; histórico de, 191, 200-01; Jimi agenciado por, 191-93, 195, 200-01, 205, 209, 223, 226-27, 242, 250, 252, 257, 261-62, 277-79, 317-18, 354, 357-58, 359, 371, 373-74; morte de Jimi e, 401, 404-05; morte de, 405; partida de Chandler e, 277, 278; sequestro e, 333-34; Woodstock e, 323-24, 326

Jeter, Clarice Lawson, 31-4, 45, 46-7, 53, 60, 64, 113

Jeter, Lucille, *ver* Mitchell, Lucille Jeter Hendrix
Jeter, Preston, 31-4, 41, 45
Jimi (Knight), 407
Jimi Hendrix Experience, 107, 212-27, 229-44, 250-59, 295-98, 313, 314, 324; administração e problemas de dinheiro, 277-79; *Are You Experienced,* 174, 223-24, 226-27, 229, 231, 245, 248-49, 256; *Axis: Bold as Love,* 230, 247, 251-53, 257; Chalpin e, 247-48, 279; desintegração de, 293, 313-15; *Electric Ladyland,* 273-74, 277, 279, 283, 288-90, 293, 295; em Nova York, 245, 246-47, 248; em Seattle, 259, 262-64, 309-10, 359-60, 361-63; formação, 201-02, 205; *groupies* e, 255-56, 267-69; na Inglaterra, 19-25, 213-14, 217, 219-25, 227, 229, 231-33, 248, 251-52, 253, 297-98; no Festival Internacional de Música Pop de Monterey, 25, 227, 235-41, 326; no show de Lulu, 294-95; primeiros shows, 207-10; *Smash Hits,* 274; turnês americanas de, 256, 259, 261-71, 275, 280-86, 294, 301-02, 303, 307-10, 347-51, 353-60, 362-63; volta do, 347-48
Jimi Jr. (Hendrix) (sobrinho), 410
Jimmy James and the Blue Flames, 178-80, 181-92
Jinka, Linda, 264, 412
Jinka, Marsha, 363, 373
Johnny Guitar, 75, 79, 141
Johnson, Pete, 229, 239-40
Johnson, Terry, 66, 91, 97, 102, 109, 110, 111, 136, 202, 263, 361

Jones, Brian, 20, 196, 214, 219-20, 223, 233-34; morte de, 315, 316; no Festival Internacional de Música Pop de Monterey, 237, 238-39, 240
Jones, Johnny, 129, 133-35, 136, 150, 162, 180, 203, 258
Jones, Mae, 66
Jones, Reg, 399
Joplin, Janis, 236, 237, 241, 272, 325, 362, 404

Kameron, Pete, 393-94
Kane, Kiernan, 188
Kasuals, The, e King Kasuals, The, 124-25, 126, 129-30, 136, 137, 138, 140-41
Kathy (Ira Hendrix) (irmã), 59, 76, 410-11, 414
Kaukonen, Jorma, 236
Keith, Linda, 170-76, 180, 182-86, 190, 197-98, 221, 335-36, 390
Kiefer, Lee, 238
Killin' Floor" (Howlin' Wolf), 204, 208, 238
Kilmister, Lemmy, 225
King Curtis and the All-Stars, 162-63, 212
King, Albert, 134, 203, 204, 258
King, B.B., 92, 102, 134, 135-36, 149, 203, 232
King, Martin Luther, Jr., 235, 272-73
Knight, Curtis, 157, 159, 161-62, 164, 166, 170, 174, 233, 247, 248, 407
Kofsky, Frank, 289
Kooper, Al, 238
Kramer, Eddie, 229, 232, 250, 252, 357, 401

Laine, Denny, 219
Lambert, Kit, 216
Lawrence, Sharon, 339
Lazenby, George, 389
Leary, Timothy, 172
Lee, Arthur, 152, 256
Lee, Bruce, 109
Lee, Larry, 135, 318, 327
Lennon, John, 219, 222
Leschi Elementary School, 15, 66, 70, 75, 91, 329
Levine, Bob, 348, 374
Lewis, Dave, 92, 98
Lewis, Dave, pai, 92
Lewis, Jerry Lee, 280
Linhart, Buzzy, 182, 189, 246, 337, 341
Little Miss Lover", 257
Little Richard, 79-80, 90, 131, 140, 151-52, 180, 213; em Londres, 214-15; Jimi na banda de, 149-50, 151-53, 155, 170, 186, 214-15
"Little Wing", 252-53, 257
Lockett, Loreen, 34, 410
London Times, 376
"Look Over Yonder", 179
Los Angeles Times, 229, 239, 348
Los Angeles, 241-42, 284-85, 348, 359
LSD (ácido), 169, 171-72, 217, 310, 367, 368, 370; Cox e, 382-83; Festival Internacional de Música Pop de Monterey e, 235-36, 237; "Purple Haze" e, 219, 364; uso por Jimi, 169-70, 172, 180, 278, 286, 310, 314, 315, 338, 347, 364, 371
Lulu, 220, 232, 294-95
Lydon, Michael, 258, 399

MacDonald, Patrick, 265, 266, 404
"Machine Gun", 328, 343, 348, 355, 379
Malcolm X, 163
Mamas and the Papas, The 237, 238, 248
Mancini, Henry, 205
Mansfield, Jayne, 159
Marrocos 318-21, 351, 369
Marvelettes, 140
Masekela, Hugh, 239
Mayer, Roger, 220, 230, 252
Mayfield, Curtis, 140, 151, 152, 327
McCartney, Paul, 20, 25, 219-20, 222, 231, 232, 233, 299, 344; Festival Internacional de Música Pop de Monterey e, 227, 231, 235
McGuinn, Roger, 246
McIlwaine, Ellen, 181, 188, 189
McKay, sra., 78
McKernan, Ron "Pigpen", 236
Melody Maker, 201, 218, 227, 240, 253-54, 279, 293, 376
Mendelssohn, Jane, 299, 300
Merryweather, Melinda, 368, 370, 371, 373, 401
Michael X (Michael Abdul Malik), 291
Miles, Buddy, 236, 285, 313, 340, 345, 347-49, 401; funeral de Jimi e, 397, 402, 403-04, 414; processo por royalties, 406
Miller, Jerry, 106, 236
Mimram, Colette, 316, 318, 319, 320, 321, 326, 329, 337, 354, 358
Mitchell, John "Mitch", 204-05, 213, 231-32, 252, 254, 265, 268, 275, 279, 280, 282-83, 294, 297, 308, 315-16, 324, 327, 331-32, 370-71, 382-83,

385, 392; aparência física de, 212-13; Band of Gypsys e, 340; fim do Experience e, 315, 317-18; morte de Jimi e, 399-400, 401, 403-04; na volta do Experience, 347, 348, 355, 362; *royalties* do Experience e, 405-06, 412;

Mitchell, Joni, 269, 270

Mitchell, Lucille Jeter Hendrix (mãe), 14, 40-7, 51-61, 63-7, 71, 102-03, 113, 226, 312, 340, 372, 373, 403, 414-15, 417, 418; aparência e personalidade de, 34-5, 40-1, 44-5, 50, 51, 83; atração de Jimi por mulheres parecidas com, 151, 164; bebida e, 52, 55, 58, 60, 63-4, 77, 83, 226, 287; casamento com Al, 28-9, 41-2, 45, 49-50, 51, 53, 55, 57-8, 414-15; desistência de direitos parentais por, 60-1, 76, 414-15; divórcio de Al, 60, 63-4, 77, 414-15; encontro com Al, 34-5, 40-1, 418; lembranças e sentimentos de Jimi com relação a, 226; músicas de Jimi sobre, 83-4, 86-7, 253; namoradas posteriores de Al e, 409-10; nascimento de Jimi, 28-9, 44-5; nascimento de, 33-4 morte de, 83-6, 226; novo casamento de, 82-3, 416; problemas de saúde de, 82-3; túmulo de, 11, 13, 14-5, 312, 365, 415-16, 419-20

Mitchell, William, 83

Money, Ronnie, 195-96, 197-98

Money, Zoot, 195-96

Monkees, (The) 242-43, 257, 270, 374, 388

Moon, Keith, 196, 214

Morgan, Betsy, 282-84

Morgan, Betty Jean, 32, 99, 100, 102, 103, 111, 113, 117, 119-20, 123-27, 136, 144, 218, 362, 364; telefonema de Jimi para, 361

Morrison, Jim, 241, 272, 404

Mothers of Invention, The 234

Mumford, Esther Hall, 33

Munger, Buck, 301

Murray, Juggy, 156, 186, 191

Musician, 258

My Son Jimi (Hendrix), 45, 46, 50, 54, 55, 56, 57, 66, 86, 100, 207, 410

N.M.E., 122, 161, 223, 243, 312, 325

Nancy (Jeter), 34

Nashville, Tennessee, 130-34, 140-41

Nefer, Kirsten, 377-78, 379, 382-92; morte de Jimi e, 400

negros, *ver* Afro-americanos

Nesmith, Mike, 388

New York Post, 327, 346

New York Times, 245, 249, 258, 331, 345, 399

Newark (Nova Jersey), 272-73

Nice, 253

Nico, 239

Night of Light: Day of Dreams (Farmer), 219

Nimoy, Leonard, 271

Nolan, Hugh, 233

Nova York, Nova York, 141, 155, 157, 159, 162, 170, 171, 234, 242, 243, 245-48, 273, 274, 294, 301-02, 309, 316, 359, 373; concerto beneficente da UBA em, 329, 331-33; Electric Lady Studios em, 279, 339, 357, 373, 375 ; Greenwich Village, 176, 177, 180, 181, 184-89, 234, 243, 246-47,

290, 337, 358; Harlem, 143-46, 155, 162-63, 177, 180, 184-85, 245-46, 290, 329, 330-32; Teatro Apollo in, 137, 144, 146, 329

O'Day, Pat, 105-06, 107, 262, 265, 266, 281, 304
Obrecht, Jas, 410
Odell, Gorgeous George, 147, 149
Ogilvy, Jimmy, 42, 92
Oldham, Andrew Loog, 182, 185, 227
Open City, 155
Osgood, David, 412
Otis, Charles, 193, 244
Ottawa, 269-70
Oz, 230-31

Page, Jimmy, 220, 230
Page, John, 44, 46, 54-5
Pallenberg, Anita, 221
Panteras Negras, 290, 311, 329, 356, 358
Patricia (Hendrix) (tia), 38
Payne, Roz, 327
Pearl (Hendrix) (tia), 77, 78, 282
Pennebaker, D. A., 235, 238, 239, 326
Penniman, Robert, 152
Perrin, Les, 399
Phillips, John, 227, 235, 237
Pink Floyd, 231, 253
Plaster Casters, 267-69
PPX Enterprises Inc., 157-58, 186, 279, 339, 390
Presley, Elvis, 79, 356, 362, 419
Pridgeon, LithoFayne, 144-45, 155, 162, 175, 176, 192, 280
Príncipe Valente, 63, 66-7
Procol Harum, 231

Pryor, James, 34, 40, 413
Purdie, Bernard "Pretty", 163
"Purple Haze", 219, 227, 230, 239, 249, 264, 266, 284, 298, 300, 328, 362, 374; LSD e, 219, 364

Quashie, Mike, 166-67, 180

Rabb, Luther, 97, 349
Rain Flowers, The 178
Rainbow Bridge, 367-68
Rasmusson, Ludvig, 296
Rave, 126
Reagan, Ronald, 353
Record Mirror, 209, 211, 213, 253
Record Plant, 273-74, 309
Red House", 174, 217-18, 220, 248, 308, 332, 362, 379, 390
"Red Velvet Room", 369
Redding, Noel, 22, 201, 208, 209, 212, 213, 217-18, 223, 231, 232, 251, 252, 254-55, 259, 265, 279, 280, 283, 287, 296-97, 313-14, 375, 378, 388; aparência física de, 20, 212-13, 225, 249; distanciamento de Jimi, 293-94, 313-14, 347-48; em Liverpool, 19-22, 24-5, 225; *groupies* e, 255, 267-69; morte de Jeffrey e, 405; morte de Jimi e, 399, 401-02, 404; morte de, 13-4, 411-12; nas sessões de gravação de *Electric Ladyland*, 273, 274; no Festival Pop de Denver, 313-15; no Festival Internacional de Música Pop de Monterey, 235, 237; *royalties* da Experience e, 405-06, 412; saída do Experience, 313-15, 317-18; sequestro de Jimi e, 333-34; "She's So Fine"

escrita por, 252; volta do Experience e, 347, 348
Redding, Otis, 139, 236, 258, 346
Reid, Terry, 206, 220, 344-45
Reprise Records, 248, 250, 288
Reynolds, Sheldon, 417
Rich, Herbie e Billy, 313
Richards, Keith, 170, 171, 172, 173-74, 182, 183, 184, 190, 221, 335-36, 390
Riches, Peter, 265
Robbins, Tom, 261, 264
Robertson, Robbie, 187
Rock, 333
Rocking Kings, The 101-02, 106, 107, 110, 402
Rolling Stone, 240, 257, 277, 289-90, 307, 308, 313, 316, 334, 339, 367
Rolling Stones, The 170, 182, 184, 185, 196, 198, 214, 240, 285, 308, 354; show no Madison Square Garden, 335
"Room Full of Mirrors", 16-7, 19, 288, 298, 350, 358, 388
Rose, Tim, 185, 186
Rosenbaum, Michael, 257
Rosencrantz, Denny, 109
Roslyn, Washington, 30-1
Ross, Mike, 217
Royal Albert Hall, 253, 297-98
Rush, Bobby, 137
Rye, Eddie, 402

Salvation Club, 333
San Diego Door, 307, 309
São Francisco (Califórnia), 234, 241, 246, 258-59
Santana, Carlos, 356
Saville Theatre, 222, 227, 231-33
Seattle, Washington, 28, 226; Al Hendrix, mudança para, 40; cena musical em, 106; Jackson Street (Main Stem) em, 15, 33, 42, 43, 53-4, 146, 311-12; Jimi Hendrix Experience em, 259, 309-10, 359-60, 362-63; memorial no zoológico de, 13; negros em, 28, 31-4, 40-1, 50-1, 109-10, 111-12, 304, 311-12, 329, 418; nipo-americanos em, 29, 52; 7 ½ Club, 214, 220; volta de Jimi a, 259, 262-67, 281, 310-12, 359-65, 402
Segunda Guerra Mundial, 28, 29, 46
Sgt. Pepper's Lonely Hearts Club Band (Beatles), 231, 232, 233
Shankar, Ravi, 237
"She's So Fine" (Redding), 252
Shiroky, Carol, 166, 176, 192
Small Faces, The, 220
Small's Paradise, 162, 180, 184, 246, 329, 343
Smash Hits, 274
Snipes, Randy "Butch", 90, 130
So Many Roads (Hammond), 187
Soft Machine, 257
"Spanish Castle Magic", 105, 252
Spanish Castle, 105-07, 180, 236
Spector, Phil, 341
Spector, Ronnie, 340, 341
Spokane Daily Chronicle, 282
Squires, The 157, 159, 162, 163, 167, 170, 234
Stamp, Chris, 216
Stanley, Augustus Owsley, III, 235, 237-38
Starliters, The 159-61
Starr, Ringo, 206, 219

"Star Spangled Banner, The", 285, 298, 327-28, 331, 332, 355
Stein, Seymour, 183, 185
Stevens, Cat, 224
Stickells, Gerry, 268-69, 314-15, 325, 392; morte de Jimi e, 399, 401
Stills, Stephen, 309
Sting, 22
"Stone Free", 208
Sue Records, 156, 186, 191
Suécia, 251, 255, 256, 287, 295-97, 381-82
Sul dos Estados Unidos: Circuito Chitlin' no, 21, 137-39, 147, 179, 180, 224, 319, 374; Jimi Hendrix Experience no, 280-81; Nashville, 130-34, 140-41; negros no, 122-23, 124-25, 132, 141, 160, 162
Sullivan, Trixie, 251, 256, 275, 277, 279, 297, 333
Sultan, Juma, 318, 319, 324, 332, 333-34, 350-51
Summerrise, Bob, 42, 89-90
Summers, Andy, 196
Sunday Mirror, 262, 299
Sundquist, Eva, 256, 296, 382, 406-07
Sundquist, James Daniel, 382, 406-07
"Sunshine of Your Love" (Cream), 222, 295

Tagawa, Mike, 99, 311
Taylor, "Fat Jack", 146
Taylor, Bobby, 136
Taylor, Dallas, 255
Taylor, Danny, 179-80, 186, 192
Teatro Apollo, 137, 144, 146, 329
"Third Stone from the Sun", 179, 217, 219

Thomas and the Tomcats, 108, 109, 112-13, 310
Thomas, James, 101, 108, 402
Through Gypsy Eyes (Etchingham), 302
Time, 199, 270-71
"Tonight Show", 315-16
Tork, Peter, 242-43
Toronto, 304, 307, 313, 318, 337-339, 349
Touraine, Emily "Rainbow", 356-57
Townshend, Pete, 20, 214, 219, 220-21, 224; em Monterey, 237, 239, 240-41; em Woodstock, 325
Track Records, 216, 251, 274, 394
Troggs, The 179
Trower, Robin, 386
túmulo de, 12, 13, 400-01, 415-16, 419, 420; abuso sexual de, 76-7, 165; adolescência de, 75-104; agenciamento e contratos de, 156, 158, 186, 190, 191, 205, 206, 213, 216, 247-48, 250, 277-78, 279, 285-86, 298, 339, 373-74, 378, 389-90; ameaça de suicídio por, 369; aniversário de 27 anos de, 335; apelidos de, 15, 23-4, 43-4, 52, 66, 132, 402; chegada à fama, 24-5, 211, 214, 215-16, 219-20, 222, 229, 233-34, 239-40, 243-44, 245-46, 247, 254-55; citação da etnia em resenhas sobre, 20, 196, 208-09, 290; ciúmes de, 221-22, 287, 342, 389; como cantor, 81-2, 107, 122, 174-75, 208, 251, 257, 346-47; como músico de sessão, 155-56, 157-58, 161-62; composição de músicas por, 155-56, 172, 174, 183, 184, 208, 217-18, 253, 254-55, 257, 273-74,

278, 299-300, 388, 398; declarações proféticas e fantasias de, 71-2, 155, 161-62, 164, 243-44, 320-21, 383, 396, 402-03; empregos de, 82-3, 100, 109, 146; entrevistas à imprensa por, 122, 126-27, 155, 160-61, 211, 213, 217-18, 254-55, 257-58, 262, 263, 266, 271, 278, 279, 293-95, 299-301, 312-13, 329, 331, 333-34, 339, 347, 359-60, 376, 382, 388-89; estilo ao tocar e truques no palco, 94-7, 113, 130, 132-33, 137-40, 149-50, 151-53, 166-67, 179-80, 181-82, 187-90, 209-10, 224-25, 230-31, 233, 238-39, 240, 264, 346, 348-49, 350, 354; execução canhota de, 13, 82, 93, 98, 166, 178-79; formação musical de, 77-8, 89-90, 91-2, 94-5, 109-10, 134-36, 148-49; gagueira de, 24, 55, 81; guitarras de, 78-9, 81-2, 92-4, 101-02, 124, 127, 132-33, 392-93; guitarras nas quais colocou fogo, 224-25, 238-39, 379-80, 384, 388; guitarras quebradas por, 183, 209-10, 224, 232-33; guitarras roubadas de, 99, 101, 178, 331; imprensa e, 20, 196, 209, 229-31, 233, 238-41, 243, 245, 247, 249, 252-53, 257-58, 261, 264, 277, 282, 285, 290, 294, 296, 299, 307, 345-46, 348-49; lançamentos póstumos de, 407; leitora de tarô e, 320, 351, 369, 383; mau humor e comportamento violento de, 23-4, 165, 222, 230, 240, 286-87, 342, 373-74; nomes de palco usados por, 151, 156, 174-75; pobreza e fome de, 52, 53, 58-9, 65, 68-70, 76, 78, 80-1, 92, 93, 97, 109, 110, 116, 130, 131-32, 144, 146, 162, 163, 165, 193, 211, 212, 272; poema de, 167; política racial e, 290-91, 300-01, 304, 329, 330, 331-32, 355; praticando tocar, 132-33, 164, 226; preconceito racial sofrido por, 21, 124, 131-32, 159-61, 162, 233-34, 280-81, 282-83; religião e misticismo e, 350-51, 368; sequestro de, 333-34; sexualidade de, 23, 131, 144-45, 160-61, 164, 189-90, 239, 242, 255-56, 258, 337; *ver também* Chandler, Bryan "Chas"; Jeffrey, Michael arte em espelho criada por, 16-7 ambições musicais de, 81, 135, 146-47, 164, 175, 225, 243; vida escolar de, 57, 58, 59, 65, 66, 70, 75, 77, 78, 80, 82-3, 90-1, 92, 95-6, 100, 102-04, 109

Turner, Ike e Tina, 150-51, 152, 199

Uhlman, Wes, 401
Uncut, 204
United Block Association (UBA), concerto beneficente, 329, 330-33
Upsetters, The 149-50, 152-53

Vancouver, Colúmbia Britânica, 38-9, 49, 51, 59, 136, 282
Velez, Jerry, 318
Velvetones, The 97-9, 101, 113, 130, 349
Village Voice, 309
"Voodoo Child", 274-75, 294, 314, 326, 332, 355, 358, 379

Walker Brothers, The 224, 225
Walker, T-Bone, 138, 188

Warhol, Andy, 239, 367
Warner Bros., 226-27, 331, 339, 400
Warwick, Dionne, 147
Wein, Chuck, 367, 368-69, 370, 373, 401
Weller, Sheila, 334
Wells, Junior, 188-89, 243
Wenner, Jann, 240
Wheeler, Arthur, 69, 402
Wheeler, Doug, 70
Wheeler, Urville, 69-70, 402
Whisky A Go Go, 241, 285, 287
White, Charles, 149, 153
Who, The 196, 198, 214, 216, 222, 227; em Woodstock, 324-25; no Festival Internacional de Música Pop de Monterey, 237-38
Wiggles, Mr., 156
"Wild Thing" (The Troggs), 179, 208, 220, 239, 298, 346
Williams, Jimmy, 15, 66, 67, 70, 75, 79, 86, 91, 95, 100, 101, 109, 175, 263, 361; herança de Al Hendrix e, 414-15; música de Jimi tocando com, 95
Williams, Paul, 247
Williams, Tony, 343
Willings, Glen, 149
Wilson, Devon, 242, 301-02, 316, 340, 342, 347, 354, 358, 369, 375, 389, 392-93, 394, 401; Jagger e, 335-36; morte de, 405-06

Wilson, Flip, 316
Wilson, Jackie, 43, 180
"Wind Cries Mary, The", 218-19, 221, 238, 249, 300
Winter, Johnny, 309, 347, 375, 401, 404
Winwood, Steve, 275, 340
Wolfe, Randy (Randy California), 178, 192, 407
Womack, Bobby, 140
Wonder, Stevie, 251
Woodstock, 321, 323-28, 331, 332-33, 378
Woodstock, 326, 327, 354
Worthington, Herbie, 287-88, 302, 314, 315
Wright, Pat, 403

Yippies, 280, 358
Young, Alphonso, 130-31, 133, 137, 138-39, 141
Young, Neil, 325
Youngblood, Lonnie, 157, 171-72, 184, 192

Zappa, Frank, 275

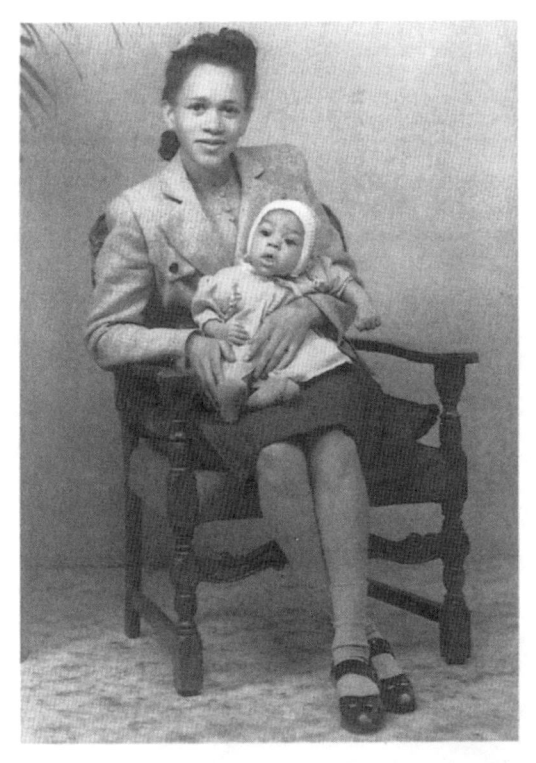

Jimi Hendrix e sua mãe, Lucille, na primeira foto que foi tirada do bebê.

Quando Delores, tia de Jimi, enviou esta foto ao pai dele, Al, ela escreveu: "Para o papai com todo meu amor, Bebê Hendrix". Ela o chamou de "bebê" para evitar o nome de batismo original do garoto, que Al achava referir-se a outro namorado.

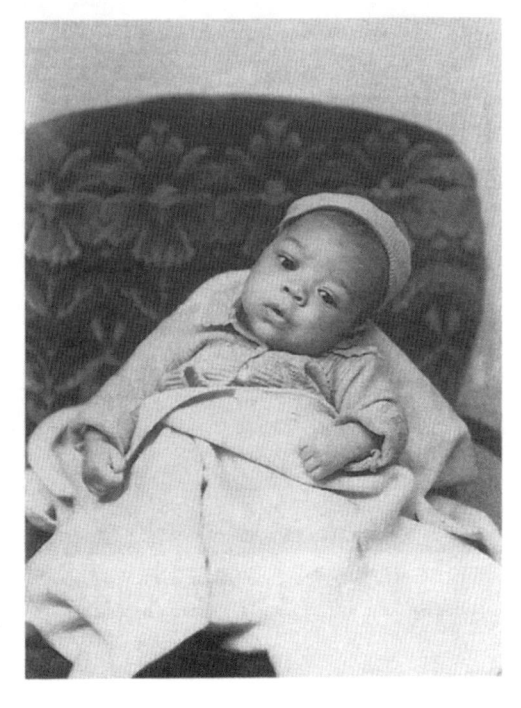

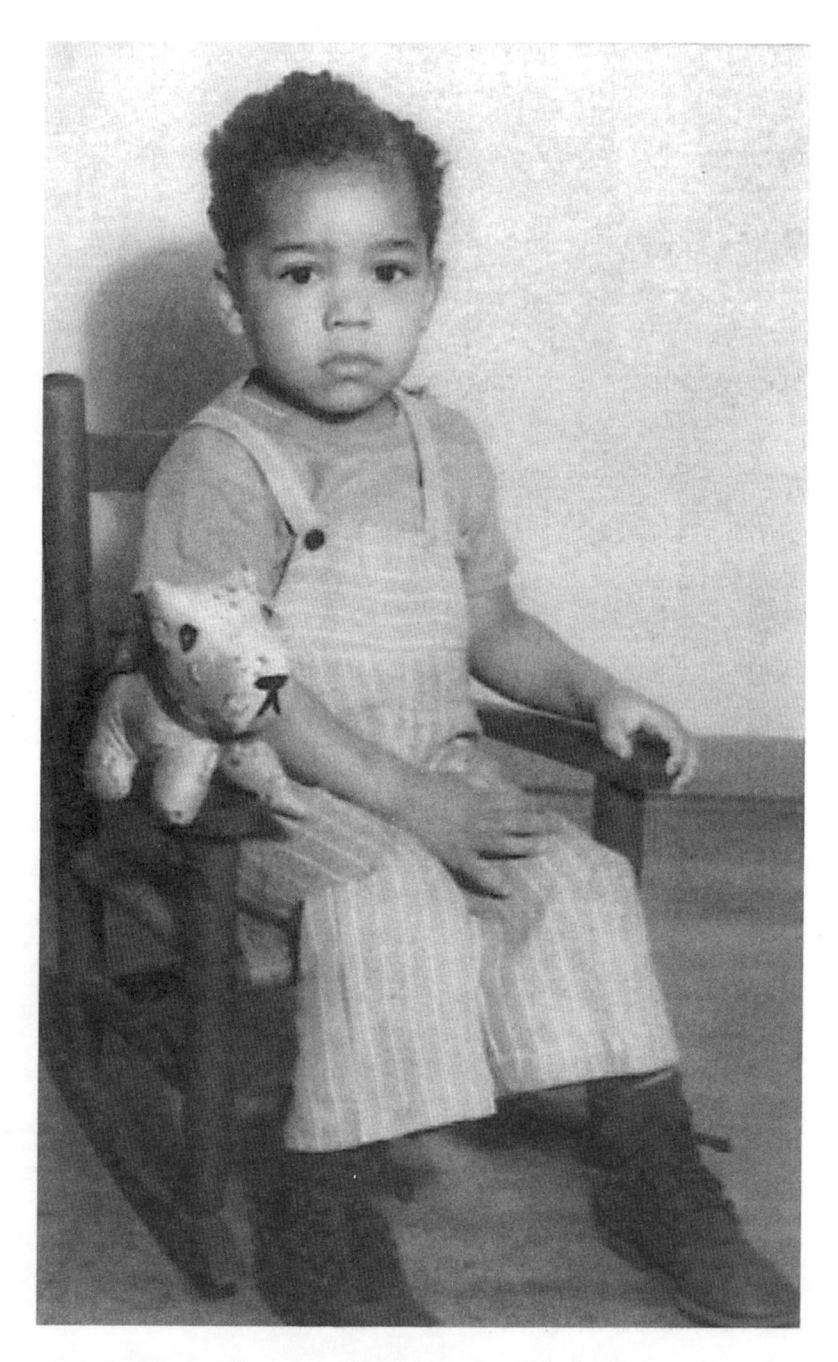

A tia de Jimi, Delores, tirou esta foto quando ele tinha três anos. A legenda original identificava-o como "Buster", apelido pelo qual ele era conhecido na família.

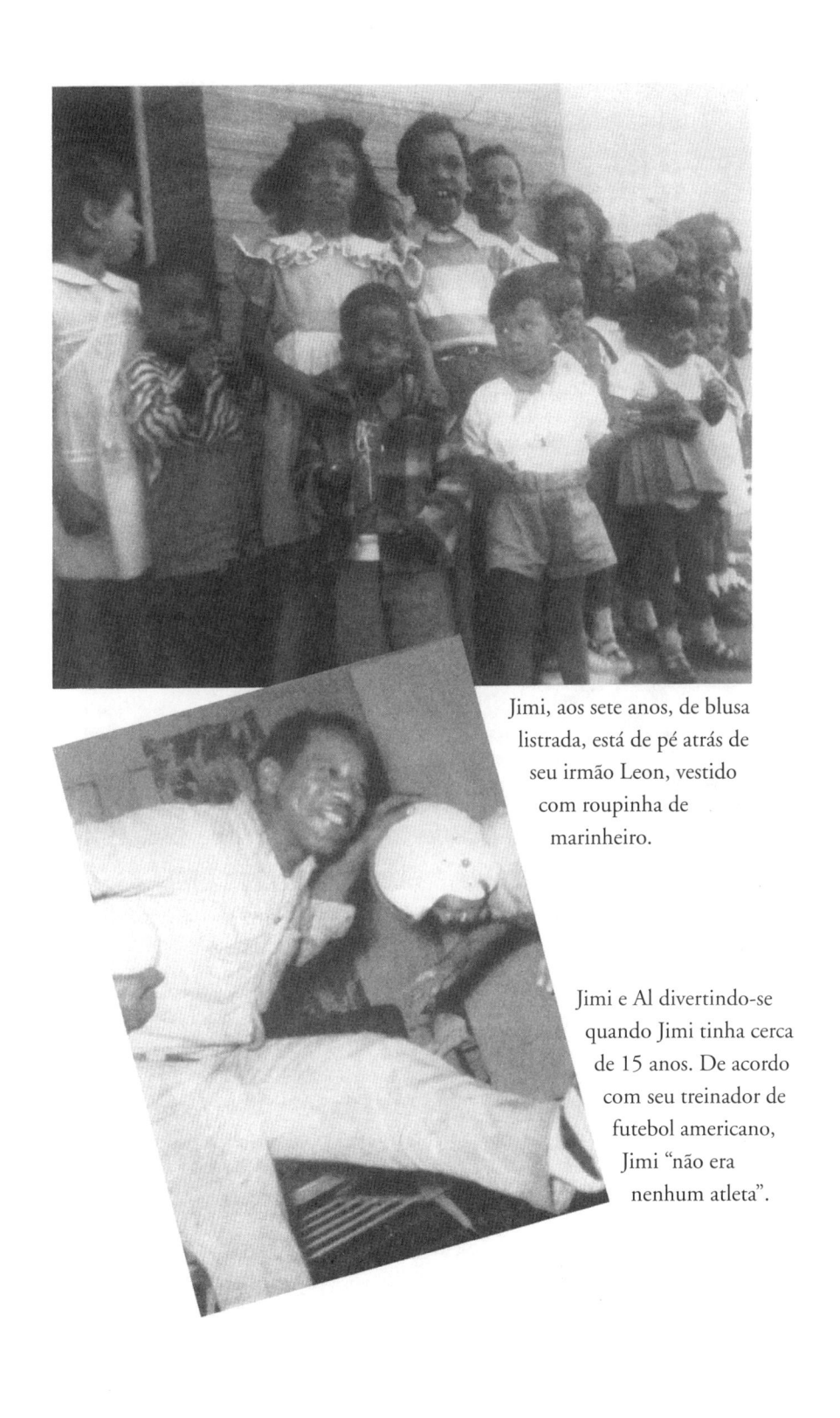

Jimi, aos sete anos, de blusa listrada, está de pé atrás de seu irmão Leon, vestido com roupinha de marinheiro.

Jimi e Al divertindo-se quando Jimi tinha cerca de 15 anos. De acordo com seu treinador de futebol americano, Jimi "não era nenhum atleta".

Jimi e Al posando com o uniforme de futebol americano.

Jimi, com guitarra, apresentando-se com os Rocking Kings, 1960.

Jimi enviou esta foto para sua namorada de escola em 22 de setembro de 1961. Embora o falso fundo tropical dê à foto um ar exótico, durante o serviço militar, ele passou a maior parte do tempo no Kentucky.

Jimi com um colega do exército no estúdio de fotografia, em um retrato que mandou para sua namorada. "Parte da foto não ficou tão boa, mas, querida, por favor, aceite-a em seu coração", escreveu no verso.

Jimi com sua guitarra no alojamento, no quartel. Ele batizou o instrumento de "Betty Jean", em homenagem a sua namorada dos tempos de escola. Esta é uma das poucas fotos de Jimi com a guitarra exibindo o nome pintado. À esquerda, está um álbum de Bo Diddley.

Jimi, à esquerda, enviou esta foto a Betty Jean Morgan em maio de 1962. No verso, escreveu que os King Kasuals tinham contado com vocais de apoio.

Jimi em uma de suas últimas apresentações como músico de apoio, durante uma festa na Atlantic Records, com Wilson Pickett. Poucas semanas depois, ele se tornou líder de banda.

Jimi nos bastidores do Café Wha?, no verão de 1966. Ele está segurando um álbum de Howlin' Wolf e exibe um penteado no estilo de Dylan, que ele obtinha usando bobes. Logo ele mudaria para um estilo afro.

The Jimi Hendrix Experience. O baterista Mitch Mitchell, Jimi e Noel Redding.

Bastidores do show do retorno de Jimi a Seattle, 12 de fevereiro de 1968. Seu irmão Leon, de casaco branco, está virado para Jimi, e à esquerda deste está a madrasta, June; Al, pai de Jimi, está com a mão no rosto.

Dia 12 de fevereiro de 1968, Jimi e Al Hendrix. Antes desse show, fazia quase sete anos que Jimi não via o pai.

Bastidores, 12 de fevereiro de 1968.

Jimi brinca enquanto coloca os óculos de seu irmão Leon. Jimi enxergava mal, mas se recusava a usar óculos.

Bastidores, 12 de fevereiro de 1968.

Jimi nos bastidores do Philarmonic Hall, em Nova York, em 28 de novembro de 1968, um dia depois de fazer 26 anos.

Jimi em um de seus Corvettes. Ele destruía carros com frequência, por enxergar mal e por sua direção imprudente.

Jimi com sua namorada de longa data Kathy Etchingham, no apartamento de ambos em Londres.

Jimi nos bastidores, cercado pela polícia. Ele uma vez escreveu, em seu diário, "Dá para imaginar a polícia sulista me protegendo?".

Jimi no Havaí com um *lei*, colar de flores, em fevereiro de 1969.

Monika Danneman. Jimi morreu enquanto dormia ao lado dela.

Funeral de Jimi, na Igreja Batista Dunlap, em Seattle.

Jimi no Havaí, em 1970. Hendrix uma vez disse que, na morte, "tudo que você faz é livrar-se do corpo velho". Ele morreu aos 27 anos de idade.